Carl Glossy

Jahrbuch der Grillparzer-Gesellschaft

Zweiter Jahrgang

Carl Glossy

Jahrbuch der Grillparzer-Gesellschaft
Zweiter Jahrgang

ISBN/EAN: 9783743322691

Hergestellt in Europa, USA, Kanada, Australien, Japan

Cover: Foto ©ninafisch / pixelio.de

Manufactured and distributed by brebook publishing software (www.brebook.com)

Carl Glossy

Jahrbuch der Grillparzer-Gesellschaft

Jahrbuch
der
Grillparzer-Gesellschaft.

Redigirt
von
Carl Glossy.

Zweiter Jahrgang.

Wien.
Verlag von Carl Konegen.
1892.

Alle Rechte vorbehalten.

Inhalt.

Grillparzers Beamtenlaufbahn.
    Einleitung.
      I. Aktenstücke.
     II. Berichte des Archivdirectors Grillparzer.
    III. Tagebuchblätter.
    Anmerkungen.

Briefe von Grillparzer.

Jahresbericht der Grillparzer-Gesellschaft.

Grillparzers Beamtenlaufbahn.

Einleitung.

Als Wolfgang Menzel auf einer Reise nach Oesterreich im Sommer des Jahres 1831 in Wien Aufenthalt nahm, hatte er mehrmals Gelegenheit, mit Franz Grillparzer zu verkehren, der damals noch in freundschaftlicher Beziehung zu Eduard Bauernfeld stand. Menzel und Bauernfeld haben über diese Tage Aufzeichnungen hinterlassen; Ersterer in einem Buche, das 1832 in Stuttgart unter dem Titel: »Reise nach Oesterreich im Sommer 1831« erschienen ist, Letzterer in seinen Tagebüchern, die nach Anordnung des Dichters leider nicht veröffentlicht werden dürfen.

Menzel, der Grillparzer einen echten Oesterreicher durch und durch nennt, meint unter Anderem, daß dessen für einen Oesterreicher ungewöhnliche Melancholie in dem Mißverhältnisse zwischen seinem eigentlichen Berufe und seiner Stellung zu liegen scheint. Daß Menzel richtig geurtheilt, beweisen die Tagebücher und die Selbstbiographie Grillparzers, aber auch jene schriftlichen Documente, welche sich auf die amtlichen Verhältnisse Grillparzers beziehen und die in den nachfolgenden Blättern getreu wiedergegeben werden. In einem seiner zahlreichen amtlichen Berichte bemerkt Grillparzer: »Wissenschaftliche Bestrebungen pflegen sich gerne auf Kosten aller Nebenbeschäftigungen Platz zu machen, und wenn auch die Kraft und das Feuer der Jugend anfangs erlauben, mehrere Zwecke zu verfolgen, so tritt doch später gewöhnlich das Naturgesetz der stärkeren Anziehung ein, und selten hat noch die Liebe zum Dienst den Sieg über die literarische Neigung davongetragen.«

Ebenso treffend hat ein congenialer Zeitgenosse, der gelehrte Benedictiner Enk, in einem Briefe an seinen Schüler Friedrich Halm auf diesen Zwiespalt mit den Worten hingewiesen, daß der Dichter, selbst wenn er die ebene Straße und einen sicheren Gang gewann, dem Beamten eine zeitlang im Wege stehen werde. Bei Grillparzer ist stets der Beamte dem Dichter im Wege gestanden, denn, um es gleich zu sagen, in der Zeit als Grillparzer eine emsige Thätigkeit als Beamter entfaltete, war seine dichterische Kraft erlahmt; als er erfüllt von dem hohen Berufe seiner Muse, sich als Dichter fühlte, war er kein Beamter. Für ihn war die Poesie stets eine Feiertagsarbeit. Damit stand er im Gegensatze zu anderen österreichischen Beamten, welche außerhalb und auch in der Schreibstube den Musen opferten. Collin wird von seinem Biographen als Ausnahme angeführt, er soll tagsüber mit unendlichem Eifer Amtsfrohne geleistet, die Nachtstunden hingegen der Poesie gewidmet und in Folge dieses angestrengten Wirkens seinem Lebenslauf allzu zeitlich ein Ende gesetzt haben. Die meisten der Zaunkönige, welche in den österreichischen Almanachen zwitscherten, haben den Aether der Dichtkunst mit der Atmosphäre der Kanzleistube vereinigt.

Aus dem Mißverhältnisse zwischen Ideal und Wirklichkeit ist Grillparzers wenig rühmliche Beamtenlaufbahn hervorgegangen; er hatte nicht die Kraft, mit einem jähen Ruck eine befriedigende Lösung herbeizuführen, wie es der Hitzkopf Eduard Bauernfeld gethan hat, der 1841 seinem Minister rundweg erklärte, er wolle dem Dichter den Beamten opfern.

Zwar einmal versucht es auch Grillparzer, aber als ihm geantwortet wird, daß es bei den obwaltenden Censurverhältnissen in Oesterreich für Jemanden von seiner Richtung unmöglich sei, von der Literatur zu leben, zieht er sich schon zurück als ein Märtyrer des unglückseligen Systems und trägt seinen

Einleitung.

Beruf als eine drückende Last, die ihm den Weg zur Unsterblich=
keit sauer und schwer gemacht hat. Man wird daher begreifen,
weshalb der Dichter wiederholt auf seine Beamtenlaufbahn zu
sprechen kommt, die ein wichtiges Capitel seiner Lebensgeschichte
umfaßt. In mehr als einer Hinsicht: nicht nur was den Ent=
wickelungsgang des Dichters, sondern auch den seiner Zeit be=
trifft, die, wie er selbst bemerkt, in seine Biographie ebenso
gut hineingehöre, wie er selbst. Das Schicksal hat es ihm
gnädig gefügt, daß Beginn und Ausgang seines Lebens im Zeichen
des Josefinismus sich bewegten. Was dazwischen liegt, ist ein
fortdauernder Kampf gegen denselben, der schon in der Kindheit
Grillparzers begonnen und erst in seinem Greisenalter beendet
wurde. In der Jugend wie im Mannesalter ein stetiger Still=
stand in der Entwicklung des geistigen Lebens.

Und doch war diese Zeit erfüllt von welterschütternden
Ereignissen, die in Oesterreich das stagnirende Leben wiederholt
aufrüttelten, ohne aber zum Segen für die Zukunft zu werden.

In den Tagen, als die Furcht vor den Grundsätzen der
französischen Revolution in Oesterreich die Aengstlichkeit vor
Reformen zeitigte, und den freisinnigen Ideen das Brand=
mal des Jacobinismus aufgedrückt wurde, dann als durch das
Waffenglück eines übermüthigen Feindes Unruhe und Zaghaftig=
keit sich eines großen Theiles der Wiener Bevölkerung be=
mächtigten, ward der Grund zu jenem System gelegt, das
in der Hemmung der freien Geistesbewegung ein Mittel für
die Beglückung der Völker gefunden haben wollte. In dieser
erbärmlichen Zeit ist der Jüngling Grillparzer herangereift, der
gleich allen Edeldenkenden vom Jammer erfaßt wurde über
sein Vaterland, »wo Verdienste mit der Elle der Anciennetät
gemessen werden, wo man nichts genießen zu können glaubt,
als was eßbar ist — wo Vernunft ein Verbrechen ist und
Aufklärung der gefährlichste Feind des Staates.«

Damals stellte sich der Jüngling in seinen Tagebüchern
die Frage, ob man denn auf keinem anderen Wege glücklich
werden könne, als auf dem »kothigen Fahrwege«, auf dem die

Tritte der »juridischen Laftesel« eingedrückt sind. Er war auf Drängen seines Vaters, nicht aus Liebe und Lust, Jurist geworden und mußte ein Studium treiben, um von der Schulbank direct in die Amtsstube treten zu können, denn die kümmerlichen Verhältnisse im Elternhause schlossen die Aussicht auf den Beruf zum Advocaten aus. Zwischen Vater und Sohn bestand daher nie jene innige Herzlichkeit, die gerade Grillparzers Verhalten zu seiner Mutter adelt.

Am 9. November 1809 starb der Vater. Bald darauf denkt er daran, ein Amt zu erhalten, um das Los seiner Mutter zu erleichtern; er fühlt, was damit verbunden, daß es mit den idealen Plänen zu Ende sei. Er mag sich der Worte Josef II. erinnert haben, daß »wer dem Staate dienen will und dient, sich gänzlich hintansetzen müsse, daß keine Verbindung, kein persönliches Geschäft, keine Unterhaltung von dem Hauptgeschäfte abhalten und entfernen dürfe«. Man muß billig staunen, daß trotz der Josefinischen Normen, welche als Grundlage eines später den Geist ertödtenden Mechanismus angesehen werden müssen, ein großer Theil der österreichischen Beamten sich mit Wissenschaft und Kunst beschäftigt hat. In der Sorge für die materiellen Interessen hat auch Kaiser Franz zumeist in Zeiten von Drangsalen mehrfache Handschreiben über die Pflichten der Beamten erlassen. Die langwierige Unterbrechung einer geordneten Verwaltung während der Kriegsepoche, die Opfer, welche Tausende von Unterthanen für das Vaterland gebracht, veranlaßten den Kaiser, wiederholt Ermahnungen an die Beamten zu richten, alle Kräfte anzustrengen, in ihrem Berufe zu dem gemeinschaftlichen Zwecke werkthätig mitzuwirken. Bis hierher schließen sich diese Ermahnungen jenen der josefinischen Zeit an; bald aber folgten Verordnungen, in welchen immer und immer an die Behörden die Weisung erging, bei allen Dienstbestellungen auf »echte Religiosität, Moralität und Sittlichkeit« zu sehen, Vorschriften, welche der Wohldienerei ein reiches Feld eröffneten. Allgemach erstreckten sich diese Verordnungen auch auf Professoren und Lehrer, bei deren Bestellung nicht blos die Kenntnisse des Bewerbers, sondern auch der ganze übrige Gehalt und Werth, den sie als Menschen und Staatsbürger »in Bezug auf Denkart, Sittlichkeit und Religiosität haben«, genau und gewissenhaft gewürdigt werden sollte. Gesinnungs- und Denkweise waren anfangs unseres Jahrhunderts die wichtigsten Rubriken in der Conduitliste der Beamten geworden. Mit besonderer Schärfe eiferte die Regierung gegen die Theilnahme der Beamten an geheimen Gesellschaften, da man in ihnen die Hauptquellen erkennen wollte, »wodurch die verderblichsten Grundsätze verbreitet werden«. Ein kaiserlicher Befehl verordnete 1801, daß von jedem Beamten ein eidlicher Revers abgefordert werden solle, mit keiner geheimen Gesellschaft in Verbindung zu stehen, eine Vorschrift, die in späterer Zeit wiederholt mit dem »strengsten Ernst« in Erinnerung gebracht wurde. Alles zielte sonach auf eine strenge Sonderung des Staatsdieners von den übrigen Gesellschaftsclassen und auf das Aufgeben jeder Individualität im öffentlichen Dienste. Diesen Grundsätzen folgte 1804 ein Plan zur Heranbildung junger Leute für den öffentlichen Dienst. Die Hofstellen wurden angewiesen, das sittliche Betragen und den wissenschaftlichen Fortgang der Zöglinge in den Wiener Erziehungsanstalten zu überwachen und dem Kaiser eine genaue individuelle Kenntniß von jenen Zöglingen zu verschaffen, welche nach ihren Anlagen, Verwendung, guten Sitten und echten Religionsgrundsätzen brauchbare Beamte zu werden versprachen; es sollten sich auch höhere Beamte bereitwillig finden lassen, angehende Staatsdiener gegen ein billiges Entgelt in Kost und Wohnung zu nehmen und gleichsam Vater- oder Vormundstelle bei ihnen zu vertreten. Diese Anordnungen bereiteten jenen straffen Bureaukratismus vor, der später eine Abnahme tüchtiger Kräfte, an welchen die josefinische Zeit so reich war, zur Folge hatte.

Daß unter der herrschenden Bevormundung für hervorragende Talente wenig in der Amtsstube zu hoffen war, hatte Grillparzer schon frühzeitig erkannt, wie denn auch seine Vorliebe

für fremde Sprachen und Geschichte auf die Vorbereitung zu
einem gelehrten Berufe schließen läßt. Wie freudig mag es ihn
daher berührt haben, als er erfuhr, daß eine Reform der
Hofbibliothek bevorstehe und eine Stelle daselbst zu gewärtigen
sei. Das kaiserliche Institut, mit welchem die Namen eines
Spießhammer, Wolfgang Laz, Peter Lambeck und Gerhard van
Swieten verbunden sind, stand längst nicht mehr auf dem
Höhepunkt, den es erreicht hatte, als evangelische Renegaten
daselbst wirkten. Nur drei Männer ragten später hervor: Denis,
sein Nachfolger Johann Müller und Bartsch. Der wissenschaft=
liche Stillstand dieses Institutes zeigte sich hauptsächlich in
dem Mangel an systematischen Arbeiten. Anforderungen wegen
Anfertigung von Realkatalogen wurde entgegengesetzt, daß
eine »mathematisch bestimmte Eintheilung der Wissenschaften
nicht möglich sei, der Eine theile so, der Andere so, also sei
es besser, gar nicht systematisch zu ordnen; wer auf die Biblio=
thek komme, müsse schon wissen, was für ein Buch er haben
wolle, endlich würde ein Katalog die Mängel aufdecken«.

Die Verwaltung war unter solchen Umständen auf das
bloße Hüten der Schätze beschränkt, und nichts kann die Auf=
fassung der damaligen Zeit über die Hofbibliothek besser illu=
striren, als die Thatsache, daß die Stelle des Präfekten einem
alten, allerdings verdienten Beamten verliehen wurde, weil sie
»weniger Activität« erforderte.

Man sprach von alledem in Wien ganz unverhohlen und
schrieb auch in auswärtigen gelehrten Zeitschriften darüber.
Das schreckte aber den jungen Grillparzer nicht ab, der, wie
einst Johannes Müller, auf den Genuß sich freute, die vielen
tausend herrlichen Werke in prachtvollen Exemplaren nun bald
zu täglichem Gebrauche zu haben. Er mag es als eine günstige
Vorbedeutung angesehen haben, sein Wirken gerade in einer
Zeit zu beginnen, in der man mit Stolz auf Oesterreich wies,
wo nach dem Wortlaute einer 1810 erschienenen Censur=Ver=
ordnung »in Hinkunft kein Lichtstrahl, er komme woher er
wolle, unbeachtet und unerkannt in der Monarchie bleiben

solle«. Er hatte sich zwiefach getäuscht; einmal mit allen fort=
schrittlich Denkenden, da bald darauf im geraden Gegensatze zu
diesem liberalen Gesetze durch eine Reihe von Instructionen
der Pulsschlag des geistigen Lebens gehemmt wurde, dann weil
seit seinem ersten Ansuchen um Aufnahme nahezu drei Jahre
verstrichen waren, ehe ihm die Stelle eines unentgeltlichen
Praktikanten ohne Aussicht auf eine Vorrückung verliehen wurde.
Der Posten muß damals in sehr geringem Ansehen gestanden
sein, denn im Hof= und Staatsschematismus, der sogar die
Bibliotheks=Hausknechte aufzählt, sucht man den Namen des
Bibliotheks=Praktikanten Grillparzer vergebens.

In einem der Einschreibebücher von Grillparzers Mutter
findet sich die Stelle: »Der Franz ist anno 1813 den 18. März
in die Bibliothek gekommen.« Ein Jahr vorher, am selben
Tage, hatte er, da noch immer keine Entscheidung über sein
Gesuch erfolgt war, eine Hofmeisterstelle im Hause des Grafen
Seilern angetreten, auf dessen, oder vielmehr der Gräfin Ver=
wendung endlich die Aufnahme in die Hofbibliothek erfolgte.
Seinen Eintritt hat uns Grillparzer in der Selbstbiographie
geschildert, wo auch eine Charakteristik der damals wirkenden
Beamten zu finden ist. Sie werden als »beinahe durchaus
gutmüthige Leute geschildert, die sich wie der Invalide in
einem Zeughause oder der Hund beim Heu benahmen, das
Vorhandene bewahrten und die verbotenen, d. h. alle neueren
Bücher nach Möglichkeit ferne hielten«.

Des Grafen Ossolinski, seines ersten Vorgesetzten, ge=
schieht keine Erwähnung; er war ein Cavalier vom regsten
Eifer, der sich namentlich im Jahre 1809 um die Bewahrung
der Bücherschätze ein großes Verdienst erworben hat. Die gut=
müthigen Beamten mögen Sensel, Bartsch, der alte Leon und
Abbé Pöhm gewesen sein. Auf den ersten Custos, Vincenz
Stingel, der nach Johannes v. Müllers Austritt im Jahre
1808 dessen Stelle erhielt, und den Grillparzer einen wider=
wärtigen Illiteraten nennt, bezieht sich folgendes im Nachlasse
aufbewahrtes Gedicht:

Der alberne Stingel.

NB. Ich weiß wohl, daß Adelung Stengel schreibt, aber ich habe
meine eigene Orthographie.

    Ein kurzer derber Stingel hieng
    An einem hohen Baume
    Und an ihm eine Pflaume.
    Und was nun da vorübergieng
    Der Waldbewohner ganzer Chor
    Sah sehnsuchtsvoll zu ihm empor.
    Da sprach zu sich der eitle Thor
    Ich bin wohl eine süße Frucht,
    Weil Alles nur mich sieht und sucht.
      Ein Fuchs hört dies und spricht:
      Komm doch aus deinem Traume
      Wir suchen dich nicht kleiner Wicht,
      Wir suchen nur die Pflaume.

An Humor hat es, wie man sieht, dem jungen Beamten nicht gefehlt, aber auch nicht an tiefem Ernst, denn die Arbeitszeit im Bureau wurde tüchtig ausgenützt; er hat sich zwar ebensowenig wie die übrigen Beamten mit Systemalarbeiten, dafür aber um so fleißiger mit dem Studium der spanischen Sprache, vornehmlich mit Calderon beschäftigt und hierüber auch bald eine tüchtige Probe gegeben, welche ihn Schreyvogel naheführte. Der erste Schritt nach vorwärts war also gethan, aber der Weg zum Ziele war noch weit und voll Hindernisse, das schwierigste die Armuth, die ihn zum Erwerb drängte, nicht nur um sich, sondern auch Mutter und Geschwister zu ernähren. Rasch entschlossen, sagt er den Musen Lebewohl, verläßt im November 1813 die Hofbibliothek und tritt, aufgemuntert durch den damaligen Vicepräsidenten der Hofkammer, Grafen Herberstein, als Praktikant bei der Bancal-Administration in den Staatsdienst, zu einer Zeit, als die innere Verwaltung des Staates im Argen lag und wenig Aussicht auf eine baldige Reform zu erwarten stand.

Bewegte Zeiten ließen den ruhigen Ausbau der Verwaltung, den schon Maria Theresia und Josef II. angestrebt hatten, nicht zu, und der später lang dauernde Friede mit

seinem Stabilitäts=Principe im Gefolge war kein günstiger
Boden, auf welchem Neuerungen hätten zeitigen können. Die
Verwaltung bewegte sich im Zickzack, selbst die Centralstellen
hatten keine feste Competenz; so oft es sich um wichtige An=
gelegenheiten handelte, wurden gemischte Commissionen bestellt,
nicht selten fand man sogar nur einen einzelnen Beamten mit
der Durchführung wichtiger Angelegenheiten betraut. Auf diese
Art war die Thätigkeit der Behörden in das Geleise des
Mechanismus gerückt worden, das Formelle gewann allgemach
die Oberhand, der Geist erstarrte und das nüchterne Schreiber=
handwerk erblühte. An Individualitäten war unter diesen Um=
ständen kein Ueberfluß. Trotz alledem zählt die Geschichte der
österreichischen Verwaltung glänzende Namen auf, deren Träger
mit einem regen Pflichtbewußtsein auch einen hervorragenden
Geist verbanden. Das war namentlich auf zwei Gebieten der
Fall, auf jenem der äußeren Angelegenheiten und auf dem der
Finanzen; die Verwaltung der letzteren stand der Hofkammer
zu, welche 1498 von Kaiser Maximilian errichtet wurde. Hier
liefen alle Fäden zusammen, sie hatte die umfassendsten
Aufgaben: die Sorge für den Nationalwohlstand, für die
Bedeckung aller Zweige des Staatsbedarfes, die Leitung der
Staats=Creditoperationen, die oberste Aufsicht über die Ver=
waltung der Staats= und öffentlichen Fondsgüter. Auch diese
Behörde hatte mancherlei Wandlungen erfahren; wiederholt ist
sie mit der Hofkanzlei vereinigt worden, auch wurden einige
Abtheilungen derselben zu selbstständigen Hofstellen erhoben,
bis endlich Kaiser Franz mit Cabinetsschreiben vom 30. April
1816 die einzelnen Behörden, als: die Credit=Hofcommission,
die Ministerial=Banco=Deputation, die Commerz=Hofstelle, dann
die Hofkammer in Münz= und Bergwesen aufgehoben und alle
diese Behörden unter dem Namen »Allgemeine Hofkammer«
mit einem Präsidenten an der Spitze vereinigt hatte. Alle
finanzpolitischen Angelegenheiten blieben wie vorhin dem Finanz=
minister vorbehalten, der sich also nur mit großen principiellen
Fragen zu beschäftigen hatte. Einem dieser Minister, die berufen

waren, Ordnung in die große Verwirrung der Finanzen zu bringen — dem Grafen Philipp Stadion — hat Grillparzer in der Selbstbiographie das schönste Denkmal gesetzt; er nennt ihn einen der ausgezeichnetsten Männer seiner Zeit, »den großartigsten Mann, dem er je begegnet ist«. Was uns die Zeitgenossen von Stadion berichten, gibt uns ein herrliches Bild von ihm; er war ein Mann von seltenem Geiste und entschiedenem Charakter, hochsinnig und zartfühlend, offen und von Achtung für fremde Meinung erfüllt. Sein Name führt uns in das erste Zehntel unseres Jahrhunderts zurück, als in Oesterreich der Hoffnungsstrahl einer Besserung des geistigen Lebens schimmerte. Stadion war es, der überall fördernd eingriff, zum Studium der Geschichte anregte und die ersten Schritte zur Wiederherstellung der Schaubühne unternahm; auf seine Verwendung wurde auch Gentz nach Wien berufen, um durch seine Schriften für die Erhaltung der Regierungen, Sitten und Ordnung zu wirken. Mit Stadion war ein frischer Zug in das gesellschaftliche Leben der höheren Kreise in Wien gekommen. Als er später erkoren wurde, dem tieferschütterten Zustande der österreichischen Finanzen durchgreifende Maßregeln entgegenzusetzen, ließen seine Entschlossenheit und sein auf das Große gerichteter Blick das Beste zum Wohle des Staates erhoffen. Leider hatten seine Bestrebungen bei der mangelnden Solidarität der übrigen Minister keinen Erfolg, denn, wie der treffliche Kenner der österreichischen Finanzgeschichte, Adolf Beer, bemerkt: »es stellte sich ihm die eigenartige Gestaltung der österreichischen Zustände hemmend entgegen und ermöglichte ihm nicht, alle seine Pläne, mit deren Verwirklichung er sich trug, auszuführen«. Wie kein Zweiter verstand Stadion tüchtige Kräfte um sich zu sammeln; er war ein Magnet, der Geister anzog, er hatte Pillersdorf und Kübeck zu Arbeitsgenossen gemacht, zwei Männer, von welchen den Ersteren Grillparzer »den Ausgezeichnetsten unter den Ausgezeichneten« nennt, und den Namen des Letzteren als einen Beweis anführt, daß noch außer dem Adel der Jahre auch ein Adel des Werthes bestehe; er hatte

Gelegenheit gehabt, Pillersdorfs Leistungen kennen zu lernen, welchem der österreichische Staat bereits im Jahre 1830 einen Ueberschuß der Einnahmen gegen die Ausgaben dankte, er bewunderte an Kübeck — dem österreichischen Necker — dessen hervorragende volkswirthschaftliche Bildung und die liberale Tendenz seiner Geschäftsführung, er sah mit Verehrung auf diese beiden Männer, deren Kraft in dem Bürgerthum wurzelte, aus dem sie hervorgegangen waren.

Ob Grillparzer, als er im December 1813 in den Staatsdienst trat, die Hoffnung in sich trug, einst eine ebensolche Stellung in der Beamtenhierarchie zu erreichen, ist zweifelhaft, er scheint keine weitliegenden Pläne gefaßt zu haben; eine Tagebuchnotiz deutet vielmehr auf das Gegentheil; er sah nur den Anfang vor sich, und der war fürwahr kein beneidenswerther. Vorläufig stand er auf der untersten Stufe, als Manipulant bei der Bancal-Administration, eine Stellung, die mehr »einen bleiernen Sitzer als einen güldenen Kopf« bedingte. Er läßt sich's aber nicht verdrießen, lernt ziemlich rasch den Mechanismus kennen, protokollirt, expedirt, mundirt, kurz zeigt sich bald, wie ein Bericht meldet, als »wohlgesinnter junger Mann und allenthalben brauchbarer Bancalbeamter«, den man schon nach kurzer Zeit zum Inquisitor für Schwärzer machte. Nach nahezu einjähriger Thätigkeit ward ihm zur Schonung seiner angegriffenen Brust die Berichterstattung über Gnadengesuche anvertraut, wovon uns einige Proben erhalten sind; er löst auch hier seine Aufgabe mit vielem Geschicke, wahrt das Recht, weiß aber stets an der richtigen Stelle dem Mitleid Ausdruck zu geben. Der Anfang läßt sich also gut an, seine Vorgesetzten kommen ihm freundlich entgegen, er weiß allen Schwierigkeiten glücklich aus dem Wege zu gehen, und so wirkt Alles zusammen, um ihn heiter und zufrieden zu machen. Bald wird auch seine Sehnsucht befriedigt, zur Hofkammer zu kommen, wo zur Zeit seines Eintrittes Matthäus Collin wirkte, und dessen Bruder Heinrich einst vielfach thätig war.

Noch manch Anderer von den österreichischen Poeten kommt in den Listen dieser Hofstelle vor: Bauernfeld, Schlechta, Nell, Graf v. Heuffenstamm; auch seinen Lehrer, den wunderlichen Gärtner, findet Grillparzer hier, später seinen Vetter Paumgarten. Als gewiegter »Zöllner« kommt er ins Zollreferat zu Hofrath Leicher, der ihn bald für einen seiner brauchbarsten Beamten erklärte.

Der Anfang im neuen Wirkungskreise schien günstig zu sein. Es fehlte im Zollbureau nicht an Abwechslung. Ausweise über den Ertrag der Zollgefälle, über die Ein- und Ausfuhr von Handelsartikeln, Ausstellung von Ausfuhrpässen, Zollbestimmungen von Farbstoffen 2c. bilden den Inhalt einer bedeutenden Anzahl von Aktenstücken Grillparzers, zwischen deffen Zeilen sich die Befferungen des Hofrathes Leicher schlängeln, auf welchen sich ein Epigramm im Nachlaffe bezieht. Auch Gedichte auf andere Beamte der Hofkammer sind in den Erinnerungsblättern aufbewahrt: an einen Collegen Stefan Mai, an einen Hofconcipisten bei Erhaltung des Lilienordens und an den Hofconcipisten »Fortunatus Holzapfel«. Von dem Kanzlei-Director Fritz meint er, daß aus ihm niemals ein »Friedrich« werden könne. Das ist Alles, was uns an Schriftstücken über Grillparzers Anfang in der Hofkammer erhalten ist; reichlicher dagegen fließen die Quellen nach der Zeit, als der Praktikant bereits auf seine Erfolge als Dichter verweisen konnte. Da ist zunächst die Selbstbiographie, in welcher Grillparzer des freundlichen Entgegenkommens gedenkt, das ihm nach der Aufführung der »Sappho« von dem Fürsten Metternich zu Theil wurde, der ihn auf das freundlichste empfing.

In allen Schichten der Gesellschaft zeigte sich die lebhafteste Theilnahme für den jungen Dichter, im schönsten Lichte aber offenbarte sich der ideale Sinn seiner Vorgesetzten im Amte, des Grafen Philipp Stadion und des Hofkammerpräsidenten Grafen Chorinsky. Das Wohlwollen des Letzteren zeigt sich in einem Vortrage vom 16. März 1819, in welchem er mit warmen Worten die Bewilligung eines Urlaubes zur

Reise nach Italien bei Kaiser Franz beantragte. Das Aktenstück gewinnt um so mehr an Bedeutung, da in demselben der Urlaub für den Beamten erbeten wurde, um dem Dichter die Reichthümer der Vorwelt in dem südlichen Italien zu erschließen und ihn dadurch zu neuen Schöpfungen anzuregen. Man muß sich die strenge Auffassung des Kaisers über die Pflichten eines Beamten vergegenwärtigen, um die Gründe zu würdigen, mit welchen Chorinsky seinen Antrag unterstützte. Dazu noch in den nächsten Jahren ein wiederholtes Fernbleiben vom Dienste, das zwar der Dichter, nicht aber der Beamte rechtfertigen konnte, und man wird Chorinsky und Stadion zu den vornehmsten Gönnern Grillparzers zählen.

Am heiteren Himmel, der sich über dem Dichter der »Sappho« wölbte, stiegen aber bald schwere Wolken auf, die ihm für alle künftigen Zeiten sein Dasein trübten. Ein Bureauwechsel, der auf Stadions Veranlassung erfolgte, brachte Grillparzer mit einem Vorgesetzten in Verbindung, dessen verschmitzter Charakter ihm alle Lust an der Arbeit verleidet hatte. Claudius Ritter v. Fuljod, der »Theaterhofrath« genannt, weil ihm außer dem Cassawesen auch die administrativen Geschäfte der Hoftheater übertragen waren, verkörpert die dilettantische Geschäftsthuerei in der Verwaltung eines großen Theaters. Für Kunst wenig, oder besser gesagt kein Verständniß, führte Fuljod, wie uns Costenoble erzählt, seine Theaterregierung sehr leicht und ohne Ernst. Das echt vormärzliche: nur lustig, war sein Grundsatz, dem er auch im vollen Maße Rechnung getragen hatte. Komödiant im Bureau, Hofrath im Theater, war Fuljod von einer lächerlichen Eitelkeit, die so weit ging, daß er sich an seinem Namenstage stets mit der Aufführung eines neuen Stückes — selbstverständlich keines Trauerspieles — überraschen ließ. Dabei sprach der Herr Hofrath im Tone der Wiener Vororte, wovon uns Costenoble eine Probe gibt, dem auf sein Ansuchen um eine Regisseursstelle geantwortet wurde, er möge noch warten, bis er sich »recht in b'Rollen eing'fressen habe«. Mit einem Manne von solchen Eigenschaften war ein friedliches Zusammenwirken undenkbar. Für Grillparzer hatte diese Charakterverschiedenheit üble Folgen, denn, da er sich jeder Mitwirkung nach Möglichkeit entzog, und somit ziemlich unbeschäftigt blieb, so kam er bald in den Ruf eines nachlässigen Beamten. Seit der Reise nach Italien, die Grillparzer »die Pandorabüchse seines Unglückes« nennt, hatte sich die Zahl seiner Widersacher vermehrt; ein gänzlich ungerechtfertigtes Gerücht, er sei Secretär der Kaiserin geworden, zog ihm nicht nur Neid und Mißgunst seiner Amtsgenossen, sondern auch einen schweren materiellen Nachtheil zu, da inzwischen statt seiner ein Nachmann zum Concipisten befördert wurde. Zu alledem kam noch die polizeiliche Verfolgung wegen der »Ruinen des Campo vaccino«, seit welcher Zeit, wie Grillparzer berichtet, sich jeder Lump für berechtigt hielt, ihn angreifen und verlästern zu können. Wäre ihm Stadion in diesen ernsten Tagen nicht väterlich zur Seite gestanden, und hätte ihn nicht dessen Einfluß gegen die Anfeindungen kleinlicher Geister geschützt, Grillparzer würde bei seinen kargen Bezügen in bittere Noth gerathen sein. In Stadions Nähe gebracht, als Hofconcipist im Bureau des gewaltigen Ministers, fühlte sich Grillparzer sicher. Aber nicht lange. Als Stadion 1824 starb, begannen neue Wirren. Zwei Jahre später ward Grillparzer abermals polizeilich verfolgt, wegen einer wahrhaft lächerlichen Geschichte, die man aber damals sehr ernst nahm; er wurde mit anderen Schriftstellern, Künstlern und Kunstfreunden in Untersuchung gezogen, wegen Theilnahme an einer geheimen Gesellschaft, »Lublam« genannt, die nichts Anderes war, als eine Verbindung, die im Hause des gräflich Esterházy'schen Secretärs Josef Karl Rosenbaum heitere Abende veranstaltet hatte, an welchen Castelli mit seinen Späßen und Zoten in den Vordergrund trat. Zwar wurden sämmtliche Theilnehmer für schuldlos erklärt und beauftragt, über die Verhandlung »die strengste Verschwiegenheit« zu beobachten, aber dem Beamten Grillparzer blieb trotz alledem doch etwas hängen, denn als sich später eine Gelegenheit ergab, eine Reise nach Brüssel zu unternehmen, um Staatspapiere dahin zu bringen, wurde sein Anerbieten von dem Nachfolger Stadions, dem Minister Nabasby, zurückgewiesen, weil er ein Mitglied der »Lublam« gewesen sei.

Das Alles hatte auf Grillparzer auf das un= günstigste gewirkt und dessen Berufseifer tüchtig abgekühlt. Sein marternder Seelenzustand ließ ihn außerdem nur allzu oft einen »langweilend gelangweilten Mißmuth« zur Schau tragen, wodurch er auf seine Umgebung abstoßend wirkte, andererseits verletzte er nicht selten durch einen aus er= zwungener Lustigkeit entstandenen Scherz. Dadurch mehrte er die Zahl seiner Gegner und verminderte jene seiner Gönner; auch Pillersdorf, der es fruchtlos versucht hatte, ihn in die höheren Geschäfte einzuweihen, versagte ihm zwar nicht die Achtung, behandelte ihn aber mit Gleichgiltigkeit. So kam es, daß Grillparzer nach nahezu fünfzehnjährigem Wirken in der Hofkammer zumeist nur zu Manipulationsgeschäften verwendet wurde, und schließlich, wie aus einem Berichte des Jahres 1828 erhellt, mit der Führung des Einreichungs=Protokolles betraut war, eines Geschäftes, das einem Juristen nicht zur Ehre ge= reichen konnte. Wohl mag zu Grillparzers verminderter Arbeits= lust auch die Einsicht beigetragen haben, wie erfolglos häufig erleuchtete Männer im Staatsdienste sich abmühten, und wie geringen Dank sie für ihre aufopfernde Thätigkeit fanden. Wie er, dachten auch Andere. Ungefähr um dieselbe Zeit, am 1. Juni 1827, schrieb Gentz an Prokesch: »Sie kennen unsere Dienstver= hältnisse und die tausend Schwierigkeiten, mit welchen Männer von den vorzüglichsten Eigenschaften zu kämpfen haben, um einen ihren Talenten und ihrer Brauchbarkeit angemessenen Standpunkt zu erreichen.« Welch' trauriges Los mußte Pillers= dorf erdulden, der nach langjährigem aufopferndem Wirken wegen seiner Standhaftigkeit von der Stelle bei den Finanzen enthoben und in die Hofkanzlei versetzt wurde, um dort mit der Revision fremder Concepte und der Ausbesserung ortho= graphischer Fehler die achtzehn schönsten Jahre seines Lebens zuzubringen. Und Grillparzer? Wie hat er getrachtet, aus der

Reihe der Handarbeiter herauszukommen, und eine Stellung zu
erlangen, die seinen Neigungen mehr zusagte, als der Dienst
bei den Finanzen. Auf einem Blatt des Tagebuches hat er das
Geständniß niedergelegt, es sei ihm alles Praktische so fremd
geworden, daß er mit einer Art Schauer an jede eigentliche
Amtsführung denke. Ein Versuch, in die kaiserliche Privatbibliothek Aufnahme zu finden, mißlang, er hatte ja die »Ge=
schichte mit dem Papst« gehabt. Wohin sollte er sich im Vaterlande wenden, wo Kunst und Wissenschaften nur Duldung aber
keine Förderung fanden, und die Gelehrten als »ein unruhiges
Volk« galten. Es gab eine Zeit, in der man in Oesterreich
anders dachte und offen bekannte,« daß die Gelehrsamkeit noch
zu wenig geachtet, öfters von der Routine erdrückt, von den
Verfinsterern angefeindet, von Glückspilzen sogar verachtet und
verspottet sei.« So schrieben 1811 die mit Unterstützung der
Polizeihofstelle erschienenen »Vaterländischen Blätter«, worin
gelegentlich des Vorschlages zur Errichtung einer Akademie der
Wissenschaften auch zu lesen ist, daß das literarische Talent
unter dem Drucke von Nahrungssorgen, unter der Last anderer,
oft mechanischer Beschäftigungen aus Mangel an Ermunterung
und an bestimmter Aussicht zum Emporkommen untergehe.

Wie bald hatten sich die Ansichten geändert!

Bald darauf hatte die Kurzsichtigkeit der Staatsmänner
die Maxime aufgestellt, man brauche nur den Geist zu lähmen,
um das Volk glücklich zu machen. Aus diesem Grundsatze läßt
sich die geringe Achtung vor dem Talente ableiten, läßt sich die
Verkennung erklären, die im Vaterlande der Dichter erfahren,
der, wie er selbst bemerkt, »der Abgott der Staatsgewalten gewesen wäre, wenn er nichts anderes geschrieben hätte, als wo=
bei es sich darum handelt, ob Hans die Grete bekommt oder
nicht bekommt.« Es ist damals viel an dem Dichter der »Sappho«
gesündigt worden, weniger an dem Hofkammer=Concipisten Grillparzer, dem beinahe alle Eigenschaften gefehlt haben, um als
Beamter vorwärts zu kommen, am meisten die Schmieg=
samkeit. Was konnte überdies ein Staatsdiener, der »den

inneren Lebenszweck als das köstlichste Besitzthum des Menschen«
erklärte, von einer Regierung erwarten, deren Fürsorge einzig
und allein auf die äußeren Besitzthümer gerichtet war. Grill=
parzer hat sich hierüber an verschiedenen Stellen seiner Tage=
bücher ausgesprochen, ziemlich kräftig gerade zur Zeit, als 1830
die Nachricht in Wien eintraf, die Franzosen hätten ihren König
verjagt und es stünde zu erwarten, daß der Demokratismus
eine furchtbare Oberhand gewinne. »Immer besser — meint
er — als der Geist unterliegt und die edelsten Bedürfnisse
des Menschen werden einem scheußlichen Stabilitätssystem ge=
opfert.« Aeußerst düster zeigt sich von da an sein Inneres,
das sich in den Tagebüchern widerspiegelt, er ist sich selbst zur
Qual geworden und mehr als einmal tauchten Gedanken an
Selbstmord auf. Noch hofft er auf ein hinzukommendes Günstiges
von außen, das ihn wieder aufrichten könne. Bald bietet sich
ihm eine Aussicht dar, sein unerquickliches Dienstverhältniß lösen
zu können. Der Archivar der Hofkammer, Megerle v. Mühlfeld,
war gestorben und dessen Stelle in Erledigung gekommen. Aus
der Reihe der Bewerber ging Grillparzer als Sieger hervor;
man hielt es für angemessen, einen Mann von Kenntnissen und
ausgezeichneten Talenten in jene Sphäre zu versetzen, welche
seiner Neigung und Vorliebe entspricht, seine bisherige Stelle
als Finanzbeamter aber »von einem mit mehrerem Berufe dazu
ausgerüsteten Individuum« einnehmen zu lassen. Die Verleihung
der Archivstelle war in der That die erste staatliche Aner=
kennung der literarischen Verdienste Grillparzers. Schon 1817,
als Megerle, Grillparzers Vorfahr, um die Archivarstelle an=
suchte, betonte die Hofkammer, es möge das Archiv mit
Männern besetzt werden, die den Archivdienst nicht als ein geist=
loses Manipulationsgeschäft behandeln, sondern im Stande
seien, selbst in literarischer und vorzüglich in historischer
Beziehung mittelst entsprechender Vorkenntnisse und unaufgefor=
derter Thätigkeit interessante, zur Aufklärung und Beleuchtung
der Zeitgeschichte dienliche Daten aus den Urkunden früherer
Jahrhunderte aufzusuchen und benützbar zu machen. Außer

einer tüchtigen historischen Vorbildung wurde noch die Kenntniß
fremder Sprachen zur unerläßlichen Bedingung gestellt, vor=
nehmlich der lateinischen — der Geschäftssprache Ungarns und
Polens, sowie des Mittelalters — da die deutsche Sprache in den
Kanzleien erst seit dem XIV. Jahrhundert Eingang gefunden
hat; außerdem kam für einen Archivar in Hinsicht der Nieder=
lande, der Lombardei und der neapolitanischen Staaten noch
die französische und italienische Sprache in Betracht. Der
Archivdienst war also damals keine Sinecure mehr, kein Ruhe=
posten, wie ihn noch Maria Theresia aufgefaßt hatte, welche für
einige Zeit die Leitung des Hofkammer=Archivs einem Maler
übertrug; es war nach diesen Grundsätzen ein Amt, das
einen Gelehrten erforderte, der schon bei der Gründung des
Kammerarchives an der Spitze stand, denn der erste Archibar
der Hofkammer war kein geringerer als Spießhammer.

Am 23. Jänner 1832 empfing Grillparzer das An=
stellungsdecret, dessen kalligraphische Ausführung im Texte eine
lorbeergeschmückte Lyra in Goldfarbe zeigt, wohl auch ein
Zeichen, daß die Verleihung mehr dem Dichter als dem Beamten
galt. Grillparzer aber hat sein neues Amt mit Ernst und
strengem Pflichtbewußtsein angetreten, mit dem Vorsatze, fleißig
zu sein, ein volles Jahr daran zu wenden, um das Geschäft
kennen zu lernen, ein Jahr zu opfern, ohne auf Poesie
anders als in verlorenen Augenblicken zu denken. Nun
einmal des Menschen Sohn um 30 Silberlinge verkauft
war, blieb nur als einzige Lebensaufgabe das Alltagsgeschäft
zu besorgen, das ihm bis dahin ebenso fremd gewesen, wie
jener Archivraum auf dem Ballplatze, in welchem er von nun an
bis zum Jahre 1848 wirkte. Dort, im sogenannten »Hof=
spitale«, fanden einst, wie ein Stiftbrief meldet, Arme, Kranke
und Waisen liebevolle Aufnahme, die, abgeschlossen von der
Außenwelt, nach klösterlicher Regel lebten. Später, nach Auf=
hebung des Spitales, wurden einige der Zimmer zur Auf=
bewahrung von Akten verwendet, bis man endlich 1777 das
Haus zum beständigen und unveränderlichen Amtirungsort

Einleitung. XXVII

des Hofkammer-Archivs bestimmte, von wo es im Jahre 1848 in den Mariazellerhof in der Johannesgasse über=
siedelte. Nur selten drang ein Ton der Außenwelt in diese geheimnißvollen Räume, von welchen weniger Beherzte manche Gespenstergeschichte zu erzählen wußten. Der große, 27 Klafter lange Aktensaal, von den Arbeitsräumen durch mehrere Zimmer und Gänge getrennt, hatte wenig Ein=
ladendes, ebensowenig das etwas düstere Arbeitslokal und das dürftig ausgestattete Zimmer des Directors, in welches das Tageslicht nur durch ein einziges Fenster drang. Der Eindruck, den Grillparzer beim Eintritt in dieses Gebäude em=
pfunden, war ein ebenso ungünstiger, wie der von seiner Um=
gebung in der ersten Zeit seines Wirkens, das ihm durch die anfänglich feindliche Gesinnung seiner Untergebenen recht sauer gemacht wurde; »sie gehorchten zwar — bemerkt der neue Director — stecken aber die Köpfe zusammen und — sind falsch.« Aber bald trat eine wesentliche Aenderung des unerquicklichen Verhältnisses ein; hatten doch die Beamten wiederholt Gelegen=
heit, den ehrenhaften und makellosen Charakter ihres Vor=
gesetzten zu würdigen, dessen milder Sinn in allen Personal=
angelegenheiten durch mehrere noch erhaltene Amtsberichte er=
wiesen ist. Einer seiner Getreuen, der Archivar Gigl, hat uns von den schönen Tagen gemeinsamer Arbeit eine Schilderung hinterlassen, worin er mit Wehmuth bemerkt: »Ich sehe ihn noch an seinem Pulte, nahe dem einzigen Fenster seines Käm=
merleins, stehen, das Haupt auf die Arme gestützt, noch die milde Bewegung seiner Lippen, von denen das Gold seiner Rede floß, und noch den Strahl seines durchgeistigten Auges, vor dem jedes Kleine und Gemeine in Demuth und Scham zerfloß.« Zu dieser Verehrung trug aber auch das gute Bei=
spiel des neuen Archivdirectors bei, der es mit der Erfüllung seines Berufes äußerst genau nahm, in die Geschäfte rasch ein=
griff und auch reorganisatorisch wirkte; er scheute nicht die einfache Tagesarbeit und ließ sich, wie erwiesen ist, ab und zu sogar herbei, die Reinschrift seiner eigenen Concepte zu be=

sorgen; den täglichen Einlauf der Akten hat er eine lange Zeit hindurch eigenhändig in den Index eingetragen. Das wäre allerdings nur Geringfügiges, hätte er nicht nebstbei auch seinen eigentlichen Beruf als Archivar auf das Gewissenhafteste erfüllt, die alten Documente eifrig studirt und sie nutzbar für die Interessen des Staates gemacht. Wer in den amtlichen Berichten des Archivdirectors Grillparzer Pikanterien sucht, wird sich enttäuscht fühlen, wer aber den Ernst prüfen will, mit welchem der Dichter seinen neuen Beruf erfaßt hat, wird sie als ein Denkmal jahrelangen Fleißes ehrfurchtsvoll begrüßen.

Manche derselben, das Ergebniß weitwendiger, zeitraubender Vorarbeiten, sind interessante Beiträge zur Geschichte Oesterreichs und drängen zu der Frage, weshalb nach Hormayrs Abgang die Stelle eines österreichischen Historiographen so lange unbesetzt blieb und nicht einem Manne wie Grillparzer verliehen wurde, dessen eminent historischer Sinn doch allgemein bekannt war. Aus einigen Berichten lernen wir Grillparzers tüchtige Kenntniß des Archivwesens, aus anderen seine lebhafte Theilnahme an fremden wissenschaftlichen Arbeiten kennen, und wer sich's nicht verdrießen läßt, die wenigen Akten über die Säuberung der Archivslocalitäten zu lesen, wird in diesen dürren Zeilen auch das gute Herz des Directors finden. Vollends aber gewinnen diese Arbeiten des Beamten an Bedeutung im Zusammenhalt mit der Leidensgeschichte des Dichters, der auf einem Tagebuchblatt gesteht, daß es ihm unmöglich war, die ernstlich betriebenen Amtsgeschäfte mit seinen sonstigen inneren Beschäftigungen nur einigermaßen auszugleichen. Das Gefühl der Abnahme seiner poetischen Kraft schuf ihm martervolle Stunden, und wieder trat ihm der Gedanke eines gewaltsamen Abschlusses nahe. Sich in einen Wissenszweig zu vertiefen und von den Akten loszukommen, hielt er für die einzige Rettung. Da wird 1834 die Stelle des Vorstehers der Universitätsbibliothek ledig. Ob er jene erhalten wird? Er scheint selbst daran gezweifelt zu haben, da ihm schon die Verfassung

des Bewerbungsgesuches schwer fiel; er meint, es sei halb hoch=
müthig, halb demüthig, halb stilisirt, halb Aktengewäsch. Jahre
vergehen, ehe die Besetzung der Stelle erfolgt, endlich wird
ihm mitgetheilt, daß sie ein anderer Bittsteller erhalten habe,
der zwar mit manchem Empfehlungsbriefe ausgestattet war,
nicht aber mit jenem wissenschaftlicher Leistungen. Ein solcher
hatte damals wenig Werth, weckte sogar Verdacht, zumal
in diesen Tagen Dinge, die bisher mit Isisschleiern bedeckt
waren, an das Licht der Oeffentlichkeit gezogen wurden. Gelehrte
und Dichter wurden strenge überwacht, besonders die letzteren.
War es doch die Poesie, welche zuerst in offene Opposition
gegen das System trat, denn was alle geheimen Broschüren,
welche sich aus dem vormärzlichen Oesterreich den Weg ins
Ausland gebahnt hatten, von den drückenden Verhältnissen im
Vaterlande brachten, sie hatten insgesammt nicht die Wahrheit
so gewaltig und wuchtig verkündet, als der Dichter der
»Spaziergänge« und des »Schutt«, Anastasius Grün, dem der
Dichter der Ahnfrau 1834 mit Begeisterung zurief:

Kämpfst für Wahrheit und für Recht
Schau! Es sehn auf dich die Ahnen
Und erkennen ihr Geschlecht!
Also bleib' am Rechten hangen
Und ob dich die Welt verläßt,
Sie dich ausspäh'n, binden, fangen,
Halte du am Glauben fest.

Mit Ergebenheit in sein Schicksal war Grillparzer wieder
zu den Akten zurückgekehrt, die ihm — wie in der Selbst=
biographie zu lesen ist — täglich widerlicher wurden, indeß
sie ihn anfangs wenigstens historisch interessirt hatten. Zehn
Jahre später mißlingt der zweite Versuch, als er um die
Stelle eines ersten Custos an der Hofbibliothek ansuchte, die
damals der Freiherr Münch=Bellinghausen erhielt. Seither
schrieb er kein Bittgesuch mehr, außer das um seine Pen=
sionirung. Still und zurückgezogen wirkte er im Archive
weiter, in den Mußestunden eifrig mit dem Lesen guter Bücher
beschäftigt. Der Dichter Grillparzer war vergessen worden, zu

einer Zeit, in der Saphirs feile Feder klingende Anerkennung
aus öffentlichen Mitteln fand. Damals (1845) schrieb Castelli
an Eduard Boas: »Grillparzer ruht auf seinen Lorbeeren und
arbeitet gar nichts mehr, Zedlitz ist bei der Staatskanzlei an=
gestellt und sein dicker Körper, verbunden mit einem Sybariten=
leben, macht ihn für Alles indolent. Anastasius Grün lebt auf
seinem Gute in Krain und kümmert sich nur um die Wirth=
schaft. Die meisten Uebrigen sind durch Censur und geistigen
Druck so disgustirt, daß sie die Federn ruhen lassen. Es ist
ein wahrer Jammer!« Und doch dämmerte es zu dieser Zeit
bereits in Oesterreich, und gewann das Streben nach Reformen
sogar in solchen Schriften Ausdruck, welche mit Unterstützung
der Regierung verfaßt wurden. Damals schrieb der Statistiker
Becher in der von dem Minister Kübeck geförderten Schrift
über die Bevölkerungsverhältnisse Oesterreichs unter Anderem,
»man könne nicht leugnen, daß der geringste Theil der in
jeder Volksmenge der verschiedenen Provinzen liegenden körper=
lichen und geistigen Kräfte weder hinreichend geweckt, noch
weniger aber zur entsprechenden Ausbildung gebracht worden
sei«. In zahllosen Broschüren aus Oesterreich wurde gemeldet,
daß das Volk auf ganz anderen Wegen sei, als dies vor zehn
Jahren der Fall war; man huldige dem Fortschritte und
glaube nicht mehr an das, was von oben herab als Glaubens=
regel aufgestellt werde. In der That, die Geister regten sich
in allen Kreisen der Wiener Gesellschaft. »Die politische Idee«
— schreibt Bauernfeld in seinem Tagebuche — »kommt nach
und nach, die Regierung muß nachgeben.« Das hatte allerdings
noch seine Zeit, man hielt in den leitenden Kreisen treu
an dem Grundsatze der Bevormundung fest und ging sogar
daran, einen officiellen Mittelpunkt für die Wissenschaft zu schaffen.
Dieser feste Punkt sollte die Akademie der Wissenschaften sein,
welche am ersten Pfingsttage des Jahres 1846 gegründet
wurde. Wie man aber die Freiheit des Geistes auffaßte, erhellt
schon daraus, daß in der »Wiener Zeitung« aus der Eröffnungs=
rede jene Stelle fehlte, in welcher die Nothwendigkeit der Censur=

aufhebung betont wurde. Begreiflich! denn am Tage vorher hatte ein anderes Institut seine Wirksamkeit begonnen: das oberste Censurcollegium! In der Liste der Akademiker stand auch der Name Grillparzers. Wie er über dieses Zeichen »einer wohlwollenden Vorsorge« dachte, ist bekannt; er hat damals ein Ablehnungsschreiben entworfen, in welchem er sich eine Belohnung des »Litteraten« gehorsamst verbat.

In dieser verbitterten Stimmung ist Franz Grillparzer in die neue Zeit geschritten, die ihn als einen der Besten Oesterreichs begrüßt, die den Namen des Dichters zu Ehren gebracht und die den Schuldbrief vergangener Jahrzehnte getilgt hat. Wie ihn die Begebenheiten des Jahres 1848 berührten, darüber hat er uns ausführliche Aufzeichnungen hinterlassen, worin er auch die Gründe mittheilte, weshalb er zur Passivität verdammt war. Sein Gedicht: »Mein Vaterland«, in dem er Oesterreich auf seinen neuen Wegen freudig begrüßte und zugleich warnte, ist von Stürmern wie von »Gutgesinnten« mit Freude aufgenommen worden. Zwar an Vorwürfen, sich an der Revolution nicht activ betheiligt zu haben, fehlte es nicht, aber die Gegner wagten es nicht, an seiner wahren Liebe zum Vaterlande zu zweifeln; sie nannten ihn einen »Schwarzgelben« und hatten damit das Richtige getroffen. Denn wie im Vormärz ist Grillparzer auch in der neuen Aera »ein echter Oesterreicher durch und durch« geblieben, wofür sein schönes Gedicht: »An Radetzky« das beste Zeugniß gibt. Kein Makel der Reaction hat je seinen Sinn für wahre Freiheit befleckt; wo er war, war Licht. Man hat ihm 1850, »als dem vaterländischen Dichter, welcher durch die Erzeugnisse seiner Muse so mächtig zur Volksveredlung beigetragen«, den Antrag gemacht, als Beirath bei der Theatercensur zu wirken, er hat aber, in Hinsicht auf den Ausnahmszustand, mit dem Bemerken abgelehnt, »nur im Stande zu sein, den Eindruck zu beurtheilen, den ein Bühnenwerk auf die gewöhnlich normale Bevölkerung ausüben könne, nicht aber den Eindruck von Bühnenwerken auf eine in Ansicht und Gesinnung geänderte Bevölkerung«.

Man fühlte den Stachel und gab es auf, den Namen des großen österreichischen Dichters mit dem Bach'schen Theatergesetze in Verbindung zu bringen. Dagegen sind ihm zu dieser Zeit so viele wirkliche — wie er selbst bemerkt — nicht unverdiente Ehren zu Theil geworden, daß er sich fast erdrückt fühlte. Kaiser Franz Joseph hatte ihm den Leopoldsorden verliehen, die Armee durch Schwarzenberg und Heß einen Prachtpokal überreichen lassen, Radetzky ihm zugerufen, daß ohne den geweihten Sänger der Krieger Nichts sei, Erzherzog Maximilian einen Lorbeerzweig mit einigen Strophen wahrer Begeisterung gesendet. Kein Dichter war vordem so geehrt worden wie Grillparzer, dem, als er 1856, nach dreiundvierzigjährigem Wirken, aus dem Staatsdienste schied, über einen warmen Vortrag des Finanzministers Bruck abermals ein Beweis der kaiserlichen Anerkennung zu Theil wurde. Noch eine Reihe anderer Ehren sind ihm späterhin erwiesen worden bis zu seinem achtzigsten Geburtstage, an welchem dem greisen Dichter wohl jeder Zweifel weichen mußte, daß man in Oesterreich wieder singen und sagen könne.

Wien, im Januar 1892.

Carl Glossy.

I.
Aktenstücke.

I.

Grillparzer an die n.-ö. Regierung.¹)

[1809.]

Hochlöbliche K. K. N. Ö. Regierung!

Der Unterzeichnete ist durch den Tod seines Vaters²) in die Nothwendigkeit versetzt, sich den Unterhalt durch seine Arbeit in einem öffentlichen Amte zu verschaffen: da er nun dadurch in dem zum Genuß der Stipendien vorgeschriebenen Besuche der Vorlesungen natürlicher Weise verhindert ist, so bittet derselbe,

Eine Hochlöbliche k. k. n. ö. Regierung geruhe, in Rücksicht auf den Zustand des Unterzeichneten, da es ihm nämlich unmöglich fällt, sowohl die Kollegien ordentlich zu besuchen, als nach Verlust seines Stipendiums sich zu erhalten, indem er durch das ihm betroffene Unglück in eine ganz hilflose Lage versetzt ist, demselben den ferneren Genuß des von ihm bezogenen Stipendiums auch nunmehr, da er den öffentlichen Vorlesungen nicht beiwohnen kann, zu bewilligen.³) Der Unterzeichnete glaubt auf die Gewährung dieser seiner Bitte um so gewisser hoffen zu dürfen, da er sich durch seine bisherige Verwendung in den Studien vielleicht einer solchen Begünstigung einigermaßen würdig gemacht hat.⁴)

Wien, den 2ten Dezember 1809.

Franz Grillparzer,
Hörer der Rechte im 3ten Jahrgange.⁵)

II.

Grillparzer an den Obersthofmeister Ferdinand Fürsten zu Trauttmannsdorff.¹)

[12. Jänner 1811.]

Durchlauchtigster Fürst!
Gnädigster Herr!

Die bekannte Güte, mit der Euere fürstliche Gnaden das Gesuch jedes Impetranten anzunehmen, und, nach Beschaffenheit der Umstände, auch zu erfüllen gewohnt sind, gibt mir den Muth, Hochderenselben meine Bitte um Anstellung als unentgeltlicher Koncepts=Praktikant bei der K. K. Hofbibliothek unterthänigst zu Füßen zu legen.

Die Gründe, mit denen ich meine Bitte zu unterstützen denke, lege ich, in folgenden drei Punkten zusammengefaßt, Eurer fürstlichen Gnaden Beurtheilung vor:

1tens habe ich seit meiner ersten Jugend den Wissenschaften unausgesetzten Fleiß gewidmet, und in denselben vielleicht nicht ganz unbedeutende Kenntnisse erworben. Von der Wahrheit dieses meines Vorgebens mögen die beigeschlossenen Atteste zeugen.

2tens Da bei der Besetzung der angesuchten Stelle auf die Kenntniß fremder Sprachen Rücksicht genommen werden dürfte, so halte ich es nicht für überflüssig beizufügen, daß ich die lateinische, französische und italienische Sprache vollkommen verstehe, wohl auch, wenigstens nach einiger Uebung, in denselben Aufsätze zu machen im Stande wäre, nebstdem aber auch Kenntnisse in der spanischen und englischen Sprache besitze.

3tens endlich glaube ich Eure fürstliche Gnaden versichern zu dürfen, daß, wenn Hochderoselben Wahl auf mich fallen sollte, mein eifrigstes Bestreben dahin gehen sollte: durch unabläßige Verwendung und Diensteifer zu beweisen, daß Eure

fürstliche Gnaden Ihre Gnade an Keinen Unwürdigen ver=
schwendet haben.

Euer fürstlichen Gnaden

unterthänigst gehorsamster

Franz Seraphin Grillparzer.

III.

Bericht des Hofbibliotheks=Päfecten Grafen Ossolinski an den Fürsten Trauttmannsdorff.[1]

[29. April 1811.]

Je genauer ich den Zustand der kaiserlichen Hofbibliothek kennen lerne, und die Arbeiten in Erwägung ziehe, welche alle zu unternehmen nothwendig sind um die Kataloge sowohl in alphabetischer Ordnung als nach jener der Materien zu verfassen,[2] deren Verfertigung mit jedem Tage dringender wird, und andrerseits mit Freuden bemerke, mit welchem Eifer sich junge Leute herbeylassen um selbst ohne einer Aussicht auf eine nahe Beförderung an den nöthigen Arbeiten zum Behuf dieser kaiserlichen Hofbibliothek Theil zu nehmen und unentgeltlich dabey verwendet zu werden, so sehe ich mich aus Veranlassung der herabgelangten Bitte des Franz Krillparzer[3] als Konzepts Praktikant bei der Hofbibliothek angestellt zu werden neuerdings genöthigt E. E. zu bitten bey Sr. M. sich gütigst dahin verwenden zu wollen, damit der Hofbibliothek vier Praktikanten zur Aushülfe aufzunehmen allergnädigst gestattet werden möchte. Was den besagten Bittsteller Franz Krillparzer betrifft so glaube ich, daß nachdem alle seine Zeugnisse sowohl in Ansehung seiner wissenschaftlichen Verwendung als seiner sittlichen Aufführung einstimmig ein besonderes Lob aussprechen, und ich ihn selbst empfehlenswerth gefunden habe, demselben allerdings der Zutritt in diese k. k. Hofbibliothek als Konceptspraktikant gestattet werden könnte.

IV.

Grillparzer an den Fürsten Trauttmannsdorff.

[1811.]

Durchlauchtigster Fürst, gnädigster Herr!

Schon unterm 12. Jänner hatte ich die Gnade, Euer Durchlaucht ein Gesuch um Anstellung als Concepts Praktikant bei der k. k. Hofbibliothek zu überreichen, ein Gesuch, auf welches ich bisher die gnädigste Entscheidung vergebens erwartete. Vielleicht ziemte es mir, schweigend zu erwarten, was Euer Durchlaucht über mich beschließen; und auch nur die Besorgniß eines etwaigen Verlustes meiner Bittschrift, verbunden mit der Unmöglichkeit, in meiner Lage unter diesen Umständen länger über mein Schicksal in Ungewißheit zu sein, konnte bei mir die Furcht überwiegen, Euer Durchlaucht beschwerlich zu fallen.

Daher wage ich es, meine vorige Bitte um Anstellung als Konzeptspraktikant bei der k. k. Hofbibliothek zu wiederholen, indem ich die nämlichen Gründe beifüge, mit denen ich schon das erstemal mein Gesuch begleitete.

1. Habe ich die philosophischen und juridischen Studien vollendet und darin vielleicht nicht ganz unbedeutende Fortschritte gemacht, wie meine Zeugnisse, die zwar gegenwärtig nicht in meinen Händen sind, aber meiner ersten Bittschrift beilagen, beweisen.

2. Möchte nicht überflüssig sein zu erwähnen, daß ich mich auch auf die Erlernung fremder Sprachen gelegt, von denen ich die französische und italienische vollkommen, die englische und spanische aber wenigstens insoweit, als es die eigentlichen Bibliotheksgeschäfte erfordern, verstehe.

Wenn endlich Liebe zu dieser Art der Beschäftigung, warmer Diensteifer, Redlichkeit und Treue des Bittenden Eigenschaften sind, die E. D. Wahl bei Besetzung dieser Stelle leiten, und wer kennt Euer Durchlaucht und zweifelt daran, so darf ich in froher Erwartung hoffen, keine Fehlbitte gethan zu haben.

Euerer Durchlaucht
unterthänigster
Grillparzer.

Wien, 4. Oktober 1811.

V.

Graf Ossolinski an den Fürsten Trauttmannsdorff.

[18. Dezember 1811.]

Il a plu à V. A. de me communiquer la Supplique cy-jointe de M. Grimbitzer [Grillpatzer]*) qui demande d'être placé à la Bibliothèque Impériale. [Ayant] déjà fait un rapport [le 29 d'Avril 1811] sur une demande pareille du même Mr. Grimbatzer[1]) dans le quel j'étois d'avis qu'il conviendroit de le placer comme pratiquant et [ayant joint] à ce rapport les temoignages avantageux qu'il a en sa faveur, je ne puis ajouter à tout cela sinon, que par des notices recueillies postérieurement sur son compte, je me suis d'autant plus persuadé que c'est un jeune [homme] qui a le goût du travail, [un penchant] décidé pour les études qu'exige la Bibliothèque et que [par] conséquent il pourroit être d'une grande utilité [pour cet institut].[2])

V. A. permettra que je prenne la liberté de [lui] rappeler à cette occasion la proposition que par mon zèle pour la Bibliothèque et le besoin du service de S. M. j'avois presenté dans deux mémoires [le 22 Dec. 1810 et le 29 Avr. 1811] sur lesquels il ne m'est point parvenu de resolution; c'est celle [de recevoir] à la Bib-

---

*) Die Worte in eckigen Klammern sind von anderer Hand nachgetragene Correcturen.

liothèque des pratiquants gratuits qui pourroient être employés sous la direction d'un garde et d'un écrivain de la Bibliothèque à la confection d'un Catalogue par ordre de matières.

Je supplie V. A. d'être convaincu que sans un catalogue pareil il est impossible d'avoir une connoissance parfaite de la Bibliothèque, de la compléter par des livres essentiels pour chaque branche des sciences et de la littérature, ainsi que de la rendre utile aux autheurs qui [dans les recherches nécessaires à leurs élaborations veulent connoître] les ressources que la Bibliothèque peut leur offrir.

Qu'il plaise de plus à V. A. de se rappeler que la Bibliothèque avoit autrefois des Amanuenses qui [successivement n'ont plus été remplacés d'où il est résulté une] diminution du personel.

Les autres raisons sur lesquelles j'appuie ma proposition pour l'admission des Pratiquants à la Bibliothèque, sont:

1. Qu'un tel emploi occuperoit utilement la jeunesse en l'arrachant à l'oisiveté et à la dissipation.

2. Que cela formeroit pour l'avenir une bonne Pépinière de sujets capables non seulement pour le service de la Bibliothèque Impériale, mais encore pour être employés dans celles des provinces.

3. Qu'encore cet établissement serviroit de complétement à l'éducation des écoles et fourniroit à ceux qui n'y ont reçu que l'instruction générale le moyen de pousser plus loin leur connoissance et [d'acquérir des] notices des bons livres.

D'ailleurs cet établissement si utile ne coûteroit guères à l'état. Il y a nombre de jeunes gens qui recherchent le placement dans la Bibliothèque sans aucune vue d'intérêt pécuniaire. On pourroit d'ailleurs les encourager encore par différents avantages peu dispendieux p: e: en les assurant que les années de service [en entrant] dans [une autre] carrière quelconque dateroient du tems de leur admission à la Bibliothèque et que des attestats sur leurs progrès et leur bonne conduite [leur serviroient] de recommandation.

Je connois trop le zèle de V. A. pour le bien publique et la supériorité de ses [lumières] pour que je croie devoir] insister [encore davantage] que V. A. veuille bien apprécier auprès de S. M. cette proposition ainsi que de solliciter sa gracieuse résolution sur mes mémoires antérieurs à ce sujet.

VI.

Grillparzer an den Fürsten Trauttmannsdorff.

[17. Februar 1813.]

Durchlauchtigster Fürst!
Gnädigster Herr!

Eure Durchlaucht werden mir die Kühnheit verzeihen, mit der ich es wage, eine Sache, über die Sie schon zweimal die Gnade hatten, einen Vortrag an Seine Majestät zu erstatten, noch einmal vor Ihre Augen zu bringen.

Schon im Jahre 1810 überreichte ich ein Gesuch um Anstellung als Koncepts-Praktikant bei der K. K. Hofbibliothek und wiederhohlte dasselbe im Jahre 1811. Aber beide Mahle harrte ich vergebens einer entscheidenden Antwort: (Durch welchen Zufall dieß geschah ist mir kaum erklärbar, da zu gleicher Zeit Herr Baron von Leikam ohne Schwierigkeit in derselben Kathegorie angestellt ward.)[1]) Ich sehe mich daher genöthigt mein Gesuch um Anstellung als Koncepts-Praktikant bei der K. K. Hofbibliothek zu wiederhohlen, und dasselbe der vielvermögenden Gnade Eurer Durchlaucht zu empfehlen, überzeugt, daß es nur ein Wort aus Ihrem Munde bedarf, um mich ans Ziel meiner Wünsche zu bringen.

Ich nehme mir die Freiheit die Gründe, auf welche ich mein Gesuch zu stützen glaube, zu wiederhohlen:

1tens habe ich die juridischen Studien vollendet; mit einem Fortgange, den ich ohne Selbstlob gut nennen kann. Die Beweise hievon, meine Studienzeugnisse, lagen meinem ersten Gesuche bei, sind daher gegenwärtig nicht in meinen Händen.

2tens Verstehe ich nebst der Französischen und Italienischen auch die Englische Sprache.

3tens Ist durch den Austritt des Herrn Barons von Leikam, der zugleich mit mir im Jahre 1810 eine Praktikantenstelle ansuchte, und sie ohne Schwierigkeit erhielt, dieser Platz bei der k. k. Hofbibliothek erledigt.

Wenn endlich Fleiß und Liebe zur Sache und Redlichkeit einen Anspruch auf diese Stelle geben können, so darf ich mir im Voraus schmeicheln, keine Fehlbitte gethan zu haben. Eure Durchlaucht können dem Personale der K. K. Hofbibliothek leicht ein fähigeres, aber unmöglich ein eifrigeres Mitglied geben, als mich: Durch den Gedanken an Euer Durchlaucht allbekannte Güte mit Hoffnung erfüllt, bin ich mit der tiefsten Ehrfurcht

Euer Durchlaucht

unterthänigster Diener
Franz Serafin Grillparzer.

VII.

Decret des Obersthofmeisteramtes an den Grafen Ossolinski.

[1813.]

Über ein wiederholtes Gesuch des Franz Seraphin Grillparzer, um Anstellung als Praktikant bei der k. k. Hofbibliothek, hat man Sr. Majestät den Antrag des k. k. Hofbibliothekpräfecten Herrn Grafen von Ossolinsky vom December 1810, wegen Aufnahme solcher Praktikanten, in gnä=

digste Erinnerung gebracht; worüber Allerhöchstdieselben einstweil mündlich zu erlauben geruheten, obgenannten Bittsteller als unentgeltlichen Praktikanten bei diesem Institute anzustellen.¹)

Der k. k. Hofbibliothekpräsekt Herr Graf von Ossolinsky wird daher dem Franz Seraphin Grillparzer hierüber ein Dekret ertheilen, und denselben in Eid und Pflicht nehmen; doch muß in dem Dekrete ausdrücklich enthalten seyn, daß diese Anstellung nicht, als eine Expektanz auf eine wirkliche Hofbibliothekbedienstung zu betrachten sey, noch demselben einigen Anspruch auf einen Gehalt, ein Adjutum, oder auf Emolumente geben könne.²)

Vom k. k. Obersthofmeisteramte.

Wien, den 19. Hornung 1813.

Freyherr v. Löhr.³)

VIII.

Graf Ossolinski an Grillparzer.

[1813.]

Unter dem 19. dieses Monats hat der Unterzeichnete von dem k. k. Obersthofmeisteramte das Intimat erhalten, daß Seine k. k. Majestät über ein wiederholtes Gesuch desselben um eine Praktikantenstelle bey diesem Institute einstweilen mündlich allergnädigst zu erlauben geruhet haben: denselben als unentgeltlichen Praktikanten bey diesem Institute, jedoch mit dem Beysatze unter Eidespflicht anzustellen: »Daß diese Anstellung nicht als eine Expectanz auf eine wirkliche Hofbedienstung zu betrachten sey, noch demselben einigen Anspruch auf einen Gehalt, ein Adjutum, oder auf Emolumente geben könne,« welches demselben hiermit zur angenehmen Wissenschaft mit der Versicherung bekannt gemacht wird, daß der Unterzeichnete es zum besonderen Augenmerk nehmen wird, auf die Verdienste, welche sich derselbe als Practicant bey dieser k. k. Hofbibliothek erwerben wird, stets den wohlwollendsten Be-

dacht zu richten, und jede Gelegenheit, ihn der allerhöchsten
Gnade Seiner k. k. Majestät, und dem Schutze Seiner fürstlichen
Gnaden, dem k. k. ersten Obersthofmeister bestens zu empfehlen,
ergreifen wird. Den Tag, an welchem der Unterzeichnete den=
selben aufgetragener Maßen in Eid und Pflicht zu nehmen
hat, wird demselben nachträglich anberaumt werden.¹)

Wien den 26. Februar im Jahre 1813.

Ossolinski.

IX.
Graf Ossolinski an Grillparzer.¹)

[1813.]

Monsieur

J'ai reçu en son temps la lettre que vous m'avez
adressée sous la date du 25 du mois passé. Considérant les
raisons sur lesquelles vous fondez votre demande, et toujours porté à vous donner des marques de ma bienveillance,
je n'hésite pas de vous accorder la prolongation de congé
que vous désirez, espérant que, de retour à Vienne, vous
continuerez à vaquer aux affaires de la Bibliothèque avec
le même zèle que je vous connois déjà, et que vous y
avez toujours montré. Au reste soyez persuadé que je
ne manquerai jamais l'occasion pour vous être utile et
que je saisirai avec un véritable plaisir celle de vous
placer, aussitôt que les circonstances me le permettront.

Je vous prie, Monsieur, de présenter mes respects
à Mr. le comte de Seilern, et de l'assurer de mon ardeur
à satisfaire ses désirs avec toute la complaisance dont je
me sens capable

Je suis avec bien de l'estime

Monsieur

Votre très affectionné
Ossolinski

à Vienne le 13 Octobre 1813

X.
Grillparzer an die Banco-Hofdeputation.
[1813.]

Hochlöbl: Ministerial-Banco-Hofdeputation!¹)

Unterzeichneter bittet unterthänigst ihm eine Concepts=practicantenstelle bei der Löbl. k. k. Bancalgefällen=Administration in Oesterreich unter der Enns gnädigst zu ertheilen.²)

Er ist zwar als Conceptspracticant bey der k. k. Hof=bibliothek angestellt, glaubt aber nützlicher auf obige Art ver=wendet werden zu können, nachdem er laut Absolutoriums die ganze Rechtswissenschaft mit gutem Fortgange absolvirt hat.

Nur unterfängt er sich seiner obigen Bitte noch die weitere hinzuzusetzen, daß er bei der Examinatur³) verwendet werde, weil er glaubt, in diesem Fache mit seinen Kenntnissen aller Theile des Rechtes bessere Dienste leisten zu können, als bey einer anderen Abtheilung der Löbl: Bancalgefällenadmi=nistration, und weil, dem Vernehmen nach, bei dieser Abthei=lung Mangel an Bittwerbern ist.

Wien den 26. November 1813.

F. S. Grillparzer.

XI.
Zeugniß des Hofbibliotheks-Präfecten Ossolinski.
[1813.]

Daß Herr Franz Grillparzer vom 16. Februar bis 15. Dezember 1813 bey dieser k. k. Hofbibliothek als beeideter Conzepts=Praktikant Dienste geleistet und während dieser Zeit sehr geschickt und fleißig sich bezeuget, auch sonst sich sehr be=scheiden verhalten habe, wird hiermit bezeuget und bestättiget.

Wien den 20. Dezember 1813.¹)

Von der k. k. Hofbibliothek:

Ossolinski.

XII.
Graf Ossolinski an Grillparzer.

[1813.]

Da derselbe, dem Vernehmen nach, als **Practikant** bey der k. k. Hofkammer eingetreten ist;[1]) mit der von Allerhöchsten Orten aber allgemein eingeführten Ordnung es sich nicht vereinbaren läßt, daß ein Individuum der k. k. Hofbibliothek bei einer anderen Stelle angestellt sey; bey Ersterer aber immer noch als ein dazu gehöriges Mitglied betrachtet werden, und bey etwa sich ergebender Apertur sogar Ansprüche auf die Einrückung machen wollte, welches aller Gerechtigkeit zuwiderliefe; so wird derselbe, binnen fünf Tagen seine resignirende Aeußerung an diese k. k. Hofbibliothek einreichen; widrigen Falls man genöthiget wäre, die Anzeige höheren Orts zu machen.[2])

Wien den 10ten Januar 1814.

Ossolinski.

XIII.
Bericht der Bancal-Administration über Grillparzers Dienstleistung.

[1814.]

... Franz Grillparzer ist den 16. Hornung 1813 in der Hofbibliothek als Koncepts-Praktikant und den 20. Dezember 1813 bey dieser Administration als Manipulations-Praktikant eingetreten, er dient also bey der hierortigen Administration über 10 Monathe, und in allem also über 1 Jahr und 9 Monathe unentgeldlich. Er hat laut beygebrachten Zeugniß die juridischen Studien durchaus mit Vorzug zurükgelegt.

Von Seite der k. k. Hofbibliothek, wird ihm rücksichtlich seines Fleißes, seiner Geschiklichkeit, und seines moralischen Betragens das beste Zeugniß ertheilt.

Bey seinem Eintritt zur hierortigen Dienstleistung, wurde er Anfangs beym Expedit, dann beym Protokoll, bey dem Hauptaufschlags, bey dem Hauptzollamt, endlich bey der Examinatur verwendet, und gegenwärtig ist er dem Kontrebands-Referenten zur Dienstleistung zugewiesen.

Seine Geschicklichkeit, seine leichte Fassungskraft, und sein anhaltender Fleiß, verbunden mit einer besonderen Neigung für die Bankal-Geschäfte, haben ihn in den Stand gesetzt, daß er bei der heute mit ihm vorgenommenen Prüfung, über die sich gesammelten Kenntnisse des Geschäftsganges, und der so mannigfältigen Manipulations Gegenstände, sehr gut bestanden.[1]

Grillparzer ist übrigens ein wohlgesitteter junger Mann, welcher in balden sich zu einem guten, und allenthalben brauchbaren Bankalbeamten ausgebildet haben wird.

In diesem Anbetracht, und weil er schon über 10 Monathe hierorts unentgeldliche Dienste geleistet hat, wird er für die erledigte erste Koncepts-Praktikantenstelle in unmaßgebigen Vorschlag gebracht.[2]

Wien, am 7. November 1814.

Bernard von Anders.[3]

XIV.

Decret der Bancal-Administration an Grillparzer.

[1814.]

Die hohe Hofstelle hat unterm 23. v. M. auf den von hierorts erstatteten Vorschlag Demselben die erledigte erste hierortige Konzepts Praktikantens-Stelle, in Rücksicht seiner bisherigen guten und fleißigen Verwendung, mit dem Beisatze zu verleihen geruht, daß demselben, nach der bestehenden Vorschrift, das Adjutum erst nach der bestandenen sechs monathlichen Prüfungszeit werde angewiesen werden.

Welches Demselben zu seiner Legitimation mit dem Auftrag bedeutet wird, daß sich Derselbe wegen Ablegung des neuen Diensteides sich bei dieser k. k. Bancal Gefällen Administration geziemend zu melden habe.[1]

Die Beilagen seines dießfälligen Gesuches werden hier zurückgeschlossen.

Bern. Ritter v. Anders.   Joh. Heyßler.[2])

Von der k. k. u. ö. Bancal Gefällen Administrazion
Wien den 4. Dezember 1814.

Karl Leonardi.[3])

XV.
Decret der Bancal-Administration an Grillparzer.

[1815.]

Demselben wird nachträglich zu dem hierortigen Dekret vom 4. Dezember v. J. zu seiner Wissenschaft und Legitimazion bedeutet, daß die hohe Hofstelle unterm 4. d. M. geruhet habe, demselben nunmehr auch das Adjutum jährl. dreihundert Gulden gnädigst zu bewilligen, daher auch unter einem die hierortige Hauptkasse den Auftrag erhält, dieses Adjutum demselben vom 7. Dezember v. J. anfangend, als den Tag des abgelegten Eides, gegen Quittung zu erfolgen.[1])

Bernard Ritter v. Anders.   Joseph Freyh. v. Stegnern.

Von der k. k. nö. Bancal Gefällen Administration.
Wien den 14. Januar 1815.

Karl Leonardi.

XVI.
Grillparzer an die Banco-Hofdeputation.

[1815.]

Hochlöbliche k. k. Ministerial Banco Hof Deputation!

Der Unterzeichnete bittet gehorsamst um Verleihung einer Conceptspraktikanten Stelle bei dieser hochlöblichen Hofstelle.[1]) Er dient bereits durch 14 Monathe und zwar vom 23. November v. J. an als Conceptspraktikant, bei der n. ö.

Bankal Administration, und die Zufriedenheit seines Vorgesetzten gibt ihm das Zeugniß, daß er während dieser Dienstzeit eifrig und nicht ganz ohne Erfolg, bemüht war, die Pflichten seines bisherigen Dienstverhältnisses zu erfüllen und sich für ein künftiges vorzubereiten.

Er hält es schließlich nicht für überflüßig anzuführen, daß er Vorkenntniße in der Italienischen Sprache besitzt, die, wenn sie ihm auch auf der Stelle nicht für das Geschäft eines Concipienten in dieser Sprache tauglich machen, ihm doch in dem gegenwärtigen Zeitpunkte einen höheren Grad von Brauchbarkeit geben dürften.

Wien am 4. Februar 1815.

Franz Grillparzer,
1. Concepts Praktikant bei der n. ö. B. G. Administration.

XVII.
Bericht der Bancal-Administration über Grillparzer.
[1815.]

In Gemäßheit des hohen Auftrages vom 7. v. M. soll sich diese gehorsamste Abmaon über das anbeiliegende Gesuch des hierortigen ersten Konzepts Praktikanten Franz Grillparzer, um Verleihung einer Konzepts Praktikanten Stelle bei Einer Hochlöbl. Hofstelle, rücksichtlich der Fähigkeiten, Verwendung und Moralität des Bittstellers unverweilt äußern. Die gehorsamste Administration kann sich hier nur auf die, wegen dieses Bittstellers unterm 7. November und 21. December v. J. erstatteten Berichte in Ehrfurcht beziehen.

Alles was damahls zum Lobe dieses jungen Mannes angeführt wurde, kann man gegenwärtig nur neuerdings bestättigen, er hat die juridischen Studien mit sehr gutem Erfolge absolvirt, er dient bereits über 2 Jahre unentgeltlich und während seiner hierortigen Dienstleistung hat er hinlängliche Beweise seiner guten Moralität, seines besonders Fleißes im höchsten Dienst, und bei der mit ihm abgehalten strengen Prüfung Beweise der sich erworbenen Kenntniß der verschiedenen Manipulations Gegenstände an Tag gelegt. Derselbe wurde bey verschieden der hierortigen Branchen und daher auch durch einige Zeit bei der Examinatur verwendet, und ob er gleich bey selber sehr gut arbeitete und bey der Examinatur nach dem Abgange des vormaligen Konzepts Praktikanten v. Wiesenthal zur böhm. Administration eine Aushilfe so dringlich nothwendig wurde, so hat er doch von diesem Geschäfte abgezogen werden müssen, weil wegen Schwäche der Brust das viele Reden seiner Gesundheit nachträglich war,[1]) und er wird gegenwärtig bey dem Kontreband Referenten verwendet.

Wien 19. Februar 1815.

XVIII.
Decret der Hofkammer an Grillparzer.

[1815.]

Man hat beschloßen, demselben zum Concepts-Practikanten bey dieser k. k. allgemeinen Hofcammer zu ernennen. Dieses wird demselben zur Wißenschaft mit dem Beisatze bekannt gemacht, daß sich derselbe wegen Ablegung des Diensteides, an welchem Tage das Adjutum von vierhundert Gulden unter Einem bei dem Universal-Kammeral-Zahlamte angewiesen wird, bei der Kanzellei Direktion dieser k. k. allgemeinen Hofkammer gehörig zu melden habe.[1])

Wien am 2. März 1815.

Herberstein-Moltke.[2])

Josef von Fritz.[3])

XIX.

Grillparzer an den Hofkammer-Präsidenten Grafen Chorinsky.¹)

[1818.]

Eure Exzellenz!

Auf Anrathen der Ärzte muß der Unterzeichnete, zur Herstellung seiner sehr angegriffenen Gesundheit eine länger fortgesetzte Badekur gebrauchen.²) Zu diesem Ende wagt derselbe, Eure Exzellenz um Ertheilung eines achtwochentlichen Urlaubs zu bitten, den er, im Gewährungsfalle, mit Anfang des kommenden Monaths Juni anzutreten gedächte.

Eure Exzellenz dürften sich übrigens um so mehr bewogen finden, auf gegenwärtiges Urlaubsgesuch gnädige Rücksicht zu nehmen, als es das erste im Laufe seiner bisherigen Dienstzeit ist.³)

Franz Grillparzer
Konzepts-Praktikant der k. k. allg. Hofkammer.

Wien am 4. Mai 1818.

XX.

Graf Chorinsky an Grillparzer.

[1818.]

In Erledigung Ihres Gesuches vom 4. d. M. ertheile ich Ihnen zum Gebrauch der Ihnen von den Aerzten zur Wiederherstellung Ihrer Gesundheit angerathenen Badekur den erbetenen Urlaub von acht Wochen, und gestatte Ihnen, solchen mit Anfang des Monats Juny anzutreten; jedoch haben Sie den eigentlichen Tag des Austritts aus der Dienstleistung, so wie in der Folge den Tag des Wiedereintritts in solche, jedesmahl in dem Präsidial-Bureau zur gehörigen Vormerkung anzuzeigen.

Wien den 6. May 1818.

Chorinsky.

XXI.

Decret des Hofkammer-Präsidiums wegen Versetzung Grillparzers in das Bureau des Hofrathes Fuljod. [1)]

[1818.]

Bei der nunmehrigen Einrückung des zum Hofkonzipisten der allg. Hofkammer beförderten Joseph Edlen von Spaun [2]) und des neuernannten Hofkammer-Konzeptspraktikanten Johann Baptist Richter finde ich mich bestimmt, den Hofkonzipisten v. Spaun dem Departement des Herrn Hofraths v. Leicher zuzuweisen, dagegen hat der diesem Departement zugetheilte Konzeptspraktikant Karl Grillparzer,[3]) sobald selber von seinem Urlaub zurückgekehrt seyn wird, in jenes des Herrn Hofraths Fuljod überzutreten. Der Konzeptspraktikant Richter ist endlich einstweilen für die Zeit der Abwesenheit des beurlaubten Hofkonzipisten Freyherrn v. Prandau in der Referatsabtheilung des Herrn Hofrathes von Quiex sich zu verwenden.

Wien, am 22. July 1818.

Ignatz Graf v. Almasy.

XXII.

Grillparzer an den Grafen Chorinsky.

[1819.]

Eure Excellenz!

Traurige Vorfälle verschiedener Art, worunter vor allen der vor Kurzen erfolgte Tod einer geliebten Mutter gehört, haben meine von jeher schwächliche Gesundheit so angegriffen, daß ich mit Besorgniß den traurigsten Folgen entgegen sehen muß.[1])

Die Aerzte halten — wie die Anlage darthut [2]) — eine länger dauernde Reise, vorzüglich in südlichere Gegenden, für das einzige Mittel, meinem Körper und Geiste jene Spannkraft wieder zu geben, durch die allein alles Leben und Wirken bedingt wird, und ich habe mich entschlossen, ihrem

Rathe folgend, den letzten Rest meines durch literarische Arbeiten erworbenen Spargutes auf eine Reise nach Rom und Neapel zu verwenden.

Wie wenig Laune und Zerstreuungssucht an diesem Entschluße Theil haben, zeigt schon ein Blick auf die beträchtlichen Kosten einer solchen Reise, obwohl ich freilich nicht läugnen kann, und will, daß das Verlangen, durch das Berühren jenes klassischen Bodens die durch Unfälle aller Art erschlaffte Kunstthätigkeit in mir wieder zu wecken, mich in der Wahl jenes Reisezieles bestärkte, wenn gleich nicht allein leitete.

Daß zur Ausführung dieses Planes ein gewöhnlicher Urlaub von wenigen Wochen nicht hinreicht, ist wohl schon daraus deutlich, daß beinahe 4 Wochen zur bloßen Fahrt nach Neapel und eben so viel zur Rückkehr erforderlich sind, ohne den Aufenthalt an den merkwürdigsten Orten zu rechnen, der doch eigentlich der Hauptzweck der Reise ist. Es wird nicht leicht Jemandem einfallen, zu einer Reise nach Neapel eine kürzere als 6monathliche Frist zu bestimmen, der Unterzeichnete indeß, seine Dienstverhältnisse ehrend, und bereit seine liebsten Wünsche ihnen unterzuordnen, würde sich mit einem 3monatlichen Urlaube begnügen, um dessen Ertheilung er Eure Exzellenz in Ehrfurcht zu bitten wagt, und den er um so mehr zu erhalten hofft, als seine gegenwärtigen Geschäfte als Konzeptspractikant, obschon für ihn schätzbar und ehrenvoll, doch nicht von der Art sind, daß wegen Supplirung irgend eine Verlegenheit entstehen könnte.

Wien am 13. März 1819.

Franz Grillparzer
Konzepts Praktikant der k. k. allg. Hofkammer.

XXIII.
Vortrag des Grafen Chorinsky an Kaiser Franz.

[1819.]

Eure Majestät!

In dem ehrerbietigst angeschlossenen Gesuche bittet der Hofkammer=Konzeptspraktikant Franz Grillparzer um Ertheilung eines dreimonathlichen Urlaubs zu einer Reise nach Rom und Neapel.[1]

Wichtige Gründe vereinigen sich um diese Bitte zu unterstützen.

Die äußerst schwächliche Gesundheit des Bittstellers wurde neuerlich durch den unlängst erfolgten schnellen Tod seiner Mutter heftig erschüttert und zur Heilung der daraus entsprungenen nachtheiligen Einwirkungen auf seinen Körper findet sein Arzt eine Reise in südliche Gegenden nothwendig, wie dieser in dem bei dem Gesuche befindlichen Zeugniße ausdrücklich bekräftiget.

Außerdem machen die schon erworbenen schriftstellerischen Verdienste diesen jungen Mann einer besonderen Rücksicht würdig.

Die bisher von ihm erschienenen dramatischen Werke haben die allgemeine Aufmerksamkeit im In= und Auslande rege gemacht, und durch einstimmiges Urtheil wurden ihm ausgezeichnete Talente im Reiche der Dichtung zuerkannt. Die ganze litterarische Welt ist auf sein poetisches Wirken gespannt, und nimmt an seiner Person lebhaften Antheil.

Unter solchen Verhältnissen würde es äußerst hart seyn, dem Bittsteller die Gewährung seines Wunsches zu versagen, der selbst, wenn er nicht von Krankheitsverhältnissen gebothen würde, bei ihm in wissenschaftlicher Beziehung die kräftigste Unterstützung verdiente.

Die große Masse an Kunstschätzen u. Alterthümern, die das südliche Italien, die Schule der Künste und Wissenschaften in seinem weiten Schooße birgt, biethet dem Künstler und Gelehrten die reichsten Quellen dar, neue Kenntnisse zu gewinnen und seine Bildung zu vervollkommnen. Es wäre nie zu billigen, einem Manne, den Zutritt zu diesen Reichthümern der Vorwelt zu verschließen, dessen hoher Kunstsinn erprobt ist und bei dem sich von dem Ausfluge in diese Gegenden, von dem eigenen Anblicke der erhabenen Denkmähler der Alten nur die gelungensten Folgen für seine späteren Werke hoffen lassen.

Da nun auch Hofrath v. Fuljod, welchem Grillparzer zugetheilt ist, in der dem Gesuche beigerückten Erklärung dasselbe zur Bewilligung empfiehlt, so nehme ich mir, da der Wirkungskreis die allg. Hofkammer zu solchen Bewilligungen für sich nicht berechtigt, die ehrfurchtsvollste Freiheit Eure Majestät um die a. h. Gestattung dieses 3monathlichen Urlaubes, so wie zugleich um die a. h. Gnade zu bitten, daß Allerhöchstdieselben die huldreiche Bewilligung allerehestens zu ertheilen geruhen wollen, weil dem Bittsteller aus Gesundheits- und oekonomischen Verhältnissen sehr viel daran liegt, seine Reise mit Anfang des nächsten Monathes antreten zu können.

Wien den 16. März 1819.

Chorinsky.[2])

XXIV.

Graf Chorinsky an Grillparzer.

[1819.]

Se. Majestät haben mit a. h. Entschließung vom 25. d. M. den von Ihnen zu einer Reise nach Rom und Neapel angesuchten dreimonatlichen Urlaub zu genehmigen geruht.[1])

Da sie diese Reise, und zwar vorläufig in die inländischen Italiänischen Provinzen bereits den 24. d. M. angetreten haben, so ist von diesem Tage an die Ihnen bewilligte Urlaubszeit in Vormerkung genommen worden.[2])

Ihren Rücktritt zum Dienste nach beendigtem Urlaube haben Sie in dem Präsidialbureau anzuzeigen, um die Vormerkung zu löschen.

Wien den 27. März 1819.

Chorinsky.

XXV.
Grillparzer an den Grafen Chorinsky.

[1819.]

Eure Excellenz!

Meine Gesundheit, weit entfernt durch meinen Aufenthalt in Italien hergestellt worden zu seyn, ist durch den Eintritt der schlimmen Witterung, verbunden mit den Anstrengungen einer wieder aufgenommenen literarischen Arbeit, neuerdings so herabgekommen, daß ich für einige Zeit nicht hoffen kann, mich den Bureau-Geschäften auf ernstliche Art widmen zu können.[1]

Da es nun selbst für den Gang der Geschäfte vortheilhafter ist, daß auf einen Verhinderten lieber einige Zeit gar nicht gezählt werde, als daß, da man auf ihn zählte, sein Theil der Arbeit verzögert werde, so wage ich es, um Verleihung eines dreimonatlichen Urlaubes zu bitten, nach Verlauf welcher Zeit ich zu neuer Dienstleistung bereit zu sein hoffe.

Franz Grillparzer
Konzeptspraktikant.

Wien am 15. Nov. 1819.

XXVI.
Staats-Konferenz- und Finanzminister Graf Stadion an den Grafen Chorinsky.[1]

[1819.]

Eure Excellenz!

Der Konzeptspraktikant Franz Grillparzer hat mich mündlich gebeten, das beigeschlossene an Euere Excellenz gerichtete Gesuch, um Bewilligung eines 3monatlichen Urlaubs zur Herstellung seiner noch immer sehr mißlichen Gesundheit zu unterstützen.

Ich habe mich selbst überzeugt, daß Grillparzer sich in einem Zustande von Kränklichkeit und Reitzbarkeit befindet, welcher ihm ohne Nachtheil für seine Gesundheit nicht gestatten würde, sich ununterbrochen den Dienstgeschäften zu widmen, und daß er noch einige Zeit zu seiner gänzlichen Erholung, Ruhe und Enthebung von seinen Geschäften nöthig hat. Ich erlaube mir daher um so mehr, seine Bitte Euerer Exzellenz zur Gewährung zu empfehlen, als dieser talentvolle junge Mann, der sich im dramatischen Fache bereits rühmlich aus= gezeichnet hat, einer nachsichtsvollen Schonung würdig ist.

Wien den 18. November 1819.

Stadion.

XXVII.
Graf Chorinsky an Grillparzer.

[1819.]

Ich verleihe Ihnen über Ihr mir von dem Herrn Finanzminister mitgetheiltes Gesuch den zur Herstellung Ihrer Gesundheit angesprochenen dreimonatlichen Urlaub, den ich vom Tage der Zustellung dieses Dekretes in der Präsidialkanzlei in Vormerkung nehmen lasse.

Wien den 19 November 1819.

Chorinsky.

XXVIII.
Grillparzer an den Grafen Chorinsky.

[1820.]

Eure Exzellenz!

So sehr auch die Dauer meiner Abwesenheit von den Geschäften der k. k. allgemeinen Hofkammer die Gränzen über=

schreiten mag, die mir Euer Excellenz Gnade anfangs schriftlich, dann mündlich festzusetzen befand; so bin ich doch gegenwärtig in der traurigen Nothwendigkeit, über den bereits genossenen Urlaub eine weitere Verlängerung nachsuchen zu müssen.

Meine Gesundheit, durch die Anstrengungen eines in unabläßlicher Arbeit zugebrachten Winters, herunter gebracht — (Arbeiten deren Ziel Eure Excellenz kennen und gewiß nicht mißbilligen) — meine Gesundheit ist in so schlechtem Stande, daß, nachdem ich die Bemühungen zweyer berühmter Aerzte an meinem Uebel (einer gänzlichen Zerrüttung des Ganglien=Nerven=Systems) scheitern sehen mußte, der zuletzt zu Rath gezogene Doktor u. Professor Isfondink[1]) nur dem Gebrauch der Bäder von Gastein, die mich schon einmal vor 2 Jahren in einer ähnlichen Lage wieder herstellten, noch eine günstige Wirkung zutrauen will.

Der glückliche Zufall, daß eben jetzt der Herr Patriarch von Venedig,[2]) von ähnlichen Leiden zum gleichen Heilmittel getrieben, nach Gastein abzugehen und mich dahin mitzunehmen gedenkt, erlaubt mir an die Unternehmung dieser kostspieligen Reise denken zu können, so daß es hierzu nur noch der Erlaubniß Euer Excellenz bedarf, um die ich hier ehrfurchtsvoll zu bitten wage, zu sehr überzeugt von Euer Excellenz menschenfreundlichen Theilnahme, um nicht mit Zuversicht der gnädigen Gewährung entgegen zu sehen.

Euer Excellenz

unterthänigst gehorsamster

Franz Grillparzer,
Konzeptspraktikant.

Wien am 10. Juli 1820.

XXIX.

Graf Chorinsky an Grillparzer.

[1820.]

Ich bewillige Ihnen aus Rücksicht Ihrer noch fortdauernden kränklichen Verhältnisse die nachgesuchte Verlängerung Ihres Urlaubes auf 2 Monathe die ich von dem Tage der Ausfertigung dieses Dekretes in der Präsidialkanzlei vormerken lasse.

Wien den 15. Juli 1820.

Chorinsky.

XXX.

Graf Chorinsky an Grillparzer.

[1820.]

Da die Frist, für welche ich Ihnen, über die schon früher wiederholt ertheilten längeren Urlaubs-Bewilligungen, unter dem 15. July d. J. neuerlich noch einen Urlaub zum Gebrauch des Bades in Gastein ertheilte, nunmehr schon seit längerer Zeit verflossen ist, Sie aber dessen ungeachtet noch nicht in die Dienstleistung eingetreten sind, ihr längeres Hinwegbleiben von solcher auch nicht entschuldigt haben, so finde ich mich in die unangenehme Nothwendigkeit gesetzet, Ihnen hiemit den Auftrag zu ertheilen, sich über Ihre diesfällige Saumseligkeit schriftlich zu rechtfertigen, und längstens binnen drei Tagen in Ihre Dienstleistung um so gewisser einzutreten, als ich sonst ohne weiters die Sperre Ihres Adjutum-Genusses anordnen würde.[1])

Wien am 4. Oktober 1820.

Chorinsky.

XXXI.

Rechtfertigungsschrift Grillparzers an den Grafen Chorinsky.

[1820.]

Euer Excellenz!

Ich bin mittelst des hohen Präs. Dekretes vom heutigen Tage Z. 2334 aufgefordert worden, mich wegen Überschreitung des am 15. Juli d. J. erhaltenen Urlaubs schriftlich zu rechtfertigen. In Befolgung dieses hohen Auftrags nehme ich mir die Freiheit Folgendes anzuführen.

Als ich aus den Bädern von Gastein zurückkehrte, zu deren Gebrauch mir jener Urlaub ertheilt worden war, fand ich leider, daß meine Gesundheit, statt sich zu verbessern, vielmehr noch mehr gelitten habe, und ich mußte mich sogleich nach meiner Ankunft neuerdings aufs Land begeben, um eine Brunnenkur zu brauchen, die ich vor 8 Tagen beendet habe und in Folge deren ich mich nun auch viel beßer und wirklich im Stande befinde, wieder an anhaltende Arbeit denken zu können. Ich hätte nun freilich gleich bei Ablauf meines Urlaubes die neu eingetretenen hemmenden Umstände pflichtmäßig anzeigen sollen, aber die mit jedem Tage sich erneuernde Hoffnung, daß in kurzer Zeit das Übel sich heben und somit eine Anzeige überflüssig machen müße, ließen mich hierin zaudern, besonders, da ich inzwischen den im Präsidialbureau Dienste leistenden Hofkonzipisten Esch gebeten hatte, über die Ursache meines Ausbleibens mich bei Euer Excellenz mündlich zu vertreten.

So viel über den ersten Punkt. Das erwähnte hohe Dekret enthielt aber noch den Befehl: binnen 3 Tagen meine Dienstleistung um so gewißer wieder anzutreten, als mir sonst der Genuß meines Adjutums gesperrt werden würde. Hierüber erlaube ich mir nun zu bemerken. Niemandem ist es ein Geheimnis, womit ich die Zeit ausfülle, die ich dem Bureau entziehe. Ich bin weder ein Müßiggänger noch ein leerer Grübler, der ohne Ende feilt und am Ende doch nichts zu

Stande bringt. Was ich geleistet habe, kennt ganz Deutschland. Bei meiner außerordentlich schwachen Körperbeschaffenheit habe ich mich, leider! an eine weitläufige aufreibende literarische Arbeit gewagt, die zu Ende geführt sein will, da sie einmal unternommen ist. Immer von Krankheitsfällen gestört, durch den Tod meiner geliebten Mutter beinahe durch ein halbes Jahr von jedem Gedanken daran entfernt, hat gegenwärtig nichts in meinem Innern Raum, als der Wunsch das schon so weit Gediehene endlich einmal zu vollenden. Und ich bin nahe daran. Die eine Hälfte ist ganz fertig, die zweite ist es bis auf die letzte Hand.[1]) Ich arbeite nun, da ich es wieder körperlich im Stande bin, fleißig daran, aber ich brauche Zeit, ich brauche Ruhe: um beides bitte ich Euer Exzellenz. Sollten dieselbe für nöthig finden mir für die Zeit der Aussetzung meiner Dienstbeschäftigung auch kein Abjutum auszahlen zu lassen, so unterwerfe ich mich willig auch dieser Entbehrung. Sie ist nicht die härteste, die mich schon getroffen. So bald ich zu Ende bin und ich kann versichern, daß es bald geschieht — werde ich mich sogleich vor die Kanzlei-Direkzion stellen und eine weitere Bestimmung erwarten.

Schließlich bitte ich Eure Exzellenz nicht auf jene zu achten, die sich aus persönlicher Abneigung oder pedantischer Nichtschätzung desjenigen an mir, was doch so mancher Schätzer gefunden hat, über meine Abwesenheit vom Dienste so bitter erklären.[2]) Niemand wird je der allg. Hofkammer ihre Nachsicht gegen mich zum Vorwurfe machen, und ich bin stolz genug es zu glauben. Niemand wird sich wohl auch so leicht einfallen lassen, daß, was sie mir gewährt, als eine Exemplifikazion zu seinen Gunsten in Anspruch zu nehmen.

XXXII.

Graf Chorinsky an Grillparzer.

[1821.]

Da der Ihnen von mir schriftlich ertheilte und in der Folge mündlich verlängerte Urlaub längst verstrichen ist, ohne daß Sie zu Ihren Dienstverrichtungen zurückgekehrt sind, oder auch nur die unterlassene Wiedereintretung auf irgend eine Art zu rechtfertigen versuchten, so weise ich Sie hiermit an, nicht nur längstens binnen drei Tagen nach dem Empfange dieses Dekrets in ihren Dienstplatz wieder einzutreten, sondern sich auch bis dahin über die bisherige willkührliche Ueberschreitung des Urlaubes gegen mich schriftlich zu verantworten, widrigens ich nach Verlauf dieses Terminnes genöthigt sein würde, Ihnen den Bezug Ihres Adjutums sogleich einzustellen und im Wege der allgemeinen Hofkammer die weitere Amtshandlung wegen Ihres dienst und ordnungswidrigen Benehmens einzuleiten.

Wien den 17. Juni 1821.

Chorinsky.

XXXIII.

Grillparzer an den Grafen Chorinsky.

[1821.]

Euer Exzellenz!

Durch das hohe Präsidialdekret vom 17. d. M. Zahl 1243 aufgefordert, mich über mein nicht authorisirtes Wegbleiben vom Geschäft und Amt zu verantworten, bin ich zum Theil in nicht geringer Verlegenheit. Indem ich nach Rechtfertigungs=Gründen suche, finde ich höchstens Umstände zur Entschuldigung, und diese von der Art, daß Jedermann sie eben so gut weiß und noch dazu besser anführen kann, als ich selbst. Dieses letztere war auch größtentheils die Ursache, warum ich ihre wiederhohlte Anführung unterließ, und den aus Gründen mir bewilligten Urlaub, stillschweigend als eben so lange dauernd fortsetzte, als die Gründe der Bewilligung selbst. Ich bekenne, daß eine solche Voraussetzung außer der amtlichen Regel ist, aber ich war eitel genug, meinen Fall selbst als einen Ausnahmsfall zu betrachten.

Ich bin kein Müßiggänger, kein fahrläßiger Bureau= flüchtling, der die Stunden, die er dem Dienste stiehlt, in Vergnügungen und Unterhaltungen zubringt. Anhaltende Studien und angestrengte Arbeiten haben mir vor der Zeit die Jugend geraubt, und ihre Freuden!

Die Art meiner Körperleiden zeigt deutlich die Quelle, aus der sie entspringen. Hat mich irgend Jemand einmal lachen, oder spazieren gehen und reiten und fahren gesehen, so sah er nicht einen übermüthigen Bruder Lustig, sondern einen gepeinigten Gemüthskranken, der sich auf Geheiß des Arztes, und nach schwer gefaßten Entschluß nöthigte, seinen Zustand auf Augenblicke zu vergessen und im Vergessen zu erleichtern. Ganz Deutschland weiß, daß und wie ich mich beschäftige.

Ich habe mir Ehre gemacht und meinem Vaterlande, und meine Arbeiten sind nicht von der Art derjenigen, die ein glücklicher Augenblick unvorbereitet gebiert, sie tragen die Spuren der Wehen oft nur zu deutlich an sich und zeugen von anhaltenden Studien und Vorarbeiten.

Man kann aber nicht zwei Herren dienen, sagt schon die Bibel, und die allgemeine Hofkammer hat mir durch oft= malige Verwerfung bei Dienstverleihungen nur zu deutlich gezeigt, daß sie sich nicht für den Herrn halte, dem ich mit Glück zu dienen im Stande wäre.

Weit entfernt, mich dadurch beleidigt zu glauben, gab ich vielmehr alle weiteren Dienstbewerbungen bei jener hohen Stelle auf, und erwarte von ihr nichts mehr als Duldung, so lange, bis es meinem seitdem oft wiederhohlten Bemühen gelungen sein würde, einen andern, mit meinen literarischen Beschäftigungen mehr in Einklang stehenden Platz zu er=

halten. Diese Bitte um Duldung — hauptsächlich durch den Wunsch erzeugt, sieben schwer zurückgelegte Dienstjahre nicht durch Unterbrechung zu verlieren — wird doch, bescheiden wie sie ist, nicht größer erscheinen, als meine, wenn auch geringen Verdienste?

Aber, dürfte man fragen, wie kommt die Hofkammer zu der Zumuthung, litterarische Verdienste zu würdigen? Es gibt Staaten, die Academien und Pensionen für Litteratoren haben. Oesterreich hat sie, vielleicht aus guten Gründen, nicht.[1]) Wo die Beschützung der Wissenschaften nicht Pflicht einer besonderen Behörde ist, muß sie gemeinsame Obliegenheit aller übrigen werden und zudem ist die Begünstigung, die ich bitte, so klein, das Geschäft eines ohnehin nicht glücklich arbeitenden Konzeptspraktifanten so leicht ersetzt, ein Gehalt von 400 fl. so gering, und noch dazu nur auf so lange bis sich ein anderer Ausweg zeigt, denn man wird doch nicht glauben, daß ich darauf die Aussicht meines künftigen Lebens beschränkt habe!

Lebte ich in Frankreich oder England, so wäre mein Lebensunterhalt nach drei gelieferten dramatischen Arbeiten gesichert, in Wien bin ich ohne Mittel, und wahrlich in Verlegenheit, wenn die allgemeine Hofkammer mich nach Dienstesstrenge behandelt. Fürchtet man durch solche Nachsicht ein übles Beispiel zu geben, so gestehe ich nicht zu glauben, daß einer der Konzeptspraktifanten der allgemeinen Hofkammer aus gleichen Gründen eine gleiche Begünstigung werde ansprechen können, und der Tadel der Welt dürfte diese hohe Stelle im vorliegenden Fall vielleicht eher bei allzugroßer Strenge treffen, als bei Rücksicht nehmender Milde.

Spricht doch Jedermann von Schutz für die Künste und nachsichtiger Schonung für die Künstler, man schreibt Bücher und Schauspiele davon, in denen sich die ganze Welt erbaut, und trotz alles Mitleids im Allgemeinen bleibt man doch immer gleich hart im Besonderen, und nur die Tasso's und Correggio's werden weniger, indeß die Antonio und Battista bleiben.

Ich bekenne, daß das Alles keine Gründe für die allgemeine Hofkammer sind, aber es soll auch weder für diese Stelle, noch selbst für ihr Präsidium. Für Sie sey es, Graf von Chorinsky, der Sie den Menschen zu schätzen wissen und den Litterator; der Sie aus eigener Erfahrung die Leiden kennen, mit denen überspannte Geistesanstrengung den Körper angreift und das Gemüth; der mich bei ähnlichen Anständen noch nie ohne Trost entlassen hat, und aus dessen Augen ich so gern persönlich die Gewährung meiner Bitte gelesen hätte, wenn mir durch das obenerwähnte Dekret nicht schriftliche Verantwortung zur Pflicht gemacht worden wäre.

Daher auch keine Beibringung halberlogener ärztlicher Zeugnisse, kein Herumlaufen hier und dort nach Vorsprache und Protekzion, kein Gesuch unter Stempel und Kanzleiform, sondern unmittelbares Nahen voll Unterwerfung und Zuversicht.[2])

Eurer Exzellenz

gehorsamster Franz Grillparzer
Konzeptspraktikant.

Wien am 30. Juni 1821.

XXXIV.

Grillparzer an den Grafen Chorinsky.

[1821.]

Eure Exzellenz!

Meine Gesundheitsumstände sind, wie das beigefügte ärztliche Zeugniß bestättiget, von der Art, daß sie mir den Aufenthalt auf dem Lande und eine längere Entfernung von Geschäften zur unerläßlichen Pflicht machen. Ich wage daher, Eure Exzellenz, um gnädige Ertheilung eines Urlaubes auf unbestimmte Zeit, das heißt, auf so lange zu bitten, als meine schwankende Gesundheit eine solche Abwesenheit vom Dienste nothwendig macht, wobei ich mich jedoch bereit erkläre, auf den Genuß meines Adjutums für die Zeit meines Urlaubs zu verzichten; insofern nämlich die Strenge der Dienstordnung eine für mich so harte Entbehrung schlechterdings fordert. Ich behalte mir sonach nichts vor, als die Gnade Euer Excellenz und die Freiheit nach meiner völligen Herstellung in meine vorige Dienstleistung und den damit verbundenen Genuß wieder eintreten zu dürfen.[1]

Euer Excellenz gehorsamster Franz Grillparzer,
Konceptspracticant.

Wien, den 20. Juli 1821.

XXXV.

Graf Stadion an den Grafen Chorinsky.

1821.]

Ich gebe mir die Ehre Euer Excellenz zu eröffnen, daß ich den Konzeptspraktikanten Grillparzer in seiner dermaligen Eigenschaft bei dem Finanz Ministerium zu verwenden gesonnen bin.

Ich ersuche Euer Excellenz daher, ihn von dieser Bestimmung in die Kenntniß zu setzen und gefälligst anzuweisen, daß er sich wegen seiner Zutheilung bei mir melde.[1]

Wien, den 8. August 1821.

Stadion.

XXXVI.

Graf Chorinsky an den Grafen Stadion.

[1821.]

In Beantwortung der gefälligen Eröffnung vom 8. d. M. Nr. 3422 gebe ich mir die Ehre Euer Excellenz in Kenntniß zu setzen, daß ich den Konzepts-Praktikanten Franz Grillparzer unter Einem von der ihm zugedachten Bestimmung zur Dienstleistung bei dem k. k. Finanz-Ministerium in seiner dermahligen Eigenschaft verständige, und ihn anweise, sich wegen seiner Zutheilung daselbst bei Euer Exzellenz sogleich zu melden.

Wien, den 10. Aug. 1821.

Chorinsky.

XXXVII.
Gesuch Grillparzers an Kaiser Franz um Verleihung der Scriptorsstelle an der kaiserl. Privatbibliothek.

[1821.]

Euer Majestät!

Der Schreiber dieses Gesuches, Franz Grillparzer, ist derselbe, der durch mehrere theatralische Arbeiten, als: Die Ahnfrau, Sappho, Medea, das Glück gehabt hat, die Aufmerksamkeit des Publicums auf sich zu ziehen, ja selbst die Theilnahme des Auslandes zu erwecken, was die Uebersetzung dieser seiner Stücke in die meisten Sprachen des kultivirten Europa zu beweisen scheint.

Ich würde Anstand nehmen, diese literarischen Verdienste selbstlobend zu erwähnen, wenn es nicht eine literarische Anstellung wäre, um die ich es wagen will, Eure Majestät zu bitten, und wobei denn auch wissenschaftliche und Kunst-Kenntnisse allerdings als Empfehlungsgründe angeführt werden dürften.

Es ist nämlich durch den Tod des Skriptors in Eurer Majestät höchsteigener Privatbibliothek dessen Stelle in Erledigung gekommen[1]), und ich unterfange mich, Eure Majestät zu bitten, bei Wiederbesetzung derselben Ihre Augen huldreichst auf mich zu wenden, der ich zur Unterstützung meines Gesuches Manches, und vor allem Folgendes anzuführen vermag.

Ich bin Eurer Majestät geborner Unterthan, von österreichischen Aeltern, in Wien geboren. Ich habe die philosophischen und Rechts-Studien auf der Wiener Hohenschule, und ich kann wohl sagen, mit günstigem Erfolge, gemacht. Ich diene seit dem Jahre 1812, mithin fast durch volle zehn Jahre Eurer Majestät bei verschiedenen Stellen, und wenn ich es auch in meiner gegenwärtigen Dienstesflaufbahn, bei der so zahlreichen Kompetenz, nur erst bis zum Konzeptspraktikanten der allgemeinen Hofkammer gebracht habe, so bin ich doch unter diesen Praktikanten an Dienstzeit der älteste und somit der nächste zur Beförderung.

Meine Neigung, die von jeher vorzugsweise auf literarische Beschäftigungen gieng, hat mich überdieß früh zum Bibliotheksfache gezogen. Ich diente nämlich fast durch ein volles Jahr in Eurer Majestät Hofbibliothek, wo ich Gelegenheit hatte, mich für die gegenwärtig angesuchte Stelle vorübend auszubilden. Nur der Mangel an Aussicht zum weiteren Fortkommen, verbunden mit meinen dürftigen Umständen, hatte mich damals bewogen, die Dienste der Hofbibliothek mit einer Stelle bei dem Gefällswesen zu vertauschen. Die Beamten der Hofbibliothek werden, auf Befragen, mir gewiß das günstigste Zeugniß nicht verweigern.

Als weitere Empfehlung darf ich wohl anführen, daß ich seit Vollendung meiner Studien nie aufgehört hatte, auch in ernsten Wissenschaften, vornämlich aber im historischen Fache, weiter fortzuschreiten und daß ich — was gerade für einen Bibliotheksdienst nicht unwichtig sein kann — nebst der lateinischen auch die griechische und von neueren Sprachen die französische, italienische, englische, und spanische lese und vollkommen verstehe.

Da aber Eure Majestät bekanntlich, und mit so großem Rechte, gewohnt sind, bei Verleihung von Anstellungen, außer den erforderlichen Kenntnissen und Geschicklichkeiten, auch auf die moralischen Fähigkeiten der Bewerber Ihr Augenmerk zu richten, so glaube ich, was ein redliches Gemüth, dankbare Anhänglichkeit, Eifer für das Gute und strenge Grundsätze betrifft, hinter Niemanden zurück stehen zu dürfen.

Wenn ein Einziger von jenen die Eure Majestät hierüber befragen können, mir ein anderes Zeugniß gibt, so will ich mich selbst für unwürdig bekennen, Ihnen zu dienen.

Und so lege ich Eurer Majestät mein Gesuch zu Füßen. Eure Majestät werden entscheiden und ich Ihren Ausspruch verehren, er mag mir günstig sein oder nicht.

Der ich bis zum Tod verharre Eurer Majestät getreuester Unterthan

Franz Grillparzer[1])
Koncepts-Praktikant der allgemeinen Hoftammer.

Wien am 1. Dezember 1821.

XXXVIII.

Grillparzer an die Kaiserin Karoline Auguste.

[1821.]

Eure Majestät!

Vor allem sollte ich um Entschuldigung bitten, daß ich, ohne irgend ein Recht auf Euer Majestät Schutz anführen zu können, es wage diesen Schutz für mich in Anspruch zu nehmen; daß ich mich erkühne, Euer Majestät Fürsprache bei dero Gemahl zu erbitten, ohne vorher einen Fürsprecher bei Ihnen selbst gefunden zu haben; ja wohl gar in dem Bewußtseyn, vielleicht schon einmal, wenn auch ohne Vorsatz, das Mißfallen Euer Majestät erregt zu haben. Aber wer hat noch je eine Entschuldigung gebraucht, wenn er hilfsbedürftig war und sich der Kaiserin Karoline Auguste nahte?

Im Falle, bei Euer Majestät Gemahl eine mir wichtige Bitte anbringen zu müssen, und, in meiner Zurückgezogenheit, ohne Freund, ohne Unterstützung, wende ich meine Blicke dahin, wohin sie so manch' Beistandsuchender in diesem Lande wendet, und wage es, Euer Majestät um Ihr huldreiches Vorwort zu bitten. Sollte ich je das Unglück gehabt haben, Ihnen zu mißfallen, so setze ich gerade darauf einen Theil meiner Hoff=

nung, denn den Irrenden verzeihen, wenn sie zur Erkenntniß ihres Fehlers gekommen sind, war ja immer das schönste Vorrecht der Frauen, der Christen, der Könige.

In dem beiliegenden Gesuche habe ich Euer Majestät Gemahl um Verleihung der in Erledigung gekommenen Stelle eines Skriptors in dessen höchsteigener Privatbibliothek gebeten. Das Gesuch selbst enthält weitläuftig die Gründe, aus denen ich mich für diese Anstellung fähig und deren nicht unwürdig glaube. Der Kaiser, in der Mitte seiner großen Bezüge und Geschäfte, erinnert sich vielleicht meines Namens kaum. Euerer Majestät, der es gegönnt ist, nebst der Liebe für Künste und Wissenschaften im Allgemeinen, die Sie mit Ihrem Gemahl theilen — auch noch ein aufmerksames Auge auf die einzelnen Hervorbringungen derselben zu behalten, ist es vielleicht nicht entgangen, mit wie redlichem Eifer ich seit meinen ersten Versuchen bemüht war, auf der gewählten schwierigen Bahn fortzuschreiten. Daß bei den ernsten Studien und großen Anstrengungen die mich dieses Fortschreiten kostet meine anderweitigen Beschäftigungen als Beamter im Finanzfache öfters höchst störend einwirken, daß Gesundheit und Geistesruhe unter den Anforderungen zweier so widersprechender Wirkungsarten nothwendig leiden müssen, kann wohl Niemandem entgehen. Diese Rücksicht, diese Ueberzeugung bestimmt mich vorzugsweise zur gegenwärtigen Bitte. In der Bibliothek des Kaisers wird es mir leichter werden, meine Studien und meine Amtspflicht zu vereinigen und wenn die Sorgfalt für die Künste bei edlen Seelen sich auch als Sorgfalt für die Künstler ausspricht, so darf ich mit Gewißheit hoffen, daß Euer Majestät meinen Wunsch erfüllen, daß dero Gemahl mein Gesuch aus Ihrer Hand empfangen, daß er auf Ihr Vorwort seine Gewährung mir nicht versagen wird.

XXXIX.

Grillparzer an den Grafen Stadion.

[1822.]

Eure Exzellenz!

Bei der allgemeinen Hofkammer, im Departement des Zollreferenten, Hofraths v. Leicher ist eine Konzipistenstelle in Erledigung gekommen. Ich habe mich um dieselbe in Bewerbung gesetzt, und wage es, Eure Exzellenz zu bitten, mich durch ihren entscheidenden Einfluß gnädigst zu unterstützen.[1]

Bereits durch volle 10 Jahre in Staatsdiensten stehend, und in der Reihe der Hofkammer-Konzeptspraktikanten seit geraumer Zeit der Älteste, glaube ich auf eine Konzipistenstelle überhaupt, und auf die jetzt erledigte vielleicht um so gegründetern Anspruch machen zu können, weil ich den größten Theil meiner Dienstzeit gerade in Zoll-Geschäften zugebracht habe, theils bei der hiesigen Gefällen Administrazion, wo ich über ein Jahr lang verwendet wurde, theils in dem Zolldepartement der allgemeinen Hofkammer selbst, wo ich als Konzeptspraktikant durch volle 3 Jahre wirkliche Konzipistendienste leistete. Ueber dieses Letztere wird mir der Chef jenes Bureaus, Hofrath von Leicher, sein Zeugniß nicht versagen.

Auf diese Art gegen den Vorwurf der Unbescheidenheit und Untauglichkeit geschützt, wage ich es um so eher mit meiner Bitte Eurer Exzellenz zu nahen, unter dessen Augen ich das letzte Halbjahr meiner Diensteslaufbahn zugebracht habe, in der gewissen Hoffnung, daß wenn meine Verwendung in dieser letzten Zeit nicht von der Art war, daß frühere Verdienste dadurch gänzlich ausgelöscht wurden, mir Eurer Exzellenz gnädige Unterstützung gewiß nicht entstehen werde.

Eurer Exzellenz
unterthänigst gehorsamster

F. Grillparzer
Konzepts Praktikant.

Wien den 8. Mai 1822.

XL.

Graf Stadion an den Grafen Chorinsky.

[1822.]

Der bei dem Finanzministerium verwendete Konzeptspraktikant Franz Grillparzer hat sich mit der Bitte an mich gewendet, sein Eurer Exzellenz überreichtes Gesuch um die Verleihung der erledigten Hofkonzipistenstelle bei der k. k. allgemeinen Hofkammer zu unterstützen.

Da Grillparzer den größten Theil seiner bisherigen Dienstesbahn unter den Augen Eurer Exzellenz und der allgemeinen Hofkammer zurückgelegt hat, so würde ich mich bloß darauf beschränken, sein Schicksal und die Berücksichtigung seines Wunsches der Gerechtigkeitsliebe und dem kompetenten Urtheil Eurer Exzellenz und der k. k. Hofkammer anheimzustellen, wenn nicht in seiner letzten Verwendung bei dem Finanzministerium für mich eine Aufforderung läge, Eure Exzellenz von seiner Dienstleistung in dieser Bestimmung in die Kenntniß zu setzen.

Grillparzer hat in dieser Dienstleistung unter meinen Augen wiederholte Beweise davon abgelegt, daß er mit glücklichen Anlagen und einem durch beharrlichen Fleiß ausgebildeten Verstande, worüber seine im Fache der Wissenschaften gelieferten Arbeiten keinen Zweifel übrig lassen, auch Geschäftskenntniß, Eifer für den Dienst und jene Gewandtheit vereinige, welche nur durch einen längeren Geschäftsbetrieb und durch ein aufmerksames Auffassen der Zwecke desselben erworben werden kann. Ich müßte es bei diesen Eigenschaften bedauern, wenn Mangel an Aufmunterung in der Diensteslaufbahn ihn von einem Berufe abzöge, in welcher seine Kenntnisse und ein schätzbarer Charakter nützliche Dienste erwarten lassen.

Ich kann daher keinen Anstand nehmen, diesen jungen Mann, zu dessen Gunsten eine ungewöhnlich lange Dienstzeit und der Umstand, daß die Berücksichtigung derselben seinem Eifer neuen Schwung geben würde, das Wort führen —

der besonderen gütigen Aufmerksamkeit Eurer Excellenz zu empfehlen.¹)

Wien den 9. Mai 1822.

Stadion.

XLI.
Graf Chorinsky an den Grafen Stadion.

[1822.]

Mit der schätzbaren Zuschrift vom 9. Mai l. J. hatten Eure Excellenz auf die Verdienste, welche sich der um die Verleihung einer bei der allgemeinen Hofkammer erledigten Hofkonzipistenstelle eingeschrittene Conzeptspraktikant Franz Grillparzer während seiner noch fortdauernden Verwendung bei dem Finanzministerium erworben hat, in der Absicht aufmerksam gemacht, um die allgemeine Hofkammer bei der dießfälligen Berathung in die Lage zu setzen, seine Ansprüche mit den Behelfen der übrigen Bewerber ordnungsmäßig würdigen zu können.

Obschon die allgemeinen Hofkammer in der von Eurer Excellenz ausgegangenen hochverehrten Anempfehlung die Ueberzeugung von den Talenten und der Leistungsfähigkeit des Franz Grillparzer bestättiget findet, so glaubte selbe dennoch, wie ich es mir Eurer Excellenz zur Kenntniß zu bringen erlaube, bei der am heutigen Tage gepflogenen Berathung nach Stimmenmehrheit dem dienstältesten Conzeptspraktikanten Johann Wagner nicht übergehen zu können, da sich wegen seiner guten Fähigkeiten und seiner ununterbrochenen fleißigen Verwendung bei derlei Besetzungsfällen mehrmals für ihn dergestalt günstig ausgesprochen ward, daß sich sogar schon im vorigen Jahre bei einer gleichen Gelegenheit die Stimmen einhellig nur für ihn und den durch das Übergewicht einer Stimme zum Hofkonzipisten beförderten Alois Ratzesberg gleich theilten.

Am 17. Mai 1822.

Chorinsky.

XLII.

Grillparzer an den Grafen Stadion.

[1823.]

Eure Exzellenz!

Die Erledigung zweier Hofkonzipistenstellen bei der allgemeinen Hofkammer veranlaßt mich, um die Verleihung einer derselben mich bei jener Hofstelle in die Bewerbung zu setzen, und die so oft an mir bewiesene Gnade macht mir Muth, hierbei die gewichtvolle Dazwischenkunft Eurer Exzellenz unterthänigst zu erbitten.

Ich diene gegenwärtig durch volle zehen Jahre, und bin der älteste unter den Konzeptspraktikanten der allgemeinen Hofkammer. Habe ich mich auch nicht durch besondere Auszeichnung im Dienste einer vorzüglichen Begünstigung würdig gemacht, so ist es auch keine vorzügliche Begünstigung, um was ich bitte. Es besteht nämlich in dem, nur dem Unwürdigen verweigerten Recht, nach dem Dienstrange vorzurücken, und ich bin von Eurer Excellenz Gerechtigkeitsliebe viel zu sehr überzeugt, als daß ich fürchten sollte, eine Fehlbitte gethan zu haben.

In der Anlage nehme ich mir die Freiheit Eurer Exzellenz mein an die allgemeine Hofkammer gerichtetes Beförderungsgesuch zu überreichen, mit dem Versprechen, im Gewährungsfalle Eurer Exzellenz Verwendung gewiß keine Schande zu machen.

Eurer Exzellenz

gehorsamster Franz Grillparzer
Konzepts=Praktikant.

Wien, am 13. März 1823.

XLIII.

Graf Stadion an den Hofkammerpräsidenten Grafen Nádasdy.

[1823.]

Schon im vorigen Jahre hatte ich Gelegenheit auf die schätzbaren Eigenschaften aufmerksam zu machen, welche dem beym Finanz-Ministerium verwendeten Konzepts-Praktikanten Franz Grillparzer, Ansprüche auf eine besondere Berücksichtigung bei der Besetzung einer Hofkonzipistenstelle geben. Ich finde mich auch gegenwärtig aufgefordert, das über ihn gefällte günstige Urtheil zu bestätigen und erfülle nur eine angenehme Pflicht, indem ich mir die Ehre gebe, das beiliegende Gesuch, worin Grillparzer sich um eine der erledigten Hofkonzipisten Stellen bey der k. k. Hofkammer bewirbt, der besonderen gütigen Aufmerksamkeit Eurer Excellenz zu empfehlen, und zur Unterstützung des Bittstellers noch anzuführen, daß er eine mehr als zehnjährige Dienstleistung für sich hat, unter den Konzepts-Praktikanten der Hofkammer der älteste ist, und, wie ich bereits in meiner Zuschrift vom 9. May v. J. zu bemerken die Ehre hatte, mit ausgezeichneten Fähigkeiten zugleich einen sehr schätzbaren Karakter vereinigt. Ueberzeugt, daß Eure Excellenz und die k. k. Hofkammer diesen Eigenschaften einen vorzugsweisen Anspruch auf Beförderung einräumen werden, halte ich mich versichert, daß der Bittwerber der gewünschten Veränderung seines Schicksals mit Beruhigung entgegen sehen darf, und glaube nur noch beifügen zu sollen, daß, da es sich um die Besetzung einer Hofkonzipistenstelle mit der Dienstleistung bei der allg. Hofkammer handelt, ich den Bittsteller, wenn ihm diese Beförderung zu Theil wird, der Verwendung bei der k. k. Hofkammer nicht zu entziehen gesonnen bin.

Stadion.

Wien den 15. März 1823.

XLIV.
Vortrag des Hofrathes der allgemeinen Hofkammer Freiherrn v. Eger.[1)]

[1823.]

…In Ansehung der zu besetzenden zweiten erledigten Hofkonzipistenstelle würde es dem Referenten angemessen dünken, im Vorzuge diejenigen Kompetenten zu berücksichtigen, welche bereits wirkliche Beamte sind, ihnen also diejenigen nachzusetzen, welche bis itzt nur als Conzeptspraktikanten dienen. Da jedoch bei Dienstesbeförderungen dieser Art nur allein nebst den vorzüglicheren Fähigkeiten die Brauchbarkeit und Verwendung im Dienste, selbst ohne Rücksicht auf Rang die entscheidenden Bestimmungsgründe für die Wahl abgeben, — dem Referenten aber aus den in die Klasse der wirklichen Beamten gehörigen Bewerbern keiner so auffällt, oder aus dem Geschäftsverhältniße, so vortheilhaft bekannt ist, um ihn Individuen gleichzustellen, die, wenn sie auch nur in die Reihe der Konzeptspraktikanten gehören, dennoch unmittelbar unter dem Auge der Hofstelle ihre schon längst bekannte Brauchbarkeit täglich neu zu bewähren fortfahren, sich durch gediegene Geschäftskenntniße, hervorleuchtende Fähigkeiten, nicht minder auch durch ihre anderweitigen schätzbaren Eigenschaften auszeichnen, dergestalt, daß sie das Interesse des Dienstes an die Hofstelle knüpft, so muß Referent vorzüglich auf die Konzeptspraktikanten Grillparzer und Preiß aufmerksam machen, und bei dem Zweifel der sich ihm aufdringt, welcher von den beiden Genannten für das Geschäftsleben mehreren Werth hat, kann ihn für den Franz Grillparzer, nebst der etwas längeren Dienstzeit die er für sich hat (die ihn auch als den dienstältesten Conzeptspraktikanten darstellt) insbesondere nur die Betrachtung bestimmen, daß derselbe seit mehreren Jahren unausgesetzt auf einem höheren Standpunkte sich mit einem so ergiebigen Erfolge ausgezeichnet verwendet, daß der Herr Finanzminister ihm das Zeugniß seiner vollkommensten Zufriedenheit angedeihen lassen.

Bei der von dem hohen Präsidium eingeleiteten Umfrage ist sich nach Stimmenmehrheit für den ehemaligen Konzepts=officialen Joh. Veith von Schittlersberg nach dem Antrage des Referenten und insbesondere in der Betrachtung entschieden worden, daß es sich bezüglich auf den von Schittlersberg nicht um eine Beförderung, sondern nur darum handle, ihn als ehemaligen Konzipisten einer aufgehobenen Hofkommission in ganz gleicher Eigenschaft wieder zu verwenden.

Dagegen waren in Ansehung der zweiten zu besetzenden Hofkonzipistenstelle — nur die Hofräthe v. Friz und Baron von Prinz, dann der Vicepräsident Graf v. Zichy Exzellenz mit dem von dem Referenten angetragenen Franz Grillparzer einverstanden, die Hofräthe von Leicher und von Schloißnigg erklärten sich unbedingt, ersterer, für den, seinem Departement zugetheilten Conceptspraktikanten Franz Ulbricht, letzterer für den Jos. Barfenstein — die Stimmenmehrheit, und zwar die Hofräthe Freiherr v. Meyern, von Floch, von Rinna, von Fuljod und Melzl und der von Schallhammer — entschied sich für den Conceptspraktikanten Joseph Alois Preiß.

Diese Stimmen haben ihre Meinung vorzüglich damit begründet, daß, wenn gleich Josef Preiß dem Franz Grillparzer an litterärischer Ausbildung weit nachsteht, ersterer dennoch während eines Zeitraumes von zehn Jahren — also fast eben so lang wie Grillparzer und wenn, dessen voraus= gegangene Conzeptspraxis bei der Hofbibliothek die mit den Geschäften bei öffentlichen Behörden nichts gemein hat, nicht gerechnet wird, sogar um ein Jahr länger dient — sich durch eine anhaltende angestrengte sehr ersprießliche Dienstleistung sehr vortheilhaft ausgezeichnet habe, ohne jemals in seinem Eifer, Fleiß und seinen Leistungen nachgelassen zu haben, wodurch sich auch das gänzlich aufwiegt, was Grillparzer durch sein lebhafteres Talent voraus hat. . . .

Den 5. Juni 1823.

Eger.

XLV.

Graf Stadion an den Grafen Nádasdy.

[1823.]

Ich habe mich bewogen gefunden, die durch die Ernennung des Hofkonzipisten von Wagner zum Hofsekretär erledigte Hofkonzipistenstelle beim Finanzministerium dem Konzeptspraktikanten Franz Grillparzer mit Rücksicht auf seine mehrjährige eifrige Dienstleistung und glücklichen Anlagen zu verleihen.[1])

Ich gebe mir daher die Ehre Euer Exzellenz zu ersuchen, wegen Ausfertigung des Anstellungsdekretes für denselben, wegen Abnahme des Diensteides, und wegen seiner Einreihung in den Personalstand der allgemeinen Hofkammer das Entsprechende gefälligst veranlassen zu wollen.

Wien den 7. Juli 1823.

Stadion.

XLVI.

Graf Nádasdy an Grillparzer.

[1823.]

In Rücksicht Ihrer mehrjährigen eifrigen Dienstleistung und Fähigkeiten ist Ihnen die durch die Beförderung des Franz Carl Wagner bei dem k. k. Finanzministerium in Erledigung gekommene Hofkonzipistenstelle in dem Personalstande der k. k. allgemeinen Hofkammer mit dem Jahresgehalte von Neunhundert Gulden und dem Quartiergeld jährlicher Zweihundert Gulden verliehen worden.[1])

Sie werden hiervon zur angenehmen Wissenschaft mit dem Auftrage in Kenntniß gesetzt, wegen Abnahme des Diensteides sich bei dem Präsidium dieser Hofstelle sogleich geziemend zu melden, und es ergeht unter Einem an das k. k. Universal-Kameral-Zahlamt der Auftrag, Ihnen vom auszuweisenden Eidestage, gegen Einziehung des bisherigen Adjutums von 400 fl. den Hofkonzipistengehalt, und vom nächsten Michaelistermin l. J. an, das Quartiergeld zu erfolgen. Am 9. Juli 1823.

Nádasdy.

XLVII.

Grillparzer an den Grafen Nádasdy.

[1825.]

Eure Excellenz!

Der Unterzeichnete hegt den sehnlichsten Wunsch, im Laufe dieses Monates August eine Reise zu unternehmen, als deren Hauptziel er sich Paris gedacht hat, wobei er jedoch auf dem Rückwege die vorzüglichsten Städte des nördlichen Deutschlands, von Frankfurt bis Berlin und Leipzig zu berühren gedächte.[1])

Nur die Sorge für seine, durch wiederholte Anstrengungen geschwächte Gesundheit, verbunden mit der Aussicht auf den mannigfaltigen Nutzen einer solchen Reise in wissenschaftlicher und künstlerischer Rücksicht haben das Lästige der damit verbundenen Kosten überwogen, und den Unterzeichneten zur Ausführung seines Entschlusses gemahnt.

Er unterfängt sich daher Eure Excellenz um die gnädige Genehmigung dieser Reise und um die Ertheilung eines achtwöchentlichen Urlaubes ehrfurchtsvoll zu bitten.

Eurer Excellenz
gehorsamster
F. Grillparzer
Hofconzipist.

Wien am 3. August 1825.

XLVIII.
Vortrag des Grafen Nádasdy an Kaiser Franz.

[1825.]

Eure Majestät!

Der Hofkonzipist der k. k. allgemeinen Hofkammer Franz Grillparzer hat mir das ehrerbiethigst angeschlossene Gesuch um Bewilligung eines acht wochentlichen Urlaubes zu einer Reise nach Paris und in das nördliche Deutschland übergeben. Die Hoffnung, seine durch wiederholte Anstrengungen geschwächte Gesundheit zu stärken, und mannigfaltigen Nutzen in wissenschaftlicher und künstlerischer Rücksicht zu erreichen, haben ihn, wie er bemerket, zu diesen Unternehmen bestimmt. Ich finde mich auf meinem Standpunkte nicht ermächtigt, dem Bittsteller die Bewilligung zu dieser Reise zu ertheilen. Da jedoch die gegenwärtigen Dienstverhältniße dem angesuchten achtwochentlichen Urlaube nicht entgegen sind, und Grillparzer litterärische Zwecke mit seinem Vorhaben verbindet, welche ihm das Wort führen dürften, so erlaube ich mir Euer Majestät sein Gesuch zur allergnädigsten Willfahrung zu unterlegen.¹)

Nádasdy.

Wien den 5. August 1825.

XLIX.
Graf Nádasdy an Franz Grillparzer.

[1825.]

Seine Majestät haben Ihnen mit a. h. Entschließung vom 17. l. M. zu erlauben geruht, die gewünschte Reise nach Paris und in das nördliche Deutschland zu unternehmen, wozu Sie sich die erforderlichen Päße in geeignetem Wege zu verschaffen haben.

Ich ertheile Ihnen zu diesem Ende den angesuchten acht wöchentlichen Urlaub und trage Ihnen auf, den Tag Ihrer Abreise und Zurückkunft in meinem Bureau anzuzeigen.
Am 19. August 1825.

Nádasdy.

L.
Grillparzer an den Grafen Nádasdy.

[1826.]

Eure Exzellenz!

Der Unterzeichnete wagt es zu bitten, den im verflossenen Herbste zu einer Reise nach Paris erhaltenen 8wöchentlichen Urlaub, an dessen Benützung ihn damals die vorgerückte Jahreszeit hinderte, gegenwärtig zu einer Reise nach Dresden, Weimar und Berlin benützen zu dürfen.[1])

Ich hatte zwar vor einiger Zeit die Ehre, Eurer Exzellenz einen Wunsch andern Gehalts zu erkennen zu geben, nämlich: zur Herstellung meiner angegriffenen Körper- und Gemüthskräfte einen längeren Aufenthalt auf dem Lande machen zu dürfen. Da ich mich aber selbst bescheide, daß unter den obwaltenden Umständen ein ausgedehnterer Urlaub mit Unzukömmlichkeiten verbunden wäre, und eine Reise in kürzerer Zeit ungefähr dasselbe leistet, was ein Landaufenthalt nur bei längerer Fortsetzung, so habe ich meinen Vorsatz geändert und beschränke mich gegenwärtig auf obige Bitte, zu deren Gewährung Euer Exzellenz sich vielleicht um so leichter gnädigst bewogen finden dürften, da die Erlaubniß Seiner Majestät bereits vorliegt, und es sich überhaupt weniger um eine neue Bewilligung als vielmehr um die gegenwärtige Benützung eines bereits erhaltenen Zugeständnißes handelt.

Eurer Exzellenz
gehorsamster F. Grillparzer
Hofkonzipist.

Wien am 3. Juni 1826.

LI.
Vortrag des Grafen Nádasdy an Kaiser Franz.

[1826.

Euer Majestät!

In dem vorliegenden Gesuche begründet der Hofkonzipist der allgemeinen Hofkammer Franz Grillparzer, die Bitte um Erlangung eines sechswochentlichen Urlaubs, um eine Reise nach Dresden, Weimar und Berlin zu unternehmen, mit der Berufung, daß seine angegriffenen körperlichen und Gemüths= kräfte ihm diese Bitte abdringen, weil er sich von der Zer= streuung die eine Reise in ihm unbekannte Gegenden gewährt, schnellere Erholung erwartet, als sie ein mit den Dienstver= hältnißen nicht vereinbarlicher längerer Landaufenthalt zu bringen vermag.

Euere Majestät geruhten dem Bittsteller über meinen alleruntertänigsten Antrag vom 5. August v. J. mit Aller= höchster Entschließung vom 17. desselben Monats zu einer Reise nach Paris einen achtwochentlichen Urlaub zu ertheilen, den er jedoch nicht angetreten hat.

Ich kann mich zwar nicht berechtigt finden, dem Bitt= steller, wenn gleich es sich bei ihm nur darum handelt, das zu einer Reise in das Ausland schon früher erlangte Aller= höchste Zugeständniß gegenwärtig zu benützen, den angesuchten Urlaub ohne Euerer Majestät Allerhöchster Genehmigung zu ertheilen, ich finde aber auch keinen Anstand, seine Bitte zur Vornahme der bezeichneten Reise alleruntertänigst zu unter= stützen, da sie einerseits die Stärkung seiner körperlichen ge= schwächten Kräfte bezweckt, zu deren Erreichung ich ihm einen sechswochentlichen Urlaub zu gönnen kein Hinderniß sehe, an= dererseits auch zum Beweggrunde haben dürfte, künstlerisches Talent zu beleben.[1])

Nádasdy.

Wien den 10. Juni 1826.

LII.

Graf Nádasdy an Grillparzer.

[1826.]

Seine kais. königl. Majestät haben über mein alleruntertha͏̈nigstes Einrathen Allergnädigst zu gestatten geruht, daß Sie den angesuchten sechswochentlichen Urlaub, zu einer Reise nach Dresden, Weimar und Berlin benützen dürfen.

Sie werden demnach den Antrittstag des Ihnen in Erledigung Ihres Gesuches vom 3. d. M. hiermit bewilligten Urlaubs, eben so auch nach Ihrer Rückkehr den Tag des Rücktrittes in die Dienstleistung in meinem Ministerial-Bureau zur Vormerkung mündlich anzumelden haben.

28. Juni 1826.

Nádasdy.

LIII.

Graf Nádasdy an Grillparzer.

[1830.]

Da Sie die Reihe trifft, in die durch den freiwilligen Dienstes-Austritt des Hofconcipisten Stephan v. Kallay erledigte höhere Besoldung von jährlichen Eintausend Gulden C. M. einzurücken, so wird das k. k. Universal Kameral Zahlamt gleichzeitig beauftragt, Ihnen diese höhere Besoldung vom Tage der Erledigung d. i. vom 17. April 1830 als dem Tage der Einstellung des Gehaltes des Hofconcipisten v. Kallay gegen Einstellung Ihres bisherigen Gehaltes von Neunhundert Gulden ordnungsmäßig zu erfolgen.

Wien den 19. Junius 1830.

Nádasdy.

LIV.

Grillparzer an die allgemeine Hofkammer.

[1831.]

Durch den Tod des Hofkammer=Archivdirektors Megerle von Mühlfeld [1]) ist dessen Stelle in Erledigung gekommen. Ich erlaube mir um Verleihung derselben zu bitten und glaube hiebei Folgendes anführen zu dürfen.

Daß ich seit Anfang des Jahres 1813, mithin seit beinahe 19 Jahren in Staatsdiensten stehe, geht aus der Vormerkung der Kanzleidirektion hervor. Anfangs Konzepts= praktikant der k. k. Hofbibliothek, hierauf in gleicher Eigen schaft zur n. ö. Zoll=Administration und zur allgemeinen Hof= kammer übersetzt, wurde ich im Jahre 1823 zum Hofkonzipisten befördert und zugleich für das Ministerialbureau des verewigten Grafen v. Stadion bestimmt, durch welche Verwendung mir außer meinem Gehalte zugleich die gewöhnliche Präsidialzulage von 400 fl. CM. zu Theil wurde, eine Zulage, die ich bis zum Erlöschen des Finanz=Ministeriums mithin durch 8 Jahre bezog, die mir bis jetzt nicht eingestellt worden ist und auf die ich, nebst meiner eigenen Existenz auch die meiner unter= stützungsbedürftigen nächsten Angehörigen gegründet habe.

Ich weiß wohl, daß nach geänderten Verhältnißen ein einziger Federzug hinreicht, diesen Genuß und somit diese Auslage aufhören zu machen; aber das hier Landes in solchen Fällen immer beobachtete System der Milde — selbst in der Region der höchsten Stellen und Genuß — verbunden mit der bekannten Billigkeit der verehrten Leiter dieser hochlöb= lichen Behörde, läßt mich hoffen, daß der allgemeinen Hof= kammer ein Mittel willkommen sein werde, diese Zulage ohne Härte in Ersparung zu bringen.

Soviel von Billigkeitsgründen! Aber ich habe auch ein Recht auf eine Berücksichtigung! Ruhmredigkeit war nie der größte meiner Fehler. Meine äußere Stellung wäre eine andere, wenn ich verstanden hätte, allfällige Verdienste immer in gehöriger Evidenz zu halten. Aber den eigenen Werth verkennen, ist die Sache des Schwachherzigen und des Thoren. Ich habe durch literarische Arbeit meinem Vaterlande Ehre gemacht und darf daher wohl, wenn Jedermann in der Schuld seines Vaterlandes ist, dieses Letztere auch als ein wenig in der meinigen betrachten. Andere Staaten haben Akademien, literarische Stellen und Gehalte mancherlei Art als Belohnung literarischer Verdienste. Oestreich hat, vielleicht mit Recht, dergleichen nicht. Die Verbindlichkeit, die anderswo ein einzelnes Institut trifft, fällt daher bei uns dem allgemeinen zu. Glücklicherweise ist jene Zeit der Beamtenpedanterie vorüber, wo jeder einzelne Geschäftszweig für sich eine abgeschloßene Insel ohne Zusammenhang mit den übrigen materiellen und geistigen Interessen des Ganzen betrachtete. Auch die hochlöbliche Hofkammer gehört daher gewissermaßen in den Kreis meiner Ansprüche.

Derlei Ansprüche können sich natürlich nie so weit erstrecken, daß sie ein Recht zu Anstellungen geben, die der Impetrant zu versehen nicht im Stande ist. Aber eben deßhalb habe ich mich um die gegenwärtige Stelle in die Bewerbung gesetzt, die ich zu versehen allerdings im Stande bin, und — ich darf es wohl sagen — keiner meiner Mitbewerber so gut, als eben ich.

Das Archiv ist keine Registratur, oder, wenigstens aus dem Gesichtspunkte der Leitung nur halb eine solche. Ehe Akten aufgesucht werden sollen, müssen sie vorher gekannt seyn. Eine gegebene Zahl oder ein gegebenes Stück aufzufinden und nun von Bezugsnummer auf Bezugsnummer fortzugehen, ist eine schätzbare Eigenschaft des Registranten; aber ohne andere Anhaltspunkte als ein Auftrag von sieben Zeilen, die Gesammtbelege von Verhandlungen und Einrichtungen darzustellen, deren Anfänge, mit denen der Monarchie zusammenfallen und deren Theile sich in alle Regentenfolgen verzweigen, dazu gehören bis ins Einzelne gehende historische Kenntniße, Vertrautheit mit Sprachen, vornämlich der Geschäftssprache, des Mittelalters, der lateinischen — nicht wie man sie in den kleinen Schulen erwirbt und vergißt, sondern wie nur der fortgesetzte Umgang mit dem Alterthum sie verschafft und erhält — dazu gehört endlich die Specialität des Gelehrten weit mehr als das Spür-Talent eines Registratursbeamten.

Derlei Betrachtungen scheinen auch die allgemeine Hof= kammer geleitet zu haben, als sie bei der letzten Erledigung der Archivdirektorsstelle, dieselbe keinen Registratursbeamten, sondern dem nun verstorbenen Megerle von Mühlfeld verlieh, der Hofconcipist war wie ich, sich zur Literatur bekannte wie ich und dem ich — mag man es für unbescheiden halten — durchaus in nichts nachstehen zu müssen glaube.

Hierauf stützt sich mein Gesuch. Aber aus dem eben angeführten Grunde, und da die Archivsdirektorsstelle meine letzte Aussicht, einen Beförderungs=Abschluß für ein ganzes Leben bildet, darf ich wohl noch hinzufügen, daß mir die Verleihung dieser Stelle nur dann wünschenswerth erscheinen würde, wenn damit jene Genüße verbunden blieben, die Me= gerle von Mühlfeld bezog, und gleich bei Erlangung der Stelle erhielt.

Schlüßlich würde ich mich auf anderweitige Kenntniße, die man bei Lesung meiner literarischen Arbeiten dem Ver= faßer wohl zugeben muß, so wie auf meine Vertrautheit mit sechs fremden Sprachen hier nicht berufen, wenn sie nicht zu= gleich ein Zeugniß von meinem Fleiße gäben, den Manche aus einzelnen Epochen meiner Diensteslaufbahn zu bezweifeln geneigt seyn dürften, welcher Fleiß aber; wenn er einmal als Eigenschaft bei einem Menschen da ist, sich jedesmal einstellt, wenn in einer selbstgewählten Laufbahn Geschäft und Neigung zusammentreffen.

Womit ich mich in Ehrfurcht unterzeichne
Einer hochlöblichen k. k. allgemeinen Hofkammer
gehorsamster Franz Grillparzer
Hofconcipist.

Wien am 13. November 1831.

LV.
Vortrag des Hofrathes Ritter von Burgermeister über Grillparzers Gesuch.

[1832.]

Durch das am 15ten September 1831 erfolgte Ableben des Johann Georg Megerle von Mühlfeld ist die Direktorsstelle des k. k. Hofkammer-Archivs in Erledigung gekommen.

Mit diesem Posten ist seit dem Jahre 1807 systemmäßig der Gehalt jährlicher 1500 fl. und seit der Quartiergelder-Regulirung das kompetente Quartiergeld jährlich 300 fl. verbunden, und die Besetzung desselben hängt gegenwärtig (nach §. 33 des Wirkungskreises der allg. Hofkammer vom 5. Jänner 1829) von dem h. o. Beschlusse ab. Mit allh. Entsch. vom 18ten September 1816 war dem von Mühlfeld die Hofkammer-Archivs-Direktors-Stelle verliehen und demselben unterm 23ten September 1816 der systemmäßige Gehalt von 1500 fl. angewiesen worden.

Die allgemeine Hofkammer fand sich bei der besonderen Brauchbarkeit und Verdienstlichkeit des von Mühlfeld veranlaßt, für denselben mit a. u. Vortrage vom 17ten April 1817 bei Seiner Majestät um die Verleihung einer Personalzulage jährl. 200 fl. einzuschreiten, über welchen Antrag S. M. mit allh. Entschl. vom 17. April 1817 »dem Archivs-Direktor v. Mühlfeld die Erhöhung seines Gehaltes auf 2000 fl. in der Erwartung zu gestatten geruhten, daß er es sich ferner angelegen sein lassen werde, durch genaue Nachforschung in den Archivs-Akten die Materialien, welche für die verschiedenen Verwaltungszweige von höherem Intereße sein können, benützbar zu machen.«

Eingeschritten um die Hofkammer-Archivsdirektorsstelle sind die folgenden, in der Competententabelle nach ihrer

Qualifikazion und bisherigen Dienstleistung umständlich geschilderten Bewerber, nämlich:

Die Hofconcipisten der allg. Hofk.: Schulz v. Straßnitzky, Johann Wagner, Franz Grillparzer und Joseph v. Tezernitzky; der im Steuerdepartement der Hofkanzlei verwendete Regierungs-Secretär: Kajetan Wagner; die Hofkammer-Archivsdirekzions-Adjunkten: Franz Weibel und Paul Sorga; die h. o. Registratursdirekzions-Adjunkten: Dominik Champagne, Carl Hennig, Ferdinand Hoffmann und Leopold Teichgruber; der Expeditsdirekzions-Adjunkt der allg. Hofkammer: Joh. Michael Kunz: endlich der Hofkammer-Registrant und vormalige Protok.-Adjunkt der bestandenen Einlösungs- und Tilgungsdeputation Josef Geist.

Die entsprechende Leitung des Hofkammer-Archivs, als des Sammelplatzes der wichtigsten älteren und neueren Registraturs-Akten, setzt in der Person des Direktors besondere Kenntnisse und Eigenschaften voraus, nach deren Vorhandensein allein sich die gegenwärtige Wahl aus den zu berücksichtigenden Individuen zu richten haben dürfte. Die Akten des umfassenden Archivs reichen in vergangene Jahrhunderte zurück, während es zugleich die Bestimmung hat, von Zeit zu Zeit aus den einzelnen h. o. Registraturs-Abtheilungen die für den kurrenten Geschäftsgang schon seltener erforderlichen Aktenstücke des vorletzten Deceniums in sich aufzunehmen. Die ältere Abtheilung des Archivs enthält zahlreiche lateinische und im veralteten Deutsch verfaßte Akten und Dokumente, deren Lesung und richtiges Verstehen die vollständige Kenntniß beider Sprachen und genaue Bekanntschaft mit den Schriftzügen der Vorzeit voraussetzet. Nicht minder erforderlich für den Archivsdirektor ist die Kenntniß der italienischen und französischen Sprache, weil das Archiv zahlreiche Aktenstücke auch in diesen beiden Sprachen enthält.

Die Erhaltung der Ordnung in dem Archive und die der angenommenen Eintheilung entsprechende Einverleibung der zuwachsenden Akten aus der neueren Zeit erfordert eine razionelle Kenntniß der Registratursgeschäfte verbunden mit einem richtigen Ueberblicke der mannigfaltigen Verwaltungs= zweige, deren Akten sich in dem Hofkammer-Archive ver= einigen. Da es jedoch bei der Benützung des Archivs für die Zwecke der Staatsverwaltung, besonders wenn es sich um Rückblicke in die vergangenen Jahrhunderte handelt, nicht auf eine mechanische Registratursmanipulazion nach Schlag= wörtern und Bezugszahlen ankommen kann, so muß ein tüchtiger Archivsdirektor mit der Geschichte des österreichischen Staates und seiner Verwaltung genau bekannt sein, um die Vermuthungen der Geschäftsmänner, welche oft nur im Allgemeinen die Quellen des Hofkammer-Archivs in Anspruch zu nehmen in der Lage sind, geleitet durch historische und Geschäftskenntniße mit Sicherheit verfolgen, und mit Be= ruhigung über das Vorhandensein oder den Mangel der ver= langten Aufschlüße absprechen zu können. Archivalische Nach= forschungen dieser Art erheischen den regsten Fleiß von Seite des Direktors, und die gewißenhafteste Erschöpfung aller ihm zu Gebothe stehenden Hilfsmittel, wenn nicht zweifelhafte oder vergeßene Rechte des Aerars Preis gegeben werden sollen. Veränderungen in der Gesetzgebung und Streitfragen in Bezug auf das Eigenthum älterer Besitzungen, und die Pfandschaften deutscher und ungarischer Realitäten für den Staat, geben der Staatsverwaltung häufig Anläße, Nach= forschungen in dem Archive einzuleiten, auf deren Ergebniß der Ausgang wichtiger Rechtsstreite oft einzig bedingt er= scheinet. Juridische Kenntniße sind zwar nicht unbedingt für den Archivsdirektor erforderlich, es folgt aber aus der Natur von vielen seiner Aufgaben, daß sie ihm bei Lösung derselben von wesentlichem Nutzen sein müssen.

Da ferner die Humanität der österr. Verwaltung die Benützung der Quellen des Hofkammer-Archivs auch für die Geltendmachung von Privatrechten und zu den Zwecken historischer Forschungen gestattet, ohne daß den Privaten oder

Schriftstellern das Archiv selbst zugängig gemacht werden kann, so ist es höchst wünschenswerth und der Würde der Staatsverwaltung angemeßen, daß dem Archive ein Direktor vorstehe, welcher selbst vielseitig wißenschaftlich gebildet, den Werth und die Tendenz wißenschaftlicher Forschungen richtig zu erfaßen, und die Zwecke der Gelehrten mit sachkundiger, aber die Grenzen der durch höhere Rücksichten gebothenen Zurückhaltung nicht überschreitenden Bereitwilligkeit zu fördern vermag. Wird endlich in Betrachtung gezogen, daß die älteren Quellen des Hoffammer-Archivs nicht blos von der Finanz-Verwaltung, sondern für die Zwecke der geheimen Haus-, Hof- und Staatskanzlei und aller übrigen Verwaltungszweige häufig in Anspruch genommen werden, so erscheint eine höhere wissenschaftliche Bildung für den Archivsdirektor fast unerläßlich, da nur diese allein durch eine geübte Urtheilskraft daß Auffaßen so vieler verschiedenartiger Gegenstände und ihrer individuellen Intereßen erleichtern kann.

Strenge Rechtlichkeit endlich und Verschwiegenheit müßen gleichfalls bei dem Archivsdirektor vorausgesetzt werden, der so viele geheime und wichtige Urkunden und Verhandlungen jedem Mißbrauche unzugängig zu erhalten hat.

Von den Bewerbern um die Archivsdirektors-Stelle müßen nach dem Erachten des Referenten die Hoffoncipisten Schulz von Straßnitzky, Johann Wagner und Joseph Tezernitzky; die Hoffammer-Archivs-Direkzions-Adjunkten: Franz Weibel und Paul Sorga; die Registraturs-direkzions-Adjunkten: Dominik Champagne und Carl Hennig; der Hoffammer-Registrant Josef Geist; der Expedits-Direkzions-Adjunkt Kajetan Wagner, welchen es nach Inhalt der Qualifikazionstabelle theils an den erforderlichen Sprach- und Geschäftskenntnißen, theils an Rüstigkeit und Leitungsgabe, oder nebstbei auch an Bekanntschaft mit den Registraturgeschäften folglich an wesentlichen Erfordernißen gebricht, um so mehr ganz außer Beachtung bleiben, als dieselben mit den erübrigenden Bewerbern: dem Hoffon-

cipisten Franz Grillparzer und den beiden Registratur-
direktions-Adjunkten: Ferdinand Hoffmann und Leopold
Teichgruber in Bezug auf ihre Qualifikazion nicht in die
Schranken treten können.

Von der Ansicht geleitet, daß die Hofkammer-Archiv-
Direktorsstelle, wie schon bei dem Antrage auf von Mühlfeld's Ernennung hervorgehoben wurde, vorzugsweise gründliche vielseitige Sprach- und historische Kenntnisse, Bekanntschaft mit den Interessen des Staats- und zunächst der
Finanzverwaltung, und eine durch umfassende wissenschaftliche
Ausbildung geübte Urtheilskraft erfordert, wodurch die Erreichung der höheren Zwecke des Archivs gesichert, die Leitung
deßen aber, was dabei als einfache leicht aufzufaßende Re-
gistraturs-Manipulazion erscheint, verbürgt wird, kann Referent nicht umhin, unter diesen drei Bewerbern den Hofkoncipisten Franz Grillparzer den Vorzug einzuräumen.

Grillparzer steht in dem kräftigen Mannesalter von
41 Jahren, er hat die juridisch-politischen Studien absolvirt,
und seine Laufbahn im Februar des Jahres 1813 als Con-
cepts-Praktikant der k. k. Hofbibliothek begonnen. Im Dezember 1813 als Kanzlei- und im Dezember 1814 als
Conceptspraktikant der N.-Ö. Zollgefälls-Administration angestellt, wurde er am 2ten März 1815 in gleicher Eigenschaft zu der allg. Hofkammer berufen, wo ihm am 9ten Juli
1823 die Beförderung zum Hofconcipisten zu Theil wurde.
Seine ganze Dienstzeit beträgt 18$^{5}/_{12}$ Jahre.[1])

Grillparzer besitzt die vollständige Kenntniß der
deutschen, lateinischen, französischen, italienischen, englischen,
spanischen und griechischen Sprache, und hat seine ausgezeichnete wißenschaftliche Bildung durch verschiedenartige
Leistungen erprobt, deren bleibender Werth anerkannt ist,
und welche eine Zierde der vaterländischen und der deutschen
Litteratur überhaupt bilden. Er hat nach seiner ursprünglichen Neigung seine Dienstleistung bei der Hofbibliothek,
folglich bei einem dem Archiv-Geschäfte in mancher Beziehung

analogen Zweige begonnen, und seine Verwendung bei der
Zollgefällen=Administration und bei der allg. Hofkammer
haben ihm durch viele Jahre Gelegenheit dargebothen sich
mit den verschiedenen Gegenständen der Finanz-Verwaltung
bekannt zu machen. Dieß war insbesondere während seiner
Verwendung bei dem bestandenen Finanz-Ministerium der
Fall, wo die ihm anvertraute Führung des Ministerial=
Exhibiten=Protokolls ihm die Einsicht in die wichtigsten und
mannigfaltigsten Geschäfts-Gegenstände gestattete. Wenn er
gleich an dem eigentlichen administrativen Dienste bisher keinen
besonders thätigen Antheil nahm, so dürfte, da ihm nur Vor=
liebe für literarische Beschäftigung und nicht Liebe zur Un=
thätigkeit davon abzog, seine Versicherung Berücksichtigung
verdienen, daß die Neigung zu dem Archivsdienste ihm auch
jenen Grad von Emsigkeit und Eifer einflößen werde, welchen
er bisher bei seinen literärischen Arbeiten erprobt zu haben
glaube. Das Hofkammerarchiv ist von Mühlfeld in einer
musterhaften Ordnung hinterlassen worden, und sein Nachfolger
wird kaum mehr zu leisten haben, als dasselbe in Bezug auf
das Vorhandene zu erhalten und in Ansehung des Zuwachses
fortzusetzen. Für die zweckmäßige Benützung der bereits ge=
ordneten Quellen des Archivs bürgen die bewährten Sprach=
und historischen Kenntnisse Grillparzers; seine vorzüglichen
Talente und in allgemeinen Umrißen erworbenen Geschäfts
kenntnisse verbürgen ein richtiges Auffaßen der an das Archiv
zu stellenden Anfragen und der administrativen Interessen,
welche demselben zu Grunde liegen. Das Mechanische der
Registraturs Manipulation bei einer bereits bestehenden syste
matischen Eintheilung sich eigen zu machen, kann für einen
hellen Kopf keine schwierige Aufgabe bilden, zumal ihn in
dieser Beziehung langgediente und vollkommen eingeübte Hilfs=
arbeiter unter dem Personale des Hofkammer Archivs zur
Seite stehen.

Wenn daher Grillparzer, nach seiner Zusicherung die
erforderliche Emsigkeit in der von ihm gewünschten Geschäfts=

sphäre sich angelegen sein lassen wird, so dürfte bei den dargestellten Verhältnißen sich wohl von keinem der eingeschrittenen Individuen eine razionellere Leitung und Benützung des Hofkammerarchivs erwarten lassen.

Es scheint zudem angemeßen zu sein, einen Mann von Kenntnißen und ausgezeichneten Talenten in jene Sphäre zu versetzen, welche seiner Neigung und Vorliebe entspricht, um den Platz, welchen er auf einem anderen Standpunkte einnimmt, in der Folge von einem mit mehrerem Berufe dazu ausgerüsteten Individuum einnehmen zu lassen. Durch die Ernennung Grillparzers zum Hofkammer Archivsdirektor könnte übrigens, falls es das hohe Präsidium dienstgemäß fände, sein Hofconcipistengehalt von 1000 fl. sammt Quartiergeld von 200 fl. in Ersparung kommen, weil nach der allh. Entschließung vom 2ten September 1831, von der damals bestandenen Zahl von 51 Hofkoncipisten drei allmälig, ohne daß jedoch bei den nächsten drei Erledigungen in unmittelbarer Aufeinanderfolge angefangen werden müßte, einzuziehen sind, was bisher bereits in Bezug auf eine, nämlich die nach eben verstorbenen Hofkoncipisten Heinz erledigte Stelle dieser Kathegorie Statt gefunden hat.

Referent erachtet daher nach den Anforderungen des Dienstes die Ernennung des Hofconcipisten **Franz Grillparzer** zum Hofkammer-Archivs-Direktor mit den systemmäßigen Genüßen von 1500 fl. Gehalt und 300 fl. Quartiergeld antragen zu sollen.

Die Bitte deßelben, daß ihm diese Anstellung mit dem Gehalte von 2000 fl. wie ihn v. Mühlfeld bezog, verliehen werden wolle, dürfte dermals außer Beachtung bleiben. v. Mühlfeld verdankte diesen höheren Gehalt der a. h. Gnade Seiner Majestät, als er bereits mit dem systemmäßigen Gehalt von 1500 fl. als Archivsdirektor angestellt war, und wenn auch in diesem a. h. Gnaden-Akte, womit Seine Majestät dem Mühlfeld eine Personalzulage von 500 fl. zu gewähren geruhten, während die allg. Hofkammer dieselbe nur in dem

Betrage von 200 fl. angetragen hatte, eine Bestätigung liegen dürfte, daß die Anstellung von Conceptsbeamten und Literaten auf jenen Posten, wenn sie ihrer Bestimmung mit Auszeichnung nachkommen, den a. h. Absichten Seiner Majestät entspricht, so dürfte doch ein ähnlicher Antrag für Grillparzer, wenn er die ihm zugedachte Beförderung erhält, dem Zeitpunkte vorbehalten bleiben, wo das Ergebniß seiner Dienstleistung die nöthigen Motive zu dessen Unterstützung dargeboten haben wird.

Wien am 23. Jänner 1832.

Burgermeister.

Vorgetragen am 23ten Jänner 1832 unter dem Vorsitze Seiner Excell. des Herrn Hofkammer Präsidenten Grafen von Klebelsberg.

Gegenwärtig: die Herren Vice-Präsidenten Freiherr v. Krieg, Freiherr von Eichhoff, S. Ex. Graf Szecsen. Hofräthe: v. Platzer, v. Liedemann, v. Riena, v. Welzl, v. Millitz, v. Reichetzer, v. Krauß, v. Pußwald.

Die Stimmenmehrheit, welcher auch Seine Excellenz der Herr Hofkammer Präsident beitraten, entschied sich aus den von dem Referenten geltend gemachten Motiven für die Ernennung des Hofconcipisten Franz Grillparzer, mit den für diese Stelle systemisirten Genüßen.

Nur vier Stimmführer, nemlich die Herren Hofräthe: v. Welzl, v. Millitz, v. Reichetzer, und Philipp v. Krauß, faßten die Aufgabe des Hofkammer Archivsdirektors aus dem Gesichtspunkte auf, daß dieselbe nur in seltenen einzelnen Fällen höhere wißenschaftliche und Geschäftskenntniße, dagegen aber für den täglichen Dienst eine besondere Gewandtheit im eigentlichen Registraturs Geschäfte erfordere, welche letztere, nach der Ansicht dieser Votanten bei dem Hofconcipisten Grillparzer ebensowenig als die Einsigkeit eines tüchtigen Manipulazionsbeamten in dem Grade vorausgesetzt werden könne, als dieß bei den in Bewerbung getretenen ausgezeichneten

Regiſtratursbeamten der Fall ſei. Die drei erſten dieſer Stimmführer erklärten ſich aus dem Grunde dieſer Anſicht für die
Ernennung des Regiſtratur-Direktions Adjunkten Ferdinand
Hoffmann, während Hofrath Philipp v. Krauß jene des Re
giſtraturs-Direktors Donjeban in Antrag brachte, weil das
vorgerückte Alter desſelben nicht im Wege ſtehe, ihm die
Leitung des v. Mühlfeld in ſehr guter Ordnung hinterlaßenen
Archivs anzuvertrauen.

Wien am 23. Jänner 1832.

LVI.
Decret der Hofkammer an Franz Grillparzer.

[1832.]

Die k. k. allgemeine Hofkammer hat am heutigen Tage
beſchloßen, Ihnen in Anbetracht Ihrer ausgezeichneten Talente
und erprobten vielſeitigen Sprach- und hiſtoriſchen Kenntniße
die durch das Ableben des Johann Georg Megerle von
Mühlfeld erledigte Direktionsſtelle bei dem Hofkammer Archiv
mit dem ſiſtemiſirten Gehalte von jährlichen Eintauſend
fünfhundert Gulden und dem Quartiergelde jährlicher dreihundert Gulden C. M. zu verleihen.

Von dieſer Ernennung werden Sie in Erledigung Ihres
Bewerbegeſuches vom 13. September 1831 mit dem Beiſatze
in die Kenntniß geſetzt, ſich wegen Ablegung des Dienſteides
bei dem Präſidium dieſer Hofſtelle zu melden.

Zugleich erhält das k. k. Univerſal Cammeral Zahlamt
den Auftrag Ihnen den Gehalt jährlicher Eintauſend fünf
hundert Gulden C. M. von auszuweiſendem Tage des in
Ihrer neuen Eigenſchaft abgelegten Dienſteides, und das
kompetente Quartiergeld von jährlich dreihundert Gulden C. M.
von dem nächſt darauf folgenden Termine unter gleichzeitiger
Einſtellung Ihrer bisherigen Genüſſe ordnungsmäßig zu erfolgen.

Wien den 23. Januar 1832.

Klebelsberg.

LVII.
Grillparzers Ansprache an die Archivbeamten.
[1832.]

Meine Herren!

Dem was der Herr Hofrath so eben gesagt haben, kann ich nur hinzufügen, daß Sie in mir den gefälligsten und verträglichsten aller Menschen finden werden, wenn Sie dasjenige genau erfüllen, was ich von Ihnen zu fordern berechtigt bin, so wie auch ich zur genauesten Pflichterfüllung mich hiemit bereit erkläre. Im ersten Augenblicke, bei einem neuen Geschäfte, würde mir bereitwilliges Entgegenkommen doppelt angenehm seyn, wir wollen aber trachten, in möglichst kurzer Zeit Nachsicht von beiden Seiten überflüssig zu machen. — Ich freue mich unter Ihnen zu seyn, und hoffe, daß auch Sie, schon jetzt, oder doch in Zukunft, den heutigen Tag unter die angenehmen zählen sollen.

LVIII.
Grillparzer an die allgemeine Hofkammer.
[1833.]

Pro memoria.

Die Gründe, warum ich glaube, auf den vollen Gehalt meines Vorgängers Anspruch machen zu können, sind ungefähr folgende:

Die Gehaltserhöhung wurde meinem Vorgänger, nach dem Wortlaute der a. h. Entschließung nicht als eine Personalzulage, sondern als eine Gehaltszulage, als eine Gehaltsvermehrung ertheilt. Die Gründe des Antrages der hohen Hofkammer auf diese Verbesserung waren nicht von den außerordentlichen Eigenschaften meines Vorgängers, sondern von der Wichtigkeit des Geschäftes hergenommen, und weder ich noch Jemand bei der hohen Hofkammer zweifelte, daß mir bei gleichen Umständen die gleiche Begünstigung zu theil werden würde.

Eben weil dieser Posten ein ausgezeichneter geworden war, habe ich ihn angesucht, und ich müßte wahnsinnig und verächtlich zugleich gewesen sein, wenn ich alle meine Aussichten auf höhere Stellen im Conzeptsfache für einen Platz aufgegeben hätte, der allenfalls eine Belohnung für einen fleißigen Registranten abgeben kann.

Mein Vorgänger erhielt die Archivsdirektorsstelle als Hofconzipist mit 1000 fl. Gehalt. Ich genoß als Ministerialconcipist durch eine Reihe von Jahren eine Zulage von 400 fl., zusammen also 1400 fl. Er erhielt durch jene Gehaltsvermehrung eine Verbesserung von 1000 fl., die meine würde, wenn man mich ihm gleichstellt, nur 600 fl. betragen.

Mein Vorgänger erhielt jenen erhöhten Gehalt nicht nach langjähriger Dienstleistung, sondern schon ein halbes Jahr nach seinem Eintritt in das Archiv. Ich bekleide schon länger als ein Jahr diese Stelle.

Wenn man gefunden hat, daß ein Gehalt von 2000 fl. für den Archivsdirektor der Hofkammer zu hoch sei, so muß natürlich eine Reduction eintreten, man spreche sie für die Zukunft aus, und jeder fähige Hofkonzipist wird dadurch gewarnt werden, sich künftig um diese Stelle zu bewerben; man lasse mich aber nicht den verzeihlichen Irrthum büßen, geglaubt zu haben, daß man eine Stelle, die über die Fähigkeiten eines gewöhnlichen Registrarsbeamten hinausgeht, auch mit Emolumenten habe versehen wollen, die die Hoffnungen eines Registrarsbeamten übersteigen.

Wenn man schließlich von meinen Verdiensten als Literator keine Notiz nehmen will, so steht eine solche Mißachtung allenfalls einer einzelnen Behörde an, die nur würdigt was in ihren Bereich gehört, für Seine Majestät den Kaiser und dessen unmittelbare Organe aber ist jedes Verdienst da, und wer für die Bildung und die schriftstellerische Ehre seines Vaterlandes wirkte, hat ebenso viele Ansprüche auf Huld und

Gunst, als wer in irgend einem andren Fache that, was seine Pflicht ist.

Grillparzer.

Wien, am 14. April 1833.

LIX.

Vortrag des Hofkammer-Präsidenten Grafen Klebelsberg an Kaiser Franz.[1)]

[1833.]

Euer Majestät!

Nach dem am 15. September 1831 erfolgten Ableben des Hofkammer-Archivs-Direktors Johann Megerle v. Mühlfeld hat die treugehorsamste allgemeine Hofkammer die systemmäßig mit dem Gehalte jährlicher 1500 fl. und mit dem kompetenten Quartiergelde jährlicher 300 fl. verbundene Hofkammer-Archivsdirektors-Stelle mit Gremial Rathsbeschluß vom 23. Jänner 1832 dem Hofkoncipisten Franz Grillparzer verliehen.

Die treugehorsamste allgemeine Hofkammer wurde bei dieser Wahl von der Betrachtung geleitet, daß nur höhere Ausbildung in den administrativen Geschäften und in den historischen Wissenschaften, verbunden mit ausgebreiteten Sprachkenntnissen und einer richtigen Urtheilskraft, eine sichere Bürgschaft für die erfolgreiche Benützung der reichhaltigen Schätze des Hofkammerarchives gewähren, welche Erfordernisse sich bei dem Hofkonzipisten Grillparzer in einer eben so ausgezeichneten Vereinigung darbothen, als es bei dem Direktor v. Mühlfeld der Fall war, auf dessen unterm 18. September 1816 erfolgte allerhöchste Ernennung die treugehorsamste allgemeine Hofkammer in dem allerunterthänigsten Vortrage vom 15. Febr. 1816 in gleicher Erwägung dieser nur selten vereinigten Erfordernisse angetragen hatte.

Obschon Grillparzer in seinem Einschreiten um die Verleihung der nach v. Mühlfeld erledigten Hofkammer-Archivs-

direktors-Stelle gebethen hatte, daß ihm dieselbe mit dem
Gehalte jährlicher 2000 fl. wie ihn v. Mühlfeld bezogen
hatte, verliehen werden möge, so glaubte die treugehorsamste
allgemeine Hofkammer doch bei seiner Ernennung zu diesem
Posten, von dieser Bitte absehen, und sich nach dem ihm
eingeräumten Wirkungskreise auf die Anweisung des damit
systemmäßig verbundenen Gehaltes jährlicher 1500 fl. be=
schränken zu sollen, weil v. Mühlfeld den erwähnten Gehalt
der allerhöchsten Gnade Euerer Majestät verdankte, diese aber
auch für Grillparzer in Anspruch zu nehmen dem Zeitpunkte
vorbehalten bleiben mußte wo das Ergebniß seiner Dienst=
leistung als Hofkammer-Archivsdirektor einen Anhaltspunkt
zur Würdigung seiner Verdienstlichkeit sowohl an sich, als
im Vergleiche mit jener des v. Mühlfeld darbiethen könnte.

Sieben Monate nach der mit allerhöchster Entschließung
vom 23. September 1816 erfolgten Ernennung des v. Mühl=
feld zum Hofkammer-Archivsdirektor fand sich die treugehorsamste
allgemeine Hofkammer bei der besonderen Brauchbarkeit und
Verdienstlichkeit desselben veranlaßt, für ihn mit allerunter=
thänigstem Vortrage vom 17. April 1817 um die Verleihung
einer Personalzulage jährlicher 200 fl. einzuschreiten, wobei
der damalige Hofkammer Präsident, Graf Chorinsky darauf
antragen zu sollen erachtete, daß der jeweilige Hofkammer=
Archivsdirektor in Anbetracht der höheren Anforderungen,
welche an ihn gestellt werden, dem ersten Hofkammer=
Registraturs-Direktor, mit welchem er unbezweifelt im Range
gleich stehe, auch in der Besoldung statusmäßig gleich ge=
halten werde. Ueber diesen allerunterthänigsten Antrag ge=
ruhten Euere Majestät mit allerhöchster Entschließung vom
17. April 1817 dem Archivsdirektor v. Mühlfeld »die Er=
höhung seines Gehaltes auf 2000 fl. in der Erwartung aller=
gnädigst zu gestatten, daß er sich ferner angelegen seyn lassen
werde, durch genaue Nachforschung in den Archivsacten die
Materialien, welche für die verschiedenen Verwaltungszweige
von höherem Interesse seyn können, benützbar zu machen.«

Gleichwie nun die treugehorsamste allgemeine Hofkammer in dieser allerhöchsten Entschließung bei der Ernennung des Grillparzer eine Bestättigung fand, daß die Anstellung von wissenschaftlich gebildeten Conceptsbeamten auf dem Posten des Hofkammer-Archivdirektors, wenn sie ihrer wichtigen Bestimmung mit Auszeichnung nachkommen, den allerhöchsten Absichten Euerer Majestät entspricht, so glaubt sie auch annehmen zu dürfen, daß nicht sowohl die Bewilligung einer Personalzulage von 200 fl., wie solche für den Archivsdirektor v. Mühlfeld in Antrag gebracht worden war, als vielmehr die Gleichstellung der Genüsse des dermaligen Direktors Grillparzer mit jenen des von Mühlfeld, falls seine Leistungen nicht hinter jenen dieses letzteren zurückgeblieben sein sollten, in den allergnädigsten Gesinnungen Euerer Majestät liegen dürfte.

Die Bestimmung des Hofkammer-Archivdirectors beschränkt sich nicht auf eine kurrente Registraturs-Manipulation nach Schlagwörtern und Bezugszahlen, wiewohl auch hierzu viele praktische Geschäftskenntniß und scharfe Auffassung der Criterien gehört, sondern sie setzt, wo es sich um Rückblicke in vergangene Jahrhunderte handelt, und die Gelegenheit zur Lieferung statistischer Daten, oft auch in Vergeßenheit gerathener Materialien zum Behufe von Systemal Arbeiten sich darbiethet, eine genaue Kenntniß der Geschichte des österreichischen Staates und seiner Verwaltung, ausgebreitete gründliche Sprachkenntnisse, Bekanntschaft mit veralteten Schrift und Sprach-Formen, und nicht selten juridische Kenntnisse, wie auch, wenn es auf die Beförderung wissenschaftlicher Zwecke ankömmt, eine höhere gelehrte Bildung voraus. Wird ein Conceptsbeamter, welcher diese umfangreichen Erfordernisse in sich vereinigt, der administrativen Laufbahn entrückt, und zur Leitung des Hofkammer-Archives berufen, so erscheinen seine Aussichten nach dem gewöhnlichen Laufe der Dinge geschlossen, und er muß den Lohn seiner mühsamen Ausbildung in der Vorliebe für seine Bestimmung finden.

Die treugehorsamste allgemeine Hofkammer hat nunmehr während eines Jahres Gelegenheit gehabt, sich die volle Überzeugung zu verschaffen, daß Grillparzer den Erwartungen vollkommen entspricht, zu welchen seine vielseitigen Sprach- und geschichtlichen Kenntnisse und seine glücklichen geistigen Anlagen berechtigten. Er hat bereits umfangreiche und verwickelte, dem Archiv gesetzte Aufgaben mit Umsicht und richtiger Beurtheilung gelöset, und dringt mit seltener Beharrlichkeit in die Zwecke seiner Bestimmung ein. Unter diesen nimmt die Herstellung der Ordnung in den älteren Parthien des Hofkammer-Archives den ersten Platz ein, und da v. Mühlfeld, welchen der Tod zu früh überraschte, ungeachtet seines eisernen Fleißes bei weitem nicht die vollständige Indicirung der älteren Akten zu Stande bringen konnte, so leuchtet ein, welch ein mühevolles Geschäft dem dermaligen Direktor neben Erfüllung des laufenden Dienstes noch erübrigt. Grillparzer bestrebt sich mit Aufopferung der dem Litterator heiligen Muße, diesem ersten Zwecke seiner Anstellung, als Hofkammer-Archivsdirektor, nachzukommen, und es steht nach seinen bisherigen Leistungen zu erwarten, daß er das, was v. Mühlfeld für die Ordnung des Hofkammer-Archives begonnen, mit gleichem Erfolge vollenden werde.

Daß nun aber Grillparzer in seiner beschwerlichen ämtlichen Stellung derselben Aufmunterung würdig seyn dürfte, wie solche dem Archivsdirektor v. Mühlfeld schon nach siebenmonatlicher Amtsführung durch die allerhöchste Gnade Euerer Majestät zu Theil wurde, glaubt die treugehorsame allgemeine Hofkammer nicht in Zweifel stellen zu sollen. Wenn von Mühlfeld die Aufmerksamkeit durch mühsame archivalische Zusammenstellungen auf sich zog, so ist dagegen Grillparzers Bestreben auf die bei weitem wichtigere Eröffnung der gesammten Quellen des Archives für die Zwecke der Verwaltung durch die beabsichtigte Anlegung eines bisher noch mangelnden systematischen Generalindex gerichtet, dessen Zustandebringung von höchstem Interesse sein würde, und seine Aufgabe steht daher hinter jener seines Vorgängers keineswegs zurück.

Grillparzer dient zudem bereits beinahe 20 Jahre, und seine literarischen Leistungen gereichen der österreichischen nicht minder als der deutschen Litteratur zur Zierde, während seine angestrengte dienstliche Stellung ihm in dem systemmäßigen Gehalte jährlicher 1500 fl. nicht einmal jene Subsistenzmittel gewährt, welche die Directoren des Expedites und Protokolles bei einem Gehalte von 1800 fl. genießen.

Es kann ferner nicht unbemerkt gelassen werden, daß Grillparzer sich seiner Aussichten auf eine anderweitige Beförderung im Conceptsache, in welchem er gleichfalls lobenswerthe Dienste geleistet hatte, bei seinem Einschreiten um die Verleihung der Hofkammer-Archivsdirektorsstelle in der Hoffnung begeben hat, daß ihm gleich bei seiner Ernennung der von dem Direktor v. Mühlfeld genossene höhere Gehalt jährlicher 2000 fl. zu Theil werden würde, und daß er schon bei dem bestandenen Finanzministerium für seine Verwendung bei den Präsidialgeschäften neben seinem Hofconcipistengehalte von 1000 fl. eine Remuneration jährlicher 400 fl. genoß, folglich bereits in einem Gesammtgenusse stand, welchen seine dermalige Besoldung von 1500 fl. nur um 100 fl. übersteigt.

Es ist endlich bekannt, daß Grillparzer, obschon selbst nicht verehelicht, für verwandte Geschwister und deren Familie mit eigener Aufopferung sorget, und auch in dieser Hinsicht einer Verbesserung seiner ökonomischen Verhältnisse mit Sehnsucht entgegensieht.

Bei allen diesen Verhältnissen und da Grillparzer während des ersten Jahres seiner Dienstleistung als Hofkammer-Archivsdirektor die auf ihn gefallene Wahl durch den Erfolg seiner Leistungen vollkommen gerechtfertigt und den Beweis geliefert hat, daß er seinem Vorgänger v. Mühlfeld hierin nicht nachsteht, sondern denselben in Bezug auf Sprach- und Geschichtskenntnisse, literarische Ausbildung und höhere Geschäftsansichten übertrifft, hielt sich die treugehorsamste allgemeine Hofkammer verpflichtet, die allerhöchste Gnade Euerer Majestät mit der alleruntertḧanigsten Bitte ehrerbietigst in Anspruch zu nehmen, auch die Genüße des Hofkammer-Archivsdirektors Grillparzer jenen seines Vorgängers gleichstellen, und daher die Erhöhung seines Gehaltes von 1500 fl. auf jährliche zweitausend Gulden allergnädigst bewilligen zu wollen.

Wien am 10. Jänner 1833.

Klebelsberg.

LX.

Grillparzer an den Grafen v. Klebelsberg.

1834.]

Euere Exzellenz!

In dem hierneben ehrfurchtsvoll angeschlossenen Gesuche habe ich mir erlaubt, bei der Studienhofkommission um Verleihung der erledigten Stelle eines Vorstehers der Wiener Universitätsbibliothek einzuschreiten.[1] Einer Hofbehörde gegenüber, die mit meinen dienstlichen Eigenschaften und Verhältnissen ganz unbekannt ist, kann ich nur dann auf irgend einen Erfolg zählen, wenn Eure Exzellenz bei ihr das Wort für mich zu führen geruhen, um was ich angelegentlichst und ergebenst hiemit bitte.

Oft von der k. k. allg. Hofkammer und immer von Eurer Exzellenz mit Güte und Gnade behandelt, würde mir der Gedanke des Austritts aus meinen bisherigen Verhältnissen unerträglich seyn, wenn ich nicht die literarische Bestimmung in mir als über die ämtliche weit die Oberhand behauptend erkannte und hoffen dürfte, meinen schriftstellerischen Arbeiten wiedergegeben, mich selbst des Antheils Eurer Exzellenz würdiger zu zeigen, als es in meinem gegenwärtigen Wirkungskreise der Fall und mir möglich war.

Schließlich glaube ich nur noch bemerken zu müssen, daß der 16. kommenden Monats der Schlußtermin des von der

u. ö. Regierung ausgeschriebenen Konkurses für jene Bibliothekarsstelle ist.

Eurer Excellenz

unterthänigst gehorsamster

Franz Grillparzer

Archivdirektor der k. k. allg. Hofkammer.

Wien am 20. Mai 1834.

LXI.

Grillparzer an die Studienhofkommission.

[1834.]

Hochlöbliche k. k. Studienhofkommission!

Der Unterzeichnete erlaubt sich, um Verleihung der durch den Tod des Regierungsrathes Wilhelm Riedler[1]) erledigten Stelle eines Vorstehers der Wiener Universitätsbibliothek gehorsamst zu bitten.

Um vor allem die Identität der Person außer Zweifel zu setzen, bekennt er sich als denselben, der durch seine dramatischen Arbeiten die Aufmerksamkeit Deutschlands, ja — wenn den Uebersetzungen in alle europäischen Sprachen zu trauen ist — wohl auch eines noch größern Publikums auf sich gezogen hat. Er ist dem gewöhnlichen Schriftstellerlose getadelt und angefeindet zu werden, nicht entgangen; wie hoch oder niedrig man aber auch immer seinen Werth anschlagen mag, so glaubt er sich doch jeder literarischen Notabilität Oesterreichs an die Seite setzen zu können, und hofft sonach, daß die Beigesellung seines Namens der Wiener Hochschule und ihrer Bibliothek als nicht zur Unzier gereichend werde erkannt werden.

Aus diesem ersten Berücksichtigungsgrunde folgt, wie es scheint, unmittelbar ein zweiter.

Des Unterzeichneten gegenwärtige Anstellung, als Direktor des Archivs der k. k. allgemeinen Hofkammer, befriedigt ihn

als Beamter, ja als Mensch vollkommen; von dem Schrift=
steller läßt sich aber nicht ein Gleiches sagen. Die mit seinen
literarischen Bestrebungen mitunter in grellem Widerspruche
stehenden Geschäfte seines Amtes unterlassen nicht, auf erstere
den ungünstigsten Einfluß auszuüben. — Nur in der ersten
Jugend vermehren Hindernisse die Energie des Talents, bei
herannahenden späteren Jahren will es gehegt seyn. — Eine
Anstellung, die, wenn sie auch mit dem vollen Ernst des Ge=
schäftes betrieben werden muß, doch durch ihren rein wissen=
schaftlichen Bereich den Geist ohne grelle Absprünge in ver=
wandten Bahnen festhielte, würde hierzu höchst förderlich seyn.
Ich weiß nicht, ob mich die Eitelkeit verführt, wenn ich glaube,
es werde keinem gebildeten Oesterreicher gleichgiltig seyn, ob
der Verfasser der »Sappho« und »Medea« noch ferner lite=
rarisch thätig ist oder nicht.

So viel von den persönlichen Verhältnissen des Bittstellers,
was die ämtlichen betrifft, so dient derselbe durch 21 Jahre
dem Staate. Seine erste Anstellung war, was für gegen=
wärtiges Gesuch nicht gleichgiltig seyn dürfte, in der k. k. Hof=
bibliothek. Hier hatte er Gelegenheit, sich mit den äußern
Formen des Bibliothekdienstes bekannt zu machen, so daß er
seine neue Anstellung gleich von vornherein als ein Geschäfts=
geübter antreten könnte. Die innern Erfordernisse eines
Bibliothekars dürften ihm ein mit ernsten Studien zugebrachtes
Leben; die ausgebreitetste Lektüre in allen Fächern der Wissen
schaften; Bücherkunde, als Hilfsmittel eigner Sammlungen,
getrieben; endlich völlige Vertrautheit mit den vornehmsten
literarischen Sprachen, als: der griechischen, lateinischen, fran=
zösischen, englischen, italienischen und spanischen — hinlänglich
gesichert haben.

Endlich suche ich gegenwärtig weder Beförderung, noch
Gehaltsvermehrung, sondern einfache Übersetzung auf einen
meinen Neigungen und Fähigkeiten mehr entsprechenden Posten.
Ich stehe als Direktor des Hofkammer=Archivs in einem fixen
Genuße von 1500 fl. Besoldung und 300 fl. Quartiergeld.

Mein Vorgänger bezog überdieß noch eine Zulage von 500 fl.; und zwar nicht wegen besonderer persönlichen Verdienste, deren er zur Zeit der Verleihung (ein halbes Jahr nach seinem Dienstantritte) noch nicht erworben haben konnte, sondern bloß in Rücksicht auf die Wichtigkeit und Beschwerlichkeit des Geschäfts. Auf Ertheilung dieser Zulage ist auch für mich von Seite der hohen Hofkammer bei Seiner Majestät bereits der Antrag gestellt worden. Da durchaus kein billiger Grund denkbar ist, daß diese Zulage mir verweigert werden sollte, so werde ich nach Herablangung der täglich erwarteten Allerhöchsten Entschließung an Gehalt 2000 fl. und ein Quartiergeld von 300 fl. beziehen, was im Entgegenhalt der Bibliothekarsbesoldung von 2000 fl. mit 150 fl. Quartiergeld einen reinen Verlust von jährlichen 150 fl. darstellt. Aber selbst wenn Seine Majestät befinden sollten, mir gegenwärtig nur die größere Hälfte jener Zulage zu verleihen, den andern Theil aber der Zukunft aufzubehalten, so würde auch dann der augenblickliche Mehrbetrag der Bibliothekargenüsse so unbedeutend seyn, daß Eigennutz und äußere Rücksichten bei diesem Gesuche unmöglich als im Spiele vorausgesetzt werden können. Ueberdieß ist die Stelle eines Vorstehers der Universitätsbibliothek eine letzte Aussicht fürs ganze Leben, indeß ein Mitglied des Hofkammer-Gremiums, absolvirter Jurist und früher immer im Konzeptsfache beschäftigt, seine Ansprüche durch nichts beschränkt sieht, als durch das Maß seiner Fähigkeit und seiner Verwendung.

Alles dieses zusammengenommen, glaube ich kaum, daß einer meiner Mitbewerber seine Gründe mit den meinigen werde in eine Reihe stellen können, und lebe daher der sichern Hoffnung einer gnädigen Gewährung meiner Bitte, wie man auf Erneuerung des Lebens hofft und auf Wiederbelebung eines Talents.

Wien am 22. März 1834.

Franz Grillparzer
Direktor des Archivs der k. k. allg. Hofkammer.

LXII.

Graf Klebelsberg an den obersten Kanzler, Grafen von Mittrowsky.

1834!

Euer Excellenz!

Der Direktor des Archives der allgemeinen Hofkammer Franz Grillparzer hat mir das beifolgende, an die k. k. Studienhofkommission gerichtete Gesuch vom 20. l. Mts., womit er sich um die erledigte Stelle des Vorstehers der Wiener Universitätsbibliothek in Bewerbung setzt, mit der Bitte überreicht, dasselbe mit meiner Einbegleitung an Euere Excellenz gelangen zu lassen.

Grillparzer steht gegenwärtig in dem kräftigen Mannesalter von 43 Jahren, er hat die juridisch=politischen Studien absolvirt, und seine Dienstes laufbahn im Februar des Jahres 1813 als Konzeptspraktikant bei der k. k. Hofbibliothek begonnen.

Im Dezember 1813 als Kanzlei= und im Dezember 1814 als Konzeptspraktikant der nied. österr. Zollgefällen=Administration angestellt, wurde er am 2. Mai 1815 in gleicher Eigenschaft zu der allgemeinen Hofkammer berufen, wo ihm am 9. Juli 1823 die Beförderung zum Hofkonzipisten, dann unterm 23. Jänner 1832 jene zum Direktor des Hofkammer=Archivs zu Theil wurde, in welcher Eigenschaft er dermal einen Gehalt von jährlichen 1500 fl. C. M. und 300 fl. C. M. an Quartiergeld bezieht. Seine Gesammtdienstzeit beträgt $21^{3}/_{12}$ Jahre.

In seiner Verwendung bei der seither erloschenen nied.=österr. Zollgefällen-Administration und bei der allgemeinen Hofkammer, insbesondere aber bei dem bestandenen Finanz=Ministerium hat Grillparzer Gelegenheit gehabt, sich während einer langen Reihe von Jahren, durch die Einsicht und Bearbeitung der mannigfaltigsten und mitunter wichtigsten Gegenstände, mit der Geschäfts=Sphäre der Finanzverwaltung vertraut zu machen, und diese Betrachtung, dann der Hinblick auf seine ausgebreiteten linguistischen Kenntnisse und seine anerkannt ausgezeichnete literarische Bildung, haben die allgemeine Hofkammer bestimmt, demselben bei der Verleihung der Stelle ihres Archiv-Direktors vor allen Kompetenten den Vorzug zu geben, indem sie sich von seinen historischen Kenntnissen und seinen sonstigen glänzenden Eigenschaften eine vorzügliche Dienstesleistung auf einer Stelle versprach, welche in so ferne nicht ohne Einfluß und Wichtigkeit ist, als der Archivsdirektor zunächst berufen ist, in Fällen, wo es sich um die Aufrechthaltung zweifelhafter oder vergessener Rechte des Aerars, und um die Entscheidung folgenreicher Streitfragen handelt, aus den vorhandenen Geschäfts-Verhandlungen früherer Zeit die geeigneten Hilfsmittel auszuforschen und an die Hand zu geben, eine Aufgabe, die nebst einer geübten Urtheilskraft im Auffassen der verschiedenartigsten Gegenstände, eine genaue Bekanntschaft mit der Geschichte des österreichischen Staates und seiner Verwaltung voraussetzt.

Die Dienstleistung Grillparzers als Archivsdirektor hat die Ueberzeugung gewährt, daß sich die allgemeine Hofkammer in ihren Erwartungen nicht getäuscht habe und ich lasse seiner rastlosen Thätigkeit und seiner ausgezeichneten Verwendung nur die gebührende Anerkennung widerfahren, wenn ich bemerke, daß nach dessen bisherigen Leistungen mit Grund erwartet werden dürfe, das Hofkammer Archiv unter Grillparzers Leitung in wenigen Jahren zu jenem Grade musterhafter Ordnung und der Benützbarkeit gebracht zu sehen, welcher bisher bloß ein Gegenstand der Wünsche geblieben ist.

Unter diesen Umständen könnte ich den Verlust des Archivs-Direktors Grillparzer für den Dienst der allgemeinen Hofkammer nur lebhaft bedauern, und wenn ich dessen ungeachtet durch die Unterstützung seines gegenwärtigen Gesuches möglicherweise dazu beitrage, diesen Verlust herbeizuführen, so geschieht dieses bloß in der Ueberzeugung, daß durch seine Ernennung für den nachgesuchten Posten, demselben ein, seiner

Neigung mehr zusagender Wirkungskreis, welcher zugleich auf seine literarische Thätigkeit den vortheilhaftesten Einfluß zu nehmen geeignet wäre, angewiesen und andererseits auch einem so wichtigen Institute, wie es die Universitäts=Bibliothek ist, ein in jeder Beziehung ausgezeichneter Vorsteher zu Theil würde.[1]

Grillparzer besitzt die vollständige Kenntniß der deutschen, lateinischen, französischen, italienischen, spanischen, englischen und griechischen Sprache, und auch die böh= mische Sprache ist ihm nicht fremd. Er hat seine ausgezeich= nete wissenschaftliche Bildung durch eine Reihe von Werken erprobt, deren bleibender Werth anerkannt ist, und welche, indem sie ihm mitunter einen europäischen Ruhm sichern, eine Zierde der vaterländischen und der deutschen Literatur über= haupt bilden. Seine Leistungen in diesem Gebiete tragen das Gepräge gediegener Studien, so wie sie dessen innige Ver= trautheit mit der classischen Literatur des Alterthums bewähren, und es dürfte bei seinem ernsten Streben und der ihm an= geborenen Forschungsliebe wohl keiner besonderen Bestättigung bedürfen, daß es ihm auch an einer nicht minder umfassenden Kenntniß der Hervorbringungen der neuen und neuesten Literatur, so wie der Geschichte in allen Zweigen der Wissen= schaft und Kunst, nicht fehlen könne. Daß sich Grillparzer auf diesem Wege nebstbei bereits eine ausgebreitete Bücher= kunde, eines der wesentlichsten Erfordernisse für den Biblio= thekarsdienst erworben haben müsse, scheint um so minder einem Zweifel zu unterliegen, als Grillparzer, wie er auch in seinem Gesuche bemerkt, selbst eine beträchtliche, obgleich be= greiflicherweise nur auf das Vorzüglichste beschränkte Samm= lung besitzt.

Grillparzer hat ferner, nach seiner schon ursprünglich gehegten Vorliebe, seine öffentliche Dienstleistung in der k. k. Hofbibliothek begonnen, und daselbst den Dienst eines gelehrten Institutes dieser Art bereits kennen zu lernen, die hier ge= sammelten Erfahrungen aber durch seine mehrjährige Verwen=

dung als Archivsdirektor in einem in mancher Beziehung
annalogen Geschäfte zu erweitern Gelegenheit gehabt.

Mit Rücksicht auf diese Andeutungen halte ich mich für
überzeugt, daß der Archivsdirektor Grillparzer für die erledigte
Stelle des Vorstehers der Wiener Universitäts=Bibliothek die
vorzüglichste Eignung besitze, und ich finde mich sonach ver=
pflichtet, denselben Euerer Exellenz zur gefälligen Berücksich=
tigung auf das Angelegentlichste zu empfehlen.

Es erübrigt mir nur noch beizufügen, daß die sittliche
Haltung Grillparzers, sowie dessen politische Gesinnungen, so=
weit ich davon Kenntniß zu nehmen bisher in dem Falle war,
vollkommen lobenswürdig seyen, und daß derselbe auch in
seiner ämtlichen Stellung fortwährend ein Benehmen be=
urkunde, welches sich durch Anstand und Bescheidenheit, so
wie durch Zuvorkommenheit gegen seine Untergebenen aus=
zeichnet.

Wien am 25. Mai 1834.

Klebelsberg.

LXIII.

Vortrag der Studien=Hofkommission an Kaiser Franz.

[1834.]

Euere Majestät!

Vermög dem in tiefster Ehrfurcht hier angeschloßenen Be=
richte vom 3. Juli dieses Jahres hat die niederösterreichische
Regierung den Vorschlag zur Besetzung der durch das Ab=
leben des Regierungsrathes Wilhelm Riedler erledigten Stelle
eines Vorstehers bei der hiesigen Universitätsbibliothek er=
stattet.[1])

Zu Folge dieses Berichtes haben sich um diese Stelle
folgende Individuen beworben:

1. Franz Lechner, erster Skriptor der k. k. Hofbiblio=
thek, von Krems in Niederösterreich gebürtig, katholisch=

44 Jahre alt, besitzt die philosophischen, theologischen und juridischen Studien, dann die Kenntniß der italienischen, französischen und englischen Sprache und zum Theile auch der spanischen, holländischen und ungarischen Sprache.²)

Derselbe dient seit dem Jahre 1818 bei der k. k. Hofbibliothek und suchte während seiner 16jährigen Dienstleistung sich die dem Bibliothekar nöthigen litterärischen und bibliographischen Kenntniße zu verschaffen, die vorzüglichsten — die Verwaltung einer Bibliothek betreffenden Geschäfte kennen zu lernen und sich in seinem Fache theoretisch und praktisch auszubilden.

Von der k. k. Hofbibliothek werden diese Eigenschaften des Bittstellers durchaus als wahr bestättigt und insbesondere bemerkt, daß derselbe außerdem in den Verwaltungsgeschäften einer Bibliothek vorzügliche praktische Gewandtheit besitze und daß er überhaupt ein Mann von gebildeten Benehmen und strenger Moralität sei.

2. Heinrich Hölzel, Vorsteher des Central Bücher Revisionsamts und niederösterreichischer Regierungssekretär, von Süßenbrunn im V. U. M. B. gebürtig, 49 Jahre alt, katholisch, hat sich bei diesem Amte von Stufe zu Stufe geschwungen und dient bei demselben bereits 23 Jahre; Konkurrent glaubt, daß ihm diese seine Dienstleistung einen vorzüglichen Anspruch auf die angesuchte Bibliothekärstelle geben dürfte, da das Bücher Revisionsamt eine Behörde sey, welche insbesondere vielseitige litterärische Bildung erfordere, die Kenntniß todter und lebender Sprachen vorzugsweise bedinge und eine genaue Kenntniß sowohl mit den Veränderungen der Litteratur als auch mit den Veränderungen des gesellschaftlichen und politischen Zustandes oder mit der Kultur eines jeden Zeitalters erheische.

Ferner führt er an, daß er unter der Redaktion des verstorbenen von Collin in die Jahrbücher der Litteratur die meisten kritischen Anzeigen über die in der österreichischen

Monarchie erschienenen Werke geliefert, auch in Verbindung
mit dem ehemaligen ersten Bücher-Revisor und Redakteur der
vaterländischen Blätter Dr. Sartori die in einem besondern
Abdrucke erschienenen und vorliegenden Andeutungen über die
Litteratur des österreichischen Kaiserstaates in den Jahren
1815 und 1816 ausgearbeitet und herausgegeben habe, und
daß er endlich auch einige Kunstkenntniße besitze, indem er
an dem hiesigen Centralbücher-Revisionsamte der Zensor aller
Inn- und ausländischen Kupferstiche und Lithographien sei.[3]

Die Polizei und Zensurshofstelle bestätigt die von dem
niederösterreichischen Regierungs-Sekretär Heinrich Hölzl angeführten Verhältniße und bezeugt zugleich, daß er während
einer 23jährigen Dienstleistung bei dem Central-Bücher Re-
visionsamte in allen Diensteskathegorien eben so durch uner-
müdete Thätigkeit und erfolgreichen Diensteifer, als durch
sonstiges lobenswerthes Betragen die volle Zufriedenheit sich
erworben habe, weshalb ihm auch wegen seiner besonders
guten Dienstleistung, dann in Anbetracht seiner moralisch
religiösen politischen Grundsätze in Folge Allerhöchster Entschließung vom 20. Dezember 1832 von Seiner Majestät der
Karakter eines niederösterreichischen Regierungs Sekretärs allergnädigst verliehen worden sei.

3. Johann Baptist Rupprecht, Aushilfs-Bücher-Zensor,
von Worfalsdorf im V. U. M. B. gebürtig, katholisch,
58 Jahre alt.[4]

Dieser Konkurrent bemerkt, daß er seit mehr als 20 Jahren
die gelesensten Almanache und Zeitschriften mit Beiträgen versehen und vorzüglich zur Verschönerung der vaterländischen
Geschichte durch die Poesie den Ton angegeben habe, daß er
nicht minder durch seine brittischen Dichtungen aus mehr als
50 englischen Klassikern für die Übertragung klassischer Au-
toren aus fremden Sprachen zuerst die Bahn gebrochen habe,
daß ferner laut dem vorliegenden Verzeichniße mehrere pro-
saische Aufsätze, Abhandlungen und Werke von ihm über die
verschiedensten Gegenstände der Wissenschaft und Kunst er-

schienen seyen, die seit dem Jahre 1808 in verschiedenen Zeit=
schriften, zum Theil aber auch für sich abgedruckt wurden.

Er glaube daher nicht nur die gründlichsten Kenntniße
in allen zum Konkurs erforderlichen Sprachen zu besitzen,
sondern sich auch noch auf den notorischen Umstand berufen
zu dürfen, daß alle in der spanischen und portugiesischen
Sprache ihm zugetheilten belletristischen und historisch politi
schen Werke als Zensor von ihm ämtlich revidirt und aufs
gründlichste und umfaßendste erörtert worden seyen, woraus
sich von selbst folgern laße, daß, wenn er bei öffentlichen Bi
bliotheken bisher auch keine mechanischen Dienste geleistet habe,
seine unmittelbar dahin einschlagende Zensurs Verwendung in
allen Fächern der Litteratur im höheren Sinne doch ganz
eigentlich der allgemeinen Brauchbarkeit und Bewahrung der
sämmtlichen öffentlichen Lehranstalten vor allen schädlichen
Einwirkungen gegolten habe.

Überdieß führt derselbe auch an, daß er durch die kri
tische Anzeige des englischen Werkes: Annals of Banks for
Saving (Jahrbücher der Sparbanken) und durch seine leb=
haften Aufforderungen im Archive 1819 Nr. 18 und 19,⁵)
zuerst auf das Wesen der Sparbanken und die Nothwendigkeit
ihrer hiesigen Nachahmung in ökonomischer und politischer Rück=
sicht aufmerksam gemacht habe; und erbiethet sich endlich im
Falle ihm die Vorsteherstelle der hiesigen Universitätsbibliothek
zu Theil würde, derselben nicht nur seine eigene mehrere
tausend Bände starke Bibliothek eigenthümlich zu hinterlaßen,
sondern zur Unterstützung armer Studierender noch eine be
deutende Fürsorge zu treffen.

Alle diese Verhältniße werden von der Polizei und
Zensurshofstelle bestättiget und Kompetent zur geeigneten Wür
digung und thunlicher Bedachtnahme empfohlen.

4. Franz Richter, Bibliothekar an der Universität zu
Ollmütz, von Hotzenplotz in Schlesien gebürtig, Weltpriester,
50 Jahre alt, dient seit dem Jahre 1808 somit 22 Jahre
ununterbrochen an k. k. Studienanstalten in verschiedenen

Kathegorien, und zwar vom Jahre 1808 bis 17. Februar 1817 als Lehrer der Geographie und Geschichte am Brünner Gymnasium, von da bis 15. Oktober 1824 als Professor der allgemeinen Weltgeschichte am Lyzeum zu Laibach, in welch' letzterem Jahre ihm die Direktion der Ollmützer Lyzeal- und Universitätsbibliothek anvertraut wurde.

In Beziehung auf die wissenschaftliche und encyklopädische Bildung beruft sich Kompetent auf seine vorliegenden Studienzeugniße und die Konkurse für die öffentlich bekleideten Lehrämter, so wie auch auf seine zum Drucke beförderten Schriften.

Was aber die Bibliographie und Diplomatik betrifft, besitzt Richter auch diese Kenntniße, und bemerkt dießfalls, daß er bei der Ollmützer Universitätsbibliothek Handschriften aus dem XII., XIII., XIV. bis XIX. Jahrhundert gelesen und einen guten Theil derselben im Jahre 1825 konskribirt, ferner die Konskription von mehr als 1000 Bänden, Incunabeln und endlich die ganze Bibliothek von beiläufig 40.000 Bänden revidirt habe.

Endlich ist derselbe der hebräischen, griechischen und lateinischen, dann der slavischen, italienischen und französischen Sprache mächtig.

Von dem Gubernium in Brünn wird dem Bibliothekär Richter das Zeugniß gegeben, daß man Ursache habe, mit seinen stricten Bibliotheksarbeiten und mit den von ihm in dem Bibliothekswesen an den Tag gelegten Kenntnißen zufrieden zu seyn.

5. Franz Grillparzer, Archivs-Director der allgemeinen Hofkammer, katholisch, 43 Jahre alt, dient 21 Jahre.

Derselbe begann seine Dienstzeit im Februar 1813 als Konzepts Praktikant bei der Hofbibliothek, wo er noch im Dezember desselben Jahres als Kanzlei- und im Jahre 1814 als Konzepts-Praktikant bei der niederösterreichischen Zollgefällen-Administration aufgenommen, am 2. Mai 1815 in gleicher Eigenschaft zu der allgemeinen Hofkammer berufen, am 9. Mai 1823 zum Hofkonzipisten befördert und endlich am 23. Jänner 1832 zum Director des Hofkammer Archivs ernannt wurde, in welcher Eigenschaft er mit einem jährlichen Gehalte von 1500 fl. und 300 fl. C. M. Quartiergeld dient.

Nebst der Kenntniß über Diplomatik und Geschichte, besitzt er auch die Kenntnis der griechischen, lateinischen, französischen, italienischen, englischen und spanischen Sprache und zwar diese letzteren, nämlich diese Sprachkenntniße in einer Ausdehnung, wie sie wahrscheinlich keiner der Mitbewerber nachzuweisen vermöge.

Das Hofkammer Präsidium, von welchem das Kompetenzgesuch des Grillparzer einbegleitet wurde, bemerkt, daß derselbe in seiner Verwendung bei der seither erloschenen N. Ö. Zollgefällen Administration und bei der allgemeinen Hofkammer, insbesondere aber bei dem bestandenen Finanz-Ministerium Gelegenheit gehabt habe, sich während einer langen Reihe von Jahren durch die Einsicht und Bearbeitung der mannigfaltigsten und mitunter wichtigsten Gegenstände mit der Geschäftssphäre der Finanzverwaltung vertraut zu machen, und diese Betrachtung, dann der Hinblick auf seine ausgebreiteten Kenntnisse und seine anerkannt ausgezeichnete literarische Bildung hätten die allgemeine Hofkammer bestimmt, demselben bei der Verleihung der Stelle ihres Archivs-Directors vor allen Kompetenten den Vorzug zu geben.

In dieser letzteren Eigenschaft habe Grillparzer die Überzeugung gewährt, daß sich die allgemeine Hofkammer in ihren Erwartungen nicht getäuscht habe.

Seine ausgezeichnete wißenschaftliche Bildung habe er durch eine Reihe von Werken erprobt, deren bleibender Werth anerkannt sei und welche, indem sie ihm mitunter einen europäischen Ruhm sichern, eine Zierde der vaterländischen und der deutschen Litteratur überhaupt bilden.

Seine Leistungen in diesem Gebiethe tragen das Gepräge gediegener Studien, sowie sie dessen innige Vertrautheit mit der klassischen Litteratur des Alterthums bewähren, und es dürfte bei seinem ernsten Streben, und der ihm angebornen Forschungsliebe wohl keiner besonderen Bestätigung bedürfen, daß es ihm auch an einer nicht minder umfassenden Kenntniß der Hervorbringungen der neuen und neuesten Litteratur, sowie der Geschichte in allen Zweigen der Wissenschaft und Kunst nicht fehlen könne.

Daß sich Grillparzer auf diesem Wege nebstbei bereits eine ausgebreitete Bücherkunde, eines der wesentlichsten Erfordernisse für den Bibliotheksdienst erworben haben müße, scheine um so minder einem Zweifel zu unterliegen, als Grillparzer selbst eine beträchtliche Sammlung besitze.

Grillparzer habe ferner seine öffentliche Dienstleistung in der k. k. Hofbibliothek begonnen, und daselbst den Dienst eines gelehrten Institutes dieser Art bereits kennen zu lernen, die hier gesammelte Erfahrung aber durch seine mehrjährige Verwendung als Archivs-Director in eine in mancherm Beziehung analogen Geschäfte zu erweitern Gelegenheit gehabt.

Das Hofkammer-Präsidium empfiehlt daher Grillparzer auf das Angelegentlichste, mit dem Bemerken, daß deßen sittliche Haltung so wie auch dessen politische Gesinnungen vollkommen lobenswürdig seyen, und daß derselbe auch in seiner ämtlichen Stellung fortwährend ein Benehmen beurkunde, welches sich durch Anstand und Bescheidenheit, so wie durch Zuvorkommenheit gegen seine Untergebenen auszeichne.

6. Carl Köller, Bibliothekär an der Universitätsbibliothek zu Lemberg, von Seitendorf in Mähren gebürtig, 59 Jahre alt, katholisch, besitzt die philosophischen und größtentheils auch die juridischen Studien, verlegte sich aber von frühester Jugend an auf das Studium der alten klassischen Litteratur der Griechen und Römer, sowie auf jenes der gebildeten Völker Europas der neueren und neuesten Zeit ihrer Literargeschichte und den dazu erforderlichen Sprachen und auf das Studium der Bücherkunde; und benützte zu diesem Zwecke die Bibliothek in Ollmütz und die Bibliotheken zu Wien, wobei er sich zugleich mit den Bedürfnißen mit der

Verwaltungstheorie, Einrichtung und Manipulation derselben bekannt machte.

Über seine linguistischen, literaturhistorischen und bibliographischen Kenntnisse weist er sich durch Zeugnisse aus.

Er diente vom Jahre 1808 bis zum Jahre 1820 als Kustos bei der damaligen Lyzeal nun Universitätsbibliothek in Olmütz, versah inzwischen durch längere Zeit und zumal in dem schwierigsten und gefährlichsten Zeitpunkte der französischen Invasion die Bibliothekarstelle in Olmütz, wo er alle Maßregeln zur Sicherstellung der Bibliothek eingeleitet hat, zur vollkommenen Zufriedenheit und im Jahre 1820 wurde dem selben die Bibliothekarstelle in Lemberg verliehen, in welcher Eigenschaft er gegenwärtig dient.

Derselbe zählt 26 Dienstjahre.

In Bezug auf seine gegenwärtige Verwendung beruft er sich auf die ihm von der Studienhofkommission unterm 13. Februar dieses Jahres Zahl 6937 ertheilte Belobung, und bemerkt übrigens noch, daß ihm seit Juli 1827 die provisorische und seit 26. November 1829 die definitive Leitung des galizischen Bücher-Revisionsamtes von dem galizischen Landespräsidium übertragen worden sei.⁶)

Das galizische Gubernium bestätigt, daß Bittsteller während seiner 14jährigen Dienstleistung als Vorsteher der Lemberger Universitätsbibliothek sich durch Dienstkenntnis, eifrige Verwendung und durch ein vortreffliches sittliches Betragen ausgezeichnet habe, daß seiner Sorgfalt die Universitätsbibliothek jene Ordnung verdanke, in der sich selbe befinde, und glaubt daher, daß, da aus Anlaß des guten Zustandes dieser Bibliothek die Studienhofkommission mit Erlaß vom 13. Februar 1834 ihm ihre Zufriedenheit abermals zu erkennen gegeben habe, er aller Berücksichtigung würdig sei.

7. Anton von Steinbüchel, Direktor im k. k. Münz und Antiken-Kabinette und Professor der Alterthumskunde und Numismatik an der hiesigen Universität, aus Krems im V. O. M. B. gebürtig, katholisch, 43 Jahre alt, besitzt die

Gymnasialstudien und ist seit dem Jahre 1819 als Director im Münz- und Antikenkabinette angestellt.')

Derselbe hat seit dem Jahre 1822 mehrere Werke in Druck gegeben, welche sich theils auf das Münz- und Antikenkabinett und die darin aufbewahrten Gegenstände, theils auf das allgemeine der Wissenschaft beziehen und in letzterer Beziehung Kunstgeschichte, Mythologie, alte und neue Geschichte enthalten.

Auf diese Druckwerke, welche seine höhere wissenschaftliche und encyklopädische Bildung, gründliches und tiefes Studium der Geschichte, genaue Kenntnis der Litterärgeschichte und der Bibliographie, endlich eine genaue erprobte Sprachkenntniß bewähren, sowie auch auf seine Stellung als Director des Antikenkabinetts beruft sich Bittsteller in seinem Kompetenzgesuche, und bemerkt, daß er bei der mit dem Münz- und Antikenkabinette vereinigten Bibliothek auch Gelegenheit hatte, den eigentlichen Bibliotheksdienst in Ausübung zu setzen.

Endlich beruft sich derselbe in Beziehung auf die Anerkennung seiner wissenschaftlichen Arbeiten und Fähigkeiten von Seite des gelehrten Publikums auf die ehrenvollen von Allerhöchst Eurer Majestät genehmigten Ernennungen zum Ehrenmitgliede von mehreren in- und ausländischen gelehrten Gesellschaften.

8. Johann Pettrettini Professor der griechischen und lateinischen Philologie und Ästhetik an der Universität zu Padua, k. k. Provinzial-Zensor und Gubernial-Inspector der Privat-Erziehungsanstalten daselbst, 40 Jahre alt, katholisch, zählt 20 Dienstjahre, worunter er 7 Jahre als Zensor und Gubernial Konzipist und 13 Jahre als Professor der griechischen und lateinischen Philologie diente und in dieser Eigenschaft auf Anordnung der Studienhofkommission die Lehrkanzel der Archäologie, Heraldik und Diplomatik supplirte.')

Ist angeblich der meisten europäischen Sprachen kundig und beruft sich diesfalls theils auf seine Original Werke, theils auf seine aus dem Englischen, Französischen, Alt- und Neu-

Griechischen, Lateinischen und Deutschen gemachten Übersetzungen in's Italienische.

Übrigens schmeichelt er sich durch manche bibliographische und philologische Arbeit auch den zahlreich ausgezeichneten Gelehrten der Haupt- und Residenzstadt nicht ganz unvortheilhaft bekannt zu sein.

Über das Kompetenzgesuch des Professors Pettretini ist von dem Gubernium in Venedig nachträglich die Qualificationstabelle eingesendet worden, wornach sich die von ihm angeführten Verhältnisse bestätigen.

9. Johann Baptist Niederstetter zweiter Kustos an der Wiener Universitätsbibliothek, von Villanders in Tyrol gebürtig, 45 Jahre alt, katholisch, besitzt die philosophischen und juridischen Studien, trat im Jahre 1820 als Konzepts Praktikant bei der Polizei Oberdirection in Wien ein, wo ihm das Jahr darauf, nämlich den 13. Mai 1821 das Lehramt der lateinischen und griechischen Philologie am Lyceum in Salzburg verliehen worden ist; dann wurde er Professor der griechischen und lateinischen Philologie, klassischen Litteratur und Ästhetik an der Universität in Innsbruck, und endlich in Folge Allerhöchster Entschließung vom 12. Mai 1832 als zweiter Kustos an die Wiener Universitätsbibliothek bestimmt; derselbe dient somit beinahe 14 Jahre und gibt an, daß er außer der Kenntniß der alten Sprachen und Geschichte, sowie der italienischen, französischen, englischen und spanischen Sprache, dann der neueren Geschichte auch noch eine tiefere Einsicht in das Wesen der Wissenschaft und Kunst und in ihrem heutigen Standpunkt, sowie in dem Gesammtreichthum der Litteratur und in die damit verbundene Bibliographie besitze.⁹)

Der erste Kustos und gegenwärtige Amtsverweser der Wiener Universität Carl Veith bemerkt, daß Bittsteller die in seinem Gesuche angegebenen Sprachen verstehe und daß er in der Litterärgeschichte bewandert sei; doch sei diese Kenntniß nicht ohne Lücken geblieben, welche sich im Bibliotheksdienst da und dort merkbar machen.

10. Joseph K. Hanslik, dritter Skriptor an der Universitätsbibliothek in Prag, von Tischau, Rakonitzer Kreis in Böhmen, gebürtig, katholisch, 49 Jahre alt, beruft sich auf seine Kenntnisse in der Geschichte, Mathematik, Naturkunde, Ästhetik und Musik, worüber er sich mit Zeugnissen ausweist, und führt zur Beglaubigung der nöthigen Sprachkenntniß an, daß er mehrere metrische Übersetzungen in Druck gegeben, seit mehreren Jahren in der französischen und englischen Sprache Unterricht ertheile, und daß er eine tabellarische vergleichende Grammatik über 7 Sprachen in Bearbeitung habe, wovon er einige Tabellen zur Einsicht vorlegt, sowie er auch zur Nachweisung seiner bibliographischen Kenntnisse die handschriftliche Geschichte der Prager Bibliothek und ein Verzeichniß der seltenen und wichtigen Bücher beibrachte.[10])

Dessen Gesuch wird von dem Bibliothekär Spirk sowohl wegen seiner ausgezeichneten literärischen, linguistischen und bibliographischen Kenntnisse, als auch wegen seiner untabelhaften Moralität, seines äußerst achtungswerthen Karakters und besonnenen anständigen Benehmens auf das rühmlichste anempfohlen.

Ferner haben sich nach den nachträglich von der niederösterreichischen Regierung erstatteten und in der weiteren Anlage in tiefster Ehrfurcht angeschlossenen Berichten vom 13. und 21. Juli d. J. Z. 37266 und 38562 noch um die fragliche Stellung beworben:

11. Mathias Zhop, Lizealbibliothekär in Laibach, von Sheronig in Krain gebürtig, 37 Jahre alt, katholisch, besitzt die philosophischen Studien und hat 3 Jahre Theologie absolvirt.

In Folge Allerhöchster Entschließung vom 21. März 1820 wurde ihm das Lehramt der deutschen Sprache am Gymnasium zu Ragusa und im nämlichen Jahre mit Allerhöchster Entschließung vom 7. September die Humanitätslehrerstelle am Gymnasium zu Fiume verliehen.

Grillparzers Beamtenlaufbahn. 89

Im Jahre 1822 erhielt er eine Humanitätslehrerstelle am zweiten Gymnasium zu Lemberg, dann kam er in gleicher Eigenschaft im Jahre 1827 an das akademische Gymnasium zu Laibach, wurde im Jahre 1828 zum Substituten des Bibliothekars am Laibacher Lyzeum ernannt und demselben endlich mit Allerhöchster Entschließung am 8. Juni 1830 die genannte Bibliothekärstelle verliehen.

Derselbe dient somit 14 Jahre, weist sich über die Kenntniß der lateinischen und griechischen, der deutschen, französischen, italienischen, englischen, spanischen und polnischen Sprache mit dem Bemerken aus, daß die krainerische Sprache seine Muttersprache sei.

Auch habe er sich dem Studium der verschiedenen slavischen Mundarten als der alt- oder kirchenslavischen, der russischen, der serbischen, der böhmischen beschäftigt und sich, da er diese Sprachen aus den besten Schriftstellern erlernte, zugleich eine umfassende Kenntniß der Litteratur der meisten gebildeten Nationen erworben, wobei er namentlich auch auf die historische Litteratur Rücksicht genommen hat, so daß er sich schon dadurch eine gründliche aus den Quellen geschöpfte Kenntniß der Geschichte verschafft habe.

Endlich bemerkt er, daß er über seine litterarhistorischen und bibliographischen Kenntniße zwar keine Zeugnisse beibringen könne, indeßen glaube er, daß sein von der Studienhofkommission angenommener Plan zur Regulirung der laibacher Lyzeal Bibliothek genügend beweise, daß es ihm an den obigen Kenntnißen nicht gebreche.

Von dem illirischen Gubernium wird der Bittsteller zur Bedachtnahme empfohlen und sich dabei auf die Einbegleitung seines früheren Kompetenz-Gesuches um die damals erledigte erste Kustosstelle an der hiesigen Universitätsbibliothek bezogen, worin bemerkt war, daß Zhop in seiner gegenwärtigen Dienstleistung vollkommen entspreche und nicht seiner ausgezeichneten scientifischen Bildung und vielseitigen Sprachkenntniß, sondern auch sonst in jeder Beziehung mit voller Beruhigung empfohlen werden könne.

12. Elias Robitsch, Professor der lateinischen und griechischen Philologie und der allgemeinen Weltgeschichte am Lyzeum zu Laibach von Avidraga in Kroatien gebürtig, 50 Jahre alt, katholisch, hat angeblich die philosophischen, einen Theil der theologischen, dann sämmtliche juridische Studien, und den Kurs der Landwirthschaft vollendet, wurde im Jahre 1813 als Humanitätslehrer in Cilli, im Jahre 1816 in dieser Eigenschaft bei dem Gymnasium in Laibach angestellt und endlich laut Allerhöchster Entschließung vom 18. August 1828 als Professor der lateinischen und griechischen Philologie und der allgemeinen Weltgeschichte an dem Lyzeum zu Laibach ernannt.

Er dient 23 Jahre, ist der lateinischen, griechischen, ferner der französischen, illirischen und kroatischen Sprache kundig, auch angeblich der englischen, und glaubt, nachdem er schon im Jahre 1812 die Geographie und Geschichte an dem Gymnasium zu Grätz supplirte und schon durch 22 Jahre Professor der klassischen Litteratur sei, in erster Beziehung Kenntniß der Diplomatik als einer Hilfswissenschaft der Geschichte, in letzter Beziehung aber vollständige Kenntniß von der Litteratur und Bibliographie zu besitzen.

Das philosophische Studien-Direktorat und das laibacher Gubernium bestätigen, daß Bittsteller das Lehramt der griechischen Philologie an dem Lyzeum zu Laibach durch $7^{1}/_{2}$ Jahre mit Auszeichnung versehen, als Professor der lateinischen Philologie und der Weltgeschichte sich durch seinen exemplarischen Lebenswandel, durch Diensteifer und strenge Genauigkeit in Erfüllung seiner Amtspflichten die volle Zufriedenheit erworben und bei den öffentlichen Prüfungen dargethan habe, daß er die bessern Schüler in den am Gymnasium erhaltenen Kenntnissen befestigt und vervollkommt habe.

13. Johann Michael Klees Aushilfszensor bei der Polizei und Zensurs-Hofstelle und Lehrer der deutschen Sprache

Ihrer Majestät der jüngeren Königin von Ungarn, katholisch, 51 Jahre alt, beruft sich auf seine Studien über griechische und römische Philologie, Encyclopädie und Archäologie, auf seine litterarischen Aufsätze, die sich in der von Luigi Lamberti besorgten gelehrten Zeitschrift il Poligrafo vorfinden, auf die Kenntniß der englischen, italienischen, französischen und spanischen Sprache, und glaubt sich auch um den öffentlichen Unterricht durch seine von der Studienhofkommission als Lehrbuch für die lombardisch venetianischen Lehranstalten vorgeschriebenen Bearbeitung der Erziehungskunde von Vincenz Eduard Milde umsomehr verdient gemacht zu haben, als diese Bearbeitung die zweite Auflage erlebt und den Preis davon getragen habe.

Endlich führt derselbe an, daß er im Jahre 1814 zum Professor der deutschen Sprache an dem Lyzeum zu St. Alessandro in Mailand und im Jahre 1828 zum Aushilfszensor im historisch politischen Fache, dann im Fache der italienischen und französischen Litteratur ernannt worden sey.

Der Präsident der Polizei und Zensurs-Hofstelle Graf von Sedlnitzky bestätigt die von dem Bittsteller angeführten Verhältnisse und macht überdieß von seiner vollendeten litterarischen Bildung, seiner ebenso gründlichen als ausgebreiteten Kenntniße fremder Sprachen, insbesondere aber der italienischen, französischen und deutschen Litteratur, dann der Geschichte und ihren Nebenzweigen und Hilfswissenschaften, so wie von seiner in jeder Beziehung unbemackelten Moralität, echten Religiosität und reinsten politischen Grundsätzen mit gebührendem Lobe Erwähnung und bemerkt, daß es auch als ein ehrenvoller Beweis seines Allerhöchst anerkannten Werthes gelten dürfte, daß er die hohe Auszeichnung genieße, Ihrer Majestät der jüngeren Königin von Ungarn in deutscher Sprache Unterricht zu ertheilen.

14. Aloys Uhle Direktor der Realschule in Lemberg, von Prag in Böhmen gebürtig, katholisch, 53 Jahre alt, diente als Professor der Geographie und Geschichte am Gym

nasium zu Neuhaus in Böhmen 8 Jahre, dann als Humanitätsprofessor zu Pisek in Böhmen 2½ Jahre, und endlich 16½ Jahre als Direktor der k. k. Realschule in Lemberg, zählt somit im Ganzen 27 Dienstjahre.

Über als Beamter bei einer öffentlichen Bibliothek geleistete Dienste kann er sich zwar nicht ausweisen, indeßen glaubt er bei dem Umstande, daß er für die Lemberger Universitätsbibliothek zu dem voluminösen Corpus Byzantinum (Paris, bei Ludwig des XIV. Regierung begonnen) einen ganz genauen und in das spezielllste eingehenden Nominal und Realkatalog in lateinischer und griechischer Sprache ausgearbeitet habe, die erforderlichen scientifischen Präsuppositen zu besitzen und somit den Manipulations Geschäften des angesuchten Bibliothekärdienstes gewachsen zu seyn.

Seine Verwendung und Moralität ist gut und in Beziehung auf seine Kenntniße wird bemerkt, daß er der deutschen, böhmischen, polnischen, rußischen, französischen, englischen, lateinischen, alt- und neugriechischen und italienischen Sprache kundig, so wie auch in der Litteratur und Universalgeschichte mit ihren Hilfswissenschaften bewandert sey.

Endlich hat sich um die in Rede stehende Vorstehersstelle an der hiesigen Universitätsbibliothek unmittelbar bei der Studienhofkommission laut dem weiteren Anschluße

15. Peter Budik Bibliothekär in Klagenfurt in Kompetenz gesetzt.[11])

Derselbe beruft sich auf seine bisherige Verwendung bei der Lizealbibliothek in Klagenfurt und bringt darüber die rühmlichsten Zeugnisse sowohl von dem philosophischen Studiendirektorate als von dem Gubernium zu Laibach bei, wornach im Ganzen bestätigt wird, daß man die Ordnung, welche bei der gedachten Bibliothek bereits hergestellt sei, lediglich seiner Einsicht, und seiner rastlosen Thätigkeit, womit er die Beschreibung des Bücherstandes, die Entwerfung des Kataloges der aus 6000 Bänden bestehenden Graf Goes'schen Bücher-Sammlung besorgte, zuschreiben könne.

Übrigens führt Bittsteller an, daß ihn zu der gegenwärtigen Kompetenz vorzüglich der Wunsch, seinen zwei Kindern eine bessere Unterstützung an einer Universität zuwenden zu können, bewogen habe.

Bei diesem Vorschlage gieng der Referent bei der niederösterreichischen Regierung von dem Grundsatze aus, daß hier nur von jenen Kompetenten die Sprache sein könne, welche die Eigenschaften nachzuweisen vermögen, die bei der Ausschreibung der Vorstehersstelle der hiesigen Universitätsbibliothek gefordert wurden, wobei er insbesondere eine schon längere, und zwar ununterbrochen bei ähnlichen öffentlichen Bibliotheken stattgehabte Dienstleistung überhaupt und wo möglichst selbst geführte Oberleitung, also bereits durch den Erfolg bewährte praktische Kenntniße des Bibliotheksdienstes und volle Brauchbarkeit für denselben — als ein wesentliches ihm unerläßlich scheinendes Erforderniß herauszuheben sucht.

Er glaubte daher, daß unter dieser Voraussetzung bloße — wenn auch noch so ausgezeichnete Gelehrte und Litteraten bei Besetzung der gegenwärtig erledigten Bibliotheks-Vorstehersstelle, wenn sie anders vollkommen zweckmäßig, und den sämmtlichen Anforderungen des Dienstes entsprechend geschehen soll, lediglich, und zwar um so mehr zu übergehen wären, als diese Klasse der Bewerber eine solche Stelle in der ganz irrigen, aber leider ziemlich allgemein verbreiteten Voraussetzung gewöhnlich mehr als eine Art Ruheposten anzusehen pflege, wo sie in seliger Muße nur der Wissenschaft im Allgemeinen leben und ihren besonderen Forschungen ungestört nachhängen können.[12])

Unter diese letztere Klaße rechnete der Referent, dem dazumal nur die ersten zehn Kompetenten bekannt waren, den Bücher-Revisionsamts-Vorsteher Joseph Hölzl, den bloßen Aushilfs-Zensor Rupprecht, den Hofkammer Archivsdirektor Grillparzer, den Münz- und Antikenkabinetsdirektor Steinbüchl und den Professor Pettretini, weil dieselben bisher noch nicht eigentlich an öffentlichen Bibliotheken gedient haben, indem die von Grillparzer angeführte gleich im Anfange seiner Dienstlaufbahn im Jahre 1813, also bereits vor 21 Jahren stattgehabte, kaum 10monatliche Konzeptspraxis bei der Hofbibliothek dahier, doch wohl kaum für eine solche bibliothekarische Dienstleistung angesehen werden dürfte, wie man sie eben von den Bewerbern um die erledigte Bibliotheks-Vorstehersstelle fordern zu sollen glaube, Rupprecht aber als ein bloßer Aushilfs-Zensor nicht als ein wirklich angestellter öffentlicher Beamter anzusehen sei, und somit zu einer neuen, solchen Anstellung überdieß bei seinem 58ten somit überschrittenen 40ten Lebensjahre durchaus nicht mehr geeignet erscheine; Pettretini endlich sein Gesuch nicht mit den minndesten Beilagen versehen habe.

Von den andern 5 in der Kompetententabelle erscheinenden Bewerbern, welche ordentliche — bei öffentlichen Bibliotheken bereits geleistete und noch gegenwärtig fortgesetzte Dienste nachzuweisen vermögen, glaubte der Referent bei der Regierung den 2ten Kustos der Wiener Universitätsbibliothek Johann Niederstetter gleichfalls übergehen zu sollen, weil derselbe erst vor zwei Jahren vom Lehramte der griechischen und lateinischen Philologie, dann der Ästhetik, welches er bis dahin an der Universität zu Innsbruck bekleidet hatte, in Folge Allerhöchsten Befehls an die hiesige Universitätsbibliothek übersetzt wurde, mithin noch wirklich zu kurze Zeit bei dem Bibliotheksdienste in Verwendung stehe, um sich denselben bereits so vollkommen angeeignet zu haben, daß ihm mit Beruhigung die selbständige Leitung einer so großen und wichtigen Bibliothek anvertraut werden könnte . . .

Ebenso wenig glaubte aber auch Referent das Gesuch des 3ten Skriptors an der Prager Universitätsbibliothek Joseph Anton Hanslik besonders, oder gar vorzugsweise berücksichtigen zu sollen, weil derselbe, wiewohl von seinem Bibliotheksvorsteher empfohlen, doch nicht länger als 12 Jahre und noch dazu auf einer so untergeordneten Stelle an der Bibliothek diene.

Die noch übrigen aufgeführten Bewerber, welche nach dem Erachten des Referenten die geforderten wesentlichen Eigenschaften zu vollkommenen Versehung der erledigten Bibliotheks-Vorsteherstelle nicht nur im Allgemeinen nachgewiesen, sondern bereits auch praktisch erprobt haben, wurden von dem selben auf folgende Weise gereiht.

1mo loco der gegenwärtige Bibliothekar an der Universitätsbibliothek zu Lemberg und zugleich Bücherrevisor Karl Köller.

2do loco der dermalige Ollmützer Bibliothekar Franz Richter welcher im Ganzen zwar auch bereits 26 Dienstjahre zähle, aber darunter die ersten 16 beim Lehrfache zubrachte, und demnach bei Bibliotheken eigentlich nur 10 Jahre diene.

3^{tio} loco endlich der von seinem Vorgesetzten dem k. k. Hofrathe und ersten Kustos v. Mosel ganz besonders angerühmte und empfohlene erste Skriptor der k. k. Hofbibliothek, Franz Lechner, mit 16 Dienstjahren im Ganzen.

Die Mehrheit der Stimmen, obgleich sie sich mit der Ansicht des Referenten, welcher die Kenntniß der slavischen Sprache und bei öffentlichen Bibliotheken geleistete Dienste als ein so absolutes Erforderniß betrachtet, daß er allen jenen Kompetenten, die sich über diese Eigenschaften nicht ausweisen können, die Exclusiva gibt, nicht vereinigen konnte, und vielmehr die Meinung äußerte, daß diese erwähnten Eigenschaften bei der gegenwärtigen Kompetenz nicht als eine conditio sine qua non, sondern nur als caeteris paribus zu berücksichtigender Vorzug anzusehen seien,[13] hat sich in der Sache selbst demnach mit dem Antrage des Referenten, daß nemlich für die erledigte Bibliothekarsstelle bei der Wiener Universitätsbibliothek:

1mo loco Karl Köller

2do loco Franz Richter und

3^{tio} loco Franz Lechner

in Vorschlag zu bringen sei, jedoch bloß aus dem Grunde vereinigt, weil sich diese Kompetenten über durch schon längere

Zeit bei öffentlichen Bibliotheken geleistete Dienste ausgewiesen haben, ihnen daher vor den übrigen Kompetenten, wiewohl unter diesen Hölzl, Rupprecht und Steinbüchel sehr rücksichtswürdig erscheinen — caeteris partibus — der Vorzug gebühre ...

Gutachten.

Bei Berathung über diesen Gegenstand haben sich bei der treugehorsamsten Studienhofkommission die Meinungen der Stimmführer ebenfalls getheilt.

Der allerunterthänigst gefertigte Referent glaubt in Übereinstimmung mit dem von dem Regierungsreferenten aufgestellten Grundsatze, daß hier nur jene Kompetenten berücksichtigt werden sollten, welche bei Bibliotheken gedient haben, und daß insbesondere unter diesen jenen der Vorzug gebühren dürfte, welche nicht allein in wissenschaftlicher und linguistischer Bildung anerkannt sind, sondern auch in Bezug der Leitungs- und Verwaltungsgeschäfte einer größeren Bibliothek und vorzüglich in Hinsicht der Leitung der Lektüre der akademischen Jugend wiederholt gewürdigte, und unumstößliche Beweise der Umsicht und Klugheit gegeben haben.

Derselbe ist daher der Meinung, daß bei dem gegenwärtigen Besetzungsvorschlage für die Vorstehersstelle an der hiesigen Universitätsbibliothek auf die Kompetenten Hölzl, Grillparzer, Steinbüchel, Rupprecht, Pettretini, Robitsch, Klees und Uhle, so schätzenswerthe Kenntnisse, besonders die vier erstgenannten besitzen, kein Bedacht zu nehmen wäre, da sie keine Bibliotheksdienste nachzuweisen vermögen.

Von den übrigen bei Bibliotheken wirklich angestellten Individuen, als Franz Lechner, erster Skriptor an der hiesigen k. k. Hofbibliothek, Franz Richter, Bibliothekär in Ollmütz, Karl Köller, Bibliothekär zu Lemberg, Johann Niederstetter, zweiter Kustos an der hiesigen Universitätsbibliothek, Joseph Hanslik, 3ter Skriptor an der Prager Universitätsbibliothek, Mathias Zhopp, Bibliothekär zu Laibach, und

Peter Budik, Bibliothekär zu Klagenfurt hebt der alleruntethänigst gefertigte Referent die drei erstgenannten Bewerber Lechner, Richter und Köller hervor, da er diese mit Rücksicht auf ihre wißenschaftliche und linguistische Bildung, sowie auch mit Rücksicht auf ihre Leitungsgabe bei Bibliotheksgeschäften für die würdigsten und tauglichsten erkennt, und bemerkt in Bezug auf ihre Rangordnung Folgendes:

Werde das Senium der Kandidaten im eigentlichen Bibliotheksdienste berücksichtiget, so wäre Karl Köller allen Mitbewerbern vorzuziehen, da er schon im Jahre 1808 als Kustos an der Ollmüzer Bibliothek angestellt und von dort im Jahre 1819 infolge Allerhöchster Entschließung vom 12. November als Bibliotheksvorsteher nach Lemberg befördert wurde.

Franz Lechner wurde im Jahre 1818 als Skriptor an der k. k. Hofbibliothek angestellt.

Franz Richter wurde, im Jahre 1824 als Bibliothekar nach Ollmüz befördert, nachdem er früher 16 Jahre die allgemeine Weltgeschichte am Gymnasium zu Brünn, dann am Lyzeum zu Laibach gelehrt hatte.

Werden im Gegentheile die litterarische Bildung, die zurückgelegten Studien dieser Kandidaten und ihr Bestreben als Schriftsteller, die Wißenschaften zu fördern, in Bedacht gezogen, so dürfte Franz Richter den Vorzug vor allen verdienen, wie aus den seinem Gesuche angeschloßenen Verzeichnieße der von ihm durch den Druck bekannt gemachten Schriften ersichtlich wird, deren mehrere in geschichtlicher Beziehung mit Beifall aufgenommen worden sind.

Was die Herstellung und Aufrechthaltung der Ordnung der Bibliothek, die Leitung der Geschäfte und das Verwaltungswesen derselben anbelangt, so dürfte Köller und Richter sich das Gleichgewicht halten, nur glaubt der alleruntethänigst gefertige Referent bemerken zu sollen, daß Köller in den jährlich zu erstattenden Bibliotheks-Zustandsberichten den größten Fleiß und Genauigkeit bisher erwiesen habe, worüber ihm mit hierortiger Verordnung vom 13. Februar 1834, die hohe Zufriedenheit zu erkennen gegeben wurde.

Wird endlich Sprachenkunde, welche dem Bibliothekar eigen sein soll, in Erwägung gezogen, so dürfte Franz Richter und Franz Lechner besonders in den alten und orientalischen Sprachen dem Köller, dessen linguistische Kenntniß übrigens im alleruntertänigsten Vortrage am 29. May 1819 gewürdigt wurde, überlegen sein, da Richter und Lechner während den von ihnen gemachten theologischen Studien in denselben geübt worden sind.

Der Bibliothekar Franz Richter würde daher nach dem unvorgreiflichen Ermessen des alleruntertänigst gefertigten Referenten sowohl in Hinsicht seiner literarischen Bildung, seines als historischer Schriftsteller bekannten Rufes und seiner erwiesenen Thätigkeit und Verwendung im Bibliotheksdienste allen Mitkompetenten vorzuziehen und für die in Rede stehende Bibliothekarsstelle 1mo loco in Antrag zu bringen sein, wenn sein aus früheren Verhandlungen bekanntes reizbares Temperament nicht die Besorgniß erregte, daß seine Übersetzung an die hiesige Bibliothek bei den hier unter einigen Mitgliedern des Bibliothekspersonales obwaltenden Verhältnißen auf den Dienst nicht ganz günstig einwirken würde.

In dieser Beziehung dürfte dagegen Karl Köller bei seinem bekannten ruhigen Gemüthe, unermüdeten Eifer und Fleiß und fester Gesundheit und bei seinen erworbenen Kenntnißen in Leitung der Bibliotheksgeschäfte ersprießlichere Dienste leisten, welche er früher an der Ollmützer Lyzealbibliothek als Kustos und seit dem Jahre 1829 bis jetzt an der Lemberger Universitätsbibliothek zur allgemeinen Zufriedenheit erwiesen hat.

Der alleruntertänigst gefertigte Referent hat daher für die erledigte Vorstehersstelle an der hiesigen Universitätsbibliothek

Imo loco Karl Köller
IIdo loco Franz Richter und
IIItio loco Franz Lechner

mit dem Bemerken angetragen, daß er letztern, wiewohl er die für einen Bibliotheksvorstand erforderlichen Kenntnisse in einem vorzüglichen Grade besitze, dennoch dem Köller und Richter nachsetzen zu sollen glaube, weil Universitäts und Lycealbibliothekäre auf die Beförderung auf ausgezeichnetere Bibliotheksstellen bei erwiesener Thätigkeit Anspruch machen können und Lechner gar keine Verdienste um die akademischen Bibliotheken habe.

Von diesem Antrage des Referenten haben sich jedoch die übrigen Mitglieder der treugehorsamsten Studienhofkommission getrennt . . .

Vor Allem glauben sie, daß der Bibliothekar Richter in Ollmütz bei dem gegenwärtigen Besetzungsvorschlage für die hiesige Bibliothekarsstelle gar nicht zu berücksichtigen wäre . . .

Für den Lemberger Bibliothekär Köller findet die Stimmenmehrheit es gerathener, wenn er auf seinem Posten belassen würde.

Dagegen erscheint der erste Skriptor an der k. k. Hofbibliothek Franz Lechner, da er nebst den philosophischen, theologischen und juridischen Studien eine vielseitige ausgebreitete Kenntniß der lebenden, sowie auch der todten Sprachen und unter den letzteren insbesondere der hebräischen, chaldäischen und syrischen Sprachek besitzt, da er ferner bereits 16 Jahre bei der k. k. Hofbibliothek dient und bei dem so reichhaltigen und seltenen Bücherschatze dieser Bibliothek nach der Bestättigung seines Vorstandes die für den Bibliothekärsdienst erforderlichen theoretischen und praktischen Kenntnisse sich in einem hohen Grade erworben, insbesondere aber auch in den Verwaltungsgeschäften einer Bibliothek vorzüglich praktische Gewandtheit sich egien gemacht hat, und da derselbe endlich auch in Bezug auf sein gebildetes Benehmen und seine strenge Moralität als ausgezeichnet geschildert wird, als ein Mann, dem sowohl in Hinsicht seiner vorzüglichen wissenschaftlichen Bildung, als auch in Hinsicht seines moralischen Charakters bei Besetzung der Vorstehers-Stelle der hiesigen

Universitätsbibliothek vor allen übrigen Kompetenten der Vorrang gebühre.

Nach diesem glauben die mehreren Stimmen den Heinrich Hölzl Vorsteher des hiesigen Bücher-Revisionsamtes und den Joseph Hanslik, dritten Skriptor bei der Universitätsbibliothek in Prag setzen zu sollen, weil Hölzl durch seine lange Dienstleistung bei dem Bücherrevisionsamte sich ausgebreitete litterarische Kenntniße erworben und nebst einer reichhaltigen Sprachkenntniß 23 Dienstjahre nachgewiesen hat, somit dem Lechner zunächst angereiht zu werden verdienen dürfte, Hanslik aber, wenn er gleich mehreren seiner übrigen Mitkompetenten im Range nachsteht, denselben dennoch wegen seiner angerühmten wißenschaftlichen Bildung in bibliographischer und linguistischer Beziehung vorzuziehen ist.

Die Mehrheit der Stimmen erachtet somit für die Stelle eines Vorstehers an der hiesigen Universitätsbibliothek:

I^{mo} loco Franz Lechner

II^{do} loco Heinrich Hölzl und

III^{tio} loco Joseph Hanslik

Eurer Majestät mit dem gehorsamsten Bemerken in Vorschlag zu bringen, daß gegen die Denkungsart, Grundsäze und Moralität dieser Kompetenten nichts widriges bekannt geworden ist.

Der Hofkanzler Fürst Lobkowicz erlaubt sich dagegen gehorsamst zu bemerken, daß er den Aushilfsbücherzensor Johann Baptist Rupprecht mit Rücksicht auf seine gründliche und umsaßende scientifische Bildung, und insbesondere in Erwägung seiner ausgebreiteten vielseitigen Sprachkenntniß, seines besondern Eifers und seiner Thätigkeit, wie auch seiner seiner bibliographischen Kenntniße, da er so lange mit Zufriedenheit bei dem Bücherrevisionsamte dient, unter allen Kompetenten für den würdigsten halte, und daher nur in dem Falle, daß Rupprecht nicht als wirklich angestellter Beamter angesehen werden könnte, worüber er jedoch abzusprechen sich nicht erlaubt, da er die Verfassung der Obersten Zensurshofstelle nicht

genau kennt, sich dem Vorschlage der Stimmenmehrheit an=
schließe.¹⁴)

Mittrowsky

Lobkowicz Lilienau

Cassian Hallaschka

Wien, den 24ten Oktober 1834.¹⁵)

LXIV.

Grillparzer an die Hofkammer.

[1836.

Hochlöbliche k. k. allgemeine Hofkammer!

Dem Unterzeichneten ist von dem hohen Präsidium ein Reiseurlaub von zwei Monaten bewilligt worden.¹)

Indem er nun gehorsamst anzeigt, daß er diesen Urlaub mit Ende dieses Monats anzutreten wünscht, liegt ihm zugleich ob, die Art und Weise anzudeuten, wie nach seiner Meinung die Geschäfte des Archivs während seiner Abwesenheit ohne Störung und am zweckmäßigsten fortgeführt werden könnten.

Die stellvertretende Direkzion wäre dem im Dienstrange zunächst stehenden ersten Adjunkten Franz Weibel anzu= vertrauen, der die Geschäftsleitung schon einmal, nach dem Tode des vormaligen Direktors Mühlfeld zur Zufriedenheit der hohen Hofkammer besorgt hat.

Da der Unterzeichnete jedoch besorgt ist, daß die sub= ordinirte Stellung dieses wackeren Mannes von der einen oder der andern Seite zu willkürlichen Eingriffen benützt werden, andererseits persönliche Mißstände zwischen sonst ver= dienstlichen Individuen des Archivpersonals selbst Reibungen herbeiführen könnten; dem Unterzeichneten ferner daran liegt, die von ihm nach bester Überzeugung eingeleitete Ordnung des Geschäfts durch nichts gestört zu sehen, so hat er sich erlaubt, mehrere Punkte in Form einer Instrukzion zusammen= zustellen, die er in der Anlage der Genehmigung der hohen

Hofkammer unterzieht, mit der Bitte, dieselbe, durch das höhere Amtsansehen mit Unverbrüchlichkeit gestempelt, dem Stellvertreter als Norm vorzuzeichnen.²)

Wien am 25. März 1836.

Franz Grillparzer ³)
Archivs-Direktor.

LXV.
Vortrag des Hofkammer-Präsidenten Freiherrn v. Kübeck¹) an Kaiser Ferdinand.

[1844.]

Euere Majestät!

Nachdem die treugehorsamste allgemeine Hofkammer im Jänner 1832 den Hofkonzipisten Franz Grillparzer zum Direktor des Hofkammer-Archivs mit dem sistemmäßigen Gehalte von 1500 fl. u. 300 fl. Quartiergeld ernannt hatte, erlaubte sie sich in dem anverwahrten allerunterthänigsten Vortrage vom 10. Januar 1833 jene Verhältnisse ehrerbietigst darzustellen, welche dessen Gleichstellung mit den Genüssen seines Amtsvorgängers, des Archivsdirektors v. Mühlfeld, somit die Erhöhung seines Gehaltes von 1500 fl. auf 2000 fl. der allergnädigsten Berücksichtigung würdig erscheinen ließen.

Mit der allerhöchsten Entschließung vom 29. April 1835 geruhten Eure Majestät den mit der Archivsdirektorsstelle verbundenen Gehalt von 1500 fl. auf jährliche achtzehnhundert Gulden zu erhöhen, seit welcher Zeit der Direktor Grillparzer die Besoldung von 1800 fl. bezieht.

Wenn ich, mit Rückblick auf diese allerhöchste Entschließung mich nicht unterfange, die Sistemisirung eines höheren Gehaltes für den Hofkammer-Archivs-Direktor, so sehr mir dieß der wichtigen Stellung desselben angemessen schiene, in Anregung zu bringen, so glaube ich mir doch erlauben zu dürfen, die Gnade Euer Majestät für den Direktor Grillparzer in Anspruch zu nehmen.

Nach vollendeten juridisch-politischen Berufsstudien trat Grillparzer, ausgerüstet mit einer nicht gewöhnlichen wissenschaftlichen Vorbildung und mit der Kenntniß der klassischen und der vorzüglichsten lebenden Sprachen schon im Februar 1813 in den Staatsdienst.

Zuerst bei der Hofbibliothek, dann bei der nied. österr. Zollgefällen-Administration als Conceptspraktikant angestellt, wurde er im Mai 1815 zur allgemeinen Hofkammer berufen, daselbst im Juli 1823 zum wirklichen Hofkonzipisten und im Jahre 1832 zum Hofkammer-Archivs-Direktor ernannt.

In dem Lebensalter von 53 Jahren ist er nach einer 31jährigen Dienstzeit nun volle 12 Jahre Archivs-Direktor, und zwar seit 9 Jahren mit der sistemisirten Besoldung von 1800 fl.

Seine mehr als 13jährige Verwendung im Conceptfache bei der hiesigen Landes-Gefällen-Behörde und bei der Hofstelle, insbesondere in mehreren Geschäftsabtheilungen des bestandenen Finanzministeriums, both ihm die Gelegenheit, den Kreis seines Wissens durch legislative und administrative Kenntnisse zu erweitern, welche ihm in seiner mehr selbständigen Stellung als Archivsdirektor sehr wohl zu Statten kamen, und ihn in die Lage setzten, seine neue Aufgabe mit mehr Erfolg als seine Amtsvorgänger, zu lösen, zumal er sich unausgesetzt dem gründlichen Studium der Geschichte, der gesammten klassischen Litteratur, und der herrschenden Sprachen widmete, und wie bekannt, nicht nur im Inlande, sondern auch in der ganzen civilisirten Welt durch seine Werke einen Ruf sich erwarb, der ihm einen der ersten Plätze unter den österreichischen Schriftstellern anweiset.

Von Pflicht- und Ehrgefühl durchdrungen, hat Grillparzer, die Wichtigkeit des seiner Leitung anvertrauten Amtes erkennend, seine Kräfte aufgebothen, in allen Theilen des Archivs die erforderliche Ordnung herzustellen, umfassende jedoch bündige Haupt- und Spezial-Register und Indices unter seiner Anleitung anfertigen zu lassen, eine Sonderung, Sichtung und Rubrizirung sehr alter, weniger benützter Aktenstücke zu bewirken, und mit gehöriger Verwendung der ihm zu Gebothe stehenden, wenn gleich schwachen Arbeitskräfte, nach und nach mehr Klarheit und Zusammenhang in die im Archive niedergelegten, bis ins Mittelalter zurückreichenden Urkunden und Akten zu bringen.²)

Ein so lobenswerthes Streben, dessen Erfolg sich bei der Vorlegung umfassender, verworrener Verhandlungen bewährte, welche die Geltendmachung von Aerarial=Forderungen oder die Zurückweisung von Ansprüchen an die Staatsverwaltung zum Gegenstande hatten, verdient meines gehorsamsten Erachtens um so mehr Eurer Majestät allergnädigste Anerkennung, als Grillparzer, um den in der bewegten neueren Zeit an ihn gestellten Anforderungen zu entsprechen, seiner Neigung zu litterarischen Arbeiten größtentheils entsagen, somit auf jeden Nebenerwerb, den ihm seine Geistesprodukte gewähren könnten, Verzicht leisten und den Lohn seiner amtlichen Leistungen in der vollständigen Erfüllung seiner Berufspflichten finden mußte.

Allein, so gewiß es ist, daß Grillparzer aus eigener Wahl seine Stellung im administrativen Conceptsfache gegen die Leitung des Archives vertauschte, und daß er sich mit ganzer Hingebung seinem dermaligen Berufsgeschäfte widmet, so darf ich doch nicht mit Stillschweigen übergehen, daß er, um seine ökonomische Lage zu verbessern, bereits Schritte machte, diesen Zweck durch irgend eine Anstellung bei einer öffentlichen Bibliothek zu erreichen, welche ihm auch mehr Muße zu litterarischer Beschäftigung gewähren würde.

Eine Aussicht zu einer lukrativen Stellung würde ihm die Erledigung der mit höheren Genüssen verbundenen Registraturs=Direktionsstelle der allgemeinen Hofkammer öffnen. Ich muß jedoch meine Ueberzeugung ehrerbietigst aussprechen, daß Grillparzer als Archiv=Direktor ganz an seinem Platze ist, daß es nicht leicht seyn dürfte, ein mit so ausgebreiteten Kenntnissen, wie er sie besitzt, begabtes Individuum für diesen

Dienstposten zu finden, daß es demnach dem Diensterfordernisse zusagen dürfte, ihn in seiner dermaligen Stellung festzuhalten, ihm jedoch eine angemessene Verbesserung seiner Lage, welcher er als ein sehr schätzbarer und eifriger Staatsdiener eben so, wie wegen seiner ausgezeichneten litterarischen Leistungen im vollen Maße würdig ist, zuzuwenden.

Auf diese Betrachtungen gestützt, erlaube ich mir den ehrfurchtsvollen Antrag, daß Eure Majestät dem Hoffammer-Archivsdirektor Franz Grillparzer eine Personalzulage jährlicher dreihundert Gulden C. M. allergnädigst zu bewilligen geruhen, welche in dem Maße wieder einzuziehen seyn würde, als ihm eine höhere Besoldung zu Theil werden sollte.")

Wien am 26. Jänner 1844.

Kübeck.

LXVI.
Gesuch Grillparzers um die Stelle des ersten Custos an der Hofbibliothek.

1844.]

Der Unterzeichnete erlaubt sich, um Verleihung der durch den Tod des Hofrathes Mosel¹) erledigten Stelle eines ersten Kustos der k. k. Hofbibliothek unterthänigst zu bitten — für den Fall nämlich, daß dieser Platz nicht durch stufenweise Vorrückung des höchst verdienstvollen Personales der Hofbibliothek selbst besetzt werden sollte.

Da es sich hier um eine literarische Anstalt handelt, so dürfte es erlaubt sein, sich auf literarische Verdienste zu berufen. Der Unterzeichnete beruft sich auf die seinigen. Man mag sie nun für groß oder klein halten, so sind sie doch von der Art, daß keiner der inländischen Bewerber um die jetzt erledigte Stelle sich ihm wird voranstellen können.

Er dient gegenwärtig 31 Jahre dem Staate, steht in einem Gehalte von 1800 fl. mit 300 fl. Personalzulage und ebensoviel Quartiergeld, seine Schulkameraden sind Hofräthe und Regierungsräthe, man wird also eine solche Beförderung auch nicht als einen gar so großen Sprung auf der Stufenleiter des Dienstes bezeichnen können.

Es befällt den Unterzeichneten manchmal eine Ahnung, daß in seinen Werken mehr liegt, als man ihm gewöhnlich zuzugeben geneigt ist.

Sehr oft ist der Fall dagewesen, daß die nachkommende Zeit von der vorausgegangenen Rechenschaft begehrt hat über die Art, wie sie Talente höherer Art behandelt hat. Es möchte nicht zum Ruhme der Gegenwart gereichen, wenn sie einen Mann hinter den Akten versauern ließ, der in anderen Verhältnissen Höheres zu leisten im Stande wäre.

Euere Majestät! Ich fühle das Alter herannahen. Die Spannkraft der Seele beginnt nachzulassen in dem immerwährenden Konflikt mit der verkehrten literarischen Richtung der Neuzeit, sowie mit den mannigfaltigen Hemmungen, die vielleicht durch die Zeitumstände gerechtfertigt, doch nichtsdestoweniger schwer auf den Einzelnen lasten. Eine kongenialere Dienstesbeschäftigung dürfte vielleicht in dem Unterzeichneten wieder die Lust zur Hervorbringung erwecken, deren frühere den Namen Österreichs beinahe zuerst auf den literarischen Stapel der Welt gebracht haben.

Schließlich wiederholt er, mit seinen Bitten nicht gerechten Beförderungs-Ansprüchen des Hofbibliothekspersonales selbst in den Weg treten zu wollen, so wie ihn auch zu gegenwärtigem Gesuche weniger die Hoffnung veranlaßt hat, den erledigten Platz wirklich zu erhalten, als die Überzeugung, das Gefühl, daß ihm seine literarische Stellung nicht erlaube sich von einer Bewerbung auszuschließen in der er wohl Nebenmänner aber keine Vormänner zugeben kann, zu er kennen im Stande ist.*)

LXVII.

Grillparzers zweites Gesuch um die Custosstelle an der Hofbibliothek.

[1844.

Eure Majestät!

Der Unterzeichnete ist schon nach dem Tode des Hofrathes Mosel um Verleihung der ersten Kustosstelle in der k. k. Hofbibliothek bittlich eingekommen. Sie wurde damals dem zweiten Kustos Kopitar verliehen, und kein billig Denkender konnte sich dadurch gekränkt fühlen.

Da nun aber auch Kopitar gestorben ist,[1]) so wagt Bittsteller sich von neuem in Bewerbung zu setzen.

Die Vorzüge und wohl auch die Mängel des Unterzeichneten sind jedem Gebildeten bekannt, so daß er Eure Majestät zu beleidigen glaubte, wenn er erstere hier weitläuftig auseinandersetzen wollte.

Er beschränkt sich daher einfach auf obige Bitte, indem er nur noch ehrfurchtsvoll hinzufügt, daß er seine nunmehr 33jährige Diensteslaufbahn im Jahre 1813 eben bei der k. k. Hofbibliothek begann, wo er den Rang unmittelbar nach dem jetzt verstorbenen Hofrathe Kopitar einnahm, so daß, wenn er damals nicht zur Finanz-Verwaltung übergetreten wäre, die gegenwärtig angesuchte Beförderung ihm schon im Wege der Nachrückung unzweifelhaft gebühren würde.[2])

Eurer Majestät

unterthänigst ergebener

Franz Grillparzer

Direktor des Archivs der k. k. allg. Hofkammer.

LXVIII.

Grillparzers Pensions-Gesuch.

[1856.]

Eure Majestät!

Der gehorsamst Unterzeichnete steht gegenwärtig 43 Jahre lang in Staatsdiensten. Eine immer mehr zunehmende Schwäche des Augenlichts macht ihm die Lesung von Handschriften, worin doch sein hauptsächliches Geschäft als Director des Archives des Finanzministeriums besteht, geradezu unmöglich. Er sieht sich daher genöthigt in den Ruhestand zurückzutreten. Die allerhöchsten Direktiven sichern ihm hierbei den Genuß seines vollen Gehaltes von 1800 fl. zu, und insoferne wäre die Sache nur ein Disciplinargegenstand des Finanz Ministeriums und gar nicht würdig, vor die Augen Eurer Majestät gebracht zu werden. Nun bezieht er aber außer diesem Gehalte noch eine Personalzulage von 300 fl. — die übrigens schon sein Vorgänger genoß und die mit der Stelle eines Archivs= direktors nur verbunden wurde, um einen mit juridischen Studien Ausgerüsteten zu vermögen, sich um die Archivs= direktorstelle zu bewerben — und nebstbei ein Quartiergeld von gleichfalls 300 fl.

Er hat auf diese Art im Staatsdienst nicht viel mehr erreicht, als jeder Registraturs Praktikant erreichen kann, der wie er 43 Jahre lang dient, indeß alle seine Schulkameraden, Neben und Nach=Männer mitunter in den höchsten Äm= tern und Gehalten stehen, wobei es ihm in seiner Amts= führung, vor der Abnahme seines Augenlichtes, nicht an all seitigen Belobungen und Anerkennungen fehlte. Alle Gesuche des Unterzeichneten um Versetzung oder Beförderung wurden unberücksichtigt gelassen, so daß, wenn er gegenwärtig normal mäßig pensionirt würde, er, der doch nicht wissen kann, welche Hilfeleistungen und häusliche Erleichterungen ihm die im Wachsen begriffene Schwäche seines Augenlichtes noch nöthig

machen wird, leicht in seinen alten Tagen einem nicht sehr
beneidenswerthen Loose anheimfallen könnte.

Nun hat er aber außer seinen Amtsgeschäften sich auch
literarischen und vor allem dramatischen Arbeiten hingegeben.
Was er in letzterem Fache geleistet, dürfte leicht unter das
Beste gehören, was seit Schillers Tode in Deutschland erschienen ist. Hierbei aber war immer die Verherrlichung seines
Vaterlandes eines seiner Hauptaugenmerke. Er hat im Jahre
1848, als die gesammte Literatur schwieg oder sich der Bewegung anschloß, durch sein, nicht ohne eigene Gefahr, veröffentlichtes Gedicht an den Feldmarschall Radetzky, nicht wenig
zur Stärkung der guten Gesinnung, ja, selbst zur Begeisterung
der Armee beigetragen, die ihm dafür einen Ehrenbecher mit
der Inschrift: »von der dankbaren italienischen Armee« zum
Geschenke gemacht hat.[1])

Wenn er daher gegenwärtig sein Augenmerk auf eine
Ausnahme von allgemeinen Pensions Vorschriften richtet, so
darf er selbst wohl auch ein wenig unter die Ausnahme zählen,
und er lebt der Überzeugung, daß der großartige Sinn Eurer
Majestät seine Hoffnungen nicht täuschen werde.[2])

Eurer Majestät

unterthänigst gehorsamster

Franz Grillparzer

Archivsdirektor des k. k. Finanz-Ministeriums.

Wien am 26. März 1856.

LXIX.

Grillparzer an den Finanzminister Carl Freiherrn v. Bruck.

Euer Excellenz!

Eine nicht vorübergehende, sondern organische, in immer-
währender Zunahme begriffene Augenschwäche macht mir das
Lesen von Handschriften, vor Allem von Akten zur völligen

Unmöglichkeit. Da nun das Geschäft eines Archivdirektors vor Allem im Lesen, ja in der Entzifferung alter Akten besteht, so finde ich mich außer Stande, meinem Amte länger vorzustehen, und bitte daher um meine Versetzung in den Pensionsstand.

Ich habe nach zurückgelegten juridischen Studien meinen Staatsdienst schon im Februar 1813 in der k. k. Hofbibliotek begonnen, da mir aber hierüber die legalen Dokumente fehlen, so will ich meine nachweisbare Laufbahn erst mit meinem Übertritt zu den Finanzen beginnen, wo ich in demselben Jahr 1813 als Konzeptspraktikant der n. ö. Zoll Administration in Eid und Pflicht genommen wurde. Hier bin ich in der gewöhnlichen Dienstfolge zum Konzeptspraktikanten bei der allgemeinen Hofkammer und zum Hofkonzipisten befördert worden und habe endlich meine gegenwärtige Stelle als Archivsdirektor erhalten. Ich genieße als solcher einen Gehalt von 1800 fl. und eine Zulage von 300 fl., welche Zulage aber schon mein Vorgänger, obwohl mit anderer Modifikazion, bezog und die mit der Archivsdirektorsstelle nicht aus Rücksicht auf diese oder jene Person, sondern darum verknüpft wurde, um ein Konzepts-Individuum zu vermögen, diese Stelle anzusuchen, ja anzunehmen, da dieses Amt damals wesentlich ein Konzeptsdienst war; welches Verhältniß sich seit den Jahren 1848 und 1849 freilich wesentlich geändert hat.

Ich habe daher Anspruch auf alle jene Vortheile, die mit einer mehr als 40jährigen Dienstzeit verbunden sind.

Erlauben Euer Exzellenz daß hier der Beamte zu reden aufhört und der Schriftsteller das Wort nimmt. Ich habe theils durch dramatische, theils durch andere literarische Produkzionen, die unter das Beste gehören dürften, was seit Schillers Tode in Deutschland geleistet worden ist, meinem Vaterland Ehre gemacht, ja ich war Einer der Ersten, der die Augen des Auslandes überhaupt auf die literarischen Zustände dieses Landes aufmerksam gemacht hat. Hiebei war die Verherrlichung meines Vaterlandes immer mein Hauptaugenmerk.

Ich habe im Jahre 1848, vielleicht nicht ohne eigene Gefahr, der Unterthanentreue einen poetischen Ausdruck geliehen, der, wie man mir sagte, nicht ohne praktischen Einfluß, namentlich auf den Geist der Armee geblieben ist.

Für alles das ist mir nie ein äußerer Vortheil zu Theil geworden. Alle meine Versetzungs- und Beförderungsgesuche sind, besonders in früherer Zeit, unberücksichtigt geblieben. Ich habe im Staatsdienst nicht mehr erreicht, als jeder Registraturspraktikant erreichen kann, der 43 Jahre lang dient, wie ich. Ich hoffe, daß gegenwärtig auf diese Umstände Rücksicht genommen werden wird. Beim Herannahen meines durch geistige Anstrengungen, körperliche Schwäche und Seelenleiden verfrühten höheren Alters, bei dem fortwachsenden Abnehmen meines Augenlichtes, noch ungewiß, welche Hilfeleistung und häusliche Erleichterung mir vielleicht schon die nächste Zeit zur unabweislichen Nothwendigkeit machen wird, lebe ich des Vertrauens, daß man mich bei meiner Pensionirung so günstig behandeln wird, als die bestehenden Direktiven nur irgend erlauben.

Die erleuchtete Gesinnung Euer Exzellenz und die Großherzigkeit unseres Monarchen bestärken meine Hoffnung.

LXX.

Vortrag des Freiherrn von Bruck an Kaiser Franz Joseph I.

[1856.]

Euere Majestät!

In dem ehrerbietigst angeschlossenen, der Allerhöchsten Bezeichnung gewürdigten Gesuche, bittet der Archivs-Direktor in dem meiner Leitung anvertrauten Ministerium, Franz Grillparzer, um Versetzung in den Ruhestand unter Bewilligung des nach einer zurückgelegten 43jährigen Dienstzeit normalmäßig mit dem vollen Betrage seines Aktivitäts Gehaltes jährlicher 1800 fl. entfallenden Pensionsgenusses und um allergnädigste Belassung seines Quartiergeldes jährlicher

300 fl. und der ihm allergnädigst verliehenen Personalzulage von jährlich 300 fl.

Direktor Grillparzer führt an, daß eine immer mehr zunehmende Schwäche des Augenlichtes ihm die Lesung von Handschriften, worin sein hauptsächliches Geschäft als Archivs-Direktor besteht, geradezu unmöglich macht, daher er sich genötigt sieht, in den Ruhestand zu treten.

Er bemerkt, daß es ihm ungeachtet einer 43jährigen Dienstzeit, während welcher es ihm an Belobungen und Anerkennungen nicht fehlte, doch nicht gelungen sei, eine höhere ämtliche Stellung zu erlangen, und daß, wenn er gegenwärtig normalmäßig in den Ruhestand versetzt würde, er leicht in seinen alten Tagen einem nicht sehr beneidenswerthen Loose anheim fallen könnte, da er nicht wissen kann, welche Hilfeleistungen und häuslichen Erleichterungen ihm die im Wachsen begriffene Schwäche seines Augenlichtes noch nöthig machen wird.

Er führt ferner an, daß er sich außer seinen Amtsgeschäften auch litterarischen, und vor allem dramatischen Arbeiten, wie er glaube von höherer Bedeutenheit hingegeben habe, und daß hierbei immer die Verherrlichung seines Vaterlandes, eines seiner Hauptaugenmerke gewesen.

Direktor Grillparzer deutet insbesondere auf sein im Jahre 1848, als die gesammte Litteratur schwieg, oder sich der Bewegung anschloß, nicht ohne eigene Gefahr veröffentlichtes Gedicht an den Feldmarschall Grafen Radetzky, welches nicht wenig zur Stärkung der guten Gesinnung, ja selbst zur Begeisterung der Armee beigetragen, die ihm dafür einen Ehrenbecher mit der Inschrift »von der dankbaren italienischen Armee« zum Geschenke gemacht hat.

Bei der notorisch bekannten Augenschwäche des Direktors Grillparzer, welches Leiden sich derselbe wohl zunächst durch die eigenthümliche Beschaffenheit seiner langjährigen Dienstleistung als Archivs-Direktor zugezogen hat, dürfte dessen angesuchte Versetzung in den wohlverdienten Ruhestand keinem Anstande unterliegen.

Was dessen Dienstleslaufbahn und Dienstzeit betrifft, so liefern die hierauf Bezug nehmenden Acten die nachstehenden Daten:

Grillparzer hat die Laufbahn des Staatsdienstes am 26. Februar 1813 als beeideter Konzepts-Practikant der Hofbibliothek begonnen, wurde im Jahre 1814 in gleicher Eigenschaft zu der damals bestandenen n. oe. Bankal-Administration übersetzt, im Jahre 1815 zum Konzepts-Practikanten der vormaligen allgemeinen Hofkammer, im Jahre 1823 zum Hofkonzipisten, und im Monat Jänner 1832 zum Archivs-Direktor ernannt.

Seine ununterbrochene, somit anrechnungsfähige Dienstzeit umfaßt daher den Zeitraum von 43 Jahren, wornach ihm bei seiner Pensionirung, welche in dem mir allergnädigst eingeräumten Wirkungskreis liegt, normalmäßig der volle Betrag seines dermaligen Activitäts-Gehalts jährlicher 1800 fl. als Ruhegenuß gebührt.

Ich glaube jedoch sowohl in der langjährigen eifrigen und ersprießlichen Dienstleistung Grillparzers als Staatsdiener, sowie in seinen seltenen und ausgezeichneten Leistungen als Schriftsteller, dann seiner stets bewährten Anhänglichkeit an das durchlauchtigste Kaiserhaus hinreichende Motive zu finden, um nicht nur dessen Bitte um Belassung seiner Activitäts Bezüge als Ruhegenuß zur allergnädigsten Gewährung auf das Wärmste zu unterstützen, sondern auch die Gnade Euerer Majestät für denselben mit der allerunterthänigsten Bitte in Anspruch zu nehmen, ihn auch durch ein weiteres Merkmal der allerhöchsten Huld und Gnade zu beglücken.

Bereits in dem gehorsamst angeschlossenen allerunterthänigsten Vortrage vom 26. Jänner 1844 welchen der damalige Hofkammer-Präsident Freiherr von Kübeck wegen Verleihung einer Personalzulage für den Archivs-Direktor Grillparzer zu erstatten in der Lage war, wurden die Verdienste geltend gemacht, welche sich Grillparzer sowohl durch die zweckmäßige Leitung des ihm anvertrauten Amtes, so wie durch die Einführung zweckmäßiger Verbesserungen und einer geregelten Ordnung in allen Theilen des Archives erworben hat.

Es wurden insbesondere seine ausgezeichneten literarischen Leistungen und sein hervorragender Ruf als Schriftsteller hervorgehoben, und die Gründe zur Allerhöchsten Kenntniß gebracht, welche es im Interesse des Dienstes wünschenswerth machten, denselben in seiner Stellung als Archiv-Direktor, für welchen Dienstesposten Grillparzer mit Rücksicht auf seine wissenschaftliche Vorbildung und Sprachkenntnisse eine vorzugsweise Befähigung besitzt, festzuhalten, ihm jedoch auch deßhalb eine angemessene Verbesserung seiner Lage zuzuwenden.

In allergnädigster Würdigung dieser Verhältnisse wurde demselben mit der Allerhöchsten Entschließung vom 24. Februar 1844 eine Personalzulage von jährl. 300 fl. verliehen.

Seither sind 12 Jahre verflossen, innerhalb welcher Grillparzer fortfuhr, seinem Amte in der schon früher an gerühmten Weise vorzustehen.

So wie er als Staatsbeamter stets eine vorzügliche Haltung beobachtete, eben so hat er seine Anhänglichkeit an Thron und Vaterland insbesondere durch die Veröffentlichung seines in der bedenklichsten Zeit des Jahres 1848 erschienenen Gedichtes an den Feldmarschall Grafen Radetzky auf eine glänzende Art bewährt.

Es ist eine bekannte Thatsache, daß dieses Gedicht an die Armee eine begeisternde und nachhaltige Wirkung übte, und es mag vielleicht in dieser patriotischen und verdienstvollen That Grillparzers die nächste Veranlassung gelegen gewesen sein, daß Euer Majestät sich allergnädigst bewogen fanden, mit Allerhöchstem Kabinetschreiben vom 13. März 1849 ihn durch die allergnädigste Verleihung des Ritterkreuzes Allerhöchst Ihres Leopold Ordens auszuzeichnen.

Ich glaube endlich vorzugsweise auch des Umstandes ehrerbietigst Erwähnung thun zu dürfen, daß Grillparzer als Schriftsteller namentlich im Fache des höheren Dramas nicht bloß in der österreichischen Monarchie und in Deutschland den hervorragendsten Platz unter den lebenden deutschen Dichtern einnimmt, sondern daß ihm auch von ausländischen Meistern seines Faches die rühmlichsten Aussprüche über den Werth seiner Schöpfungen zu Theil geworden sind, und daß sein literarischer Ruhm als ein e u r o p ä i s c h e r bezeichnet werden kann.

Es dürfte daher in mehrfacher Beziehung von der besten und zugleich aufmunterndsten Wirkung sein, wenn dem aus dem Staatsdienste scheidenden, in mehr als einer Rücksicht verdienten und seltenen Manne, bei diesem Anlasse die Allerhöchste Gnade und Anerkennung Euerer Majestät in besonderer Weise bethätiget würde.

Ich glaube demnach keine Fehlbitte zu machen, wenn ich mir den allerunterthänigsten Antrag erlaube:

Eure Majestät wollen geruhen, dem Archivs-Director Grillparzer bei dem von ihm angesuchten Übertritte in den Ruhestand, nebst der normalmäßig entfallenden Pension im Betrage seines letzten Activitätsgehaltes jährlicher 1800 fl. den Fortbezug des Quartiergeldes jährlicher 300 fl. und der Personal Zulage von 300 fl. als eine Pensionszulage im Gesammtbetrage von jährlichen 600 fl. allergnädigst zu bewilligen, und demselben in Anerkennung seiner langjährigen treuen Dienstleistung und insbesondere seiner als Dichter und Schriftsteller erworbenen Verdienste mit Rücksicht auf den Rang, den andere österreichische Literaten als Regierungsräthe einnehmen, den Titel eines k. k. Hofrathes taxfrei allergnädigst zu verleihen.

Im Falle der allergnädigsten Genehmigung dieses ehrerbietigsten Antrages erlaube ich mir den Entwurf der Allerhöchsten Entschließung im weiteren Anschlusse gehorsamst vorzulegen.[1])

Bruck.

Wien am 12. April 1856.

LXXI.

Freiherr v. Bruck an Grillparzer.

[1856.]

Seine k. k. Apostolische Majestät haben mit der Allerhöchsten Entschließung vom 17. April l. J. Ihnen bei der angesuchten Versetzung in den Ruhestand, nebst der normalmäßig entfallenden Pension, die Beibelassung des bisher bezogenen Quartiergeldes und der Personalzulage, im Gesammtbetrage von Sechshundert Gulden als eine Pensionszulage zu bewilligen und Ihnen zugleich aus diesem Anlaße in Anerkennung Ihrer langjährigen und treuen Dienstleistung und insbesondere der als Schriftsteller erworbenen Verdienste den Titel eines k. k. Hofrathes Allergnädigst taxfrei zu verleihen geruht. Indem es mir zum wahren Vergnügen gereicht, Sie von dieser Allerhöchsten Entschließung in die Kenntniß zu setzen, enthebe ich Sie nunmehr Ihrer bisherigen Dienstleistung bei dem k. k. Finanzministerium und hege den aufrichtigen Wunsch, daß Sie sich dieser Ihnen zu Theil gewordenen Allerhöchsten Auszeichnung noch lange erfreuen mögen.

Gleichzeitig erhält das k. k. Universal=Kameral=Zahlamt den Auftrag, Ihnen den nach Maßgabe Ihrer mehr als 40jährigen anrechnungsfähigen Dienstzeit normalmäßig mit dem vollen Betrage Ihres dermaligen Aktivitäts Gehaltes jährlicher Eintausend achthundert Gulden entfallende Pension sowie die Ihnen im Betrage von jährlich 300 Gulden als Pensionszulage Allergnädigst belassene bisherige Personalzulage vom 1. Mai l. Js. angefangen, dann das bisher im Betrage von jährlichen dreihundert Gulden bezogene Quartiergeld gleichfalls als bewilligte Pensionszulage vom 1. Oktober 1856 angefangen und zwar alle diese Bezüge in den vorschriftsmäßigen Monatsraten, gegen gleichzeitige Einstellung der bisherigen Aktivitätsgenüße und zwar gegen den Bezug im Inlande und Beobachtung der bestehenden Vorschriften zu erfolgen.

Wien, am 22. April 1856.

v. Bruck.

II.

Amtliche Berichte des Archivdirectors Grillparzer.

1.

Bericht über das Gesuch des Pfarrers zu Laxenburg um Mittheilung der das Zehentrecht der Pfarre Laxenburg betreffenden Urkunden.

Das in der Anlage gehorsamst zurückgeschlossene Gesuch des Pfarrers zu Laxenburg Hilarius Urban wurde der Archivs-Direkzion mit dem Auftrage zugestellt, die auf das Zehentrecht der l. f. Pfarre Laxenburg Bezug nehmenden, in den Hofkammerarchiv befindlichen Urkunden vorzulegen und sich dabei über die Zuläßigkeit der Ausfolgung vidimirter Abschriften von denselben gutächtlich zu äußern.

Man hat alle Mühe angewendet, diesem Auftrage Genüge zu leisten, und die zweite Anlage enthält was hierüber aufgefunden werden konnte.

Die darunter befindliche Einlage des Pfarrers Georg Fuchs vom Jahre 1546 über alle Erträgniße der Pfarre Laxenburg, dann die im Jahre 1650 aufgenommene Zeugenschaft glaubwürdiger Gedenkmänner über denselben Gegenstand, dürften für den gegenwärtigen Pfarrer, wenn er anders nicht schon in ihrem Besitze ist, von großem Interesse seyn, sowie auch ihre Ausfolgung in beglaubigter Abschrift keinem denkbaren Anstande unterliegt, nur fehlt dasjenige worauf es hier eigentlich ankäme und worauf auch das Hauptaugenmerk des Bittstellers geht. Die Stiftungsbriefe der Pfarre Laxenburg nämlich befinden sich nicht im Archive. Schon im Jahre 1789 wurde dieselbe Anforderung an den damaligen Archivsdirektor Baumberg gemacht und seine beiliegende Äußerung zeigt wie fruchtlos damals alle Bemühungen waren. Dasselbe war gegenwärtig der Fall.

Diese Angabe wird zwar scheinbar durch die von den Bittsteller angeführte kirchliche Topographie widerlegt, welches Werk als Quelle der gelieferten Notizen über die wiederhohlte Stiftung und Dotirung der Pfarre Laxenburg sich ausdrücklich auf das Hofkammer-Archiv bezieht.[1]) Diese Notizen wurden aber nicht wie der Bittsteller glaubt, aus daselbst vorhandenen förmlichen Urkunden geschöpft, sondern, wie die gedruckte Topographie deutlich angibt, aus dem sogenannten Schatzbuche, das nichts ist als ein der ämtlichen Beglaubigung ermangelndes Register über jene Urkunden, welche, als die Söhne Ferdinand I. die österreichischen Lande theilten, nach Maßgabe der Provinzen, den neuen Beherrschern derselben aus dem Schatzgewölbe zu Wien ebenmäßig zugetheilt wurden.

Aber auch auf die, obgleich im rechtlichen Sinne kaum durchzusetzende Gewährleistung dieses Schatzbuches mußte gegenwärtig verzichtet werden, denn von diesem Buche, aus 4 Theilen bestehend, das von dem verstorbenen Archivs-Direktor Megerle von Mühlfeld im versönlichen Verschluße gehalten wurde, fanden sich bei dessen Tode nur der 3te und 4te vor, indeß die kirchliche Topographie sich in den Artikel Laxenburg auf den zweiten Theil dieses Buches bezieht, welcher Theil, also zur Zeit als jenes topographische Werk verfaßt wurde sich nothwendig noch im Archive vorfinden mußte.

Auf welche Art die beiden ersten Bände seitdem abhanden gekommen sind, ob sie von dem Direktor Mühlfeld etwa schon dem Verfaßer jener kirchlichen Topographie, dem inzwischen auch verstorbenen Hofkaplan Darnaut[2]) oder später, auf eine freilich nicht zu rechtfertigende Art, sonst einem Schriftsteller oder Kompilator zum häuslichen Gebrauche geliehen und von diesen nicht zurückgestellt wurden, läßt sich gegenwärtig nicht mehr ausmitteln. Für verloren müssen sie aber um so zuverläßiger gehalten werden, da die angestellten genauen Nachforschungen der Hoffnung nicht mehr Raum geben, daß sie etwa nur verstellt oder unter andere Bücher eingeschoben seyn könnten.

Wer die Todten beschuldigt hat ein leichtes Spiel, aber je leichter um so niedriger. Der Unterzeichnete würde es nicht über sich genommen haben das Andenken seines Vorgängers mit dieser Art Anklage zu beflecken, wenn eine andere Erklärungsart des erwähnten Verlustes nur mit irgend einer Wahrscheinlichkeit gedacht werden könnte. So viel darf ich übrigens zur Beruhigung der hohen Hofstelle hinzufügen, daß durch derlei persönliche Gefälligkeiten der Bestand des Hof kammerarchives künftig nicht verringert werden wird.

Wien, am 17. Mai 1832.

Grillparzer.

2.

Bericht mittelst dessen die zur Abgabe an die k. k. Hofbibliothek geeigneten Autographen und Manuskripte vorgelegt werden.

Der Unterzeichnete erhielt die von seinen Vorgänger zur Abgabe an die k. k. Hofbibliothek vorgelegten Autographen, Manuskripte und Bücher mit dem Auftrage zurück dieselben nach den in jenem Hofdekrete ausgesprochenen Grundsätzen neuerdings zu beurtheilen, jene Autographen in deren Besitze die Hofbibliothek bereits sich befindet, auszuscheiden und nebst den Rechnungen des k. k. Kammerrathes David Hagen über verschiedene Hofbaulichkeiten zurückzubehalten, den Rest aber sammt dem Gutachten über die Zulässigkeit der Ausfolgung mit Bericht wieder vorzulegen.[1])

Was nun die Autographen betrifft, so ist der erhaltene hohe Auftrag genau vollzogen worden. Ich habe mir von dem geheimen Haus- und Hofarchiv das Verzeichniß derjenigen verschafft, welche von dort aus der Hofbibliothek mitgetheilt worden sind, und die im Anschlusse gehorsamst wieder vorgelegten Autographen sind durchaus nur solche, welche in jenem Verzeichniße und also auch in der Sammlung des Hofbibliothekspräfekten derzeit noch fehlen. Die übrige, bei weitem größere Anzahl ist zurückbehalten und den Acten wieder zugetheilt worden.

In Bezug auf die Zulässigkeit der Ausfolgung zu dem beabsichtigten Zwecke erlaube ich mir nur über einige derselben nachstehende Bemerkungen zu machen, indes die Unbedenklichkeit der übrigen schon aus ihrer Inhaltsangabe wohl keinem Zweifel unterliegt.

Die Spuren über die Existenz und die Verhältnisse der natürlichen Kinder Kaiser Rudolf II. sind so wenige, daß die unter den hier vorgelegten Autographen befindlichen zwei Briefe der Seitenkinder dieses Kaisers wohl unter die historischen Seltenheiten gehören dürften, als welche aber ihnen eher ein Platz in einem Archive als in einer Handschriftsammlung zu gebühren scheint.[2])

Ebenso ist der Gegenstand des Briefes der Churfürstin Anna v. Brandenburg an Kaiser Mathias, der verhängnisvolle Jülich und bergische Erbfolgstreit, so wie der unmittelbare Anlaß: die Nichtbeschickung des Tages zu Erfurt von Seite des Churfürsten v. Brandenburg, viel zu wichtig, als daß man diesen Brief als Autograph blos nach dem Werthe der Handschrift taxirt sehen möchte.[3]) Ja selbst das Schreiben der Markgräfin Emilie v. Brandenburg an den römischen König Ferdinand I. über die Nichtbezahlung der von ihrem Sohne geforderten Steuern könnte als Anlaß, oder Mittelglied, leicht in andere Verhandlungen eingreifen, die durch Ausscheidung dieses Stückes, mangelhaft erscheinen würden.[4])

Endlich bittet man bei Ausfolgung des sonst nicht bedeutenden Schreibens von Otto Kardinal und Erzbischof von Augsburg an Ferdinand I. wenigstens diesem Schreiben den beiliegenden Aufsatz des zur Anstellung empfohlenen Hans Tirol zurückzubehalten.[5]) Dieser Mann war eines der vorzüglichsten Werkzeuge deren sich jener sonst so verständige Fürst bei seinen Goldmacher-Versuchen bediente. Er erscheint bei mehreren Angelegenheiten dieser Art, worüber sich die schriftlichen Denkmale im Besitze des Hofcammer-Archives befinden.

Wenigstens der Vollständigkeit wegen, verdient diese Eingabe aufbehalten zu werden.

Was die zur Abgabe angetragenen Manuskripte und Bücher betrifft, so hat man vor allem, dem hohen Auftrage gemäß, die Baurechnungen des Kammerrathes David Hagen ausgeschieden und zurückbehalten; die übrigen werden in der zweiten Anlage wiederholt vorgelegt.

Das darunter befindliche Manuskript Nr. 1 le livre des fleurs de histories ist eine wohl noch vor dem 15. Jahrhunderte und zwar wahrscheinlich in dem damals England unterthänigen Theile von Frankreich geschriebene allgemeine Geschichte. Sie fängt mit Erschaffung der Welt an und geht bis auf König Artus und seine Zeit. Schon dieser letzte Umstand und daß dieses Werk auch sonst mit besonderer Rücksicht auf den fabelhaften Theil der Geschichte Englands geschrieben ist, zeigt wie entfernt es von dem Geiste wahrhaft historischer Forschung ist. Es kann daher von durchaus keinem Nutzen für das Archiv sein, dürfte aber vielleicht der Seltenheit wegen, eine ehrenwerthe Stelle unter den Manuskripten der Hofbibliothek einnehmen.

Die Manuskripte Nr. 2 und 4 medizinischen und astrologischen, vielmehr naturkundigen Inhalts (etwa im Geiste der Werke des Albertus Magnus,[6]) wenn nicht gar Auszüge daraus) — gehören schon durch diesen Inhalt in den Bereich einer auf derlei Gegenstände sich erstreckenden Sammlung, und wären daher unbedenklich an die Hofbibliothek abzugeben.

Das Manuskript des Petrus de Vineis (Nr. 3) ist nichts anderes als das in bereits 7 bis 8 Auflagen durch den Druck bekannt gemachte Briefwerk dieses merkwürdigen Mannes.[7]) Ob nun zwar das Archiv nur höchst selten in den Fall kommen dürfte von dieser Briefsammlung einen ämtlichen Gebrauch machen zu müssen und auch dann wegen des nur schwer zu entziffernden Charakters der vorliegenden Handschrift man sich viel leichter Rathes bei einem gedruckten Exemplare erholen würde, so wäre doch bei der Möglichkeit daß diese Handschrift etwa eine für das Geschäft interessante Variante enthalten könnte, dieselbe allenfalls dem Archive zu belassen.

Die Manuskripte Nr. 5 und 6 stehen durchaus in keiner Beziehung mit den ämtlichen Aufgaben des Archivs und eignen sich ganz zur Abgabe an die Hofbibliothek.⁹)

Dagegen muß man dringend um die Beibehaltung des Manuskripts Nr. 7 in böhmischer Sprache, enthaltend Victorin Cornelius Chrudiemsky's Werk über die Landesordnungen und Proceßrechte Böhmens, bitten;⁹) dieses Werk ist ein Geschenk des ehemaligen Kammerrathes Vorschek und bildet gewissermaßen einen Theil seiner eigenen ungemein schätzbaren handschriftlichen Sammlung in 22 Foliobänden, über dieselben Gegenstände, welche Sammlung vom Staate um einen hohen Preis an sich gekauft, gegenwärtig in der Bibliothek des Hofkammer-Archives aufgestellt ist; die Hindangabe dieses Buches wäre ein eigentlicher Verlust, so es auch nur durch einen Verstoß in die Liste derjenigen gekommen sein kann, deren das Hofkammer Archiv sich zu entäußern gedachte.

Die beiden Manuskripte Nr. 8 ein in protestantisch theologischem Sinne abgefaßter Vorschlag zur Reformazion des Erzstiftes Magdeburg vom Jahre 1565,¹⁰) so wie Nr. 9 Gundakers Fürsten von Lichtenstein Gutachten wegen Edukazion eines jungen Fürsten¹¹) sind dem hierortigen Geschäftskreise völlig fremd und dürften daher der Hofbibliothek überlassen werden.

Die unter Zahl 10 und 11 vorkommenden Beschreibungen der Erbhuldigung Kaiser Carl V. in Böhmen und Innerösterreich von Johann Adam v. Heintz, enthalten bei aller sonstigen Unbedeutenheit doch manche Details über Reiseordnung, Hofstaat, Diäten u. dgl. so daß sie füglich beibehalten werden können.¹²)

Die Series diplomatum u. s. w. unter Nr. 12 von einem Hofconcipisten v. Keßler, ist weiter nichts als ein Index über die beiden Werke, oder vielmehr ein Auszug aus dem Index der beiden Werke von Muratori: Antiquitates Italiae und Scriptores rerum italicarum. Die von dem Verfasser

gewählte chronologische Aneinanderreihung statt der alpha=
betischen erleichtet die Uebersicht und erschwert das Auffinden.
Es ist eine Arbeit wie sie ein der Geschichte Beflißener zu
seinem Privatgebrauche macht. Da übrigens der Verfasser
diese Blätter dem Hofkammerarchiv zum Geschenk gemacht hat,
und die Hofbibliothek sie kaum wünschen wird, so wäre sie
etwa auf ihrer bisherigen Stelle noch ferner zu belassen.

Von den unter 13 erscheinenden Buche in ungarischer
Sprache: Hodaegus, der zur Wahrheit leitende Führer, ein
rein theologisches Werk vom Kardinal Peter Pazmany[13]) ist
kaum zu begreifen, wie es sich in das Hofkammer=Archiv
verirrt hat. Es kann ohne Anstand an die Hofbibliothek ab=
gegeben werden.

Wien, den 4. Juni 1832.

Grillparzer.[14])

3.

Bericht mit der Bitte um Zutheilung eines Prakticanten für das Hof=
kammer=Archiv.

Bei der großen Ausdehnung, die in neuerer Zeit, nicht
immer zum Vortheil der Individuen, aber doch gewiß zur
Förderung des Dienstes, das Praktikanten=System bei allen
Behörden genommen hat, setzte es mich schon bei meinem Ein=
tritt in die Archivs=Geschäfte in Erstaunen, nur dort allein
keine Vorsorge für einen solchen Nachwuchs künftiger brauch=
barer Beamten getroffen zu sehen. Seit ich diese Geschäfte
genauer kenne und die damit verbundenen großen Schwierig=
keiten selber gefühlt habe, muß ich vollends jenen Abgang
als einen eigentlichen Mangel bedauern, und kann nicht um=
hin, die hochlöbliche Hofkammer zu bitten, hiergegen hilfreich
einschreiten zu wollen.

Schon mein Vorgänger hat mehreremale darauf auf=
merksam gemacht, und auch ich habe bei Gelegenheit des Vor=
schlages zur Besetzung der erledigten Adjunktenstelle mir er=

laubt darauf hinzudeuten, wie unendlich verschieden der Dienst des Archivs von dem der currenten Registratur ist. So oft das Archiv bei Erledigungsfällen sich aus dem Registraturspersonale ergänzt, muß es im voraus durch ein oder mehrere Jahre auf jede eingreifende Mitwirkung von Seite des Neuhinzugekommenen Verzicht leisten. Wie wünschenswerth wäre es nun, sich aus schon Eingeübten komplettiren zu können; besonders da die Beschränktheit des Personals des Archivs, der Entgang der Beihilfe auch nur eines Einzigen schon neue empfindliche Verluste macht. Dasselbe tritt in Krankheits- oder Urlaubsfällen ein, wo ein eingeübter Praktikant alle Verlegenheiten ersparen würde, die gegenwärtig unvermeidlich sind.

Hierzu kommt noch ein Umstand, der bisher sorgfältig verschwiegen wurde, aber darum doch nichts desto weniger besteht. Ich nehme mir vor, darüber seiner Zeit einen ausführlichen Bericht zu erstatten, muß ihn aber jetzt schon berühren, und bitte mir ihn bis dahin nur aufs Wort zu glauben: Der ältere Theil des Archivs ist in keiner guten, ist durchaus nur in einer scheinbaren Ordnung. Wenn dagegen etwas geschehen soll, so gehören nebst Einsicht und gutem Willen, vor allen auch die nöthigen Arbeiter dazu. Das systemisirte Personal des Archivs wird zu solchen Ausgleichungen der Fehler früherer Zeiten immer höchstens nur ein Individium hergeben können, die Zutheilung eines fähigen Praktikanten würde das Maß der Kräfte und die Möglichkeit des Gelingens verdoppeln.

Anderseits ist es ganz der Klugheit gemäß, bei der Wahl eines Praktikanten für das Archiv ganz besonders vorsichtig zu sein.

Die theilweise Wichtigkeit der daselbst aufbewahrten Dokumente machen, außer den übrigen Diensteseigenschaften, besonders Verläßlichkeit und — bei einem ganz unbesoldeten Arbeiter — völlig gesicherten Unterhalt zu unerläßlichen Bedingungen. Die Schwierigkeit, derlei Kandidaten zu solchen

Dienststellen zu finden, erklärt vielleicht der Umstand, daß das Archiv sich in letzter Zeit ohne Praktikanten befand. Ich bin so glücklich, der hohen Hofkammer ein Individuum vorschlagen zu können, das alle diese Eigenschaften in hohem Grade vereiniget.

Es ist dies der hofkriegsräthliche Kanzleipraktikant Theodor von Karajan, der ins Hofkammerarchiv einzutreten wünscht; auch, wie ich höre, die erforderliche Registraturs= prüfung bei der Registraturs=Direction der hochlöblichen Hof= kammer mit bestem Erfolg abgelegt hat.

Das Karajans Gesuch beiliegende Zeugniß des hof kriegsräthlichen Herrn Hofrathes von Neth, dann der Bericht der eigenen Registraturs=Direction wird der hochlöblichen Hof= kammer keinen Zweifel über die Eigenschaften und die Brauch= barkeit dieses in jeder Hinsicht lobenswerthen jungen Mannes übrig lassen, so wie auch der Besitz eines bedeutenden Ver= mögens ihn vor Mangel, den Dienst vor jeder Beeinträchti= gung und die hohe Hofkammer vor Behelligungen schützt.[1])

Ich bite um gnädige Zutheilung dieses Th. v. Karajan als Praktikanten für das Hofkammer=Archiv.[2])

Wien, den 16. Juli 1832.

Grillparzer.

4.

Bericht über das Ergebniß der diesjährigen Säuberung der Archivs= Akten und Lokalitäten.

Die bewilligte, zugleich aber der provisorischen Dika= sterial=Gebäude=Central=Direkzion übertragene diesjährige Rei= nigung der Archivs=Akten und Lokalitäten ist gegenwärtig beendigt. Die dabei statt gefundenen Kosten, verglichen mit jenen 112 fl. KM., welche durch eine Reihe von Jahren der Archivs=Direction zu dem Zwecke dieser Reinigung verabfolgt wurden, dürften ohne Zweifel eine nicht unbedeutende Er= sparung ausweisen, und setzten daher die frühere Gebahrung nothwendig in den Schein der Ungeschicklichkeit, wenn nicht gar der Unredlichkeit.

Es liegt mir ob, das Archiv von diesen Vorwürfen zu reinigen, und zwar umsomehr, als ich auf die Darstellung des Sachverhaltes einen gehorsamsten Antrag zu gründen genöthiget bin.

Die Akten des Archivs sind eine bekanntlich nicht auf einmal und nach Einem Gesichtspuncte des Geschäftsbetriebs, sondern durch eine Reihe von Jahren, mitunter in den fremdartigsten Formen und Faszikulirungen angehäufte Sammlung, die in ihrer Aufstellung die Merkmale ihres Ursprungs nur zu sehr an sich trägt.

Obgleich im Ganzen nach Jahrgängen und Gegenständen geordnet, steht eine große Anzahl Faszikel nur darum an ihrem gegenwärtigen Orte, weil sie von jeher dort standen. Aber eben durch die Länge der Zeit ist die ursprüngliche Willkührlichkeit zu einer wirklichen Ordnung geworden, weil man genau weiß, wo man sie zu suchen und zu finden hat.[1])

Diese Ordnung im geringsten verrückt, würde ein einzelner Faszikel in das bodenlose Meer der übrigen fünfzigtausend versinken und dem Geschäfte ganz entzogen werden. Hieraus geht die Nothwendigkeit hervor, daß bei der Säuberung der Akten das Archivspersonal nicht, wie es bei den Registraturen und Buchhaltungen der Fall ist, sich blos mit der Aufsicht und Leitung der Arbeit zu befassen hat, daß sie vielmehr mit äußerster Anstrengung selbstthätig Hand anlegen, daß namentlich das Wiederaufstellen der gesäuberten Akten beinahe ausschließlich von ihnen allein besorgt werden muß.

Hierzu kann nun, da neben der Säuberung das laufende Geschäft der Aufträge und Aktenaushebungen ununterbrochen fortgeht, nur der kleinere Theil der hierortigen Beamten verwendet werden, und zwar diejenigen, denen aus langer Uebung die Aktenaufstellung genau bekannt ist und denen überdieß eine ungeschwächte Gesundheit und ein noch rüstiges Alter die Uebernahme der damit verbundenen Beschwerlichkeiten gestattet. Dieß sind seit einer Reihe von Jahren die beiden Registranten Weiß und Hoffmann. Zur Säuberung selbst müssen nun, bei der ungeheueren Menge der Akten, die das laufende Geschäft störende Arbeit nicht ins Endlose auszudehnen, die langen Tage der Sommermonate gewählt und es muß mit kurzer Unterbrechung von früh Morgens bis spät Abends gearbeitet werden.

Es kann billigerweise sowohl den Beamten als den Archivsdienern nicht zugemuthet werden, daß sie sich nach fünfstündiger beschwerlicher Arbeit in der heißen Tageszeit zum Mittagmahl in ihre in den entferntesten Vorstädten liegenden Wohnungen begeben sollen, um, beinahe ohne Ruhezeit, wieder zu neuer fünfstündiger Anstrengung zurückzukehren. Sie sind daher genöthigt in der Stadt zu essen, und von ihren Familien getrennt, die Kosten des täglichen Unterhaltes zu verdoppeln.

Für diese Mehrauslagen nun wurde ihnen bisher von meinen Vorgängern aus den Verlagsgeldern zur Säuberung jedesmal eine mäßige Vergüttung zugetheilt. Man that der Form nach vielleicht unrecht, daß man diese Vergütung in der gelegten Rechnung ohne ihrer zu erwähnen, unter der Angabe einer größeren Anzahl Arbeiter oder Arbeitstage verkleidete, der Sache nach aber ward die Billigkeit nicht, oder nur wenig verletzt. Denn zugleich war jener Verlag durch lange Uebung dazu bestimmt das Archiv für mehrere kleine Auslagen zu entschädigen, für die in dem Amtspauschale nicht vorgedacht ist, als: Ankauf von Heftseide, Gratifikationen an die Werkleute des Hofbauamtes bei häuslichen Herstellungen, mehrmaliges Aufwaschen der Fußböden im Laufe des Jahres u. dgl. m. So wenig der Rede werth diese Geringfügigkeiten sind, so bleibt dagegen der billige Anspruch der bei der Reinigung verwendeten beiden Archivsbeamten und der zwei Hausknechte auf eine Entschädigung in seiner vollen Kraft, besonders sind diese Hausknechte, — deren einer nur kurz vor dem Beginn der Säuberung von einem Choleraanfalle hergestellt worden war, der andere während der Arbeit selbst durch übermäßige Anstrengung erkrankte, ohne sich deshalb seiner Pflicht zu entziehen — bei ihrer großen Dürftigkeit einer besonderen Berücksichtigung würdig.

Ich erlaube mir daher sowohl für den Einen als für den Andern auf Ertheilung einer Gratification allenfalls aus den bei der heurigen Archivs Reinigung ersparten Geldern gehorsamst anzutragen. Sollten übrigens mit Einrechnung dieser Gratification die Kosten der heurigen Säuberung jene der Vorjahre ganz oder doch nahe erreichen, und daher die hochlöbliche allgemeine Hofkammer geneigt sein, mir künftig die Ueberwachung des Geschäftes und der bisherigen Verlagsgelder auf meine persönliche Ehre anzuvertrauen, so habe ich Grund zu hoffen, nach jetzt gewonnenen Ueberblick der Sache eine vielleicht nicht völlig unbedeutende Ersparung erzielen zu können.

Wien, am 19. September 1832.

Grillparzer.

5.

Bericht über ein Gesuch des k. k. Kammerdieners Friedrich Reil um Erlaubniß zur Benützung des Archivs.

Indem man das hieher gelangte Gesuch des pensionirten Hofschauspielers und k. k. Kammerdieners Friedrich Reil[1]) um Erlaubniß zur Benützung des Hofkammer-Archivs, behufs einer von ihm beabsichtigten Beschreibung der im B. O. M. B. liegenden k. k. Patromonialherrschaften hierüber ehrfurchtsvoll zurückschließt, erlaubt man sich zugleich folgendes anzuzeigen.

Nach eingeholter mündlicher Auskunft hat der Bittsteller sich gegen den Direktor der k. k. Familien-Herrschaft, Hofrath von Kronhofer erbothen, die bisher noch abgängige Beschreibung jener Herrschaften zu liefern; Seine Majestät von dem genannten Herrn Hofrath in die Kenntniß gesetzt, haben dieß

Anerbiethen zu genehmigen geruht, und dem zu Folge ist jenes Circular an sämmtliche dortige Güterdirekzionen wegen Anhandgebung der nöthigen Behelfe ergangen, von welchen der Bittsteller eine Abschrift seinem Gesuche beigelegt hat.

So sehr zu wünschen ist, daß derlei Bewilligungen zur Benützung des Archives, wegen ihrer Geschäft-störenden Wirkungen so sparsam als möglich und nur Männern von anerkannter Tüchtigkeit und zu wahrhaft Wissenschaft und Landeskunde fördernden Zwecken ertheilt werden, so tritt doch hier der Umstand ein, daß Seine Majestät selbst zu wünschen scheinen der im Werke stehenden Beschreibung die größtmöglichste Vollständigkeit zu verschaffen. Auch hat der Verfasser sich gegen den Unterzeichneten erklärt, daß sein Augenmerk nur auf topographische und rein historische Notizen gehe, wie denn auch die in solchen Fällen gewöhnliche Ueberwachung von Seite des Archivs ohnehin dafür sorgen würde, daß nichts zur öffentlichen Kenntniß gebracht werde, was nur irgend einem Bedenken unterliegen könnte.

Alle diese Umstände berücksichtigt, dürfte die hohe Hofkammer sich vielleicht bestimmt finden, dem Bittsteller die angesuchte Bewilligung zu ertheilen.

Wien, am 13. November 1832.

Grillparzer.

6.

Bericht in Bezug auf die den sogenannten Trafoier Wald in Tirol betreffenden Urkunden.

Mittelst der hohen Dekretazion vom 23ten September 1832 erhielt die Archivs-Direkzion über das Gesuch der Gemeinde Glurns in Tirol [1]) den Auftrag, jener Original-Urkunde vom letzten April 1304 nachzuforschen, durch welche der Herzog Otto von Kärnthen, Graf zu Tirol, der genannten Gemeinde den Trafoier Wald zwischen den Bächen Gulden und Trafoi verliehen haben soll.

Man hat sowohl in den hierortigen Urkunden und Akten als in den ältesten Gedenk= und Verleihungsbüchern die genaueste Nachforschung gepflogen, aber nicht die mindeste Spur von diesem Dokumente auffinden können, was um so erklärlicher ist, da jene Schenkung, auch ihre Richtigkeit un= angefochten, dem österreichischen Besitzstande in Tirol voraus= gieng. Der Verleiher nämlich kann kein anderer gewesen sein, als Otto II. aus dem Hause Görz,²) Oheim jener Margarethe Maultasch, welche im Jahre 1363 Tirol an Oesterreich ab= trat. Überhaupt findet sich in den hierortigen Tiroler Akten eine große Lücke, vom Tode Ferdinand I. bis zum Jahre 1705, in welcher Zeit Tirol im Besitze einer österreichischen Nebenlinie war, die ihre eigenen Hofstellen und Archive in Innsbruck hatte, wo die damaligen Verhandlungen ohne Zweifel sich noch jetzt befinden.

Wien, im November 1832.

Grillparzer.

7.

Bericht mit Vorlegung der die Eigenthums=Veränderung der k. k. Hof= apotheke betreffenden Akten.

Dem hohen Aufträge vom 4. November 1832 zu Folge, wird, sammt dem dazu gehörigen Elenche, in der Anlage alles dasjenige überreicht, was sich in den hierortigen Akten über die Eigenthumsveränderungen und sonstigen Verhältnisse der k. k. Hofapotheke vorfindet, wobei man von denjenigen älteren Stücken, welche auf jetzt nicht mehr auszumittelnde Art, für jeden Fall aber durch Aushebung, im Laufe der Zeit aus den Akten des Archivs abhanden gekommen sind, wenigstens die Elenche aus den Repertorien beigefügt hat.

Unter den hier wirklich vorgelegten Stücken findet sich der Originalkontrakt vom 5. Mai 1744, mittelst dessen die damals in der Kärnthnerstraße befindliche Apotheke von den von Sterneggischen Erben für Rechnung des Allerhöchsten

Hofes erkauft wurde;[1]) die Uebertragung der nunmehrigen Hof=
apotheke in die k. k. Stallburg; der nachmalige Verkauf dieser
Apotheke im Jahre 1769 an Johann Georg Kaiser; der Rück=
kauf derselben (1797) von der Wittwe des Hofapothekers
Czerey; endlich die Allerhöchste Bestimmung, zu Folge welcher
im Jahre 1800 diese Apotheke in das Privateigenthum
Seiner Majestät überging und somit außer die Kontrole der
Staatsbehörden gesetzt wurde.

Die Originalkontrakte über die in den Jahren 1769
und 1797 stattgefundenen Besitzveränderungen können darum
nicht vorgelegt werden, weil nach Ausweis der Akten der
erstere der Kameralhauptbuchhaltung, der letztere der k. k.
Hof= und Kammerprokuratur zur Aufbewahrung übergeben
wurde.

Was den zweiten Theil des hohen Auftrages: die Frage
über die Zinsentrichtung für die von der Hofapotheke be=
nützten Lokalitäten betrifft, so geht ebenfalls aus den Akten
hervor, daß während des Besitzes von Privaten für das
Lokal in der k. k. Stallburg ein Zins von jährlich 1000 fl.
und zwar an das Universal-Cameral-Zahlamt entrichtet wurde.
Bei der späteren Veränderung im Jahre 1797, und nament=
lich seit der Zeit als die Apotheke in das Allerhöchste Privat=
eigenthum Seiner Majestät überging, geschieht einer Zins=
entrichtung oder einer sich darauf beziehenden Stipulazion
keine Erwähnung.

Schließlich erlaubt man sich nur noch die Versicherung
zu wiederholen, daß mit Ausnahme einzelner Karten-An=
weisungen und unbedeutender Zwischenfälle, hier Alles zu=
sammengestellt ist, was über die Verhältniße der Hofapotheke
sich in den Archivsakten befindet. Man glaubte sogar mehrere
mit den obwaltenden Fragen in keinem unmittelbaren Zu=
sammenhange stehende Stücke nicht weglassen zu sollen, um
den Faden der Verhandlungen sichtbar zu erhalten, besonders
aber, um durch den Abgang ämtlich zitierter Numern nicht
der Vermuthung Raum zu geben, daß gerade in dem Ab=

gängigen vielleicht Daten zu den gesuchten Aufklärungen enthalten sein könnten.

Wien, am 1. Dezember 1832.

Grillparzer.

8.

Bericht über die Anforderung der k. k. Familiengüter-Oberdirekzion um Ausfolgung sämmtlicher die Herrschaft Scharfenegg betreffenden Akten.

Mittelst des hohen Erlaßes vom 23. September 1832 ward der Archivs-Direkzion die in der Anlage ehrfurchtsvoll zurückgeschlossene Note der k. k. Fondsgüter-Oberdirekzion zugestellt, in welcher dieselbe das Ansuchen macht, ihr, da die Herrschaft Scharfenegg gegenwärtig ein Eigenthum des Allerhöchsten Avitikalfondes sey, sowohl das Urbar, als auch sämmtliche übrige hierorts befindliche, diese ehemalige Staatsherrschaft betreffenden Akten, als ohnehin zu keinem weiteren Gebrauche für die hohe Hofkammer, zu überlassen.[1]

Indem man über dieses Ansinnen die aufgetragene Aeußerung erstattet, glaubt man auf Willfahrung desselben durchaus nicht antragen zu sollen.

Es ist nämlich seit unvordenklichen Zeiten der Grundsatz befolgt worden, über derlei hindangegebene Staatsherrschaften die im Archive befindlichen Akten niemals in Original hinauszugeben.

Die nächste Ursache hievon mag wohl gewesen seyn, derlei kostbare, nicht mehr zu ersetzende Dokumente vor Verlust, Feuer- und Wasser-Schaden und allen sonstigen Gefahren der Vereinzelung zu bewahren.

Hierdurch befindet sich das Archiv im Besitze einer beinahe vollständigen Reihe solcher Herrschafts-Akten, welche leicht den interessantesten Theil des ganzen ältern hierortigen Aktenvorrathes ausmachen dürften.[2]

Ueberdieß handelt es sich hier um, wenn gleich in der Folge veränßertes Staatseigenthum. Die so häufigen Reklamazionen unterliegenden späteren Verpfändungen, die Erhebung und Verwendung der Einkünfte, die meisten Anordnungen geschehen zu Staatszwecken. Diese Akten sind Konzepte und Korrespondenzen der Hofbehörden, denen die Etats und Ausweise des Einzelnen nur als Anschlüsse beiliegen. Die Geschichte der Zeit sowohl als der Verwaltung, die Verhältnisse der damaligen Behörden und des Geschäftsganges erhalten daraus unschätzbare Erläuterungen, und zwar um so mehr, als die Scheidung der Angelegenheiten in jener frühen Zeit nichts weniger als genau war, und die verschiedenen Zweige nur zu sehr in einander greifen. Ohne diese Akten würde man auch über andere Angelegenheiten der älteren Zeit hierorts oft nicht im Stande seyn, die ämtlich geforderten Auskünfte zu ertheilen. Welcher Schatz für die Landeskunde in dem vollständigen Besitz dieser Akten liegt, braucht wohl nicht weitläufig ausgeführt zu werden.

Wenn ein Privatbesitzer seine Herrschaft verkauft, so tritt er dadurch für immer aus allem Verhältniß zu derselben. Der Staat aber bleibt nach wie vor der oberste Schutzherr der Unterthanen, das austheilende und urtheilende Organ über Recht und Pflicht. Die Herrschaftsakten im Archive gewähren nicht nur der Herrschaft, auch den Unterthanen die Möglichkeit, sich den Beweis über streitige Ansprüche zu verschaffen, und wie oft von dieser Möglichkeit ein segensvoller Gebrauch gemacht wird, ist am besten der hohen Hofkammer bekannt, wo so viele Gesuche dieser Art vorkommen und mit Aufträgen zur Aushebung und Ausfolgung in beglaubigten Abschriften an das Archiv gelangen.

So sehr auch manche der hier angeführten Gründe auf eine in den Allerhöchsten Privatbesitz Seiner Majestät gelangte Herrschaft nur theilweise Anwendung leiden, so fürchtet man doch, daß die durch Willfahrung begründete Exemplifikazion und die daraus abgeleiteten Ansprüche anderer Herrschaftsbesitzer (Ansprüche, die sich ohnehin schon öfter hierorts laut

gemacht haben) das ganze Gewicht dieser Gründe nur zu bald
und zu vollständig herstellen würde.

Auch tritt in dem vorliegenden Falle noch ein besonderer
Umstand ein; die Herrschaft Scharfenegg ist keineswegs mehr
dieselbe, welche sie in früherer Zeit, welche sie als Staatsherrschaft war. Während des Privatbesitzes, welcher der Erwerbung durch den Allerhöchsten Familienfond vorausgieng,
sind wesentliche Theile, z. B. der Markt Reisenberg[2]) (gegenwärtig im Besitze des Grafen Cavriani)[1]) davon getrennt worden.
Da man nun hierorts außer Kenntniß der in der Folgezeit
vorgegangenen Veränderungen ist, so wäre man nicht einmal
im Stande, eine genaue Ausscheidung der Akten zu bewirken;
wozu noch kommt, daß, wie man aus dem zwischen dem
Ärar und dem Bischof Philipp von Würzburg unterm 4. Oktober 1701 abgeschlossenen Verkaufskontrakte über diese Herrschaft ersieht, ohnehin die auf den Bestand und den Nutz-
ertrag derselben Bezug nehmenden Behelfe schon damals dem
Käufer übergeben worden sind, so daß alle dem Staate als
Verkäufer in dieser Hinsicht obliegenden Verpflichtungen sich
bereits erfüllt finden, und wenn diese Dokumente in der
Folge verloren giengen, das Hofkammer-Archiv keineswegs
berufen scheint, diesen Mangel zu ersetzen.

Obgleich unter diesen Umständen und nach der bisherigen Uebung die Verwaltung der Herrschaft Scharfenegg
sich begnügen müßte, in einzeln vorkommenden Fällen die
Ausfolgung der nöthigen Behelfe bei der hohen Hofkammer
zu erwirken, so dürfte doch in ehrfurchtsvoller Rücksicht auf
den erlauchten Besitzer dieser Herrschaft es vielleicht am ge-
eignetsten seyn, der k. k. Familiengüter-Oberdirekzion frei-
zustellen, ein mit den Lokalverhältnissen vertrautes Individuum
in das Hofkammer-Archiv abzuordnen, um aus den hier befindlichen Scharfenegg betreffenden Faszikeln jene Stücke zu
bezeichnen, deren Besitz der genannten Oberdirekzion wünschenswerth erscheint; von welchen Stücken nach vorläufiger

Vorlegung an die hohe Hofkammer, etwa ohne Taxentrichtung genau kollazionirte Abschriften hinauszugeben wären.

Da übrigens der ausdrücklich bezeichnete Wunsch jener Direkzion vor allen auf das Urbar der Herrschaft Scharfenegg geht, so legt man dasselbe hierneben in dem mangelhaften Zustande, in dem es sich hier befindet (es fehlen nämlich die Blätter von Nr. 18 bis 195) zur weiteren Schlußfassung vor.

Wien, am 14. Dezember 1832.

Grillparzer.

9.

Bericht wegen Vornahme der Säuberung der Archivs=Akten und Lokalitäten.

Es ist gegenwärtig die Zeit da, wo die alljährlich nothwendige Reinigung der Archivslokalitäten und die Säuberung der Akten vom Staube vorgenommen werden muß.

Indem ich um die hohe Bewilligung zur Vornahme dieses Geschäftes und um die Zuweisung der dazu erforderlichen Hilfsarbeiter ergebenst bitte, sehe ich mich zugleich in einem sehr unangenehmen Wechselfalle.

Bis zum Jahre 1832 war für die jährliche Reinigung dem Archiv ein Pauschal bewilligt, das allerdings zu freigibig bemessen, vielleicht zu manchem Mißbrauch Anlaß gab. In Erwägung dieser Unzukömmlichkeit beschloß die hohe Hofkammer verehrten Dekrets vom 30. Juli 1832 die Säuberung auf die bei den übrigen Hilfsämtern gewöhnliche Art durch die k. k. Difasterial=Gebäude=Direction besorgen zu lassen.

Es wurden demnach Arbeiter gestellt, mit ihrer Hilfe in den Vor= und Nachmittagsstunden gearbeitet, und das Geschäft in 17 Tagen zu Ende gebracht. Als ich jedoch mittelst gehorsamsten Berichtes vom 19. September 1832 für die dabei verwendeten beiden Beamten und die 2 Hausdiener des Archivs auf eine kleine Belohnung, oder vielmehr Entschädigung den Antrag zu stellen mir erlaubte, da fand die Hofkammer mittelſt Dekretes vom 13. Februar 1833 den beiden Hausdienern zwar jeden einen Betrag von 8 fl. KM. gnädigſt zu bewilligen, die Anſprüche der beiden Beamten aber wurden, wahrſcheinlich aus Gründen der Exempliſikazion, für unſtatthaft erkannt.

Ich hatte aber eben mittelſt des letzterwähnten gehorſamſten Berichtes zu zeigen mich bemüht, daß die Reinigung des Archivs keinen Vergleich mit der ähnlichen Arbeit bei irgend einer andern Geſchäftsabtheilung zulaſſe.

Mich auf die in jenem Berichte weitläufig ausgeführten Umſtände berufend, erlaube ich mir hier nur folgende Thatſachen zuſammenzuſtellen:

1. Die außer allem Verhältniß größere Menge der Acten des Archivs, die aus nahe an 60.000 Faszikel beſtehen.

2. Die kaum überſehbare Anzahl der Abtheilungen und Unterabtheilungen, ſo wie die ſeit Jahren herrührende halb willkührliche Aufſtellung vieler einzelner Faszikel, die mit keiner der größern Actenreihen augenfällig in Verbindung ſtehen, wodurch geſchieht, daß bei der Reinigung die Beamten ſtatt wie bei andern Aemtern nur die Aufſicht zu führen, hier ſelbſt Hand anlegen und namentlich die Wiederaufſtellung der geſäuberten Akten beinahe ausſchließend ſelbſt beſorgen müſſen. Eben deshalb aber können hierzu nur jene der hierortigen Beamten verwendet werden, die durch Kraft und Geſundheit der Arbeit gewachſen ſind, und denen zugleich durch vieljährige Dienſtleiſtung die Aufſtellung des Archivs ſo genau bekannt iſt, daß eine beinahe dem Verluſte gleich zu achtende Verſtellung der Faszikel nicht zu beſorgen ſteht. Da nun

3. Das Perſonal des Archives, außer dem Unterzeichneten, nur aus 7 Individuen beſteht, wovon Einer ſchon in Jahren höher vorgerückt, Zwei von ſehr kränklicher Körverbeſchaffenheit, und 2 noch zu neu im Archivsdienſte ſind, ſo fällt dieſe Arbeit lediglich den 2 noch übrigen Beamten zur Laſt, die alle dazu erforderlichen Eigenſchaften beſitzen, und dieſe Arbeit nun ſeit Jahren beſorgt haben.

Nun ist aber von diesen Beamten nicht zu verlangen, daß, nachdem sie des Vormittags beinahe knechtlich gearbeitet, sie sich während der Mittagshitze in ihre in den entferntesten Vorstädten befindlichen Wohnungen zum Essen begeben sollen, um sogleich wieder zurückgekehrt, Nachmittags neuerdings an dieselbe harte Arbeit zu gehen. Sie haben auch sämmtliche, so wie die beiden Hausdiener, im verflossenen Jahr das Mittagsmahl, entfernt von ihren Familien in der Stadt eingenommen, wo dann wieder nicht begehret werden kann, daß sie diese Vermehrung ihrer Auslagen aus Eigenem bestreiten sollen.

In früheren Jahren wurde ihnen diese Vergütung aus dem Pauschale zu Theil, unter den gegenwärtigen Umständen aber, sehe ich mich zu dem gehorsamsten Doppelantrage bemüßigt: Die hohe Hofkammer geruhe entweder diesen beiden Beamten, so wie sie schon im verflossenen Jahre den Hausdienern des Archivs, eine mäßige Vergütung, für jene Mehrauslage gnädigst zu bewilligen, wo sodann die Aktensäuberung in den Vor- und Nachmittagsstunden vorgenommen werden könnte, oder aber die beizugebenden Taglöhner nur für die Vormittagsstunden zur Verfügung des Archivs zu stellen, wodurch aber die geschäftsstörende Arbeit der Reinigung sehr in die Länge gezogen und die Ersparung jener Beköstigungsbeiträge durch die verlängerte Taglohnszahlung leicht ums doppelte überwogen werden dürfte.

Wien, am 12. Juli 1833.

Grillparzer.

10.

Bericht mittelst dessen sämmtliche die Herrschaft Scharfenegg (Mannersdorf) betreffenden Akten vorgelegt werden.

Mittelst der hohen Dekretazion vom 26. Dezember 1832 erhielt die Archivs-Direkzion den Auftrag, alle auf das Schloß und die Herrschaft Scharfenegg Bezug nehmenden vorhandenen

Akten auszuscheiden und dieselben entweder vorzulegen, oder falls dieselben zu umfangreich seyn sollten, mittelst eines, die einzelnen Gegenstände gehörig bezeichnenden Elenches ersichtlich zu machen.

Um dem Sinne der hohen Anordnung völlig zu entsprechen, erlaube ich mir die in demselben gestellten beiden Wechselfälle hiemit gehorsamst zu verbinden, und lege demnach im Anschluße sowohl den verfaßten Elench (da er die Benützung der Akten erleichtert und die Deckung des Archivs bildet) als auch in 4 Faszikeln die Akten selbst vor, da ohne sie ein erschöpfendes Urtheil über die Zuläßigkeit ihrer Ausfolgung doch nicht wird gefaßt werden können.

Schon der Umfang dieser Akten deutet darauf hin, daß die gegenwärtige Zusammenstellung nicht ohne große Schwierigkeiten war; wenn man aber noch bedenkt, daß, um dieselbe zu Stande zu bringen, die Repertorien von drei Jahrhunderten und mehr als tausend Faszikel durchgegangen werden mußten, so fällt jeder Vorwurf der Saumseligkeit von Seite des Archivs hinweg, welcher Vorwurf sonst leicht entstehen könnte, wenn man das Datum der oben erwähnten hohen Dekretazion mit dem der Erstattung des gegenwärtigen Berichtes vergleicht, zwischen welchen allerdings ein Zeitraum von vollen sechs Monaten liegt.

Was nun die Frage über die von der k. k. Familiengüter-Oberdirekzion angesprochene Ausfolgung dieser Akten betrifft, so kann der Unterzeichnete nur bei der, in dem sammt Beilage hierneben gehorsamst rückgeschlossenen hierortigen Berichte ausgesprochenen Ansicht bleiben, daß die hohe Hofkammer sich derselben nicht entäußern sollte.

Wiederholt erlaube ich mir darauf, hinzuweisen, welchen großen Werth für Geschichte und Landeskunde die im Hofkammer-Archive befindlichen Akten über sämmtliche ehemalige östreichische Staatsherrschaften, gerade wegen ihrer Vollständigkeit haben, und ich bin von dem erhabenen Sinne unsers erlauchten Monarchen viel zu innig überzeugt, um nicht als gewiß voraussetzen zu sollen, daß er selbst es vorziehen werde, diesen Theil der Geschichte des Landes und seines Fürstenhauses in dem seinem Winke nicht minder offenstehenden Hofkammer-Archive vereinigt zu lassen, als in den Privatbesitz eines unvollständigen und gerade dadurch halb unverständlichen Theiles derselben zu gelangen.

Alle diese brüderlichen Theilungen, besonders aus der geldarmen Zeit Rudolf II., diese Verweisungen der erzherzoglichen Deputate von einer sogenannten Residenzherrschaft auf die andere, mit den darüber errichteten Familienverträgen, die einerseits in der Hand des Chefs derselben Familie gerade am rechten Platze zu seyn scheinen, haben auf der andern Seite nur dann einen Werth, wenn sie sich da befinden, wo die Akten der einen Herrschaft sich aus den Akten der andern, und jedes Einzelne sich aus dem Ganzen erklärt.

Denkt man nun noch an die Möglichkeit, daß der Allerhöchste Familienfond über kurz oder lang eine andere Benützung seines Stammvermögens für vortheilhafter erkennen, und bei allenfälliger Veräußerung der diesen Fond bildenden Herrschaften, auch diese Dokumente in fremde Privathände gelangen könnten, so würde ein solcher Verlust für die hierortige Sammlung von Geschichtsbelegen doppelt empfindlich, er würde unersetzlich seyn.

Aber auch in geschäftlicher Beziehung glaube ich, auf Ausfolgung, besonders desjenigen Theiles, der sich auf die wiederhohlten Verpfändungen, Einlösungen und Veräußerungen dieser Herrschaft bezieht, nicht stimmen zu dürfen.

So finde ich schon im Jahre 1517 einen Anspruch der Familie Zinzendorf auf diese Herrschaft, welche das Gut von jenen Grafeneggern erblich an sich gebracht haben will, denen Mathias Korvinus dasselbe im Jahre 1470 verkauft. Dieser Anspruch, der nichts weniger als ohne Schein ist, kommt bis zum Jahre 1573 wiederhohlt vor, und aus den Akten erhellt nicht, daß er durch Vergleich beigelegt oder im rechtlichen Wege für unstatthaft erklärt worden sey.

So werden im Jahre 1701 bei Verkauf der Herrschaft an den Bischof von Würzburg, ein darauf liegendes Kapital des Hofkammerrathes von Brennstock mit 50.000 fl. und ein zweites von 20.000 fl., den Karmelitern zu Mannersdorf gehörig, auf die Herrschaft Altenburg übertragen. Die Akten dieser letztern Herrschaft werden mangelhaft, wenn der Ursprung jener Kapitalien nicht aus den vorliegenden nachgewiesen werden kann.

Endlich erscheint im Laufe der Jahre eine solche Maße von Pfandschillingen und Schuldposten, deren Abtragung bei den jedesmaligen Einlösungen, Wiederverpfändungen und Veräußerungen jedesmal anbefohlen wird, über deren wirkliche Tilgung aber so wenig ein Beweis vorliegt, daß er dem Ärar nicht gleichgiltig seyn kann, durch Hinausgabe dieser Akten (im Falle eines möglichen Verkaufs der Herrschaft von Seite des Allerhöchsten Familienfonds) längst vergessene Ansprüche erneuert, oder überhaupt sich aus dem Besitze so mächtiger Beweismittel gesetzt zu sehen.

Endlich tritt bei der Herrschaft Scharfenegg noch ein besonderer Fall ein. Dieselbe gehört nämlich unter diejenigen ursprünglich ungarischen Gebiethstheile, welche vor und seit dem Preßburger Friedenstraktate vom Jahre 1491 an Österreich gekommen sind. Mehrere dieser Herrschaften als namentlich Eisenstadt, Forchtenstein wurden seitdem wieder an Ungarn zurückgestellt, und wenn ich nicht irre, sind selbst noch auf dem letzten Landtage, sowie bereits früher, die Ansprüche Ungarns gerade auf die Herrschaft Scharfenegg neuerdings geltend gemacht worden. Wenn nun jemals die Zeit käme, wo diese Frage definitiv erörtert werden müßte, so würden die vorliegenden Akten ein wichtiges und nothwendiges Komplement zu den in den übrigen Staatsarchiven vorhandenen Dokumenten bilden, und ihr Abgang dürfte nur all zu sehr bedauert werden.

Hiezu noch den Umstand gerechnet, daß die auf die früheren Besitz- und Eigenthums-Veränderungen der Herrschaft

Bezug nehmenden Verhandlungen für die dermalige Verwaltung derselben durchaus kein praktisches Interesse haben, sehe ich mich zu dem gehorsamsten Antrage veranlaßt: Die hohe Hofkammer wolle sich bestimmt finden, der k. k. Familiengüter-Direkzion lediglich beglaubigte Abschriften von dem leider mangelhaften Urbar und überhaupt von allen jenen, die Administrazion, die Verhältniße der Unterthanen und die Rechte der Obrigkeit angehenden Stücken hinauszugeben, welche über Mittheilung des Akten-Elenches oder auch der Akten selbst, die genannte Oberdirekzion als solche bezeichnen würde.

Sollte ich aber in meinem Eifer für die Erhaltung der Archivsakten zu weit gegangen seyn, die Anfertigung solcher Abschriften für zu weitläufig erkannt werden, oder überhaupt die hohe Hofkammer aus ihrem höhern Standpunkte dafür halten, daß die erlauchte Person des gegenwärtigen Besitzers der Herrschaft ein weiteres Abgehen von den im allgemeinen bisher befolgten Regeln rechtfertige und erheische, so habe ich für diesen Fall, nach genauer Durchgehung der Akten, in dem Elenche alle jene Stücke (mit einem Sternchen) bezeichnet, welche für die Staatsverwaltung, da sie nicht mehr Eigenthümerin der Herrschaft ist, von keinem wesentlichen Nutzen sind, und welche daher im äußersten Falle an die k. k. Familiengüter-Oberdirekzion in Original hinausgegeben werden könnten.

Wenn die Auswahl dieser bezeichneten Stücke mitunter unsystematisch und willkürlich erscheint, so muß ich zur Rechtfertigung anführen, daß bei der Unmöglichkeit einer genauen Scheidung, mein Augenmerk dahin ging, dem Hofkammerarchive vor allem eine ununterbrechende Folge der für die Zwecke desselben wichtigen Verhandlungen zu bewahren, der k. k. Familiengüter-Direkzion aber kein Stück vorzuenthalten, das, wenn auch nur durch seine Beilagen, geeignet seyn könnte, über die noch gegenwärtig bestehenden Verwaltungs-Objekte einiges Licht zu verbreiten.

Nun würde diese Letztere auch hierdurch lediglich in den Besitz vereinzelter Daten gelangen, indeß, wenn die ganze

Sammlung im Hofkammerarchiv vereinigt bleibt, die Familien=
güter=Direkzion durch eine in ihren Händen zu belaßende
Abschrift des Elenches jeden Augenblick im Stande wäre, sich
von Fall zu Fall die nöthigen Erläuterungen hierorts zu
verschaffen.

Die das Badhaus zu Mannersdorf betreffenden Akten
sind im Elenche mit einem Fragezeichen versehen worden, da
hierorts nicht bekannt ist, ob dieses Badhaus, das seinem
Freibriefe nach jedem Unterthansverhältniße zur Herrschaft
entnommen ist, noch gegenwärtig und in denselben Verhält=
nißen besteht, in welchem letztern Falle der Eigenthümer
dieses Badhauses gegründeten Anspruch, wenn auch nicht auf
den Besitz der sein Eigenthum betreffenden Akten, doch
wenigstens darauf hätte, daß dieselben in einer seinen Nach=
forschungen zugänglichen Anstalt wie bisher aufbewahrt blieben.

Wien, am 10. August 1833.

Grillparzer.

11.

Bericht mittelst dessen eine einfache Abschrift der Karolinischen Berg=
ordnung für Idria vom Jahre 1580 vorgelegt wird.

Die Karolinische Bergordnung für Idria vom Jahre
1580, deren Vorlegung mittelst des hohen Dekretes vom
6. August 1833 angeordnet wurde, findet sich unter den hier=
ortigen Akten weder im Original noch in beglaubigter Abschrift
vor, was nur dadurch zu erklären ist, daß die Verwaltung
der innerösterreichischen Länder vom Jahre 1565 bis zum
Jahre 1705 gänzlich von der des übrigen österreichischen
Stammkörpers getrennt war,[1]) über welche Jahre daher auch
eine fast völlige Lücke in der gleichnamigen Abtheilung des
Hofkammer=Archivs besteht. Bei genauem Nachsuchen hat man
lediglich die einfache Abschrift dieser Bergordnung auffinden
können, wobei man dem höheren Ermessen anheim stellen
muß, inwiefern der Ort und die Weise der Aufbewahrung

unter unzweifelhaften ächten, ämtlich hinterlegten Documenten, mehr oder weniger den Mangel der ausdrücklich beigefügten Beglaubigung ersetzen kann.

Übrigens dürfte eine Nachsuchung bei dem Gräzer Landes-Archive wahrscheinlich ein günstigeres Resultat darbiethen, da, so viel hierorts bekannt ist, die Akten aus der oben bezeichneten Trennungs-Periode daselbst zurückgeblieben sind.

Wien, am 24. August 1833.

Grillparzer.

12.

Bericht in Bezug auf die das Patronats-Verhältniß der Pfarrkirche zu Purkersdorf betreffenden Behelfe.

Mittelst der sammt Beilagen hierneben ehrfurchtsvoll rückgeschlossenen hohen Dekretazion vom 9. Juli 1833 erhielt die Archivs-Direkzion den Auftrag zur Aufsuchung der hierorts vorfindlichen, die Patronats-Verhältniße der Pfarre Purkersdorf[1]) bestimmter als die bisher vorliegenden Behelfe, aufklärenden Akten, mit besonderer Hinweisung auf den in dem Hofkammerakte vom 17. Juli 1718 angeführte Verlaß vom Jahre 1696.

Ohnehin wurde, wie der hohen Hofkammer bekannt ist, bereits früher dem Obersthofjägermeisteramte das Wesentlichste über dieses Verhältniß von hieraus mitgetheilt, man hat aber demungeachtet neuerdings die Archivsakten mit der pünktlichsten Genauigkeit durchgegangen, leider aber nichts finden können, als eine Reihenfolge einzelner Fälle, die die Rechtsfrage, wie es scheint, noch immer in Zweifel lassen, die man aber nichts desto weniger sämmtlich mit dem dazu gehörigen Elenche im weitern Anschluße gehorsamst vorlegt, bei der Möglichkeit, daß der höhere Geschäftsüberblick aus diesen nur zu oft sich wiedersprechenden Daten doch den leitenden Faden vielleicht werde herausfinden können.

Daß die geistliche Vogtei und Lehenschaft über die Pfarre zu Purkersdorf dem Landesfürsten zustehe, geht aus dem Urbar vom Jahre 1572 hervor, das man, um das Volumen der Akten nicht noch weiter zu vermehren, vorzüglich aber darum hier nicht vorlegt, weil die einzige darin auf diesen Gegenstand sich beziehende Stelle ohnehin dem Akte des Obersthof= und Landjägermeisteramtes vom 19. Februar 1808 in Abschrift beiliegt, deren genaue Übereinstimmung mit dem Original man hiemit ausdrücklich bestättigt.

Ob aber dem n. ö. Waldamte ein oneroses Patronat zukam, oder dasselbe ursprünglich blos im Auftrag die Gebarung mit dem Kirchenvermögen überwachte, wohl auch im Falle der Noth Vorschüße leistete, aus welchen in der Folge der Jahre um so leichter ein Gewohnheitsrecht entstand, als es ohnehin für die Benützung der Pfarräcker Deputatsbeiträge jederzeit zu leisten verpflichtet war — hierüber reichen die ausdrücklichen Bestimmungen (wenn jemals solche bestanden) offenbar über die Akten des Hofkammer=Archivs hinaus, das erst mit dem Jahre 1525 seinen Anfang nimmt, indeß ersichtlich schon im Jahre 1561, dieselbe Ungewißheit bei Entscheidung einzelner Fälle vorherrschte.

Was den für die spätere Zeit entscheidenden Verlaß vom Jahre 1696 betrifft, so ist derselbe nicht von der hohen Hofkammer, sondern von der n. ö. Regierung und Kammer ausgegangen, weßhalb das Konzept in den hierortigen Akten sich nicht befindet. Man war aber so glücklich, durch das mühsamste Suchen, in dem eigentlich nicht hierher gehörigen Akte vom 26. August 1718 eine Abschrift dieses Verlaßes vom 8. Januar 1696 aufzufinden, welche sammt dem Akte der gegenwärtigen Zusammenstellung beigefügt worden ist. Sollte diese Abschrift, als in unbeglaubigter Form von einer Parthei beigebracht, nicht die erforderliche Entscheidungskraft besitzen, so wird, wie derselbe Akt ausweist, das Originalkonzept nur von der n. ö. Regierung beigebracht werden können.

Da in einem dem Hofkammeracte vom 9. Juli 1697 beiliegenden spätern Regierungs-Verlaße vom 1. Dezember 1696 sich ausdrücklich auf eine in dieser Angelegenheit erflossene Allerhöchsten Entschließung vom 1. August 1695 bezogen wird, so muß die Archivs-Direkzion sich im voraus verwahren, daß diese Allerhöchste Entschließung, wie man sich durch die genaueste Durchgehung der Akten und Registratursbücher überzeugt hat, nicht an die hohe Hofkammer, sondern wahrscheinlich unmittelbar an die Klosterräthe der n. ö. Regierung gelangt ist. Diese Angabe wird durch eine Stelle in den hierorts aufbewahrten Expeditsbüchern vom Jahre 1696 zur Gewißheit erhoben, weshalb man dieselbe kopiren lassen und der gegenwärtigen Akten-Zusammenstellung beygefügt hat. Hier giebt nämlich der n. ö. Waldmeister unter Anzeige der erflossenen Allerhöchsten Entscheidung selbst seine Verwunderung zu erkennen, daß ihm dieselbe von der n. ö. Regierung, und nicht auf die gewöhnliche Art durch die hohe Hofkammer zugekommen sey. Worauf ihm letztere, in damals nicht ungewöhnlicher Art, ohne das Stück oder die Expedizion in ihren Akten aufzunehmen, lediglich durch das Expedit, in Form eines Bescheides auf seinen Bericht, die Weise vorzeichnete, wie er sich bei weitern Anforderungen von Seite der Regierung zu benehmen haben werde.

Die Erstattung des gegenwärtigen Berichtes ist übrigens, außer dem mühsamen Suchen durch 3 Jahrhunderte der Archivsakten, auch noch durch die dazwischen gefallene diesjährige Reinigung der hierortigen Akten und Lokalitäten etwas verspätet worden.

Wien, im September 1833.

Grillparzer.

13.

Bericht über die von dem hiesigen Musikvereine in Anregung gebrachte Ausfolgung einiger das Musikwesen in Oesterreich betreffenden Dokumente.

Im Sinne des mittelst hohen Auftrages vom 5. Februar 1834 hierher gelangten in der Anlage ehrfurchtsvoll zurückgeschlossenen Einschreitens der Gesellschaft der Musikfreunde des österreichischen Kaiserstaates, um Ausfolgung von Abschriften der im Hofkammerarchiv befindlichen, auf die Geschichte der Musik in Oesterreich bezugnehmenden Urkunden, hat der Unterzeichnete in der weiteren Anlage alles zusammengestellt, was die hierortigen Akten in dieser Beziehung nur einigermassen Interessantes enthalte.

Es sind dieß folgende Stücke:

1. Privilegium Wladislaus II. Königs von Ungarn und Böhmen gegeben zu Ofen am Montag nach Lamberti 1497 mit Bestätigung der von den Musikern in Österreich, Böhmen und Schlesien eingegangenen Föderazion.

Beigeheftet befindet sich eine ähnliche Bestätigung Kaiser Ferdinand III. ohne beigesetztes Datum »den in dem Ober- und Niedersächsischen Kreisen angeschlossenen Musikanten« ertheilt.

2. Instruction des Seyfried Christoph v. Breiner, Oberst Erbkämmerer in Oesterreich und Erbvogt über alle in Unter- und Oberösterreich befindlichen Musikanten, wodurch die den Musikern in Wien und dessen Burgfrieden vorgezeichnete Ordnung bestättigt und erweitert wird.

3. Artikeln der musikalischen St. Nikolai-Bruderschaft in der Stadt und Burgfrieden allhier zu Wien, quatemberlich vorzutragen.

4. endlich, Erlaubnißschein vom Jahre 1698 für einen der Nikolaibrüderschaft einverleibten Landspielmann, als Formular und historische Rarität nicht ohne Interesse.

Die Dokumente von 1—4 sind zwar sämmtlich nur Abschriften, und zwar einfache unbeglaubigte Abschriften, der Ort ihrer Aufbewahrung im Hofkammerarchiv aber unter unbezweifelt richtigen Akten und Urkunden scheinet ihre Authentizität zu verbürgen und ihnen für jeden nicht streng ämtlichen Gebrauch die vollste Glaubwürdigkeit zu sichern.

Eine weitere Nachforschung bei dem Obersthofmeisteramte, in dessen Ressort das ehemalige Oberstspielgrafenamt wohl ungezweifelt gehörte, dürfte übrigens vielleicht auf die hierorts abgängigen Originale und auf mehrere in jenen Abschriften zitirte und vorausgesetzte ähnliche Musik-Ordnungen älterer Zeit hinführen.

Der Unterzeichnete wenigstens wird bemüht sein, so oft ihm im Laufe seiner Archivs-Beschäftigungen, etwas hierhin Einschlagendes in die Hände geräth, davon ungesäumt die Anzeige zu machen.

Die ausschließend mit diesen Gegenständen sich befassenden hierortigen Repertorien und Faszikel sind bereits mit aller Genauigkeit durchgegangen worden, haben aber, außer den hier vorliegenden, keine weitere Ausbeute geliefert.

Wenn übrigens — was wohl keinem Anstande unterliegen dürfte — dem Musikverein die Erlaubniß ertheilt wird die gewünschten Abschriften zu nehmen, werde ich den damit beauftragten Kopisten mit jeder Hilfeleistung willigst und pflichtschuldigst zur Hand sein.

Wien, im Februar 1834.

Grillparzer.

14.

Bericht mit Vorlegung der die Grenzfrage zwischen Ungarn und Oesterreich betreffenden Akten.

Aus Anlaß eines von den ungarischen Reichsständen gestellten Postulats wegen Vereinigung der Herrschaft Scharfenegg sammt der dazu gehörigen Ortschaft Mannersdorf, dann des Ortes Zillingdorf und der Kolonial=Grundstücke in Hof, Au und Landegg mit der Krone Ungarn, erhielt die Archivs= Direkzion unterm 24. September 1833 den hohen Auftrag, den Akt über die im Jahre 1569 vorgenommene Bereitung der Herrschaft Scharfenegg und über dieß alles dasjenige vorzulegen, was zur Aufklärung des streitigen Sachverhaltes dienlich seyn könnte.

Von der Wichtigkeit des Gegenstandes durchdrungen hat man sowohl die hierortige Urkundensammlung, als die Gedenk= und Verleihungsbücher aus der frühesten Zeit, wie nicht minder die alten Herrschafts=Niederösterreichischen und Ungarischen Akten in ihrer ganzen Ausdehnung mit der größten Genauigkeit durchgegangen, weshalb auch die Erstattung des vorliegenden Berichtes sich bis jetzt verzögert hat.

Was nun die gewonnene Ausbeute betrifft, so ist das benannte scharfeneggische Bereitungsoperat vom Jahre 1569 sammt allen der Herrschaft Scharfenegg betreffenden Akten in 4 Faszikeln zu Folge hohen Auftrages vom 26. Dezember 1832 mit hierortigen Berichte vom 10. August 1833 bereits vorgelegt worden, wodurch denn die gegenwärtige Aufgabe, ihrem größten Theile nach, sich scheinbar bereits gelöst findet. Ich sage scheinbar, denn leider fehlen im Hofkammer=Archive sowohl über Scharfenegg als über die andern streitigen Gebiethstheile die eigentlich entscheidenden Urkunden, diejenigen nämlich, welche die staatsrechtlichen und Arealverhältnisse aufzuhellen im Stande wären. Dieser Abgang erklärt sich leicht dadurch, daß die eigentliche Aktenfolge des Archivs erst mit dem Jahre 1524 beginnt, indeß die maßgebenden Staats= verträge um ein, ja mehrere Jahrhunderte früher geschlossen worden sind. Die hierortige Urkundensammlung besaß zwar erweislich mehrere auf diese Gränzverhältniße Bezug nehmende Dokumente, dieselben sind aber sämmtlich bei Errichtung des Haus=Hof= und Staatsarchives an dasselbe abgegeben worden. An diesem letzteren Orte müßten die bestimmtern Aufklärungen gesucht, und nur dort können sie gefunden werden, nament=

sich jene Vergleiche aus der Zeit Albrecht III., der Vertrag zwischen Kaiser Siegmund und Albrecht V. vom Jahre 1402 sowie der Gränzvertrag vom Jahre 1411, der noch in dem Gutachten der n. ö. Stände, als im Hofkammer-Archive befindlich, bezeichnet wird, auch wirklich in der Vorzeit daselbst vorhanden war, aber, wie gesagt, seitdem mit andern an das Haus- und Staatsarchiv abgetreten wurde. Von dieser letzteren, für die gegenwärtige Streitfrage sehr bedeutenden Urkunde hat sich lediglich eine beglaubigte Abschrift hierorts vorgefunden, welche der in der Anlage befindlichen Aktenzusammenstellung beigefügt worden ist.

Bei diesem Abgange der ursprünglichen Dokumente, und da auch in den mühsam durchgegangenen Akten der hierher einschlagenden ehemals österreichischen und ungarischen Herrschaften Forchtenstein, Güns, Pernstein, Hornstein, Eisenstadt so wie des Rentamtes Wiener Neustadt sich weder Abschriften, noch selbst bestimmte Berufungen auf diese ersten Rechtstitel vorfanden, glaubt man das weitere Augenmerk auf die in verschiedenen Perioden, namentlich in den Jahren 1525, 1625, 1647, 1728 und 1792 Statt gefundenen Gränzausgleichungen mit Ungarn richten zu sollen, da bei dieser Gelegenheit doch, wie es schien, jene Verhältnisse besprochen und näher beleuchtet worden seyn mußten. Die hohe Hofkammer wird sich aus den zur Einsicht angeschlossenen Akten selbst überzeugen, wie erfolglos diese Hoffnung war, und daß eben von den gegenwärtig streitigen Gebiethstheilen in allen diesen frühern Verhandlungen die Rede gewesen ist.

Endlich blieb nur noch übrig alles dasjenige zu sammeln (wie es mit Scharfenegg bereits geschehen ist) was in den hierortigen Akten im Laufe der Jahre auf die weiter in Frage stehenden Landesparzellen Bezügliches vorkommt, insofern es näher oder entfernter Territorialstreitigkeiten zum Gegenstande hat. Dieß ist geschehen und man gibt sich der Hoffnung hin, daß es, wenn auch nicht den Stand der Hauptfrage bestimmen, doch zur Aufklärung eines oder des andern

Nebenumstandes dienlich seyn werde. Wenigstens kann man mit Beruhigung versichern, daß in den Hofkammerarchivs=akten weiter durchaus nichts mehr befindlich ist, was auf den Gegenstand der Frage auch nur eine entferntere Beziehung hätte.

Wenn nun das bereits Vorliegende mit den in der gegenwärtigen Zusammenstellung und in den Scharfeneggischen Akten enthaltenen Notizen zusammengehalten wird, so scheint folgendes mit Bestimtheit daraus hervorzugehen.

Die Leitha war niemals die faktisch bleibende oder durch Staatsverträge festgestellte Gränze zwischen Ungarn und Niederösterreich. Das erstere nicht, weil seit dem Vordringen der Ungarn über die Raab bis zur Vereinigung beider Länder unter Einem Herrscherhaupte, die mit wechselndem Glücke geführten Kriege den Besitzstand bald zu Gunsten der einen bald der andern Parthei veränderten; das Zweite nicht, weil die bekannten frühesten Staatsverträge geradezu das Gegentheil aussprechen.

Namentlich der schon von den n. ö. Ständen zitirte, aber nicht beigebrachte, gegenwärtig in Abschrift vorliegende Vertrag vom Jahre 1411 sagt ausdrücklich: »Daz die Leyta das gemerkh seyn soll als werr als dann das gemerkh langet und wo die gemerkh von der Leytta geent und von alter her gangen sind, das es auch bei denselben gemerkhen sturbas beleiben soll«. Aus dieser Stelle erhellt: daß wirklich damals und schon in früherer Zeit die Landesgränze von der Leitha abgegangen sey. Die ungarischen Behörden wollen zwar, indem sie »Gemerkh« willkürlich einmal durch meta ein andermal durch metalia übersetzen, dieses Abweichen der Gränze von dem Laufe jener sogenannten Gränzhügel abhängig machen; wo aber vor allem zu beweisen wäre, daß jene Hügel wirklich Gränzbezeichnungen sind, was um so weniger zu glauben ist, da sie sich nicht von der Leitha entfernen, die Landesgränze aber nach dem Wortlaut jener Urkunde wirklich von der Leitha abgieng; ferner, die Leitha, als Gränzscheide

zugegeben, es doch wirklich sonderbar wäre, wenn die Ungarn
ihr Land an den natürlichen, durch Flüsse gebildete Gränzen
mit solchen Hügeln bezeichnet, diese Bezeichnungen aber an
den offenen Stellen der übrigen Landesgränze nicht fort=
gesetzt hätten.

Dieß als Grundsatz 2tens auf die Herrschaft Scharfen=
egg oder Mannersdorf angewendet entsteht dadurch, daß sie
auf dem rechten Leithaufer liegt keine rechtliche Vermuthung
einer Angehör an Ungarn, vielmehr, da Östreich im Besitze
ist, müßte erst bewiesen werden, wann und wie eine spätere
Erwerbung und zwar auf eine Art geschehen sey, die entweder
durch ausdrückliche Stipulazion, oder nach dem Rechtsgesetze
eine Verbindlichkeit zur Wiederherausgabe in sich schließt.

Es wird zwar von Seite Ungarns der Preßburger
Traktat vom Jahre 1491 zu diesem Behufe angeführt, eine
genauere Betrachtung dieses Traktats zeigt aber, daß derselbe
durchaus nicht beweist, was daraus bewiesen werden soll. Es
ist darin allerdings von der Herausgabe Scharfeneggs, und
zwar unmittelbar nach der Rückstellungs=Stipulazion der zu
Ungarn gehörigen, vom Kaiser besetzten Ortschaften die Rede:
die eine Verbindlichkeit ist jedoch von der andern durch
Zwischensätze so getrennt und durch einen Nachsatz so erläutert,
daß die verschiedene Natur Beider nur zu sehr einleuchtet.

Nachdem nämlich die als zu Ungarn gehörigen, und
nunmehr zurückzustellenden Orte Stein am Anger, Sz. Groth,
Kemend, Marwankew, Kostel, Tressolt benannt sind, folgt in
Kontex: item quantum ad castrum Zdentz attinet, con-
ventum est ut ex quo ad illud d. Waywoda Transsilvanus
plenum jus habere asserit manibus suis per regiam ma-
jestatem assignetur. Hier ist offenbar nicht mehr von Rechten
des Königreiches, sondern von Ansprüchen einer Privatperson,
wäre es auch einer der höchsten Barone des Reiches, die Rede.
Hierauf folgt die Bestimmung über Scharfenegg, welche somit
durch diese Stellung von den Stipulazionen über die rück=
zustellenden ungarischen Reichsbestandtheile ausdrücklich ge=

trennt wird. Auch wenn Scharfenegg zu Ungarn gehörte und es den Graveneggenschen Erben in dieser Eigenschaft zurückzustellen kam, wie geschah es, daß König Wladislaw sich in diesem Friedenstraktat gegen den Kaiser verbindlich machte, ihnen einen Vormund zu bestellen, der das Gut verwalten und ihnen nach erlangter Großjährigkeit Rechnung legen sollte? Wem war der König von Ungarn Rechenschaft schuldig darüber, was er wegen eines ungarischen Gutes über ungarische Unterthanen verfügen würde? Man wird einwenden: sie waren nicht Ungarn sondern Österreicher und daher von Seite des Kaisers jene vorsorgende Stipulazion.

Hier wird nun die Hinweisung auf einige historische Umstände am Platze seyn, die bisher nicht genug beachtet wurden, und aus denen allein dieses Verhältniß erklärt werden kann.

Diese jungen Gravenegger waren Söhne Ulrichs von Gravenegg früher Feldhauptmanns im Dienste Kaiser Friedrichs III., der aber in der Folge, gleich manchen andern Landesherrn von ihm abfiel und anfangs die Partei des jungen Ladislaus Posthumus später aber des Königs Mathias Korvinus nahm, dem er so anhängig war, daß er selbst bei seiner nachmahligen Aussöhnung mit Kaiser Friedrich, dem östreichischen Untherthanenverhältniße entsagte und mit seiner Familie im Schutze des Königs von Ungarn blieb.

Diesem Ulrich von Gravenegg verlieh König Mathias (wie die Akten der Herrschaft Scharfenegg ausweisen) im Jahre 1470 für dargeliehene 24.000 fl. Schloß und Herrschaft Scharfenegg auf ewige Zeiten; woraus wieder nicht gefolgert werden darf, daß die Herrschaft dem Könige Mathias oder der Krone Ungarn gehörte, sondern nur, daß er sich ihrer bemächtigt hatte, und entschlossen war, sie bei einem künftigen Frieden zu behalten. Die Art wie Mathias hierüber dachte, beweist derselbe Presburger Traktat vom Jahre 1491, aus dem hervorgeht, daß er mehrere unbestrittene österreichische Güter, als Kirchschlag, Ebenfurt, Horn u. s. w.

unmittelbar nach der Eroberung sogleich an seine eigenen Anhänger verpfändet.

Für die Nachkommen dieses Graveneggs, als Söhne eines Abtrünnigen nun interzedirt der König von Ungarn in dem besprochenen Absatze des Presburger Traktates, und zum Beweis, daß dieß wirklich so gemeint sey, folgt unmittelbar darauf die weitere Stipulazion, wie es mit den übrigen Abtrünnigen von beiden Seiten zu halten sey.

Für diese Ansicht und daß eine notae macula vorhanden gewesen seyn müße, spricht selbst schon der Umstand, daß die Herausgabe Scharfeneggs von Seite des Kaisers erst dann geschehen sollte, wenn König Wladislaw seinerseits alle Bedingungen erfüllt haben würde, so daß die Gravenegger härter als alle andern Besitzer und durch einen schlagenden Parallelismus gerade so behandelt wurden wie in einer frühern Stipulazion desselben Vertrages jener Lichtenstein von Murau, der als ein gleichfalls zur Partei König Mathias Abgefallener, im Kerker saß, und seine Güter gleichfalls dann erst bekommen sollte, wenn von ungarischer Seite alle Bedingungen des Presburger Traktats erfüllt seyn würden.

Wenn man nun aber von der ungarischen Ansicht ausgehend fragt: wie kommt es, daß trotz des klaren Wortlautes des Presburger Traktates, Scharfenegg nicht hinausgegeben wurde? so antworten die ungarischen Behörden: Kaiser Friedrich hat eben die eingegangenen Verpflichtungen nicht erfüllt. Er hat sie aber erfüllt. Nach dem von den n. ö. Ständen beigebrachten Auszuge aus den Landschafts-Gültbuche findet sich gerade im Jahre 1492 Ulrich Freiherr von Gravenegg durch Abtretung von Kaiser Friedrich als Inhaber der Herrschaft Scharfenegg eingetragen. Niemandem fiel aber ein, daß von einer Abtretung der Herrschaft an Ungarn, daß von etwas anderm als von der Wiedereinräumung eines Privatbesitzes in diesem Absatze des Friedensvertrages die Rede gewesen sey). Die Gravenegger wurden ins n. ö. ständische Gültbuch eingetragen und bis auf den heutigen Tag, ist selbst

bei allen früheren Reklamazionen Ungarns, nie von Scharfen
egg oder davon die Rede gewesen, daß es nicht zu Österreich,
daß es zu Ungarn gehören sollte.

Dieser letzte Umstand spricht endlich 3tens am lautesten
für das Anrecht Österreichs, da, wenn die ungarische Aus=
legungsart des Presburgertraktats die richtige wäre, der An
spruch Ungarns auf Scharfenegg unbezweifelter wäre als die
auf sämmtliche übrige jenseits der Leitha gelegene und im
Laufe der Jahre an Ungarn abgetretene Besitztheile, somit
durchaus nicht zu begreifen stünde, warum bei allen früheren
Anlässen gerade Scharfenegg immer mit Stillschweigen über=
gangen worden sey.

Da die Akten über Scharfenegg gegenwärtig hierorts
nicht mehr zur Hand sind, so vermag man diesen Andeutungen
nichts weiter mehr beizufügen und kann sich nur auf diese
Akten selbst berufen, so wie man in Bezug auf die anderen
dem rechten Leithaufer liegenden österreichischen Parzellen sich
beim Abgange aller Anhaltspunkte im Hofkammer Archive
jeder Meinung enthalten muß.

Wien, am 28. Februar 1834.

Grillparzer.

15.

Bericht mittelst dessen ein General=Index über sämmtliche Akten des Hofkammer=Archivs vorgelegt wird.

Die größte Schwierigkeit für die Benützung des Hof=
kammer Archivs bestand vor allem und seit jeher in der zum
Theil nachlässigen, zum Theile unzweckmässigen Führung der
Registraturs=Indexe in der früheren und frühesten Zeit.
Größtentheils auf Eigennahmen basirt, mußte, so bald es sich
um Sachen handelte, nur zu oft auf die Faszikel gegangen
werden, um mit wochenlanger Zeitversplitterung ein einzelnes
Stück aus der Masse herauszufinden, dessen Zustandebringung

bei gehörigen Hilfsmitteln das Werk weniger Augenblicke gewesen wäre.

Aber die Faszikel selbst bothen nicht geringere Schwierigkeiten dar.

Die Menge der im Laufe von drei Jahrhunderten errichteten und wieder eingegangenen Stellen, Konsesse und Kommissionen, die oft nur durch persönliche Vertrauensrücksichten bestimmten Wirkungskreise einzelner Personen und Behörden in einzelnen Perioden, machten es für den geübtesten Beamten oft unendlich schwer, für den minder geübten rein unmöglich, aus den nahe an 60.000 Faszikeln mit ihren zahllosen Unterabtheilungen denjenigen herauszufinden, der die verlangte Aufklärung enthielt.

Es bestand nämlich bis jetzt sonderbarer Weise keine allgemeine Aufzeichnung, kein Inventarium der Hoffammer-Archivsakten.¹) Man hatte zwar bei Gelegenheit der alljährigen Aftensäuberungen angefangen, die einzelnen Faszikel nach der Reihe ihrer Aufstellung zu notiren, die einzelnen Aufzeichnungen waren jedoch in kein Ganzes gebracht, und in der Form ihrer augenblicklichen Entstehung von keinem irgend gründlichen Amtsgebrauche.

Der Unterzeichnete behält sich vor, die Zusammenstellung dieses Inventariums zu veranlassen, und mittelst desselben der hohen Hoffammer eine genaue Uebersicht des hierortigen Aftenbestandes und gewissermassen eine Kontrole in die Hände zu geben, was in besonderen Aushebungsfällen von dem Archive verlangt, geleistet werden kann, und was nicht.

Aus diesen Aufzeichnungen nun hat es der verdienstvolle hierortige Registrant Weiß unternommen, den in der Anlage zur hohen Einsicht vorgelegten General-Index sämmtlicher Hoffammer-Archivakten zu verfassen, wobei er die Redaktion, der Adjunkt Weibel aber die große Genauigkeit erfordernde Kopiatur auf sich nahm. Dieser Index enthält in alphabetischer Folge die Nomenklatur sämmtlicher Archivs-Faszikel und ihrer Unterabtheilungen, so daß in künftigen zweifelhaften Fällen selbst der Mindergeübte, ja der Anfänger nur den verlangten Gegenstand in diesem Index wird aufzuschlagen brauchen, um sogleich die Archivs=Abtheilung, den Faszikel und die Subdivision zu ersehen, in denen das Aktenstück zu finden ist. Die Schlagwörter könnten zum Behufe des Aufsuchens mitunter glücklicher gewählt sein, es war aber in keinem Falle räthlich hierin von den ämtlichen Ueberschriften abzuweichen. Wenn nun die hohe Hofkammer mit mir die Ueberzeugung von der ungemeinen Nutzbarkeit dieser mit großer Mühewaltung zu Stande gebrachten Arbeit theilt, so dürfte Hochdieselbe sich vielleicht auch bestimmt finden, dem Registranten Weiß, außer der gnädigen Berücksichtigung in künftigen Erledigungsfällen, auch schon jetzt die Anerkennung seines sachkundigen Eifers durch Ertheilung einer aufmunternden Belohnung zu Theil werden zu lassen.

Wie denn auch der Adjunkt Weibel und der Registrant Hoffmann, von welchem letztern die bei Gelegenheit der Aktensäuberungen unternommenen Aufzeichnungen der Faszikel dem größten Theile nach herrühren, sich der hohen Zufriedenheit vorzugsweise würdig gemacht haben.

Um Rückstellung des Elaborates selbst wird nach genommener Einsicht gehorsamst gebeten.

Wien, im Februar 1834.

Grillparzer.

16.

Bericht in Bezug auf die dem Hofsecretär v. Buchholtz zu gestattende Benützung des Hofkammer=Archivs.

Euer Excellenz!

Mittelst des hohen Präsidialdekretes vom 8. Juni 1834 ward der Unterzeichnete von dem Gesuche des Hofsecretärs v. Buchholtz,[1]) das Hofkammer=Archiv zum Behufe seiner Geschichte Ferdinand I. benützen zu dürfen, so wie von der Geneigtheit Euer Excellenz in die Kenntniß gesetzt, diesem Gesuche zu willfahren, zugleich aber war dem Auftrag beigefügt, sich über die Art und die Vorsichten zu äußern, unter welchen die Benützung der vorhandenen ämtlichen Dokumente, namentlich aber der allfällige Abdruck einzelner Urkunden zu gestatten sein dürfte.

So wenig erwünscht im allgemeinen die Benützung des Archivs von Privaten, vieler damit verbundenen zeitraubenden und geschäftstörenden Unzukömmlichkeit ist, so versteht sich von selbst, daß bei einem vaterländischen Schriftsteller von so ehrenhaftem Charakter und Talent, als der Verfasser der Geschichte Ferdinand I., jede Ausnahme als gerechtfertigt erscheint, und der Unterzeichnete wird alles in seinen Kräften stehende aufbieten, um Herrn von Buchholtz in der Erreichung seiner Zwecke nach Möglichkeit zu fördern. Was nun die dabei zu beobachtenden Vorsichten betrifft, so dürfte eben der auch von Euer Excellenz anerkannte Charakter des Bittstellers, seine Eigenschaft als österreichischer Staatsbeamter, und endlich der Umstand, daß sein Werk unter österreichischer Zensur im Inlande gedruckt wird, eine Vermehrung der in solchen Fällen gewöhnlich beobachteten noch letzlich in den hohen Dekreten vom 1. December 1830 und vom 30. December 1830 vorgezeichnete Maßregeln keineswegs nothwendig machen.

Diese bestehen darin: daß dem zur Benützung des Archivs Zugelassenen, der Eintritt in den Aktensaal selbst nicht gestattet, ihm auch die Aktenfaszikel nur über jene wenigen Parthien, wo keine Repertorien existiren unter Aufsicht in die Hände gegeben, sonst aber ihm überlassen wird, entweder aus eigener Kenntniß die Gegenstände und Perioden zu bestimmen, über welche er Aufschluß wünscht, oder aber zu dieser Bestimmung sich des Archivs-Index und Repertorien zu bedienen, welche ihm zur Einsicht vorgelegt werden. Die Aushebung der von ihm bezeichneten Stücke aus den Faszikeln geschieht in allen diesen Fällen immer durch das Archivs-Personal und die Stücke werden erst, nachdem sie der Durchsicht des Directors unterzogen worden, mittelst eines eigenen, von der Partei zu bestättigenden Verzeichnisses übergeben und wieder zurück übernommen.

Die Benützung geschieht entweder im Arbeitszimmer des Archivs selbst, oder — was wegen Beschränktheit des Raumes bei verläßlichen Gästen vorzuziehen ist, — die genau verzeichneten Akten werden zur Exzerpirung nach Hause mitgegeben.

Bei entstehendem Zweifel über die Mittheilbarkeit einzelner Aktenstüke wird natürlich auf den höheren Ausspruch der hohen Hofkammer kompromittirt; obwohl in einer so entfernten Epoche kaum andere Stücke für bedenklich gehalten werden können, als solche wodurch Ansprüche gegen den Staat, oder Private begründet, und fortgepflanzt werden, indeß die Darstellung des damaligen Finanz-Zustandes und die Geschichte der Verwaltung selbst im Interesse des heutigen Geschäftsbetriebes vielmehr nüzlich als nachtheilig ist.

Nachdem auf diese Art durch Ueberwachung der Archiv-Direczion dafür gesorgt werden wird, daß in dem Werke des Herrn v. Buchholtz keine staatswirthschaftlichen Notizen aufgenommen werden, die der Sache nach als bedenklich erscheinen, so darf man die weitere Sorge, daß nicht bei so unbedenklichem Inhalte, durch Abdruck ganzer Aktenstücke in extenso die ämtliche Schicklichkeit der Form nach verletzt werde, was natürlich außer der hierortlichen Kontrolle liegt, getrost der Zensurbehörde überlassen, welche in solchen Fällen nicht leicht hinter ihrer Aufgabe zurückzubleiben pflegt.

Wien, am Juni 1834.

Grillparzer.

17.

Bericht über die Frage: ob ein Theil der im Hofkammer-Archiv aufbewahrten innerösterreichischen Urkunden an das Haus- Hof- und Staatsarchiv abzutreten sei?

Mittelst des hohen Dekretes vom 7. Juni 1834 wurde dem Unterzeichneten ein von der Direction des Haus- Hof-

und Staatsarchives verfaßtes Verzeichniß über eine große Anzahl Nummern zugestellt, welche aus den im Hofkammer-Archive aufbewahrten innerösterreichischen Urkunden, nach der Meinung jener Direction auszuscheiden, und dem Haus- Hof- und Staatsarchive einzuverleiben wären.¹)

Der Auftrag, über diese Anforderung das Gutachten zu erstatten, ward durch das Dekret vom 23. Februar 1835 erneuert, und hiebei die baldigste Äußerung zur unverschieblichen Pflicht gemacht.

Was nun vor allem die anscheinende Säumniß betrifft, so glaubt der Unterzeichnete bei dem fortwährenden Drange weitwendiger, zeitraubender und durch ihre Richtung auf das Bedürfniß der Gegenwart unverschieblicher Arbeiten, die von dem Hofkammer-Archiv gefordert, und von demselben geleistet werden, einigermassen entschuldigt zu sein, wenn er die vorliegende, durch den Ort von dem sie ausgieng verehrliche, aber keiner Gefahr des Verzugs ausgesetzte Beförderung andern Ausarbeitungen nachsetzte, und erst jetzt sich bestrebte, seiner Pflicht genüge zu thun. Wozu noch kommt, daß er, bei der verhältnismäßig nicht langen Zeit seiner Amtsführung vor allem zum Studium des dem Geschäfte zunächst dienenden unermeßlichen Akten-Vorrathes aufgefordert, bisher den seltener benöthigten Urkunden nicht gleiche Aufmerksamkeit widmen konnte.

In Bezug auf die Ausfolgung selbst theilt der Unterzeichnete keineswegs die Ansicht der Direction des Haus- Hof und Staats-Archives.

Schon bei Errichtung dieser letztern Anstalt sind aus dem damals noch beträchtlichen Urkunden-Vorrathe des Hof kammer Archivs alle diejenigen ausgeschieden worden, welche in näherer Beziehung auf die Zwecke des neu gegründeten Institutes zu stehen schienen. Auch auf die gegenwärtig in Frage stehenden Innerösterreichischen Urkunden hat sich jene Ausscheidung erstreckt, und die hohe Hofkammer wird im Anhange des hierneben sammt Nachtrag beigeschlossenen umfangreichen Verzeichnisses, jene Stücke ersehen, welche damals von dem Hofrathe von Rosenthal[2]) ausgewählt und demzufolge abgegeben wurden, so wie man aus der Auswahl selbst, die Grundsätze entnehmen kann, nach denen vorgegangen wurde. Mit wenigen Ausnahmen scheint nämlich damals die natürliche Ansicht vorgewaltet zu haben, daß schon der Name des Haus Hof und Staats-Archives die Gegenstände bezeichne, welche zur Aufbewahrung daselbst geeignet seien.

Nun ist nicht zu läugnen, daß damals einige, das Haus, den Hof und den Staat in engster Bedeutung angehende Urkunden dieser Sammlung übergangen worden sind, und ich habe diese in dem Verzeichniße des Herrn Hofraths v. Knechtl[3]) bezeichnet und in dem beiliegenden Gegenausweise gesammelt, gegen deren Ausfolgung kein Anstand zu machen wäre, da ich nichts zweckwidrigeres finde, als jene Raritätensucht, die das für die eigenen Zwecke entbehrliche einer andern, inner den Gränzen desselben Vaterlandes befindlichen Anstalt vorzuenthalten sucht, die dadurch ihrer Bestimmung nach gefördert werden kann. Ich muß aber bitten, denselben Grundsatz auch zu Gunsten des Hofkammer-Archivs gelten zu lassen, und demselben nichts zu entziehen, was in näherer oder entfernterer Beziehung zu dessen Geschäftsverpflichtungen steht.

Alle diese innerösterreichischen Urkunden betreffen beinahe ohne Ausnahme folgende Gegenstände: Domänen, (nicht allein solche die es sind, sondern auch jene die es waren) mit Einschluß der Pfandschaften, Lehen, Patronats- und Zehent-Rechte. Daß dies nun sämmtlich Gegenstände seien, über welche (besonders aus älterer Zeit) das Hofkammer-Archiv berufen ist Auskünfte zu ertheilen, wird Niemand leugnen. Die täglich hieher dekretirten Anfragen von Herrschaften und Unterthanen, Kirchen und Giebigkeits-Gelder beweisen dieß zur Genüge. Die allem andern vorgehende Rücksicht für das Geschäft, scheint daher für ihre Beibehaltung das Wort zu führen.

Wenn diese Urkunden nebstdem aber auch noch ein historisches Interesse darbiethen, so sind sie im Hofkammer-archiv für die Geschichte nicht verloren. Die von dem Haus-Hof und Staatsarchive selbst belobte genaue Registrirung derselben zeugt ja von der Sorgfalt, mit der sie behandelt, so wie die häufige Benützung des Hofkammer-Archivs von Geschichtsforschen darthut, daß auch ihr historischer Werth daselbst nicht vergraben ist.

Völlig unwissenschaftlich, jeden historischen Werth zerstörend würde ich es aber finden, durch erneuerte Zerreißung dieser interessanten Sammlung zwei Archive in den Besitz unzusammenhängender Bruchstücke, vereinzelnter Raritäten zu setzen, die sich nicht mehr eines aus dem andern erklären, und keiner der beiden Anstalten die Möglichkeit ließen, darauf Bezug nehmende Geschäfts- oder wissenschaftliche Fragen mit Vollständigkeit zu beantworten.

Auch gestehe ich gerne, daß ich den von dem Haus Hof und Staatsarchive bei der Ausscheidung befolgten Grundsatz nicht durchschaue. Stücke, die den Zwecken desselben allenfalls entsprächen, werden ausgelassen, dagegen andere, demselben fremde, ohne Nothwendigkeit und Folge angesprochen.

So, um als Beispiel die das gräfliche Haus Ortenburg betreffenden Urkunden anzuführen, soll der Kaufvertrag über das Gut Loos vom 31. October 1342 (hierortiges Verzeichnis Fol. 85) abgetreten werden, dagegen aber der Vergleich über dasselbe Gut mit dem Bischofe von Trient vom 1. Juni 1384 (Fol. 234) im Hofkammerarchiv zurückbleiben.

Von der demselben Hause zuständigen Herrschaft Landstraß wäre die erste Verpfändung an die Schörfenberge vom 3. Mai 1324 (Fol. 46) abzutreten; die zweite von Veit von Pischatz vom 10. Februar 1326 (Fol. 49) bliebe dagegen dem Hofkammer-Archiv, welches letztere auf die, das Haus und den Hof am nächsten angehende Urkunde vom 6. Jänner 1433 (Fol. 338) durch welche dieses Schloß an die Herzoge von Österreich gelangte, in Verwahrung behalten soll. Einige Rechtstitel über Gütererwerbungen desselben Hauses werden begehret, andere sollen zurückbleiben.

Stücke, von eigentlich historischem Interesse als: Verleihung des Gerichtsbannes an die Grafen von Ortenburg (Fol. 258) Uebertragung der Regentschaft Friaul (Fol. 284, 286, und 287) Bündniß mit dem Grafen von Cilli (Fol. 204) Verleihung der Grafschaft als Reichslehen an die Grafen von Cilli (Fol. 299) werden dem Hofkammerarchiv gelassen; dagegen soll der Kauf einer Maut zu Villach (Fol. 23) abgetreten werden.

Der Pfandbrief über die Grafschaft Ortenburg vom 9. März 1494 zu Gunsten der Grafen von Görz (Fol. 592) der als eine Geldurkunde ins Hofkammer=Archiv gehört, wäre auszufolgen; dagegen die dazu gehörige diplomatische Urkunde: der Gehorsambrief (gleiches Folio und Datum) hätte zurükzubleiben.

Ich begreife allenfalls wie das Haus, Hof und Staats=Archiv, bei dem es sich um eine Erwerbung handelt, es mit Folge und Ordnung nicht so genau nimmt; aus dem hierortigen Standpuncte aber kann Niemand dazu seine Einwilligung geben, dem es wahrhaft um Geschäft und Geschichte zu thun ist, und der weiß, daß beide auf Zusammenhang beruhen, und nicht auf vereinzelte Notizen Aufsammlung.

Diese Urkunden betreffen sämmtlich mehr oder weniger dieselben Gegenstände, sie müssen daher alle beim Hofkammer=Archiv bleiben, oder alle in das Haus, Hof und Staatsarchiv abgegeben werden, welches letztere man hierorts gern und willig jeder solchen Zerstücklung vorziehen würde.

Nun tritt aber noch ein anderer Umstand ein: Das Hofkammer=Archiv ist nicht bloß im Besitze dieser Urkunden, sondern auch einer beträchtlichen Jahresfolge aller inneröster-reichischen Akten. Dieselbe behandeln genau dieselben Gegenstände wie jene: Staatsherrschaften, Lehen, Pfandschaften, Vogteirechte und Grundabgaben, so daß beide nothwendig zusammengehören, und die Urkunden ein nicht zu entbehrendes Komplement jener Akten bilden. Die Beherrscher Österreichs haben alte Urkunden nicht als Liebhaber gesammelt, sondern als Ordner und Leiter des Geschäfts. Auch scheinbare Privaturkunden greifen früher oder später in die staatswirthschaftliche Endabsicht der ganzen Sammlung ein.

Es würde monatelange Widmung mit Beseitigung jeder anderen Arbeit fordern, wenn der Verbindungsfaden jedes einzelnen Dokumentes mit dem Inhalte der hierortigen alten Akten nachgewiesen werden sollte; bei dem größten Theile ist er aus der Gemeinschaft der Gegenstände ohnehin klar, im allgemeinen aber darf man wohl aussprechen, daß aus der Beibehaltung dieser Urkunden kein gedenkbarer Nachtheil entstehen kann, wohl aber aus einer nicht gehörig erwogenen Ausscheidung. So viel von den Urkunden.

Was die geforderten Bücher und namentlich die Gedenkbücher betrifft, so sind diese nach der Geschäftssprache der älteren Zeit nichts anderes als Kopialbücher, d. h. solche, in welche die wichtigen Actenstücke der Registraturen ihrem vollen Inhalte nach wirklich eingetragen wurden, um bei allfälligem Verluste der einzelnen Ausfertigungen den Inhalt für alle Zeiten zu retten. Sie gehören deshalb dahin, wohin die Akten gehören, und um so mehr, als der gefürchtete Verlust, und zwar gerade oft bei den wichtigeren, oft gebrauchten Stücken im Laufe der Jahrhunderte nicht selten eingetreten ist, und die im Gedenkbuch eingetragene Kopie das einzige Mittel ist, sich im Falle des Bedarfes Aufklärung zu verschaffen.

Das Hofkammerarchiv besitzt eine Reihe solcher Gedenkbücher bis zum Jahre 1750 wo leider die Gewohnheit sie zu führen aufhörte. Wenn der Inhalt einiger dieser Gedenkbücher dem hierortigen Geschäftsbereiche fremder zu sein scheint, so darf man nicht vergessen, daß der Wirkungskreis der Hofkammer in früheren Zeiten ein viel ausgedehnterer, und namentlich der Einfluß auf die Lehen viel bedeutender war, indem sich zum Theile auch die Reichslehen eingeschlossen fanden.

Das zur Auslieferung angesprochene Klöster- und Pfarren-Visitationsbuch von 1543 und 44 behandelt blos die Grund-

und Leistungs-Dotazionen dieser kirchlichen Anstalten und ist dem Hofkammer-Archiv zur Aufklärung in Kontestationsfällen unentbehrlich.

Die Sammlung der Privilegien Wiens und anderer Städte in Oesterreich betrifft beinahe durchaus nur solche, die in den Bereich der Finanzverwaltung gehören.

Das Rationarium Friedrich des Schönen ist ein Aufsatz über Einnahmen und Ausgaben, daher im Hofkammer-Archiv ganz an seinem Platze. Da es jedoch außer seinem historischen Werthe durch die Länge der verfloßenen Zeit, mehr zu einem interessanten Schaustück als zu einem Behelf von practischem Nutzen geworden ist, könnte es allenfalls als Zeichen der Bereitwilligkeit an das Haus, Hof und Staats-Archiv abgegeben werden.

Die hieher gelangten Kommunikationen werden ehrfurchtsvoll zurückgeschafft.[1])

Wien, am 31. März 1835.

Grillparzer.

18.

Bericht in Bezug auf die von dem Fürsten Lichnowsky angesuchte Benützung des Hofkammer-Archivs.

Euer Excellenz!

Die nach dem Inhalt des hohen Dekretes vom 11. October 1835 von Seite des Fürsten Lichnowsky[1]) gewünschte Benützung des Hofkammer-Archivs zum Behufe einer beabsichtigten Geschichte des Hauses Habsburg dürfte weniger sowohl dem Grundsatze als der Art der Ausführung nach einem Anstande unterliegen, als sich vielmehr für den Bittsteller nur von geringem Nutzen erweisen.

Da derselbe nämlich seine Geschichte nur bis zum Jahre 1519 zu führen gedenkt, biethen ihm die hierortigen Akten die erst vom Jahre 1526 zu laufen anfangen, durchaus kein Hilfsmittel dar. Die vormals zahlreichen Urkunden sind bei Errichtung des Haus-, Hof- und Staatsarchivs sämmtlich dahin abgegeben worden, mit Ausnahme einer beträchtlichen Folge inneröstereichischer Urkunden, die gleichfalls erst nach dem vom Fürsten Lichnowsky zum Abschlußpunct gewählten Zeitabschnitt in die Geschichte des Hauses Habsburg ein greifen.

Er wird sich daher nur aus den wenigen vereinzelten, erst mit 1494 eine fortgesetzte Reihe beginnenden sogenannten Gedenkbüchern österreichischer Regenten Raths erhohlen können. Diese nun können demselben um so unbedenklicher zur Einsicht geöffnet werden, als sie nur einfache, jeder ämtlichen Beglaubigung ermangelnde Abschriften und Auszüge enthalten, die für den Geschichtsschreiber mitunter wichtig, zu Ansprüchen oder Begründung von Rechten aber durchaus untauglich sind.

Man wird aber demungeachtet, wenn die unter diesen Umständen vielleicht noch zweifelhafte wirkliche Benützung jener Hilfsbücher eintreten sollte, von Seite des Archivs den Herrn Fürsten Lichnowsky einladen, seine Notate in Form von Heften zu nehmen und jedes derselben nach dem Abschlusse dem Unterzeichneten zur Durchsicht mitzutheilen, der nicht ermangeln wird, in zweifelhaften Fällen dieselben der höheren Einsicht der hohen Hofkammer pflichtmäßig zu unterziehen.

Wien, am 15. October 1835.

Grillparzer.

19.

Bericht über das Gesuch des Registraturs-Praktikanten Birk wegen Benützung des Archivs zum Behuf einer Geschichte der Grafen von Cilly.

In dem mittelst der hohen Direction vom 28. September 1835 hieher gelangten, in der Anlage ehrfurchtsvoll zurückgeschlossenen Gesuche, bittet der Registraturs-Praktikant Ernst Birk[1]) die im Hofkammer-Archiv aufbewahrten innerösterreichischen Urkunden so wie das Gedenkbuch der alten Grafen von Cilly, zum Behufe einer von ihm beabsichtigten Geschichte jenes Dynasten-Hauses benützen zu dürfen.

Der Unterzeichnete um sein Gutachten befragt, muß vor allem bedauern, daß ihm die literarische Befähigung und die bisherige wissenschaftliche Wirksamkeit des Bittstellers nicht bekannt ist, da, wenn es einerseits engherzig wäre, einem Schriftsteller von Beruf die nöthigen Quellen zu verschließen, anderseits die mit Unzukömmlichkeiten verbundene Benützung der Archive doch auch nicht unbedingt auf Jedermann auszudehnen sein dürfte. Für den Bittsteller spricht übrigens, daß er als österreichischer Unterthan und Beamter der hohen Hofkammer dem Verdacht eines Mißbrauches weniger unterliegt, auch sind die von ihm bezeichneten Quellen aus einer so frühen Periode und ein längst ausgestorbenes Haus betreffend, welches schädliche Konsequenzen mehr oder weniger ausschließt; womit übrigens nicht gesagt sein soll, daß einzelne Urkunden durch ihre auf den jetzigen Besitzstand nachwirkende Kraft, deshalb eine minder sorgfältige Ueberwachung erheischen.

Wenn daher die hohe Hofkammer sich geneigt finden sollte, das Gesuch des Bittstellers zu gewähren, so geht die hierortige Meinung dahin, daß demselben im Bescheide die Verpflichtung aufzuerlegen wäre, seine Auszüge und Notate nicht anders als in Form von Heften zu nehmen, deren jedes nach dem Abschluß der Einsicht des Unterzeichneten und in zweifelhaften Fällen der Entscheidung der hohen Hofkammer zu unterziehen wäre.

Was von Auszügen gilt, tritt natürlich im verstärkten Maßstabe ein wo es sich um die Kopirung und den künftigen Abdruck ganzer Urkunden in extenso handelt.

Da übrigens eben jetzt mittelst hohen Präsidialdekretes vom 18. October 1835 dem Fürsten von Lichnowsky die Bewilligung zur Benützung des Hofkammer-Archivs ertheilt worden ist, und der Herr Fürst, wie verlautet, gleich jetzt seine Arbeiten beginnen will, auch die Abschreiber des mit Sammlung der Berggesetze beauftragten Hofsecretärs v. Schmid[2]) noch hierorts beschäftigt sind, so müßte, bei der Beschränktheit des Amtslocales des Archivs, der Registraturspracticant Birk mit dem Beginn, oder nach Umständen, mit der Fortsetzung seiner Arbeit sich dem Gebothe der Möglichkeit und demzufolge den von hieraus zu ertheilenden Anleitungen über Zeit und Gelegenheit geduldig fügen.

Wien, am 22. Oktober 1835.

Grillparzer.

20.

Bericht mittelst dessen das Verzeichniß aller im Hofkammer=Archiv befindlichen Urkunden vorgelegt wird.

Je seltener es in der gewöhnlichen Beamtenwelt ist, Individuen zu treffen, die außer der unerläßlichen Pflichterfüllung, dem Dienste mit eigentlicher Neigung zugethan sind und sich gedrungen fühlen, die Zwischenräume der einzelnen Geschäftsthätigkeiten, ja die Mußestunden zu nicht auferlegten dienstfördernden Arbeiten zu verwenden, um so gebietherischer erscheint es als Pflicht, derlei Bestrebungen zur Kenntniß der vorgesetzten Behörden zu bringen, um so erwünschlicher ist es, solche Arbeiten durch Lob oder, nach Umständen, durch Belohnung aufgemuntert und zum Theile vergolten zu sehen.

Die hierortigen Urkunden, obschon durch die Abgabe des beträchtlichsten Theiles derselben an das Haus=, Hof= und Staats Archiv sehr vermindert, waren noch immer bedeutend genug, um den Abgang jedes Verzeichnisses so wie Namen- und Sachen=weise geordneter Indexbücher höchst empfindlich zu machen. Seit Jahren liegen sie als ein todter Schatz, und ihr Gebrauch war schwierig, ja bei einzelnen Fällen, wegen zeitraubender Komplikazion, beinahe unmöglich.

Es hat nun der hierortige Directions-Adjunkt Franz Weibel über sich genommen, diesem Mangel abzuhelfen. Die zur größeren Anschanlichkeit des Umfanges der Unternehmung hier gehorsamst vorgelegten sieben Foliobände liefern das Ergebniß seiner verdienstvollen Arbeit.

Drei Bände enthalten die zahlreichen innerländischen Urkunden sammt Nachtrag und Index. Ein Band die böhmischen, ein anderer die sogenannten Magdeburger und Halberstädter Urkunden. Ähnliche Dokumente vermischten Inhalts füllt der 6. Band in Verbindung mit solchen Aktenstücken, die älter als die Archivsakten, in die Faszikel nicht eingereiht werden können. Endlich sind in einem 7. Band die handschriftlichen Bücher mit einigen im Besitze des Archivs befindlichen gedruckten eingereiht worden.

Die weitwendige Registrirung ist vom Adjunkten Weibel ohne Abbruch der laufenden Tageszeit häufig mit Benützung der Mußestunden vollendet worden. Wenn dazu mehrere Jahre gebraucht wurden, so war es theils wegen Weitläufigkeit der Aufgabe nicht anders möglich, theils zeigt es die Beharrlichkeit seines Eifers und steigert sein Verdienst. Man wird von nun an in der Lage sein, nicht nur bei größern Systemalarbeiten (bei denen es jederzeit geschah), sondern auch in einzelnen kurrenten Fällen Belehrung aus dem Urkunden-Vorrathe zu schöpfen, indem das Verzeichniß zugleich ein Inventarium bildet, das den Bestand der Sammlung für alle Zeiten ausweiset und führet.

Ich weiß nicht ob ich mich in der Voraussetzung irre, die hohe Hofkammer wird sich geneigt finden, dem lang gedienten und mit einer zahlreichen Familie begabten Adjunkten Weibel ihre Zufriedenheit allenfalls durch Bewilligung einer Belohnung gnädigst zu erkennen zu geben.

Wien, am 10. November 1835.

Grillparzer.

21.

Bericht über die Frage, ob die Hofquartierspflichtigkeit des Hauses Nr. 1140 in Wien reluirt worden sei.

Mittelst des hohen Dekretes vom 21. August 1835 erhielt die Archivsdirektion den Auftrag zu erheben ob und welches Kapital für das Haus Nr. 1140 in Wien als Reluition der Hofquartiersverbindlichkeit erlegt worden sey?

In den hierorts befindlichen, obgleich leider mangelhaften Hofquartiers-Akten war von diesem Hause, das früher die Nr. 1170, in frühester Zeit aber die Nr. 130 führte, nicht die geringste Spur zu entdecken. Wohl aber erscheint es in den Hofquartiersbüchern und man hat in Ermanglung von Akten-Beilagen Alles was in diesen ämtlichen Büchern darüber vorkommt, ausgezogen und in der hierneben angeschloßenen Uebersicht zusammengetragen.

Das hohe Präsidium wird sich aus dieser Zusammenstellung überzeugen, daß das in Frage stehende Haus im Jahre 1587 eine Quartierstaxe von 42 fl. bezahlte, also der Hofquartierspflichtigkeit noch unterlag aber im Jahre 1637 schon als frei aufgeführt erscheint, welcher Exemtion im Jahre 1642 auch der Grund in den Worten: frei barnabitisch beigefügt ist.

Ob nun für diese Befreiung vielleicht dennoch ein Capital erlegt worden sei, läßt sich urkundlich, wegen völligem Stillschweigen der Akten, nicht darthun, wohl aber erlaubt man sich zu bemerken, daß vor dem Jahre 1704, in welchem den Besitzern bürgerlicher Häuser zuerst die Befugniß eingeräumt wurde sich durch einen Kapitalserlag von der Hofquartierspflichtigkeit zu entheben, hierorts kein Fall vorgekommen sei, wo diese Freiheit gegen Geld zugestanden worden wäre. Persönliche Verdienste und anderer Allerhöchster Hof-Vorsprache einflußreicher Personen, veränderte, aber erst zur Evidenz gediehene exceptionelle Beschaffenheit der Häuser sind die Gründe dieser Befreiungen, und auch in den späteren

Quartierbüchern wird der Unterschied zwischen den nach dem Rechte oder aus Gnade und den durch Kapitalserlag quartierbefreiten Häusern, dadurch ersichtlich gemacht, daß Letztere durch den Ausdruck redimirt bezeichnet, Erstere aber, wie früher als frei aufgeführt werden.

Daß nun das Haus Nr. 130 vom Jahre 1637 an (wo noch keine Redimirung bestand) bis zum Jahre 1740 immer unter derselben Qualifikazion einfach als: frei behandelt wurde, zeigen die vorliegenden Extrakte.

Die zweite Anlage enthält die hieher gelangten Komunikate.

Wien, im September 1835.

Grillparzer.

22.
Bericht über die von dem Wiener Magistrats-Secretär Johann Schlager angesuchte Benützung des Hofkammer-Archives.

In Bezug auf das hohe Hofdekret vom 17. Dezember 1835 hat der Unterzeichnete die Ehre sich dahin zu äußern, daß auch ihm kein Umstand bekannt sei, welcher der von dem Secretär des Wiener Magistrats Johann Schlager angesuchten Benützung des Hofkammer-Archivs zum Behufe seiner geschichtlichen Forschungen, hindernd im Wege stünde.[1])

Was die Art der Benützung betrifft, so wird man bei einzelnen Urkunden das übliche Verfahren beobachten, ihm lediglich die Verzeichnisse in die Hand zu geben und von den verlangten Stücken nur jene wirklich zu überantworten, die ohne Bedenken veröffentlicht werden können.

Bei den in Büchern zusammengeschriebenen Dokumenten, wo, wie natürlich, eine solche Scheidung nicht möglich ist, gedenkt man ihn aufzufordern, seine Notate in Form geschlossener Hefte zu nehmen, welche der Unterzeichnete nach dem jedesmaligen Abschluß einsehen und im Falle eines Zweifels der Entscheidung der hohen Hofkammer unterziehen wird.

Wien, am 5. Jänner 1836.

Grillparzer.

23.

Bericht mit der Bitte um Beigebung eines Praktikanten für das Archiv.

Als der Unterzeichnete seinen Bericht vom 16. Juli 1832 die Räthlichkeit, ja Nothwendigkeit der Beigebung eines Praktikanten für das Hofkammer-Archiv darstellte, geruhte die hohe Hofkammer mittelst Dekretes vom 19. Juli 1832 dem von ihm entwickelten Gründen beizutreten und dem Archive einen Praktikanten in der Person des vom Hofkriegsrathe übergetretenen Theodor v. Karajan zuzuweisen.

Durch die neuerlich erfolgte Beförderung des letztern zum Akzessisten und die Abziehung des zum Registranten erhobenen vormaligen Akzessisten befindet sich das Archiv genau wieder in der im Jahre 1832 geschilderten Lage, ja die Dringlichkeit der Umstände wird noch durch die in der Zwischenzeit sehr herabgekommenen Gesundheitsverhältnisse des verdienten Registranten Weyberger bedeutend vermehrt.

Ich erlaube mir daher die Bitte um gnädige Beigebung eines Praktikanten gegenwärtig zu erneuern, und da besonders ein mit dem ungarischen Registraturswesen bekanntes Individuum höchst erwünschlich wäre, hierbei auf den, auch durch seine übrigen Kenntnisse und Fähigkeiten für den Archivsdienst völlig geeigneten Registraturs-Praktikanten Andreas Schumacher ehrerbietig hinzuweisen.[1])

Wien, am 20. Juli 1836.

Grillparzer.

24.

Bericht mittelst dessen die Akten über die Forderungen Österreichs an das ehemalige deutsche Reich aus der Epoche des letzten Reichskrieges vorgelegt werden.

Mittelst des hohen Dekretes vom 23. August 1836 wurde das Hofkammerarchiv mit der Sammlung und Vorlegung der Akten beauftragt, die zur Begründung der Forderungen Oesterreichs an das deutsche Reich aus der Epoche des letzten Reichskriegs dienlich sein könnten.

Es ward hierbei besonderer Werth auf die in dieser Beziehung mit fremden Mächten abgeschlossenen Staatsverträge so wie auch die etwa vorfindigen Original-Rechnungsdocumente gelegt, und der verehrte Auftrag später mit hohem Dekrete vom 21. October 1836 unter Mittheilung der bei der Kredits-Registratur erhobenen Präsidialakten wiederhohlt.

Wenn demungeachtet die voluminöse Zusammenstellung dieser Akten erst gegenwärtig im Anschlusse gehorsamst vorgelegt wird, so kann man zur Entschuldigung nur theils die Weitwendigkeit der Arbeit vor allem aber den Umstand anführen, daß bei der geringen Verläßlichkeit der Indexe besonders bei kumulativen Verhandlungen größtentheils auf die Akten selbst zurückgegangen und eine große Menge Faszikel Stück für Stück durchgegangen werden mußte, wozu noch kommt, daß einige nicht minder weitwendige Zusammenstellungen sich gleichzeitig im Gange fanden, und daher nur einige durch kurrente Aushebungen häufig abgezogenen Individuen verwendet werden konnten.

Was nun die Zusammenstellung selbst und den Werth der gefundenen Akten betrifft, so finden sich die mit fremden Mächten abgeschlossenen Staatsverträge im Hofkammer-Archiv nicht vor; der Einfluß der Finanzverwaltung auf derartige Angelegenheiten scheint vor Einrichtung der Kredits-Commission ein viel geringerer gewesen zu sein als in späteren Epochen. Ebenso verhält es sich mit den Original-Rechnungs-Belegen. Auch da wo sie nicht, wie bei den beträchtlichen Vorschüssen für die Festung Luxemburg, erweislich den Feinden in die Hände gefallen sind, wurden doch die unmittelbaren Verhandlungen mit der Militärverwaltung gepflogen und gelangten nur durchgangsweise zur Kenntniß der hohen Hofkammer.

Man war daher genöthigt sich auf den amtlichen Schriftenwechsel und die Kassendisposition zu beschränken, deren

Fingerzeig wenigstens suppletorisch zur Ausfüllung allfälliger Lücken beitragen werden.

Hierbei hat man sich nicht auf die Forderungen Österreichs beschränkt, sondern auch auf die Gegenforderungen, als nicht minder wichtig, Rücksicht genommen.

Die Akten selbst sind zur Erleichterung der Uebersicht nach folgenden Gesichtspuncten zusammengestellt worden: Activforderungen an das Reich im allgemeinen und Römermonate.[1])

Reichs Urbar und Kronsteuer,
Schwäbische Reichsritterschaft subsidium caritativum,
Forderungen und Gegenforderungen,
Preußen,
Chur Baiern,
Chur-Mainz,
Forderungen verschiedener Reichsstände an das Aerar,
Schwäbisch österreichische und breisgauische Stände,
Reichswerbung und Landesbewaffnung,
Reichskontingente,
Reichskontingents-Vertretungsgelder,
Französisches Emigranten-Corps,
Reichsarmee, Versehung mit Naturalien,
Reichsfestungen, Approvisionirung,
Naturalien-Veräußerung aus den Reichsmagazinen.

Daß eine ganz genaue Scheidung bei der oft kumulativen Behandlung mehrerer Gegenstände, nicht immer möglich war, leuchtet von selbst ein. Ueber einzelne Rubriken erlaubt man sich nur noch einige Bemerkungen. Ob auf die Rückstände des subsidium der Reichsritterschaft sich werden Forderungen bauen lassen, kann man hierorts nicht beurtheilen. Nach den in kurzem Wege eingezogenen Auskünften scheint es nicht der Fall zu sein.

Man hat daher, um einerseits die Aktenlast nicht unnöthig zu mehren, anderseits aber doch den Gegenstand aus der Uebersicht des Ganzen nicht auszuschließen, nur die dem

Grundsätze nach davon handelnden Stücke zusammengestellt, wo dann, wenn ein Mehreres doch erforderlich scheinen sollte, es nur einer mündlichen Aufforderung von Seite der Commission bedürfen wird, um die voluminösen, ohnehin bereits in Fascikel geordneten Akten über diese freiwilligen Gaben gleichmäßig überliefert zu erhalten.

Eben kann man nicht wissen, ob die Rubrik Reichswerbung nur die Ergänzung der erbländischen Truppen durch die damals gewöhnliche freie Werbung im Reich behandelt, oder aus den dafür gemachten Auslagen ein Anspruch auf die Kontingents-Reluzionsbeträge mehrerer Reichsstände hervor geht. Im letztern Falle würden die monatlichen Dotations-Ansätze der Militärverwaltung, in deren jene Beträge zum Behufe der Reichswerbung vorkommen, nicht ohne Wichtigkeit sein. Diese Erforderniß und Bedeckungs Ansätze befinden sich übrigens ohnehin in den Akten des Hofkriegsrathes, weshalb man die hierorts befindlichen Konsense nicht beigeschlossen hat, besonders da bei entstehenden Zweifeln, jeder einzelne dieser Ausweise ohnehin in kürzerm Wege durch die Kommission wird ausgehoben werden können.

Ein ähnlicher Zweifel entstand in Bezug auf die Rubrik **Naturalien Veräußerung aus den Reichsmagazinen.** Sind diese Magazine blos zum Unterhalt der k. k. Truppen bestimmt, auf Kosten der Militärverwaltung im Kontraktwege durch eigene Lieferanten gebildet worden, so geht aus dem Verkauf derselben allerdings kein Anspruch von irgend einer Seite hervor. Anders stellt sich aber die Sache, wenn diese Magazine ganz oder zum Theile durch Requisizionen der Landeslieferungen entstanden wären. Man hat deshalb die Akten hier beigefügt.

Zuletzt erübrigt nur noch, die mittelst des Dekretes vom 21. October 1836 hiergelangten Präsidialakten sammt dem dazu gehörigen Berichte des Registratur-Directors Donsedan zurückzustellen.

Wien, am 14. Dezember 1836.

Grillparzer.

25.

Bericht mit Vorlegung der Akten über die in Folge der Allerhöchsten Entschließung vom 20. Juni 1767 stattgefundene Regulirung der Schulden des Wiener Magistrats.

Mittelst hohen Dekretes vom 15. Jänner 1837 erhielt die Archivs Direkzion den Auftrag zur Vorlegung der in eigener Verwahrung befindlichen und der aus den Akten der vereinten Hofkanzlei zu erhebenden Verhandlungen über die in Folge der Allerhöchsten Entschließung vom 20. Juni 1767 stattgefundene Regulirung der Schulden des Wiener Magistrats.[1])

In Bezug auf die im Hofkammer-Archive befindlichen Behelfe sah man sich genöthigt über jene Allerhöchste Entschließung bis zum Jahre 1763 hinaufzugehen, wo die ersten Anläße zur Erhebung des genannten Schuldenstandes sich ergeben, ferner als unzertrennbar damit verbunden überhaupt die damals vorgenommene Regulirung des allgemeinen Finanzsystems mit aufzunehmen, so wie man glaubte, die in Folge jener Regulirung stattgefundene Einlösung mehrerer früher der Stadt Wien überlassener Gefälle und Genüße nicht ausschließen zu sollen. Das Aufgefundene wird, von dem dazu gehörigen Elenche begleitet, in der ersten Anlage ehrfurchtsvoll überreicht.

Die zweite Anlage enthält, sammt dem darüber verfaßten Elenche dasjenige, was man aus dem Archive der k. k. vereinten Hofkanzlei erhalten konnte.

Auch die Registratur der n. ö. Regierung wurde von hieraus zum Beitrag des bei ihr Vorfindigen aufgefordert, das Ersuchen wurde aber mit der Äußerung abgelehnt, daß die Regierung vorziehe, durch ein eigenes Dekret der hohen Hofkammer zur Nachsuchung angewiesen zu werden.

Wien, am 16. Februar 1837.

Grillparzer.

26.

Bericht mittelst dessen ein Real=Index der Kommerz=Abtheilung des Hof=
kammerarchivs gehorsamst vorgelegt wird.

Wenn das Hofkammer=Archiv erhaltene Aufträge manch=
mahl nur mit größerem Zeitaufwande, oder wohl gar un
vollständig zu erfüllen im Stande ist, so liegt — ungerechnet
die Verluste, welche durch oftmalige, in früheren Zeiten un
kontrolirte Aushebungen entstanden sind — die Schuld nicht
gerade im Mangel an Fleiß oder Geschäftskenntniß von
Seite des Personals, sondern größtentheils in dem Zustande,
der zumal älteren Akten, vor allem aber in dem Nachweise
in den Index Büchern.

Was nun die Akten betrifft, so sind glücklicherweise
nur wenige Epochen und Abtheilungen, wo das Suchen durch
eine zweckwidrige Faszikulirung bis zur Zeitverschwendung
erschwert wird, allgemein aber sind die Hindernisse, die aus
der Beschaffenheit der Bücher hervorgehen, und welche theils
natürliche, theils willkührliche sind.

Das natürliche Gebrechen besteht darin, daß eine
Akten Verwahrungsanstalt, die in die Jahrhunderte hinauf
reicht, nur vereinzelte, von Jahr zu Jahr abgeschlossene und
ohne Real Zusammenhang auf rein nominelle Verhältnisse
basirte Index=Bücher besitzt. Bei jeder Systemalfrage müssen
genau so viel Bücher, Namen für Namen, durchgegangen
werden, als die Frage mögliche Jahresfolgen umfaßt, was
denn bei Gegenständen, die in die frühesten Zeiten zurück
gehen, die Arbeit auf eine so endlose Art vervielfacht, daß
eine einzige gesuchte, vielleicht nicht einmal bedeutende Notiz,
mehrere Beamte wochenlang beschäftigen kann. Man sage
nicht: das sei ein Uebelstand, welcher mit dem Archivsgeschäfte
nothwendig verbunden ist. Es soll aber durch die That ge
zeigt werden, daß das allerdings anders und zweckmäßiger
sein kann.

Noch hemmender aber sind die willkührlichen Mängel
der Bücher, die nämlich, welche aus der verkehrten, zweck-
widrigen Indizirung, besonders der früheren Epochen hervor
gehen, wo die allgemeine Anordnung größtentheils nur unter
der besonderen Veranlassung erscheint, absurd gewählte Schlag
wörter den Gegenstand bis zum Unkenntlichen entstellen und
es dem Beamten mitunter geradezu unmöglich wird, der
Aktenaushebung jene Vollständigkeit zu geben, welche die vor-
gesetzte Behörde mit Recht erwartet und fordert.

Das alles ist von jeher gefühlt und beklagt worden,
es ist aber bis diesen Tag nichts zur Abhülfe geschehen. Die
Ursache davon ist leicht erklärlich.

Man kann im allgemeinen annehmen, daß jeder Archivsbeamte ein doppeltes Amtsstadium zurücklegt, in deren erstem
er über die Hindernisse seiner Dienstleistung in Verzweiflung
in dem zweiten aber über die nämlichen heimlich erfreut
ist, weil er nämlich durch jahrelang eingeübte kleine Hand-
griffe und zurückgebliebene Erinnerungen ohne Rücksicht auf
Fähigkeit und sonstige Brauchbarkeit, zu einer Art sibyllini
schen Drakel geworden ist, und eine Wichtigkeit erhält, die
ihn in Vortheil gegen jüngere, in allen andern Beziehungen
vorzüglichere Mitbeamte stellt, ja man könnte sich sehr gut
ein Archiv denken, wo die eine Hälfte der Beamten aus
Mangel einer solchen Kasuistik nicht suchen und die andere
aus Mangel an Intelligenz nicht finden könnte.

Anderseits aber kann der eifrigste Verbesserungswunsch
nicht bis zu dem Gedanken einer neuen Bearbeitung des
ganzen Aktenvorrathes des Archivs sich ausdehnen; das Personal des Archivs verdoppelt und auf zehn Jahre von aller
kurrenten Arbeit dispensirt, würde nicht hinreichen, das auf
50.000 Faszikeln angewachsene Material nach zweckmäßigeren
Gesichtspunkten zu ordnen und zu verzeichnen. Auch ist ein
großer Theil der Akten von einem so beschränkten Gebrauche,
daß der zu erzielende Gewinn kaum in einem richtigen Ver
hältniße zu der verwendeten unsäglichen Arbeit stehen würde.

Es bleibt demnach nichts übrig, als nach und nach diejenigen Abtheilungen einer neuen Bearbeitung zu unterziehen, die theils durch ihren besonders mangelhaften Zustand einer Verbesserung am meisten bedürfen, anderseits aber durch Wichtigkeit und häufigen Gebrauch die darauf gewandte Mühe hinlänglich belohnen.

Das hiebei zu beobachtende Verfahren kann nur dasjenige sein, welches dem gerügten Fehler geradezu entgegen arbeitet. Ist die Indizirung ungenau, so muß sie verbessert, liegt die Haupterschwerung des Nachsuchens in der atomistischen, von Jahr zu Jahr abgeschlossenen Nominal-Nachweisung, so muß sie nach Epochen und Gegenständen in einen Real-Zusammenhang gebracht werden. Hierbei wäre es aber überflüssig, alle Stücke ohne Unterscheidung aufzunehmen. Jedes Jahr hat seine Wichtigkeit, die im Lauf des nächsten Jahrzehents verschwindet. Es sind daher in eine Bearbeitung nur jene Stücke einzubeziehen, welche theils als Normal-Vorschriften auch für die Folge gelten, theils durch ihren fortdauernden Einfluß auf den Gang der Geschichte und die Uebersicht des Geschäftes ihre Wichtigkeit auch für die kommenden Jahre behalten.

Als ein gut geordnetes Archiv kann ich nur dasjenige betrachten, wo zweckmäßige Real-Indexe die Behelfe der Amtsführung in fortwährender Evidenz halten, und nicht nur ein vereinzeltes Begehren nothdürftig befriedigen, sondern den Begehrenden selbst vielmehr in die Kenntniß setzen, was vorhanden und was daher außer dem Begehrten noch weiter oder überhaupt zu begehren sey, wo der Beamte, statt rein Nachschlagmaschine zu sein, deren Verdienst sich nach der Anzahl der durchblätterten Folien bemißt, vielmehr ein kundiger Nachweiser wäre, der dem mit der Ausführung des Geistes der Verwaltung beschäftigten Personal, das Material jederzeit und in ununterbrochener Folge vor Augen legt.

Nach diesem Gesichtspunct ist gegenwärtig, und halb zum Versuch, das ältere Kommerziale, als die unter den wichtigen Abtheilungen des Archivs am übelsten organisirte durchgangen und bearbeitet worden.[1])

Die in der Anlage befindlichen beiden Folianten enthalten einen Real Index dieses gesammten Geschäftszweiges. Nicht allein alle im Hofkammer-Archive wirklich vorhandenen Akten, sondern auch alles was auf Geschichte und Entwicklung des österreichischen Handels, auf Gebühren-Belegung und Befreiung, auf Handels- und Seerecht, auf Verhältnisse mit fremden Staaten, auf Gründung und Vorsorge für inländische Etablissements Bezug nimmt, ist darin nach Gegenständen alphabetisch und chronologisch aneinander gereiht. In einer Abtheilung, die bisher ihrer Verworrenheit wegen nur zu übel berüchtigt war, so daß oft der erfahrenste Beamte nicht vermochte, einem gesuchten Stücke auf die Spur zu kommen, ist jetzt selbst der Laie im Stande, den Komplex jeder Verhandlung und des zur Nachweisung erforderlichen mit einem Blick zu überschauen. Der Anfang wurde mit dem Jahre 1749 gemacht, theils weil von da an die als solche benannte Komerzabtheilung des Archivsmaterials beginnt, theils weil zu dieser Zeit und mit Gründung der Komerz-Konsesse die Verhältnisse des Handels erst anfiengen ein Gegenstand der öffentlichen Aufmerksamkeit zu werden und aus der Masse der übrigen fiskalischen und finanziellen Maßnehmungen abgesondert emportauchen.

Den Schluß macht der Regierungsantritt Seiner Majestät Franz I., seit welcher Epoche ein geregelter Geschäftsgang und das Eindringen einer vorgeschrittenen Bildung auch in die mindern Kategorien der Hilfsämter dem Verfahren in den Registraturen Ordnung und Zusammenhang mittheilt.

Es sind zu dieser Arbeit, durch beinahe volle 3 Jahre, 4 Individuen des Hofkammer-Archivs, unter beständiger Mitbesorgung des kurrenten Aushebungs-Geschäftes verwendet worden: der zweite Adjunkt Kreißl, der Registrator Hofmann und die beiden Akzessisten Gigl und Karajan.

Der erste Adjunkt hat die spezielle Ueberwachung des Ganzen und überhaupt den größten Theil der Mühewaltung übernommen. Es sind 1072 Faszikel Stück für Stück durchgangen, mehr als 40.000 Zettel angefertigt, verglichen und endlich durch den gütigst zur Verfügung gestellten Expeditspracticanten Mosl in gegenwärtige chronologische gegenständliche Ordnung zusammengeschrieben worden.

Alle diese Individuen haben sich, meiner Meinung nach, hierbei unendlich verdient gemacht. In wiefern die hohe Hofkammer diese meine Meinung von der Zweckmäßigkeit und Nützlichkeit der Arbeit theilt, und auf welche Art hochdieselbe im Bejahungsfalle sämmtlichen dabei Betheiligten ihre Zufriedenheit zu erkennen zu geben gesonnen ist, muß ich, wie natürlich, der allein maßgebenden höheren Einsicht überlassen.

Sollte dieses mühevolle Elaborat sich des Beifalls der hohen Hofkammer erfreuen, so gedenkt man nach und nach in derselben Art die wichtigere und verworrenere Abtheilung des Hofkammer-Archivs einer gleichen Bearbeitung zu unterziehen.

Wien, am 3. April 1837.

Grillparzer.

27.

Bericht in Bezug auf die im Jahre 1806 mit den französischen Behörden abgeschlossene Konvention wegen Rückkauf der in Beschlag genommenen Aerarial-Vorräthe.

Mittelst hohen Dekretes vom 8. Jänner 1838 erhielt die Archivs-Direction den Auftrag, zum Behuf eines Rechtsstreites die Konvention vorzulegen, welche im Jahre 1806 zwischen dem k. k. Kommissär Freiherrn v. Barbier und dem französischen Staatsrath Daru wegen Rückkauf der vom Feinde in Beschlag genommenen Aerarial-Vorräthe abgeschlossen worden ist.

Wenn diese Konvenzion in dem unterm 8. Juli 1816 erstatteten Berichte weder vorgelegt, noch ihrer erwähnt worden ist, so erklärt sich dies daraus, daß wirklich die Akten sämmtlicher Archivsabtheilungen über eine solche Convenzion ein völliges Stillschweigen beobachten, namentlich die sogenannten Kommissariatsakten, welche nur die Verhandlungen des Grafen Wrbna als Landescommissär von Niederösterreich während der Dauer der feindlichen Invasion enthalten, keineswegs aber die Geschäfte, die, wie es scheint, ihm nach Abzug der Franzosen mit erweiterter Vollmacht, als Hofkommissär zur Ueberwachung der aus jenem Ereigniß hervorgegangenen Ansprüche und Abrechnungen für die ganze Monarchie übertragen wurden.

Diese letztern Akten fehlen im Hofkammer-Archiv ganz, und man getraut sich nicht zu bestimmen, wo dieselben hingelangt sein könnten. Die von hieraus gemachten Nachforschungen blieben ohne Erfolg. Eine an sämmtliche Hofstellen (vielleicht sogar mit Einschluß des Obristkämmeramtes, dem Graf von Wrbna vorstand) zu erlassende Aufforderung der hohen Hofkammer, dürfte den Aufbewahrungsort vielleicht am sichersten herausstellen.

Wenn nun zur Zeit der Erstattung des hierortigen Berichtes vom 8. Juli 1816 sich über die Verhandlungen einer solchen zweiten oder fortgesetzten Hofkommission durchaus nichts vorfand, so hat sich seitdem die Lage etwas geändert. Mittelst der im Anschluß befindlichen Note der Hofkammer-Registratursdirektion vom 12. Oktober 1836 wurde nämlich der Archivsdirektion eine Anzahl einzelner, unzusammenhängender Hofkommissariats Akten aus den Jahren 1806—1808 mitgetheilt, welche man Anfangs Anstand trug zu übernehmen, weil sie zu keiner hierortigen Abtheilung gehörten, endlich aber, nach vielen fruchtlosen Umfragen, doch übernahm, weil sie denn doch Finanzgegenstände aus hieher gehörigen Jahrgängen enthielten, wobei man die Aufklärung der Zeit überließ, ob nämlich diese Bruchstüke durch spätere Mittheilungen vervollständigt, oder der Ort bekannt werden würde, wo der bei weitem größere Rest etwa bereits sich in Verwahrung be fände. Unter diesen Akten nun, wie es der beiliegende Elench ausweist, befand sich auf den Gegenstand der neu obwaltenden Frage bezüglich nichts, als der in der zweiten Anlage hier gehorsamst beigeschloßene Bericht des Hofrathes von Barbier an den Hofkammerpräsidenten Grafen von Zichy vom 22. Jänner 1806 Nr. 25, der nebst andern Gegenständen auch wirklich das mit dem französischen Staatsrath Daru abgeschlossene Uebereinkommen in Bezug auf die von Österreich rückübernommenen Salzvorräthe enthält, aber nur in einfacher Abschrift, da Hofrath von Barbier das Original, wie er selbst anführet, zu anderweitigen Verhandlungen nöthig zu haben glaubte. Wann nun die Originale dieser Protocolle eingesendet, und wo sie hingekommen, ist man außer Stande anzugeben. Die hierortigen Kreditakten enthalten über die Abrechnungen jener Epoche nichts als die beiden Stücke Nr. 1807 vom 26. März 1806 Fasc. 4 K. P. und 919 vom 26. Februar 1806 Fasc. 26 K. P. welche man, obwohl dem eigentlichen Punkt der Frage fremd, doch beilegt, als Beweis, daß nichts unversucht gelassen worden, und ob nicht der höheren Einsicht daraus eine Schlußfolge auf den damaligen Gang des Geschäfts möglich gemacht werde.

Wien, am 29. Jänner 1838.

Grillparzer.

28.

Bericht über den Ankauf der Niederländer (Kreuz-) Höfe zu Wiener-Neustadt.

In Folge des erneuten hohen Auftrages vom 8. Februar 1838 und mit Rücksicht auf die in den hierneben ehrfurchtsvoll angeschlossenen Kommunifaten enthaltenen Andeutungen, sind neuerdings die hierortigen Akten in Bezug auf den Ankauf des Niederländer (Kreuz) Hofes in Wiener-Neustadt zur

Unterbringung der aus den Niederlanden verschriebenen Armaturmacher, mit allem Fleiße durchgangen worden.¹) Es hat sich aber weder in den speziellen Wiener Neustädter, noch in den allgemeinen Hofkammer-Akten jener Zeit, weder in den Urkunden noch Rezessen des Archivs, ja nicht einmal in den Gedenkbüchern (Foliobände, in denen damals bis in die neuere Zeit herab alle wichtigen Verhandlungen der Hofkammer, besonders aber alle Geld und Kaufgeschäfte, in Art der neueren Normalienbücher, sich eingetragen finden) auch nur die geringste Spur jenes Kontraktes oder selbst des Faktums des geschehenen Ankaufes, auffinden lassen.

Zur Erklärung dieses allerdings sonderbaren Umstandes, weiß man nichts anzufügen als eine Vermuthung.

In den fünfziger Jahren des verflossenen Jahrhunderts wurde der Bestand des vormals kaiserlichen Rentamtes zu Wiener-Neustadt an das dortige Bißthum verkauft.

Vermög des hier erliegenden im zweiten Anschlusse abschriftlich beigefügten Rezepisses des damaligen Bischofs vom 25. Februar 1755 wurden bei dieser Gelegenheit die Grundbücher des Rentamtes, sammt vielen dazu gehörigen Urkunden demselben ausgeliefert.

So wenig man nun zu behaupten wagt, daß unter diesen Urkunden sich die jetzt gesuchten befunden, oder vielleicht gar der Niederländerhof in der Gewähr des Rentamtes eingelegen habe (obwohl das Nichtvorkommen desselben in den ständischen und städtischen Grundbüchern einer solchen Vermuthung Raum gäbe) so wäre doch möglich, daß die weitere Verfolgung dieser Akten, die jetzt wahrscheinlich in dem bischöflichen Archiv zu St. Pölten erliegen, den Gegenstand der Frage näher auf die Spur brächte.

Wien, am 30. März 1838.

Grillparzer.

29.

Bericht mittelst dessen die Akten über die früheren Postverbindungen zwischen Tirol und Salzburg vorgelegt werden.

Trotz des angestrengtesten Nachsuchens wodurch sich eben die Erstattung des vorliegenden Berichtes bis jetzt hinausgeschoben hat, konnte doch in den Archivsakten nichts gefunden werden, wodurch die in dem hohen Dekrete vom 5. März 1838 gestellten Fragen hinsichtlich der während der Dauer des deutschen Reiches stattgefundenen Postverbindung zwischen Salzburg und Tirol über Reichenhall genügend oder auch nur annähernd beantwortet wurden.

Die Ursachen dieses Abganges mögen außer den in der Sache selbst liegenden, folgende sein:

a) Die erste Postkonvenzion mit Salzburg wurde von Seite Tirols im Jahre 1663 geschlossen, also in einer Zeit, wo letztere Provinz von dem Stammkörper der Monarchie getrennt, im Besitz einer österreichischen Nebenlinie war, so daß die dortigen Verhandlungen erst mit dem Jahre 1705 sich denen der hiesigen Hofbehörden wieder anreihen.

b) Nebstdem daß der Einfluß der österreichischen (jetzt vereinten Hofkanzlei) auf das Postwesen in früherer Zeit viel bedeutender war als gegenwärtig, so daß viele wichtige Belege sich erweislich in den dortigen Akten befinden, werden auch sämmtliche Kammeralverhandlungen aus der Zeit des alten Direktoriums in publicis et cameralibus (von 1750—1762) nicht im Archiv der Hofkammer sondern in jenem der vereinten Hofkanzlei aufbewahrt.

c) Die Akten der Inkammerirung des tyrolischen Postgefälles im Jahre 1769, bei welcher Gelegenheit die obwaltenden Verhältnisse der Postkurse und Konvenzionen ohne Zweifel zur Sprache gebracht wurden, sind, wie man schon öfters in dem Falle war der hohen Hofkammer anzuzeigen, schon während ihrer Aufbewahrung bei der kurrenten Registratur in Verlust gerathen und nie ins Archiv gelangt, wodurch auch dieser Anhaltspunkt einer möglichen Nachweisung verloren geht. So weit die hierortigen Akten reichen, sind mit Salzburg drei Postkonvenzionen geschlossen worden: Eine im Jahre 1752 welche aber nur die Postwagenfahrt zum Gegenstande hat, eine spätere vom Jahre 1772 die zwar das Briefpostgefäll behandelt, aber nur einige streitige Puncte berührt, unter denen sich der Fall der Frage nicht befindet. Endlich eine dritte vom Jahre 1784 ebenfalls nur den Postwagen betreffend.

Daß bereits in frühester Zeit der Briefpostkurs von Salzburg nach Innsbruck über Reichenhall gieng erhellt zwar aus den Akten vom 11. December 1750; über die Modalitäten aber gibt auch dieses Geschäftsstük keinen nähern Aufschluß. Es scheint vielmehr natürlich, daß, da das bairische Städtchen Reichenhall zwischen den beiden salzburgischen Poststazionen Salzburg und Unken enclavirt war, die Regulirung des Postenlaufs zwischen diesen beiden letztern über Reichenhall immer nur Sache der salzburgischen Regierung war und nicht leicht in den Verhandlungskreis der österreichischen Behörden gelangte.

Obschon nun die gesammelten Akten nach hierortigen Ermessen die gestellte Aufgabe keineswegs lösen, so glaubt man sich doch weder mit einer bloßen Versicherung begnügen, noch der höheren Einsicht vorgreifen zu dürfen, und legt daher dieselben von dem dazu gehörigen Elenche begleitet, in der Anlage gehorsamst vor.

Wien, am 14. April 1838.

Grillparzer.

30.

Bericht über die Verhältnisse des Grundeigenthums des Kastells und der Bergschanze St. Veit zu Triest.

Die mittelst der hierneben sammt Beilage ehrfurchtsvoll zurückgeschlossenen hohen Dekretazion vom 19. April abgeforderten Nachweisungen über das Eigenthum des Kastells und die Bergschanze St. Veit in Triest wurden dadurch erschwert:

1. Daß die Akten des Archivs, mit Ausnahme weniger Urkunden, erst vom Jahre 1526 zu laufen anfangen, indeß der Bau des Kastells und die Feststellung der Grund und Eigenthumsverhältniße in eine viel frühere Zeit fällt.

2. Daß nach dem Tode Kaiser Ferdinand I. bis zu Ende des siebenzehnten Jahrhunderts die inner österreichischen Provinzen im Besitz einer österreichischen Nebenlinie waren, die ihre abgesonderte Verwaltung, eine eigene Hofkammer und eigene Archive hatte, so daß erst mit dem Jahre 1705 die Landesgeschäfte sich mit denen der übrigen Provinzen wieder vereinigten.

Man war nichtsdestoweniger bemüht die Bruchstücke zu sammeln, die sich in dieser Beziehung hierorts vorfinden und legt dieselben von dem dazu gehörigen Elench begleitet gehorsamst vor. Wenn auch keine unmittelbar entscheidenden Bestimmungen daraus hervorgehen, so dürfte doch der Umstand, daß die Befestigungen der Stadt Triest selbst von der Stadtgemeinde bestritten worden sind, dagegen die Herstellungen an den Kastell und der Schanze St. Veit den landesfürstlichen Renten zur Last fielen, vielleicht zu einer Folgerung auf das Eigenthumsrecht Anlaß geben. Das Archiv der vereinigten Hofkanzlei ist angeordnetermaßen um Mittheilungen der dortigen Behelfe angegangen worden, man hat aber nur die Versicherung erhalten, daß sich daselbst durchaus nichts über diesen Gegenstand vorfinde.

Wien, im Juni 1838.

Grillparzer.

31.

Bericht über die Gesuche des Universitäts-Syndikus Ritter von Heintl um Benützung des Archivs und Einsicht in die Hetzendorfer Akten.

In den hieher gelangten, in der Anlage ehrfurchtsvoll zurückgeschlossenen beiden Gesuchen bittet der Universitäts Syndikus Ritter v. Heintl um die Bewilligung, die im Hofkammerarchiv befindlichen, auf die Wiener Universität Bezug nehmenden Akten zum Behufe einer von ihm beabsichtigten Geschichte dieser Hochschule benützen zu dürfen.[1])

Bei der rein wissenschaftlichen Tendenz des Werkes und der Stellung des Verfassers als Syndikus der Universität dürfte der Erfüllung dieses Wunsches wohl kein Hinderniß im Wege stehen.

Ebenso zulässig scheinet seine zweite Bitte: um Einsichtnahme in die hier erliegenden Hetzendorfer-Acten. Einerseits ist von Heintl, wie verlautet, gegenwärtig Besitzer der Herrschaft Hetzendorf und daher wohl zu einer solchen Einsicht befugt, anderseits sind die Akten selbst, — die außer dem Urbar und dem Verkaufscontrakte mit dem Grafen Seilern, lediglich aus Bestandkontrakten mit den Unterthanen, Uebersichten der Einnahmen und Ausgaben, Werth Anschlägen u. drgl. bestehen — vollkommen anstandslos.

Ohnehin werden, wenn der Bittsteller, wie nicht zu zweifeln, in der Folge Abschriften oder Auszüge aus einzelnen Stücken zu besitzen wünschte, dieselben ordnungsmäßig der hohen Hofkammer vorgelegt und eine Copirung nicht vor eingelangter hoher Erlaubniß und nach eingelangtem Reverse gestattet werden.

Wien, am 12. August 1838.

Grillparzer.

32.

Bericht werden dessen jene Hopfenberg-Akten vorgelegt werden, welche der Eigenthümer der Herrschaft Maner v. Herad in seiner Absicht zu besitzen wünscht.

Der hiesige Universitäts-Syndikus und Studien-Vice direktor von Heintl, dem in Folge hohen Dekretes vom 16. August 1835 die Einsicht in die hier erliegenden, die Herrschaft Hopenberi betreffenden Akten gestattet wurde, hat uns bezeichnet die in der Anlage befindlichen Stücke als diejenigen bezeichnet, von welchen er accurate Abschriften für seine Herrschafts-Kanzlei zu besitzen wünscht.

Es sind diese:

Ein Urkunde enthaltend des Urbar des Dorfes Hopenberi vom 20. Juli 1744.

Des Rezesses nach unterm 22. Jänner 1754 zwischen der Herrschaft und der Gemeinde Hopenberi errichteten Tagsatzungsvertrages.

Gemeinliche Abfertigung der Hopenberi Unterthanen vom 3ten März 1769.

Eine Beschreibung sämmtlicher Gärten in Hopenberi ohne Datum.

Deren Abschläge über der dem hohen adelichen Ritter Orden der Commende Wien angehörigen Unterthanen in Hopenberi und nach welchem sie unter der hohen Botmäßigkeit zur Dienst.

Ein sämmtlicher Aufsatz über der Bestimmung, dessen Antworten gegen Bezahlung des gewöhnlichen Meßwerts dem Schneider zu Hopenberi.

Wien am 21. August 1836.

Heintl.

33.

Bericht über das von der k. k. vereinigten Hofkanzlei gestellte Verlangen um Abtretung der mährischen Tranksteuer-Akten.

Mittelst hohen Dekrets vom 5. April 1838 wurde der in der Anlage ehrfurchtsvoll rückgeschlossene Protokolls Auszug der k. k. vereinten Hofkanzlei hieher geleitet, welcher, unter andern, auch das Ansuchen enthält, die im hierortigen Archiv vorhandenen mährischen Tranksteuer-Akten an das Archiv der vereinigten Hofkanzlei zur Aufbewahrung zu übertragen. . .

Was nun zuerst die Verzögerung betrifft, so lag der Grund davon größtentheils in überhäuften Arbeiten; da geraume Zeit hindurch Bericht auf Bericht sich drängte, indeß durch Urlaubsabwesenheit zweier Beamten und gleichzeitige schwere Erkrankung zweier Anderer, das Archivs-Personal außer dem Unterzeichneten, auf drei, ja endlich auf zwei Individuen herabgebracht war.

Ein anderer Grund lag in der Natur der Arbeit selbst: da die mährischen Tranksteuer Akten keine abgesonderten Bücher haben, sondern mit den Tranksteuerakten der übrigen Provinzen vermischt sind, so mußte, um über die Beschaffenheit der Akten ein Gutachten abzugeben, der ganze Vorrath Stück für Stück durchgangen, sich von dem Vorhandensein der Originalien und Beilagen u. drgl. überzeugt werden, was, besonders bei häufigen Unterbrechungen durch andere Arbeiten, nothwendig viel Zeit erfordert.

Zugleich schien auch wohl der Gegenstand, wenn schon im Drange der Geschäfte verschoben werden mußte, unter die verschiebbarsten zu gehören.

Um auf die Akten selbst zu kommen, so stellen sie sich nicht als sehr bedeutend dar. Man kann in dieser Hinsicht drei Epochen bezeichnen.

Vom Jahre 1777 bis 1782 in welchem letzteren Jahre die Hofkammer mit der Hofkanzlei in eine Behörde vereinigt wurde wurden alle wichtigeren Gegenstände im mündlichen

Wege zwischen den Hofstellen behandelt. Die hiesigen Akten enthalten daher, außer einigen wichtigen Diszipinargegenständen, blos die Voten für die Konzertazion, indeß alle Originalien sich ohne Zweifel bei der k. k. vereinten Hofkanzlei befinden müssen.

Im Jahre 1782 werden die Akten für eine kurze Zeit bedeutender.

Einzelne Allerhöchste Entschließungen und Verträge, obwohl kaum über Systemalfragen, kommen vor. Es scheint, als ob nach erfolgter Vereinigung der Hofstellen, zur Vermeidung der doppelten Behandlung, der Hofkammer auch die weitere Verhandlung in Gegenständen, bei der ihr die Initiative zustand, ausschließlich überlassen worden sei. Aber schon im Jahre 1785 ändert sich dieses Verhältniß, und die Akten werden wieder inhaltleerer.

Noch mehr ist dies der Fall vom Jahre 1791, in welchem Jahre die Trennung der Hofstellen erfolgte.

Im Jahre 1801 erscheint ein einziges Stück, und von da an bis zum Jahre 1808 (bis wohin die hierortigen Trankstener-Akten reichen) verschwindet die mährische Tranksteuer ganz aus den hierortigen Akten.

So wenig bedeutend nun im Fall einer Uebertragung, dem Inhalte der Akten nach, der Verlust für die Hofkammer sein würde; so erwünscht es der k. k. vereinten Hofkanzlei sein muß, alle Verhandlungen über die ihr zunächst unterstehende mährische Tranksteuer in ungetrennter Uebersicht beisammen zu haben, so wenig Interesse endlich das Hofkammer Archiv hat, der mit einer solchen Ausscheidung verbundenen Veränderung seiner Verantwortlichkeit und Arbeit entgegenzusteuern, so sind doch auch Gründe, welche für die Beibehaltung der Akten in ihrem gegenwärtigen Verwahrungsorte sprechen.

Die Trennung der Akten in ihrer gegenwärtigen Gestalt ist bei Errichtung der mährischen Tranksteuer ausdrücklich gewollt.

Schon in der ersten Instruction werden die Fälle benannt, wo die Behörden sich an die Hofkammer zu wenden haben, indeß alle anderen Geschäfte an die Hofkanzlei geleitet wurden. Im allgemeinen sind es: Gefälls=Ertrags=Ausweise, Manipulations=, Kontrebands=, Malversations= und Pensionsgegenstände, welche auf diese Art der Kammeralaufsicht unterstellt wurden.

Die hohe Hofkammer hat somit alle diese Geschäfte in Folge eigener Amtswirksamkeit besorgt. Es liegt etwas Unsystematisches darin, daß ein Theil des Umkreises dieser Amtswirksamkeit bis auf die letzten Spuren aus der Erinnerung und Uebersicht verschwinde.

Die mährischen Tranksteueraften sind zwar in den Faszikeln gesondert, sie haben aber keine eigenen Bücher.

Wenn in der Folge der Jahre das Faktum der Abtretung minder dem Gedächtniß gegenwärtig sein wird, und von den Behörden erstattete Berichte, von der Hofkammer erflossene Entscheidungen zitirt werden, dürfte mancher unausführbare Auftrag, manches mühsame Nachsuchen Platz greifen, bis man sich endlich überzeugt, daß das gesuchte Hofkammerstück in dem Archiv der k. k. vereinten Hofkanzlei zu finden sei.

Man erinnere sich hiebei, wie vag oft die Bemühungen, wie häufig kumulativ die behandelten Gegenstände und wie schwer es daher oft sei, Akten=Abtheilungen und Materie von vornherein auszumitteln.

Endlich und das ist der Hauptgrund, stehen diese Tranksteueraften der k. k. vereinten Hofkanzlei im Hofkammer=Archiv nicht minder zu Diensten als in ihrem eigenen.

Was die Frequenz der Aushebung dieser Akten betrifft, so sind sie in neuester Zeit ziemlich häufig verlangt worden, was wohl wenigstens in der Regulirung der Verzehrungssteuer und neuerlich in Verhandlungen über die Entscheidung der mährischen Stände seinen Grund haben dürfte.

Mit diesen Bemerkungen erlaubt man sich, in der zweiten Anlage die Akten selbst gehorsamst vorzulegen. Die dabei befindlichen Elenche vertreten die Stelle der Verzeichnisse, deren Anfertigung mittelst des öfter zitirten hohen Hofdekretes angeordnet wurde.

Sollte übrigens eine Abtretung an die k. k. vereinigte Hofkanzlei dennoch stattfinden, so bittet man dieselbe nur durch das Medium des Hofkammer-Archivs Platz greifen zu lassen, da die abzutretenden Stücke vor allem in den hierortigen Repertorien abgethan werden müssen.

Wien, am 31. August 1838.

Grillparzer.

34.

Bericht mittelst dessen ein Verzeichniß über die im Hofkammer-Archiv vorfindigen ältern ungarischen Landesakten vorgelegt wird.

Mittelst hohen Dekretes vom 11. März 1839 erhielt der Unterzeichnete den Auftrag: ein Verzeichniß über alle in dem Archiv der allgemeinen Hofkammer aufbewahrten älteren ungarischen und siebenbürgischen Landtagsakten zum Gebrauche des geheimen Staats-Archivs mit thunlichster Beschleunigung verfassen zu lassen und sohin vorzulegen.

Die ungarischen Diätal-Verhandlungen fanden sich bereits in Folge eines frühern hohen Dekrets vom 31. März 1834 gesammelt und verzeichnet, so daß gegenwärtig — da man sich bewußt ist, schon damals mit der größten Genauigkeit zu Werke gegangen zu sein — nichts weiter erforderlich ist, als dieses Verzeichniß in der Anlage ehrfurchtsvoll zu reproduziren. Sie reichen bis zum Jahre 1715, von wo sie sich vollständig bei der k. ungarischen Hofkanzlei befinden, dagegen aber im Hofkammer-Archiv nicht mehr vorkommen.

Desto spärlicher ist die Ausbeute an siebenbürgischen Landtagsakten, was sich wohl daraus erklärt, daß das Land in früherer Zeit sich fortwährend unter türkischer Oberherrschaft und unter eigenen Wahlfürsten befand, und als es wieder an Oesterreich gelangte, schon die Uebung obwaltete die Landtags-

Verhandlungen ausschließlich bei der politischen Hofstelle zu sammeln, und demnächst durch den Druck zu veröffentlichen.

Auf mündliche Anfrage hat man auch wirklich die Auskunft erhalten, daß diese Landtagsakten sich vollständig bei der siebenbürgischen Hofkanzlei vorfinden. Das Hofkammer-Archiv besitzt lediglich einige wenige unzusammenhängende Bruchstücke, welche man nichts desto weniger gesammelt hat, und worüber man das Verzeichnis in der 2. Anlage gehorsamst vorlegt.

Wien im März 1839.

Grillparzer.

35.

Bericht über die von dem Archivar des Haus-, Hof- und Staatsarchivs Joseph Chmel angesuchte Benützung des Hofkammerarchivs.

In dem mittelst hoher Dekretazion vom 18. Jänner 1839 hieher gelangten, in der Anlage ehrfurchtsvoll zurückgeschlossenen Note verwendet sich die k. k. geheime Hof- und Staatskanzlei für den Archivar des Haus-, Hof- und Staatsarchives Joseph Chmel um die Erlaubniß zum Behuf einer von ihm beabsichtigten Geschichte der beiden Kaiser Friedrich IV. und Maximilian I. das Hofkammerarchiv benützen zu dürfen.[1])

Die in der Natur der Sache selbst liegenden und von der k. k. geheimen Hof- und Staatskanzlei bereits auseinandergesetzten Gründe sind von der Art, daß sie nicht den kleinsten Bedenklichkeiten Raum geben, und die Archivs-Direkzion wird im Falle der nach hierortiger Ansicht ohne Anstand zu ertheilenden Bewilligung alles aufbiethen um den Wünschen des Verfassers in jeder Art entgegen zu kommen.

Ja, die ämtliche Stellung desselben scheint den größten Theil der sonst in ähnlichen Fällen gewöhnlichen Vorsichts maßregeln überflüssig zu machen, und von Seite der unterzeichneten Direction keine andern Vorkehrungen zu bedingen als welche mit der Ueberwachung des Bestandes der Akten und deren Evidenzhaltung nothwendig und alle Zeit verbunden sind.

Sollte über ein oder das andere Stück von fortwirkender Rechtskraft ein Bedenken entstehen, so würde man ohnehin nicht säumen darüber die höhere Belehrung und Entscheidung pflichtmäßig einzuhohlen.

Wien am 26. Juni 1839.

Grillparzer.

36.

Bericht mittelst dessen das Urbar der Herrschaft Ebersdorf vorgelegt wird.

In dem mittelst hohem Dekrete vom 4. Juli 1839 in der Anlage ehrfurchtsvoll angeschlossenem Bericht bittet die k. k. n. ö. Kameral-Verwaltung um Ausfolgung des Urbars der Stiftungsfondsherrschaft Ebersdorf in Original, von welchem Urbar derselben, oder vielmehr der Herrschaft, schon im Jahre 1750 eine vidimirte Abschrift mitgetheilt worden ist.

Das Hofkammerarchiv besaß von jeher nur zwei Urbare von Ebersdorf. Ein älteres vom Jahre 1544, welches aber ein Pfarr-Urbar ist, und daher gegenwärtig übergangen wird, und ein zweites vom Jahre 1575, von dem das in Händen der Herrschaft befindliche die Kopie ist.

Indem man das zweite in hierortigem Gewahrsam befindliche Urbar in der weiteren Anlage gehorsamst vorlegt, zeigt sich jedoch die wesentliche Differenz, daß es statt von 1575, auf der Decke mit der Jahreszahl 1563 überschrieben ist.

Nichts desto weniger zweifelt man nicht, daß es mit jenem eines und dasselbe ist. Es wurde nämlich, wie der Augenschein lehrt, in den letzten 50 oder 60 Jahren neu gebunden, bei dieser Gelegenheit der mit der Jahreszahl bezeichnete Buchdeckel zerstört, und da im Kontext des Urbars selbst ein Datum nicht vorkommt, bei der neuen Überschreibung ungeschickter Weise die Jahreszahl des eingeschalteten

Robotspatentes von Ferdinand I. zum Anhaltspunkt der Datirung genommen.

Die Vergleichung des vorliegenden Exemplares mit der in Händen der Herrschaft Ebersdorf befindlichen Abschrift muß die hier geäußerte Vermuthung bestätigen oder wider legen. Man zweifelt jedoch im Voraus nicht an der Richtigkeit der hier geäußerten Meinung, da früher nie eine Erwähnung eines Urbars vom Jahre 1563 geschieht, indeß das von jeher im Hofkammerarchive befindliche Urbar von 1575 gegenwärtig daselbst fehlt.

Die Mittheilung desselben an die n. ö. Kameralgefällen-Verwaltung dürfte keinem Anstande unterliegen, obschon dieselbe, wie der Augenschein lehrt, hinsichtlich der entstandenen Zweifel über Form und Beweiskraft des Inhalts, daraus wenig Nutzen schöpfen wird.

Was jedoch die weitere Bitte der Kameralgefällen-Verwaltung betrifft: dieses Urbar für jetzt und immer der Herrschaft Ebersdorf ins Eigenthum zu übergeben so muß man sich aus mehreren Gründen bestimmt dagegen erklären:

1. Würde auf diese Art die schätzbare Sammlung zerrissen, welche das Hofkammer-Archiv von allen sowohl gegenwärtigen als vormaligen Staatsherrschaften besitzt.

2. Eben weil das vorliegende Urbar aller Unterschriften und sonstigen Beglaubigungen entbehrt, entsteht die einzige Beweiskraft für die darin enthaltenen Angaben aus dem bisherigen Aufbewahrungsorte desselben, indeß es in den Händen einer Parthei, der Herrschaft, zu einem nichts sagenden Entwurf herabsinken würde.

3. Benöthigt nicht blos die Herrschaft sondern im Falle der Kontestazionen und Rechtsstreite auch die politische und Justizbehörde, die Hofkammerprokuratur u. s. w. die Einsicht in das Urbar, ja selbst die Unterthanen haben den Anspruch, sich mit Bewilligung der hohen Hofkammer, Abschriften und Auszüge daraus zur Wahrung ihrer Rechte zu verschaffen.

4. endlich leistet der Herrschaft eine beglaubigte Abschrift
dieselben Dienste als das Original.

Wien, im Juli 1839.

Grillparzer.

37.
Bericht mit der Bitte um Zuweisung eines Praktikanten.

So eben erhielt man die Nachricht, daß der dem Hofkammer-Archiv beigegebene Praktikant Ferdinand Freiberger gestorben sei.

Indem man hievon die gehorsamste Anzeige macht, erlaubt man sich zugleich die Bitte, dem Hofkammer-Archiv einen anderen Praktikanten zuzuweisen.

Die Unzulänglichkeit der systemisirten Beamten bei der stets sich mehrenden Häufung der Geschäfte im Konzepts- und Manipulationssache ist seit lange gefühlt worden und hat die Zuhülfenahme von Praktikanten zur Folge gehabt.

Das Hofkammerarchiv, das seine Acten bis auf 50.000 Faszikel anwachsen gesehen, ohne Vermehrung des Personals, ja dem sogar vor einigen Jahren, nach dem Austritte des zu der Reichsregistratur gezogenen Registranten Popp, eine systemisirte Registrantenstelle durch Nicht-Wiederbesetzung entzogen worden ist, fühlt die Nothwendigkeit solcher Hülfsindividuen vielleicht mehr als jede andere Abtheilung.

Namentlich häufen sich die Kopiaturgeschäfte in steigendem Verhältnisse durch den Umstand, daß die ältern Akten, wenn sie nach der Benützung in den Bureaux, nach stattgefundener Versendung mitunter in die entlegensten Provinzen ins Archiv zurückgelangen, sich häufig so zerstört, so zerrissen befinden, daß, wenn nicht wenigstens die äußersten Bogen neu abgeschrieben werden, die wichtigsten Akten bei erneuter Aushebung schlechterdings zu Grunde gehen müßten.

Rechnet man noch hierzu den üblen Gesundheitszustand einiger der hierortigen Beamten, welcher oft längere Abwesen-

heit derselben zur Folge hat, sowie daß mehrere Manipulations-
Abtheilungen der hohen Hofkammer 3 und mehrere Prakti
kanten zählen, so kann die Bitte um Beigebung eines Einzigen
nicht unter die unbescheidenen gezählt werden.

Wenn es ferner dem Unterzeichneten erlaubt wäre, diesen
seinen Wunsch bis auf die Bezeichnung eines bestimmten
Individuums auszudehnen, so glaube derselbe in der Person
des der Bancoregistratur zugetheilten Praktikanten Radler,
einen solchen gefunden zu haben, der sowohl Lust zum Archiv-
geschäfte zeigt, als durch mehrjährige Praxis in verschiedenen
Registraturs-Abtheilungen die Hoffnung einer entsprechenden
Verwendung gibt.

Wien am 24. September 1839.

Grillparzer.

38.

Bericht über die Frage: ob einer der beiden Archivs-Adjunkten zur
Leitung der alten Registratur abgegeben werden könne?

Hohes Präsidium der k. k. allgemeinen Hofkammer.

.. Ehe man sich hierüber eine bestimmte Meinung auszusprechen erlaubt, sieht man sich genöthigt einige Bemerkungen
vorauszuschicken. Das Hofkammerarchiv, das mit seinen (wenn-
gleich nicht häufigen) Urkunden bis in das 13. und 14., mit
seinen Akten bis zum Anfang des 16. Jahrhunderts hinaufreicht,
besteht gegenwärtig aus mehr als 60.000 Faszikeln, und ist
außer den fortlaufenden Hofkammerakten aus den verschiedenartigsten Bestandtheilen zusammengesetzt: Verhandlungen, jetzt
nicht mehr bestehender, kaum noch dem Namen nach bekannter
Behörden, Kommissionen, Konsessen aller Art, Spezial- und
Invidiual-Abtheilungen des mannigfaltigsten Inhalts. Je
mehr in den Jahren zurück, um so mehr erweitert sich der
Kreis, bis zuletzt das zu Finanzzwecken ausgebeutete Lehens-
wesen, Verfassungsfragen und Landtagsbewilligungen, ja ein
guter Theil des directen Steuerwesens sich einbezogen finden.

Wie schwer es für einen nur mit den gewöhnlichen Schulkenntnissen ausgerüsteten mindern Beamten sein müsse, sich in diesem Chaos zurecht zu finden, leuchtet an sich ein.

Ja selbst die neuere Zeit vereinigt die Schwierigkeiten, die jede Registratursabtheilung in ihrem abgesonderten Fache findet, für den Archivsbeamten zu den komplizirtesten Ganzen. Ohne wenigstens in allgemeinen Umrissen das Faktische der einzelnen Geschäftszweige mit Einschluß der hervorgebrachten Ausdrücke und Kunstworte zu wissen, ist es bei vielen Akten-Anforderungen unmöglich das Begehren zu verstehen, viel weniger das Begehrte zu suchen und zu finden.

Und das nun in so vielen Abtheilungen, in dem ganzen weiten Geschäftskreise der allgemeinen und montanistischen Hofkammer.

Dazu kommt noch die Natur der meisten Aufträge, die das Archiv erhält, von dem man gewöhnlich nicht ein bestimmtes Aktenstük, eine genau begränzte und leicht zu übersehende Reihe von Verhandlungen fordert, wobei ein geschickter Akzessist oder Registrant sich mehr oder weniger leicht zurechtfindet. Die Aufträge an das Archiv sind größtentheils in eigentlicher Systemalform darzulegen, wie es zu allen Zeiten der Monarchie mit diesem oder jenem Gegenstande gehalten worden sei; aus der Masse gleichnamiger Verhandlungen die beweisenden Stücke für diesen oder jenen Anspruch herauszufinden. Indeß der Registratursbeamte bei verwickelten Fragen immer Jemanden findet, der aus Erinnerung oder Geschäftskenntniß ihm auf die Spur helfen kann, ist das Archiv berufen Verhältnisse aufzuklären, die nicht zu wissen selbst dem erfahrensten Geschäftsmann erlaubt ist.

Zu diesen inneren Schwierigkeiten des Archivdienstes, kommen noch die äußern, die aus der Beschaffenheit der ältern Akten hervorgehen. Unzuverläßliche Repertorien zwekwidrig geführte Indices; in den Akten selbst das Zusammengehörige getrennt, das Verschiedenartige blos der Gleichzeitigkeit der Verhandlung wegen zu einem und demselben Geschäftsstücke vereinigt, ohne daß Nachweisbuch und Index von den einzelnen Bestandtheilen Rechenschaft geben.

Alle diese Umstände machen, daß nur ein lang dienender, mit einer Masse von Notizen und Erfahrungen ausgerüsteter Beamter für die eigentlichen Archivs-Geschäfte mit Nutzen verwendet werden kann.

Derlei Eigenschaften kann nun zwar allerdings auch ein fähiger Registrant in sich vereinigen, eine sichere Bürgschaft aber, daß im Hofkammer-Archiv sich immer und jederzeit wenigstens zwei solcher Beamten finden werden, liegt nur in der Beigebung und Beibehaltung zweier Adjunkten, weßhalb denn auch schon im Jahre 1783, mithin in einer Zeit, wo das Hofkammer-Archiv um etwa 20.000 Faszikel weniger besaß als jetzt, diese Anzahl bestimmt wurde und bis nun unabänderlich geblieben ist.

Was hier von dem zunächstliegenden Aushebungsgeschäfte gesagt worden ist, gilt natürlich im verstärkten Maßstabe von den Arbeiten zur Sichtung und Ordnung des ältern Aktenvorrathes, Arbeiten, die von der Archivs-Direkzion nie außer acht gelassen worden sind, wie die in den letzten Jahren der hohen Hofkammer vorgelegten Elaborate: Verzeichniß sämmtlicher Urkunden des Hofkammer-Archivs in zwei Foliobänden, Realindex der gesammten Kommerzacten, alphabetisch geordnete Nachweisung des sämmtlichen Aktenvorraths des Archivs —
— sämmtlich von den hiesigen beiden Adjuncten verfaßt, — vollgiltiges Zeugniß gegeben haben.

Wenn durch die Errichtung der alten Registratur dem Archiv wirklich eine Verminderung seiner Geschäfte zu Theil geworden wäre, (ich kann aber nur eine Nicht-Vermehrung zugeben) so käme diese Verminderung oder Nicht-Vermehrung allenfalls den Akzessisten und Registranten zu Gute; das Geschäft und daher die Unentbehrlichkeit der beiden Adjunkten aber hat dadurch, wie aus obigen erhellt, keine Veränderung erlitten.

Aber auch hierin ist das Gleichgewicht zwischen Vortheil und Entgang mehr als genügend schon dadurch wieder hergestellt worden, daß der mit hoher Verordnung vom 25. December 1816 der Reichsregistratur zugewiesene hierortige Registrant Franz Popp, seitdem, ungeachtet wiederholter Vorstellungen, nicht wieder auf seinen Posten zurückgekehrt, und wie verlautet bei der letzten Staatsregulirung im Jahre 1829 beschlossen worden ist, dessen Stelle in Zukunft eingehen zu lassen, wodurch die Zahl der hierortigen Registranten ohnehin von 4 auf 3 herabgebracht worden ist.

Sollte die alte Registratur bei Gewinnung eines größern Raumes für das Hofkammerarchiv wieder mit letzterem vereinigt werden so wird man sich der zuwachsenden Arbeit, entweder mit dem bisherigen, oder, nach Ausschlag der Erfahrung, mit billigerweise vermehrtem Personal bereitwillig unterziehen, bis dahin aber bittet man diesem Archive durch Entziehung einer Adjunktenstelle nicht geradezu die Wurzeln seines Gedeihens, ja Bestehens, abzuschneiden.

Schließlich bemerkt man, daß die allerhöchste Entschließung vom Jahre 1783, mit Systemisirung zweier Adjunkten für das Hofkammer-Archiv deshalb hier nicht beigelegt wird, weil sie auf einen im Archive der k. k. vereinten Hofkanzlei befindlichen Vortrag des damals bestandenen Directoriums erfolgte, der sehr beschädigt ist, und da er zugleich den Status der Hofkanzlei enthält, daselbst unschwer vermißt wird; die einzige darin vorkommende hieher bezügliche Stelle lautet wörtlich:

»Das alte Hofkammer-Archiv wird von einem Archivs-Secretär und Registrator mit 1500 fl. Gehalt, zween Adjunkten, jeder mit 800 fl. und drei Registratoren: der erste zu 800 fl. die beeden letztern mit 600 fl. nebst einem Atzessisten zu 300 fl. Besoldung besorgt, wobei es zwar zu verbleiben hat, jedoch die daselbst auch noch vorhandenen fünf Praktikanten, deren jeder mit 200 fl. besoldet ist, künftighin, wenn es anderst möglich ist, nicht mehr zu ersetzen, sondern ganz eingehen zu lassen sind.«

Woraus übrigens beiläufig noch hervorgeht, daß damals das Hofkammerarchiv mit 20 bis 30.000 Faszikel weniger, mehr arbeitende Hände zählte als im gegenwärtigen Augenblike.

Wien, am 1. Dezember 1840.

Grillparzer.

39.

Bericht mittelst dessen das Gesuch des Striptors der k. k. Hofbibliothek Anton von Gevay um Bewilligung zur Benützung des Hofkammer-Archivs vorgelegt wird.

Das im Anschlusse befindliche Gesuch des Striptors der k. k. Hofbibliothek Anton v. Gevay zum Behufe einer Sammlung von Urkunden und Aktenstüken zur Geschichte der Verhältnisse zwischen Österreich und der Pforte im 16. und 17. Jahrhunderte, wovon die ersten sechs Lieferungen bereits im Druck erschienen sind, auch das Hofkammer-Archiv benützen zu dürfen, ist der unterzeichneten Direktion im kurzen Wege zugekommen.

Zur Ersparung wiederholter Aufträge und Berichtserstattungen, erlaubt man sich schon gegenwärtig die Aeußerung abzugeben, daß, da der Bittsteller selbst österreichischer Staatsbeamter ist und über seine Rechtlichkeit und Geschicklichkeit kein Zweifel obwaltet, ihm deshalb auch bereits der Zutritt zu dem Archive der k. k. Haus-, Hof- und Staatscanzlei, dann des k. k. Hofkriegsrathes gestattet worden ist, und überdieß sein Werk im Inlande mit österreichischer Censur gedruckt wird, der Willfahrung seines Gesuches unter den gewöhnlichen Vorsichten, nach hierortiger Ansicht, kein Hinderniß im Wege stehen dürfte.

Wien, im Dezember 1840.

Grillparzer.

40.

Bericht über den beabsichtigten Diensttausch des Archivs-Akzessisten Theodor von Karajan und des Amanuensis der k. k. Hofbibliothek Mathias Pablasek.

Durch die hohe Dekretazion vom 31. Jänner 1841 wird der Unterzeichnete aufgefordert, über den beabsichtigten Diensttausch des hierortigen Akzessisten Theodor von Karajan mit dem Amanuensis der k. k. Hofbibliothek, Mathias Pablasek, sein Gutachten zu erstatten.[1]) Er entledigt sich hiermit unter ehrfurchtsvoller Rückschließung der Beilagen dieses hohen Auftrages.

Vor allem ist nicht zu leugnen, daß das Hofkammer-Archiv durch den Austritt des Akzessisten Karajan einen eigentlichen Verlust erleiden wird. Voll Kenntnisse und Fähigkeiten, bereits mit einem guten Namen in der literarischen Welt, muß es jeder Behörde erwünscht sein, diesen jungen Mann unter ihre Beamten zu zählen.

Aber einerseits zeigt schon der von ihm ausgehende Wunsch dieses Diensttausches, daß seine Neigung dem Archivsdienste nicht vorzugsweise zugewendet ist. Wissenschaftliche Bestrebungen pflegen sich gern auf Kosten aller Nebenbeschäftigungen Platz zu machen, und wenn auch die Kraft und das Feuer der Jugend Anfangs erlauben, mehrere Zwecke gleichzeitig mit gleicher Hingebung zu verfolgen, so tritt doch später gewöhnlich das Naturgesetz der stärkern Anziehung ein, und selten hat noch die Liebe zum Dienst den Sieg über die literarische Neigung davongetragen.

Anderseits ist ebenso wenig zu verkennen, daß außer jener vorwaltenden Neigung auch die Art von Karajans Kenntnissen (historische und alte Sprachstudien) im Bibliotheksdienste einen viel angemesseneren Spielraum finden, als im Hofkammer-Archiv. Da nun Archiv und Bibliothek demselben Vaterlande angehören, und Karajan ein vortrefflicher Bibliothetsbeamter sein wird, indeß in den Registraturgeschäften des Archivs Manche und Viele ihm gleichkommen, ja ihn übertreffen mögen, so scheint es gegen die Grundsätze einer klugen Haushaltung ihn von dort auszuschließen, wohin er vor allem paßt, und da zurückzuhalten, wo er leicht ersetzt werden kann.²)

Über diesen Ersatz nun in der Person des Bibliotheks-Amanuensis Mathias Pablasek ist es dem Unterzeichneten nicht erlaubt, sich mit gleicher Ueberzeugung auszusprechen, da er ihm minder bekannt ist. Er gilt aber für einen fleißigen, gutartigen, in jeder Hinsicht lobenswerthen Beamten, der die Dienste der Hofbibliothek nur darum verläßt, weil, nachdem eine erledigte Skriptorsstelle nothwendig mit einem Orientalisten besetzt werden mußte, sich ihm in den nächsten zehn bis fünfzehn Jahren keine Aussicht auf Beförderung darbiethet, was für Karajan, der einiges Vermögen besitzt, weniger zurückschreckendes hat.

Pablasek ist übrigens absolvirter Jurist. Grund genug, auf seinen Besitz einen großen Werth zu legen.

Das Hofkammer-Archiv bedarf in seiner ungarischen Abtheilung, beim Abgang geborener Ungarn, als Nachwuchs dringend eines Beamten, der geläufiges Verständniß der lateinischen Sprache mit juristischen Kenntnissen vereinigt. Hat gleich Pablasek sich nicht das ungarische Recht eigen gemacht, so wird doch der Uebergang ihm leichter fallen als jedem Andern, und man erwartet von ihm gute Dienste.

Als Beweis für seine sonstige Geschiklichkeit darf angeführt werden, daß er Verfasser einer allgemein geschätzten französischen Sprachlehre ist, die man selbst als Vorlesebuch in der Neustädter Militär-Akademie angenommen hat. Auch eine Autorschaft, die aber nur die Fähigkeit des Verfassers beurkundet, ohne durch die Furcht einer zu leidenschaftlichen Entwicklung dem Dienste Gefahr zu drohen.

Wenn endlich Karajan in den Archivsgeschäften geübt, und Pablasek darin noch unerfahren ist, so ist letzteres bei jedem neu Aufzunehmenden der Fall, und da man Karajan doch nicht gegen seinen Willen im Archive zurückhalten kann, so gibt es auch kein Mittel sich seiner Diensterfahrung, sei es nun mit oder ohne Diensttausch, zu versichern.

Unter diesen Umständen bin ich der Meinung, daß der angeregte Stellentausch, ohne Schaden, ja sogar vielleicht mit Nutzen für das Hofkammer Archiv stattfinden könne.

Wien, am 5. Februar 1841.

Grillparzer.

41.

Bericht mittelst dessen die Akten über den im Jahre 1780 stattgefundenen Verkauf der Herrschaft St. Veit an das Wiener Erzbißthum vorgelegt werden.

In dem mittelst hoher Dekretation vom 16. August 1841 hierher gelangten, in der Anlage ehrerbietig rückgeschlossenen Gesuche bittet die Wiener fürsterzbischöfliche Güter-Direktion um Mittheilung der Anschläge, auf deren Grundlage die Herrschaft St. Veit an der Wien im Jahre 1762 von dem Erzbißthum an den Staat und im Jahre 1780 von Letzterem wieder an das Erzbißthum zurückverkauft worden ist.[1])

Hier muß man nun vor Allem bemerken, daß der erste Verkauf (1. Februar 1762) in die Zeit der Wirksamkeit des alten Directoriums in publicis et cameralibus fällt, aus welcher Epoche das Hofkammerarchiv keine Akten besitzet.

Die späteren Verhandlungen dagegen, namentlich der Wiederverkauf im Jahre 1780 kommen allerdings hier vor, und die zweite Anlage enthält, von dem dazu gehörigen Elench begleitet, eine Zusammenstellung alles dessen was darüber aufzufinden war.

Aber auch hier erscheinen keine Beweisstücke der Art, wie die erzbischöfliche Güter-Direktion sie wünscht. Der Wiederverkauf geschah, wie die Akten ausweisen, in Folge Allerhöchsten Handbillets außer dem Wege der Lizitation gegen eine Aversumsumme unter dem Werth, und wenn dabei auch Anschläge von dem Vicedomamte verfaßt wurden, so sind diese doch, als nach der Art des Geschäftes entbehrlich, nie der hohen Hofkammer vorgelegt worden, weßhalb sie auch in den hierortigen Akten fehlen. Auch bei den späteren Verhandlungen über die Entschädigung für die dem kaiserl. Thiergarten einverleibten Gründe, um welch letztere es sich gegenwärtig handelt, fehlen die namentlichen Verzeichniße dieser Grundstücke, und man ist daher völlig außer Stande dem Begehren der bittstellenden Güter-Direktion Genüge zu leisten.

Da übrigens derselben die Einsicht auch in diese, wenn gleich nicht entscheidenden Aktenstüke, von Werth sein dürfte, so glaubt man, daß ihr solche auf Verlangen unbedenklich zu gestatten wäre.

Wien am 9. Oktober 1841.

Grillparzer.

42.

Bericht über das Gesuch des Amanuensis der Hofbibliothek Theodor von Karajan um Bewilligung zur literarischen Benützung der im Hofkammer-Archiv aufbewahrten Pantheidingen.

Hohes Präsidium der k. k. allgemeinen Hofkammer!

In dem sammt Beilage hierneben ehrfurchtsvoll rückgeschlossenen Gesuche bittet der Amanuensis der k. k. Hofbibliothek Theodor v. Karajan um die Bewilligung zur literarischen Benützung der im Hofkammerarchive aufbewahrten Gemeinde-Weisthümer oder sogenannten Pantheidingen.

Diese Bewilligung ist demselben zwar schon früher mündlich von dem vorigen Herrn Präsidenten der hohen Hofkammer ertheilt worden, da Karajan aber damals als Akzessist bei dem Hofkammer-Archiv stand, indeß er gegenwärtig dieser Anstalt durch seine Uebersetzung in die Hofbibliothek fremd geworden ist, so glaubte er sich der allgemeinen Vorschrift unterziehen zu müssen, zu Folge welcher Auswärtigen die Einsicht oder wohl gar Benützung der Archivs-Akten ohne spezielle Autorisazion nicht gestattet ist.

Was den Bittsteller selbst betrifft, so ist derselbe ein durch mehrere antiquarische und historische Arbeiten höchst vortheilhaft bekannter junger Mann der, wie die gedruckte Gesuchsbeilage zeigt, von den Abschriften jener Dorf=Weisthümer nur einen höchst unverfänglichen rein literarischen Gebrauch, lediglich als Beweisstellen für eine bereits begonnene rechtshistorische Abhandlung, zu machen gedenkt. Zu dem wird seine Arbeit im Inlande gedruckt und unterliegt daher in Bezug auf die öffentlichen politisch=administrativen Verhältnisse (auch wenn sie unverfänglich wären) ohnehin der Censur.

Hinsichtlich der die Finanzverwaltung näher angehenden Rücksichten enthalten diese Weisthümer nichts, als die Polizei= und Gerichtsordnung der in früheren Jahrhunderten als eine Art Schwurgerichte ihre innern Angelegenheiten selbst besorgenden Dorfgemeinden. Rechts= und Besitz Gegenstände kommen darin ihrer Form nach vor, indeß die dinglichen Verhältniße, die ihre Wirkungen auch auf eine spätere Zeit fortpflanzen, Besitzstände und Rechtstitel gar nicht erwähnt werden; ja diese Weisthümer sind eben deshalb gegenwärtig für das Geschäft so gleichgiltig geworden, daß, wenn von ihnen nicht ein historisch=wissenschaftlicher Gebrauch gemacht werden soll, ihre längere Aufbewahrung kaum zu rechtfertigen wäre.

Die bereits gemachten Abschriften dieser Pantheidingen sind theils von Karajan selbst, theils auf seine Bitte von einem der hierortigen Beamten in dienstfreien Stunden besorgt worden.

Man legt, um nicht mit der ganzen Masse derselben lästig zu fallen (um so mehr da sie sich größtentheils untereinander nur wiederhohlen) zwei auf gut Glück gewählte Abschriften, statt der halb unleserlichen Originale, in der zweiten Anlage gehorsamst vor, aus deren Form und Inhalt sich das hohe Präsidium überzeugen wolle, daß gegen die Ausfolgung derselben in einfacher unbeglaubigter Form durchaus kein Bedenken obwalte.

Wien, am 7. Februar 1842.

Grillparzer.

43.

Bericht über das Gesuch des Dechants Achaz Freih. v. Stiebar um Erlaubniß zur Benützung des Archivs.

In dem mittelst hoher Dekretazion vom 29. Jänner 1842 hieher gelangten, in der Anlage ehrerbietig rückgeschlossenen Gesuche, bittet der Probst von Eisgarn, Achaz Freiherr v. Stiebar,[1]) durch den Cassaoffizier Franz Oermer um die Bewilligung, das Hofkammerarchiv zum Behuf einer beabsichtigten Topographie des Waidhofner Dekanats benützen zu dürfen.

Da derlei Benützungen für das Archiv, besonders wegen Beschränktheit des Raumes im Archivzimmer, mit äußerst vielen geschäftsstörenden Ungelegenheiten verbunden sind, und — so sehr man bereit ist Literaten von Beruf auf jede Art an die Hand zu gehen — es doch auch nicht passend scheint, ämtliche Nachweisungen und Notizen an Individuen gelangen zu lassen, welche davon keinen zweckdienlichen Gebrauch zu machen im Stande sind, — so war man vor allem bemüht über die Personen der beiden Bittsteller Erkundigungen einzuziehen, konnte aber nicht in Erfahrung bringen, daß einer von ihnen sich jemals als Schriftsteller versucht hätte.

Da jedoch zugleich verlautet, daß die hiesige Erzbiözese den Wunsch hege, die von dem Hofkaplan Darnaut begonnene kirchliche Topographie Österreichs vervollständigt zu sehen, und das gegenwärtige Gesuch mit dieser Absicht im Zusammenhange stehen dürfte, so getraut man sich doch auch nicht auf Abweisung der Bittsteller anzutragen und bemerkt nur, daß im Falle der Genehmigung, die Anfertigung von kurzen Auszügen aus den hier aufbewahrten n. ö. Herrschaftsakten soweit sie das Dekanat Waidhofen betreffen, in einfacher, unbeglaubigter Form, und unter hierortiger Aufsicht, mit keinem Nachtheile für das höchste Aerario verbunden sein könnten.

Wien, am 17. März 1842.

Grillparzer.

44.

Bericht über die von den hiesigen türkischen Israeliten zur Ausfolgung angesprochenen Normalien.

In den mittelst hoher Dekretazion vom 29. Jänner 1843 hieher gelangten, durch die n. ö. Regierung begutachteten beiden Gesuchen, bitten die hiesigen türkischen Israeliten um abschriftliche Hinausgabe der auf ihre Gemeine Bezug nehmenden Normalien, namentlich des erflossenen Dekretes wegen Errichtung eines eigenen Bethhauses in der Leopoldstadt; ein angebliches Dekret der Banko=Deputazion vom 17. Juni 1778 mit Regulirung ihrer Gemeinde-Verhältniße und ein bezüglich ihres Bethhauses unterm 7. Juni 1803 erlassenes Regierungsdekret.

Die Archivs=Direkzion hat zu bemerken, daß von allen sowohl von der Gemeinde selbst als von der Polizei=Oberdirekzion und der n. ö. Regierung zitirten Vorschriften sich keine einzige in den hierortigen Akten vorfindet.

In Bezug auf die erste Errichtung des Bethhauses vor 108 bis 110 Jahren sind die Faszikel und Bücher fruchtlos durchgegangen worden.

Die Verhandlung vom Jahre 1803 ist, wie aus dem von der Regierung mitgetheilten Referatsbogen hervorgeht, gar nicht bis an die hohe Hofkammer gelangt.

Die sogenannte Banko=Deputazions=Verordnung vom Jahre 1778 aber, gieng wie die beiliegende Abschrift ausweist, gar nicht von dieser eben genannten Behörde aus, sondern von einer Deputation bancalis in justitialibus oder wie sie auch genannt wird, N. Ö. Justiz=Banko=Deputazion, von deren Existenz man bisher selbst nichts gewußt hat, viel weniger daß sich ihre Verhandlungen im Hofkammer-Archiv befänden.

Vielleicht wird man nicht irren, wenn man dabei auf die n. ö. Landrechte denkt, zu deren Forum in Justizsachen die türkischen Unterthanen von jeher gehört haben.

Bei dieser Sachlage erübrigt nichts, als sämmtliche Verhandlungen hierneben ehrerbiethig zurückzuschließen.
Wien, am 17. Februar 1843.

Grillparzer.

45.

Bericht über die im Hofkammer-Archive befindlichen innerösterreichischen Register, Bücher und Urkunden.

Nach dem Inhalte des hohen Dekretes vom 3. Juni 1843 wünscht die k. k. vereinte Hofkanzlei zu wissen, wohin die Konzepte der von der früher in Graz bestandenen und im Jahre 1620 nach Wien übersetzten innerösterreichischen Hofkanzlei ausgefertigten Diplome und die hierauf Bezug nehmenden Akten gelangt seien.

Aufklärung hierüber hofft sie in jenen Schriften und Registraturbüchern zu finden, welche im Jahre 1784 von dem Hofkanzlei-Registraturs-Adjunkten Klang aus dem Schatzgewölbe zu Graz übernommen und im Jahre 1785 zum Theil an das Hofkammer-Archiv abgegeben wurden; wobei besonders die unter Letztern befindlichen 8 Bände sogenannter Leopoldinischen Registerbücher bezeichnet werden.

Um vor allen den Stand der Sache ins Klare zu setzen, legt man hierneben die Abschriften von zwei Konsignazionen vor, welche alles enthalten was im Jahre 1785 vom Hofkammerarchive an innerösterreichischen Schriften und Dokumenten übernommen worden ist.

Die hohe Hofkammer wird sich hieraus überzeugen, daß darunter sich durchaus keine Konzepte, oder überhaupt was man gewöhnlich Akten nennt, befunden haben, sondern lediglich Repertorien, Lehenbücher, Urbarien und endlich (in der Konsignazion Nr. 2) eigentliche, förmliche Urkunden.

Allerdings erscheinen unter den Repertorien auch jene 8 Bände Leopoldinischer Registerbücher, nach denen gegenwärtig hauptsächlich die Frage geht und die daher auch in der zweiten Anlage gehorsamst vorgelegt werden.

Aber auch diese Bücher sind nur Verzeichnisse von Urkunden, welche Urkunden sich auch großentheils im Hofkammer-Archive befinden. Dagegen sind die wenigen darin verzeichneten Berichte und Relazionen nie ins Hofkammerarchiv gelangt. Sie stammen alle aus den 13. und 14. Jahrhunderte her, indeß man hierorts weder inneröstreichische noch sonstige Akten besitzt, die über das Jahr 1526 hinaufreichen.

Überhaupt muß man sich gegen die Meinung verwahren, als ob die Übernahme der inneröstreichischen ältern Litteralien im Jahre 1784 durch den Registraturs-Adjunkten Klang und ihre Abgabe an das Hofkammer-Archiv auf Grundlage dieser Leopoldinischen Registerbücher geschehen sey. Diese Bücher wurden im Jahre 1669 verfaßt und ihre Übernahme von Seite des Hofkammerarchives geschah im Jahre 1785. In der Zwischenzeit aber, nämlich im Jahre 1752, bei Gründung des Haus-, Hof- und Staatsarchives wurde (wie sich in den Büchern selbst angemerkt findet) durch den Hofrath und damaligen Hof- und Staats-Archivar v. Rosenthal eine beträchtliche Menge inneröstreichischer Urkunden dem Grazer Schatzgewölbe entnommen und in das Haus-, Hof- und Staatsarchiv übertragen, die in dem vorliegenden Verzeichniß nach wie vor, immer noch erscheinen, ohne jedoch im Hofkammer-Archive vorfindig zu seyn.

Auf diese Weise haben die Leopoldinischen Registerbücher den größten Theil ihres ämtlichen Werthes verloren und behaupten nur noch, als eine Art historischer Register, einen geschichtlich-wissenschaftlichen Werth. Man war deßhalb auch genöthigt, über die hierorts aufbewahrten inneröstreichischen Urkunden ein ganz neues Repertorium zu verfassen, das der hohen Hofkammer mit hierortigem Bericht vom 10. November 1835 vorgelegt und von Hochderselben mit verehrtem Dekrete vom 20. November 1835 gewürdigt worden ist. Daß dieses Repertorium und die ihm entsprechenden Urkunden (die sich jedoch ausschließlich auf Übertragung dinglicher Rechte beziehen und daher auf die gegenwärtig angeregte Frage kaum eine Beziehung haben dürften) — in jedem vorkommenden Fall zur Einsicht und Benützung der k. k. vereinten Hofkanzlei hierorts immer bereit liegen, versteht sich von selbst.

Was von den Leopoldinischen Registerbüchern gesagt worden ist, gilt in noch viel höherem Maße von den um 100 Jahre ältern Maximilianischen (4 Bände). Sie werden daher gegenwärtig auch nicht vorgelegt, weil, nebstdem daß sie sich nicht blos auf Innerösterreich beziehen, gerade wegen ihrer durch den Abgang und Zuwachs eines Jahrhunderts herbeigeführten Mangelhaftigkeit, Kaiser Leopold im Jahre 1669 die Anfertigung der seinen Namen führenden neuen Urkundenbücher anzuordnen befand.

Wien, am 15. Juli 1843.

Grillparzer.

46.

Bericht mit Vorlegung des die vita sanctae Magarethae enthaltenden Kodex.

Hohes Präsidium der k. k. allgemeinen Hofkammer!

In Befolgung des hohen Auftrages vom 17. Oktober 1846 wird in der Anlage der Kodex Nr. 57 D aus der hierortigen Sammlung gehorsamst vorgelegt, der nebst andern auch jenes Fragment einer vita Sanctae Magarethae in ungarischer Sprache enthält, um dessen Mittheilung die ungarisch Gelehrten-Akademie gebeten hat.

Das Manuskript stammt aus der Sammlung des verdienten Gelehrten und Hofbibliothekskustos v. Kollar her und ist über hohe Hofkammerdekrete vom 8. Juni 1821 und vom 8. April 1822 durch den damaligen Archivs-Direktor von Mühlfeld angekauft worden.

So gering nun der Nutzen dieses Bruchstückes einer in seiner Vollständigkeit wahrscheinlich höchst werthvollen

Sammlung, durch das wenig Bedeutende des Inhalts und die völlig unauthentische Form für die Geschichte des Hofkammer-Archivs ist, so dürfte doch eine Abtretung des Exemplars selbst, schon weil es mehr enthält als die Zwecke der Akademie erheischen, kaum für zulässig erkannt werden.

Was dagegen die darin enthaltene vita Sanctae Margarethae betrifft, so scheint (da der gehorsamst Unterzeichnete der ungarischen Sprache nicht mächtig ist) schon der Gegenstand jedes Bedenken zu entfernen, und es könnte nach hierortigem Ermessen der Akademie ohne Anstand gestattet werden, durch einen selbst zu stellenden Kopisten dieses Bruchstück altungarischer Sprache und Geschichte im Locale des Hofkammer-Archivs und unter gewöhnlicher Aufsicht abschreiben zu lassen.

Wien am 27. October 1846.

Grillparzer.

47.

Bericht über das Gesuch des Kustos des k. k. Münz- und Antiken-Kabinets Joseph Bergmann, um die Erlaubniß zur Benützung des Hofkammer-Archivs.

Hohes Präsidium der k. k. allgemeinen Hofkammer!

In dem mittelst hoher Dekretazion vom 1. Februar 1847 hieher gelangten, in der Anlage ehrfurchtsvoll rückgeschlossenen Gesuche bittet der Kustos des hiesigen k. k. Münz- und Antikenkabinets, Joseph Bergmann, um die Erlaubniß, das Hofkammerarchiv zum Behufe seiner historisch-numismatischen Studien benützen zu dürfen.

Bei der Stellung und der bekannten Ehrenhaftigkeit des Bittstellers dürfte über die Gewährung wohl kein Zweifel stobwalten, was in der Fassung des hohen Indorsats selb stillschweigend vorausgesetzt zu werden scheint.

Es handelt sich daher nur um die Vorsichten, die bei der wirklichen Benützung in Anwendung zu bringen wären. Diese hätten, wie in solchen Fällen gewöhnlich, nur darin zu bestehen, daß die Benützung im Archivslocale selbst geschehe, dem Bittsteller nur die nach Anleitung der Elenche von ihm bezeichneten Stücke aus den Faszikeln herausgegeben und er endlich von hier aus ersucht werde, die genommenen Notate jedesmal dem unterzeichneten Direktor zur Einsicht zuzustellen, der wenn, was kaum vorauszusetzen ist, sowohl bei der Wahl der Stücke oder bei der Spezialität einzelner Notate ein Bedenken entstehen sollte, entweder einer ungeeigneten Veröffentlichung selbst hindernd in den Weg treten, oder im zweifelhaften Falle der Entscheidung eines hohen Präsidiums unterziehen würde.

Wien, am 6. Februar 1847.

Grillparzer.

48.

Bericht über das Gesuch des Lottoamts-Kontrolors Herrn Wolfskron um Zuweisung zur Dienstleistung im Hofkammer-Archiv.

Mit dem hohen Decrete vom 15. April 1847 wurde der in der Anlage ehrfurchtsvoll rückgeschlossene Bericht der Lottogefällsdirektion über ein Gesuch des Lottoamts-Kontrolors v. Wolfskron dem Unterzeichneten zur Berichterstattung zugefertigt.

Von Wolfskron bittet darin um Verleihung einer Adjunktenstelle im Archive oder um Zuweisung zur Dienstleistung in demselben.

Indem der Unterzeichnete von vornherein um Entschuldigung für die Verspätung dieses Berichtes bittet, woran theils eine nicht unbedeutende Unpäßlichkeit, theils die kaum zu unterbrechende Beschäftigung mit einer weitwendigen Arbeit im ungarischen Kammeralsache die Schuld trägt, erlaubt er sich gegenwärtig folgendes zu bemerken.

Die durch den Tod des Franz Weibel erledigte Adjunktenstelle im Hofkammer-Archiv ist durch die unterm 2. Jänner 1846 erfolgte Zuweisung des Adjunkten Johann

Beyer bereits besetzt, und zwar auf eine so vortreffliche, allen Anforderungen des Geschäftes entsprechende Art, daß trotz der überaus vortheilhaften Meinung die der Unterzeichnete von den Fähigkeiten und Kenntnissen des Kontrolors v. Wolfskron hegt, es von seiner Seite pflichtvergessene Gewissenlosigkeit wäre, wenn er zu einer Aenderung im Personale selbst die Hand biethen wollte.

Ja, die Unentbehrlichkeit des Adjunkten Beyer wird in noch höherem Maße eintreten, wenn bei der Uebersiedlung des Hofkammer-Archivs in das für sie bestimmte neue Locale das Personal des Archivs getrennt werden muß und dadurch in jedem der einzelnen Stockwerke, wenigstens für die im Augenblick zu besorgenden Geschäfte eine Art Unter-Leitung nothwendig sein wird; hierzu aber ist ein nicht nur geschickter, sondern auch ein geübter Oberbeamter unerläßlich nothwendig.

Was aber von Herrn Wolfskrons Verwendung im Archive, außer dem Status, betrifft, so würde sich der Unterzeichnete eben wegen der durch die Verhältnisse des neuen Locals zwar nicht vermehrten Geschäfte aber wohl vermehrten Mühewaltung, höchst glüklich schätzen, einen so ausgezeichneten Hilfsarbeiter für das Archiv gewonnen zu haben, um so mehr als mehrere, mehr wissenschaftliche als eigentlich geschäftliche Aufgaben, namentlich die in neuester Zeit urgirte Vollendung der von dem vorlängst verstorbenen Registranten Weinbolter begonnene, aber nur bis zum Buchstaben L gebrachte Beschreibung der u. ö. Pfandherrschaften, der Thätigkeit eines vorzugsweise wissenschaftlich gebildeten Mannes ein offenes Feld darböthen.

Wien, im Mai 1847.

Grillparzer.

49.

Bericht über das in Vorschlag gebrachte neue System zur Ordnung des Archivs der königl. ungarischen Hofkammer.

Mittelst des hohen Decrets vom 28. Februar 1847 ist der sammt dem Gutachten der ungarisch siebenbürgischen Hofbuchhaltung in der Anlage ehrfurchtsvollst rückgeschlossene Bericht der königl. ungarischen Hofkammer über das in Vorschlag gebrachte neue System zur Regulirung des dortigen Kammer-Archivs, dem Unterzeichneten mit dem Auftrage zugestellt worden, sich im Einverständnisse mit der Registraturs-Direction der hohen allgemeinen Hofkammer zu äußern, ob und welche Bemerkungen über die gemachten Vorschläge vom Standpuncte des Archivs- und Registraturs-Dienstes etwa vorkommen.

Indem man vor allem, um die durch Krankheit des Unterzeichneten veranlaßte Verspätung gegenwärtiger Äußerung um Entschuldigung bittet, erlaubt man sich, insofern es einem mit den Verhältnissen des ungarischen Geschäftsganges und dem Aktenbestande des dortigen Archivs nicht völlig Vertrauten möglich ist, folgende Bemerkungen:

Es fehlt dem ungarischen Kammer-Archiv nicht an den umfassendsten und genauesten Instruktionen, namentlich die vom 23. October 1755 und vom 12. November 1766. Leider aber gehen sie in ihrer Genauigkeit so weit, daß eine Reihe von Menschenaltern nicht ausreichte, um den, wie hervorgeht, ungeheueren Vorrath in eine, freilich höchst wünschenswerthe und jeder Erforderniß entsprechende Ordnung zu bringen, wie denn auch wirklich, nach der eigenen Angabe der dortigen Archivs-Direction, nach verlaufenen mehr als 60 Jahren, kaum ein Siebentheil des Aktenbestandes bearbeitet und, noch dazu höchst mangelhaft, indizirt sich findet.

Da aber, namentlich in Ungarn, wo der Fiskus so häufig als Parthei erscheint, der Vorzug eines Archivs nicht bloß in der größtmöglichsten Genauigkeit, sondern eben so sehr in der baldmöglichsten Verwendbarkeit für den Gebrauch besteht, so beziehen sich die Vorschläge der gegenwärtigen ungarischen Archivs-Direction, und wie es scheinet mit Recht, fast alle auf die Vereinfachung des Geschäftes.

Das erste Mittel hiezu nun ist die Verminderung der Masse. Indeß der eigentliche Zweck die Evidenzhaltung der königlichen Rechte und die Anhandgebung der zu ihrer Wahrung erforderlichen Documente ist, wurden nichtsdestoweniger auch sämmtliche Verhandlungsakten sowohl der ungarischen Hofkammer als auch der früher bestandenen Local-Administrazionen bis zum Jahre 1804 dem Archive einverleibt, so daß, da auch diese sich in ziemlicher Unordnung sich befinden, eine Beendigung des mühevollen Geschäftes der Ordnung kaum abzusehen wäre.

Es wird daher vorgeschlagen, nur die eigentlich beweisenden Stücke, Rechtsübertragungen und Dokumente im Archive zurückzubehalten, sämmtliche Verhandlungsacten aber, mit Ausnahme der Fiscalia Collationalia und Juridico-Ecclasiastica an die Registratur abzugeben; hievon kämen nur die ältesten Geschäftsstände, vom Jahre 1531 bis 1600 nämlich, auszunehmen, welche theils als wegen ihres Alters merkwürdig, theils weil sie größtentheils auf Uebertragung von Rechten Bezug nehmen, nach geschehener Sichtung und Ausscheidung im Archive zu behalten wären.

Was bei der Unmöglichkeit, daß die kurrente Registratur diese abzugebenden Verhandlungsakten in ihre beschränkten Räume übernehmen könne, von der Errichtung einer Registratur de praeterito erwähnt wird, muß man, als dem hierortigen Geschäftskreise fremd, mit Stillschweigen übergehen.

Was dagegen den Grundsatz selbst betrifft, das ungarische Kammeral-Archiv nur auf die den Besitz nachweisenden Stücke mit den zunächst zusammenhängenden zu beschränken, so ist zwar nicht zu läugnen, daß in Bezug auf Zeitersparung und klare Uebersicht beim Aufsuchen es Vortheile gewährt, wenn Documente und Verhandlungsakten aus denselben Jahren sich an einem und demselben Orte aufbewahrt befinden (wie dies im Archiv der hohen allgemeinen Hofkammer der Fall ist), aber die ungeheuere Masse der ungarischen Litteralien, so wie das Unabsehbare jedes andern Verfahrens, scheinen der Annahme des Vorschlages laut das Wort zu führen.

II. Nachdem auf diese Art die nicht ins Archiv gehörigen Akten Abtheilungen entfernt worden sind, wären auch von den zurückbleibenden, sowohl Litteralien als Verhandlungsschriften die der Aufbewahrung nicht würdigen einzelnen Stücke auszuscheiden oder wie man in der Geschäftssprache zu sagen pflegt: zu skartiren.

Als Prinzip wird dabei angenommen, daß alles was die Rechte des Fiskus nicht angeht, alle Gegenstände von vorübergehendem Interesse, alle Abschriften und Vervielfältigungen von Instrumenten, deren Originale noch vorhanden sind, kurz, alles was dem eigentlichen Zwecke des Archivs fremd ist, ausgeschieden werde, und zwar von den im Archive verbleibenden Abtheilungen durch das Archiv selbst, von den abzugebenden durch die Registratur.

Da jedoch hierüber eine alle Fälle entscheidende Cynosur sich nicht aufstellen läßt, wird die Aufstellung einer eigenen Ausscheidungs-Commission in Antrag gebracht, die aus einem Gremial-Rathe als Präsidenten, einen Beamten des causarum regalium Directorats, aus einem Individuum des Departements dessen Akten elustrit werden, und ebenso, nach Maßregeln der Natur der Akten, aus einem Beamten des Archivs, der Registratur oder der Buchhalterei, dann aus einem beizugebenden Aktuar zu bestehen hätte.

Wie zweckmäßig, ja unerläßlich dieser Theil des Vorschlages ist, braucht nicht näher erörtert zu werden.

III. Nach der auf diese Art geschehenen Sichtung des Materials wäre zu der Art ihrer Verzeichnung zu schreiten.

Hier tritt nun die bedeutendste Abweichung von dem bisherigen Verfahren ein.

Die Instrumente und Akten sollen nämlich nicht mehr bei der Bearbeitung, wie nach den früheren Directiven geschah, vorläufig weitläufig extrahiret und sodann indizirt, sondern sogleich in der Form eines Index eingetragen werden.

Die bisherige Methode war zwar im höchsten Grade genau, aber ebenso zeitraubend. Die einzelnen Stücke wurden in ein Regulare extrahirt, dieser Extract darauf ins Registrum ins Reine geschrieben, hierbei alle darin vorkommenden Schlagworte auf einen abgesonderten Zettel geschrieben, dieser hierauf zerschnitten und die einzelnen Schlagworte in einen syllabisch geordneten Index gebracht.

Es ist nicht zu läugnen, daß dieses Verfahren das verläßlichste, bei minder beschäftigten und mehr auf den wissenschaftlich=historischen als ämtlichen Gebrauch berechneten Archiven die gewöhnliche, allen Anforderungen entsprechendste ist, aber auf die Verhältnisse des ungarischen Hofkammer-Archivs scheint sie kaum zu passen.

Es wären daher die Stücke wie bisher chronologisch in Faszikel zu ordnen und fortlaufend zu nummeriren, ihre Verzeichnung aber hätte nicht nach der nummerischen Ordnung, sondern nach Schlagworten in die 24 Buchstaben des Alphabets abgetheilt, mit kurzer aber genügender Angabe des Inhalts unmittelbar in Reinschrift und so zu geschehen daß das vollendete Registrum einen, wenn auch nicht syllabisch, doch wenigstens alphabetisch geordneten Index bildete.

Eine ausführlichere Inhaltsangabe oder ein Extract nach alter Art hätte nur Platz zu greifen:

a) bei sehr langen Ausfertigungen, die zur leichteren Übersicht für die Aushebenden wie bisher zu extrahiren

b) bei schwer leserlichen, die abzuschreiben wären, und endlich

c) käme, so oft ein Stück ausgehoben wird, dasselbe jedesmal zu extrahiren und der Extract an die Stelle des ausgehobenen Stückes in den Faszikel einzulegen.

Dem aus diesen Faszikel-Indices zu bildenden Haupt-Repertorium ist ein eigener Abschnitt gewidmet.

Stücke von nicht eigentlich öffentlichem und beweisenden Interesse aber von doch sonst denkwürdigem Inhalt wären in eine eigene Classe von Kollektaneen zu sammeln und in geheftete Bände zu vereinigen, aber weder ein Separat-Index darüber zu führen, noch dieselben in das Hauptrepertorium aufzunehmen.

Ebenso sollen die beim Durchlesen der Akten aufstoßenden historischen oder sonst wissenschaftlichen Notizen in ein eigenes Vormerkbuch eingetragen werden.

Es kann hier nicht die Absicht sein, in alle Einzelnheiten des vortrefflich gedachten und praktisch zweckmäßigen Vorschlages einzugehen, indem man sonst den Bericht der eigentlich nichts überflüssiges enthält, geradezu abschreiben müßte. Man hat sich daher auf die Hauptpuncte und besonders auf das beschränkt, was neu einzuführen vorgeschlagen wird, gegen das aus dem Gesichtspuncte der baldigen Benützung und möglichen Ausführung durchaus nichts einzuwenden ist.

4. Um die neue Manipulazion gegen die bei der alten eingerissenen Lauheit zu schützen, und zur Kontrollirung der Fortschritte des Geschäftes wird die Bestellung eines Gestions-Protokolls vorgeschlagen, in das jedes Archivs-Individuum am Ende jeder Woche das von ihm geleistete und den Fortschritt seiner Aufgabe selbst einzuzeichnen hätte.

5. Um beim Aufsuchen eines begehrten Stückes, dessen nähere Daten unbekannt sind, nicht jedesmal alle Faszikel-Indices nachschlagen zu müssen, soll über den ganzen Inhalt dieser Indices ein General-Repertorium verfaßt werden, in dem von den eingetragenen einzelnen Extracten nur die Schlagworte aufgenommen und die alphabetische Ordnung der Fas=

zikel-Indices in eine syllabische verwandelt wird, doch zur
Ersparung der Zeit bei noch größerer Genauigkeit, nur nach
den 3 oder höchstens 4 Anfangsbuchstaben jedes Wortes.
Diesen Schlagworten wird dann nur die Nummer des Faszikel beigesetzt, in dem sich das Document befindet, wo dann,
wenn man auf den Faszikel=Index zurückgeht, Datum
und Inhalt des Stükes bestimmter und genügend ange=
geben sind.

Dieser General=Index wäre von einem einzigen Individium zu führen, dem jeder Faszikel=Index nach seiner Vollendung übergeben würde, so daß das General=Repertorium
immer gleichen Schritt mit der Bearbeitung des Einzelnen
halten könnte.

Ueber die Nothwendigkeit eines solchen General=Reper=
toriums kann kein Zweifel sein. Daß das hier vorgeschlagene
Verfahren nicht so viel Bequemlichkeit ja Verläßlichkeit dar=
bietet als das gewöhnliche mittelst eines Zettel Kataloges, ist
ebenso gewiß. Man darf aber nicht vergessen, daß, wenn das
ungarische Hofkammer Archiv einmal für den nöthigsten Ge=
brauch geordnet ist, es für Jahrhunderte in demselben Zu
stande bleibt und nichts hindert, daß das dann minder beschäftigte Personal, sowohl in Bezug auf den General=Index
als die jetzt unterlassene Registrirung und sorgfältigere Extra-
hirung dasjenige nachtrage, was das Bedürfniß der baldigen
Benützung jetzt mit Recht außer Augen setzen läßt.

6. Die Aufdekung der verborgenen königlichen Rechte.
In dieser Beziehung sind schon in der frühesten Zeit
Maßregeln vorgeschrieben worden, welche aber erst durch ein
königliches Reskript vom Jahre 1834 in bestimmte Form
gebracht wurden. Dieses Reskript befindet sich übrigens nicht
in den hierortigen Akten und wird von der älteren Registratur
der hohen allgemeinen Hofkammer beigebracht werden müssen....

7. Die Vorsichten wegen Erhaltung und bei der Hinaus=
gabe der Akten sind ungefähr dieselben wie bei jedem wohl-

geordneten Archiv, auch werden in Bezug auf dieselben keine Veränderungen vorgeschlagen.

Nur wären über die ausgehobenen Akten statt der bisher bestandenen vierteljährigen Ausstands-Ausweise, ganzjährige, aber genau einzuhaltende einzuführen, so daß jede Geschäftsabtheilung, in deren Händen sich Archivsakten befinden, einzeln zur Rückstellung oder Bestättigung des Aushebungs-Reverses aufzufordern käme, auch in dem jedes Jahr neu anzufertigenten Akten-Aushebungsbuch des Archivs der auf diese Art konstatirte und gerechtfertigte Ausstand ein zutragen und ersichtlich zu machen wäre.

Ebenso ist ganz in der Ordnung, daß bei einzelnen Aushebungen die Akten nur gegen ein von dem Aushebenden unterzeichnetes, den Gegenstand und ämtlichen Anlaß ausdrückendes Rezepisse mit Berufung auf Nummer des Faszikels und des Aktenstükes hinausgegeben und dieselben Daten auch in dem Aushebungs-Vormerkbuch aufgeführt, das Rezepisse aber an die Stelle des ausgehobenen Stückes in den Faszikel gelegt wird.

Nur vermißt man hier die von dem Herrn Archivsdirektor selbst angegebene Manipulirungs-Vorsicht, daß von jedem auszuhebenden Stücke vor der Ausfolgung ein genauer Extrakt zu verfassen und im Faszikel zurückzubehalten sei; eine Maßregel, die besonders bei den erst neu zu bearbeitenden Faszikeln unerläßlich scheint, da sonst bei dem Abgange des Stückes und der nur oberflächlichen Inhaltsanzeige des Rezepisses die Bearbeitung und Indicirung der Akten auf Schwierigkeiten stoßen und später schwer auszufüllende Lücken entstehen dürften.

Indem der Unterzeichnete vor allem um Entschuldigung über die Verspätung des hierortigen Berichtes über die mittelst hohem Dekrete vom 28. Februar 1847 hiehergelangten Vorschläge zur neuen Regulirung des ungarischen Hofkammer-Archivs bittet, an welcher Verspätung hauptsächlich eine beinahe 4wöchentliche Erkrankung des gehorsamst Unterzeichneten die Schuld trägt, erlaubt er sich zugleich anzuzeigen, daß er unterm heutigen Tage den abgeforderten Bericht abgegeben habe, und zwar an die Registratursdirektion der hohen allgemeinen Hofkammer, da er glaubt, daß das angeordnete Einvernehmen mit Letzterer auf diesem Wege am zweckdienlichsten erzielt werde.

Die von der Registratursdirection beizufügenden Bemerkungen werden, der Natur der Sache nach, ohnehin nur wenige, und sie wird zugleich im Stande sein, aus ihrem Aktenvorrathe jene Verhandlungen beizufügen, welche zur Beurtheilung der vorgeschlagenen Modifikazion über die Mittel zur Ersichtlichmachung der verborgenen königlichen Rechte wesentlich nothwendig sein dürften.

Was noch von dem neuen Status des Archivs beigefügt wird, ist theils in Betreff der Auslagen bereits von der Buchhaltung geprüft, und hängt anderseits von den Schwierigkeiten des Geschäfts und dem Fleiß und der Geschicklichkeit des Personals ab, worüber man hierorts keine Kenntniß hat und sich daher jeder Bemerkung enthalten muß.

In der zweiten Anlage hat man alles vereinigt, was von Instrukzion und speziellen Weisungen für das ungarische Kammeral-Archiv in den hierortigen Akten irgend aufzufinden war.

Wien, am 18. Mai 1847.

Grillparzer.

50.

Bericht über die von dem Historiographen Hofrath Hurter angesuchte Bewilligung zur Benützung des Hofkammer-Archivs.

Hohes Präsidium der k. k. allgemeinen Hofkammer!

Mittelst des hohen Dekretes vom 13. August 1847 wird Bericht abgefordert, über die Art und Weise in welcher dem k. k. Historiographen Hofrath Hurter die von ihm angesuchte Benützung des Hofkammer-Archivs zu gestatten wäre.[1])

Wie verlautet, beabsichtiget Hofrath Hurter eine Geschichte der Regierung Kaiser Ferdinand II. Wie schon das hohe Dekret selbst bemerkt, ist die Stellung desselben von der Art, daß sie jeden Verdacht ausschließt, nebstdem, daß sein großes historisches Talent verdient, ihm auf jede Art entgegen zu kommen. Mit Ausnahme der Urkunden daher, wodurch dem Staate privatrechtliche Verbindlichkeiten auferlegt werden, dürfte ihm wohl alles mitgetheilt werden, was auf die Finanz verwaltung der damaligen Zeit Bezug nimmt. Dem Anscheine nach bedenklicher, aber auch seinem Zwecke zunächst liegend, sind die böhmischen Konfiskationen. Aber auch hierüber hat das Geheimniß aufgehört geheim zu sein. Aus öffentlichen und Privatarchiven ist alles an den Tag gefördert worden, was wir gegenwärtig abscheulich nennen, damals aber ein Ausfluß des allgemeinen Staatsrechtes war. Ja, die feindlich gesinnte Partei hat so maßlos übertrieben, daß schon in der Wahrheit selbst eine große Rechtfertigung liegt, aber auch nur in der Wahrheit! Denn alle Einzelnheiten der Objecte sowohl als Personen sind so notorisch, daß ein Verschweigen oder Beschönen der Vertheidigung ihren Werth und dem Vertheidigten die ganze Frucht der Veröffentlichung rauben würde.

Nebstdem wird das Werk im Auftrage der österreichischen Regierung geschrieben und selbst seiner bekannten Gesinnung nach ist nicht zu fürchten, daß der Verfasser sich von der Seite der milderen Deutung allzusehr entfernen werde. Man gedenkt ihm daher auch von diesen Konfiskazionen nichts vorzuenthalten, insofern sie die Thatsache und den Anlaß betreffen, und nur wenn später Ansprüche von Verwandten und Erbberechtigten eintreten, wie z. B. die Wallenstein=Smienzigkischen Akten=Stücke dieser letztern Art, als ohnehin nicht in den Bereich seines Werkes gehörig, von der Einsicht auszuschließen. Ohnehin haben Notate und Excerpte in unbeglaubigter Form nur einen historischen, durchaus aber keinen rechtlichen Werth.

Der in solchen Fällen geltenden Übung nach hätte die Benützung der Akten im Archivslocale selbst zu geschehen und der zur Benützung Berechtigte seine Auszüge jedesmal dem Director des Archivs zur Einsicht mitzutheilen. Letzteres dürfte wohl hier nicht am Platze sein. Und selbst in Bezug auf die Akten stellt man es dem Ermessen des hohen Hofkammer-Präsidiums anheim, ob, da Hofrath Hurter als Staatsbeamter wenn auch in außerordentlichen Diensten angesehen werden muß, ihm nicht das allen Beamten seiner Kategorie offen stehende Recht zu Gute kommen soll, wenigstens einzelne Akte von größerem Umfang (und hier freilich mit sorgfältigerer Berücksichtigung des Inhalts) gegen Rezepisse nach Hause nehmen zu dürfen.

Wien am 19. August 1847.

Grillparzer.

51.

Bericht über das Gesuch des Akzessisten Mathias Pablasek um Verleihung einer Lehrkanzel am hiesigen polytechnischen Institute.

Der Hofkammer Archivs-Akzessist Mathias Pablasek hat sich den vorgeschriebenen Konkursprüfungen über die Fächer der deutschen Sprach und Aufsatzlehre, dann des kaufmännischen Geschäftsstyls, wie verlautet, mit sehr günstigem Erfolge unterzogen, und in Folge dessen dem gehorsamst Unterzeichneten das hierneben ehrfurchtsvoll beigeschlossene, belegte Gesuch an die Studienhofkommission übergeben; indem er um Verleihung der Lehrkanzel für die bezeichneten Fächer am hiesigen polytechnischen Institute bittet.

Es kann hierbei nur seine Absicht sein, seinen übrigen Befähigungen eine Bestättigung über sein Wohlverhalten und seine Brauchbarkeit während der Dienstleistung im Hofkammer-Archive beizufügen, welchem Wunsche der Unterzeichnete durch Erstattung gegenwärtigen Berichtes entspricht, da die Ausstellung von ämtlichen Zeugnissen in selbstständiger Form bekanntlich nicht gestattet ist.

Diese Willfahrung wird dem Unterzeichneten übrigens sehr dadurch erleichtert, daß er von dem Bittsteller nichts anders als Löbliches und im hohen Grade Empfehlenswerthes anzuführen vermag. Pablasek hat während seiner Dienstleistung im Archive nicht allein die anderwärtig beigebrachten vielseitigen Zeugnisse über seine Kenntnisse und Fähigkeiten vollkommen bewährt, sondern auch durch eifrige Verwendung, sicheres Auffassen der Geschäfte, intelligente Beurtheilung und vor allem durch ein höchst geordnetes, völlig ehrenhaftes Benehmen sich ein Recht der Anerkennung und weiteren Empfehlung erworben, welches letztere ihm angedeihen zu lassen, der Unterzeichnete sich die Freiheit nimmt.

Möge die hohe Hofkammer geruhen, die Ansprüche eines lobenswerthen Beamten gegenüber der k. k. Studienhofkommission im gleichen Sinne zu vertreten, indem man wagt, dieselben der vorgesetzten Behörde hiermit ehrfurchtsvoll ans Herz zu legen.

Wien, am 10. November 1847.

Grillparzer.

52.

Bericht über die Instruktionen wegen Ausmerzung von Akten.

In Bezug auf das im kurzen Wege mitgetheilte Hofdecret vom 29. November 1847 wegen Nachweisung über die für die Ausmerzung der überflüssigen Akten bestehenden Instruktionen und die Art und Weise wie dieselben bisher von Seite des Hofkammer-Archivs befolgt worden sind, gibt sich der Unterzeichnete die Ehre, die in der Anlage befindlichen, von einem Verzeichnisse begleiteten Geschäftsstücke mitzutheilen, die aber außer den hierüber bestehenden Normalien, auch noch die Belege dafür enthalten, daß das Hofkammer Archiv nicht aus einer seit seinem Ursprung ungesichteten Maße bestehe, sondern daß von jeher ausgeschieden worden, ja mehrere der Normalien und Instrukzionen gerade durch Anfragen und Anzeigen des Hofkammer-Archivs hervorgerufen worden sind.

Und so verhält es sich auch wirklich. Seit dieses Archiv besteht, besonders aber im Laufe des letzten Jahrhunderts, ist nach Maßgabe dieser Instruktionen, der Aktenvorrath zwar nicht im Wege des Systemalbegriffes, aber parthienweise und fortwährend so oft beim Durchgehen der Faszikel sich überflüssige Stüke zeigten, skartirt und auf die so wünschenswerthe Verminderung Rücksicht genommen worden. Noch während der Geschäftsleitung des Unterzeichneten sind bei Gelegenheit der Verfassung eines General-Index sämmtlicher Kommerzakten, Tausende von solchen Stücken ausgeschieden worden, die vor der Hand noch nicht vertilgt, zu Jedermanns Ansicht und Ueberzeugung bereit liegen. Ja, es scheint sogar, daß man in früheren Jahren mit Stücken von minder geschäftlichem als historischem Belang nur zu freigibig zu Werke gegangen sei, da derlei Belege, wenn sie von Geschichtsforschern oder sonstigen Literatoren gesucht werden, sich häufig als abhängig erweisen.

Das Hofkammer-Archiv ist daher nicht ungesichtet, obwohl man gerne zugibt, daß noch eine ziemliche Menge überflüssiger Stücke, sich in der Masse befinden.

Aber es ist hier mehreres zu berücksichtigen.

Erstens war die Schreibseligkeit nicht so sehr die Schoßsünde der früheren, als der gegenwärtigen Zeit. Je weiter man in die Jahrhunderte zurückgeht, um so seltener werden die ganz unbedeutenden Stücke.

Zweitens ist das Archiv nicht blos eine Registratur von Prioren und Geschäftsbehelfen. In sämmtlichen Archiven zusammen liegt auch die Geschichte des Staates und Landes. Die Alterthümer der Verwaltung und Verfassung, die Wirksamkeit von Anstalten und Aemtern, die längst nicht mehr bestehen, die aber nicht allein in ihrer Einrichtung und Grundlage, sondern auch in der Art ihrer Ausübung den Schlüssel zu dem Späteren und Heutigen darbiethen. Versuche und Vorsätze, Sitten und Gewohnheiten, Männer und Sachen finden ihr Andenken und ihre Erklärung. Der Unterzeichnete gesteht mit einer Art heiligen Scheu diesen Spuren vergangener Zustände gegenüber zu stehn und er ist ämtlich abgehärtet genug, um bedeutenden Eingriffen in diesen ehrwürdigen Ueberfluß nicht anders als mit innerem Widerstreben die Hand zu biethen.

Letztlich ist in diesen Zeiten der unausgebildeten Geschäftsordnung, wo das Uebersichtliche und Systematische ganz unbekannt war, wo der jeweilige Vorsteher der Finanzen in der größten Verlegenheit gewesen wäre, wenn man ihm um den Gesammtbetrag der Einkünfte des Staates auch nur approximativ befragt hätte, wo alles nur von Fall zu Fall und atomistisch verhandelt wurde, in einer solchen dunklen und verworrenen Zeit ist kaum im voraus zu bestimmen, welche an sich unbedeutenden Stüke ein Anhaltspunct für den Archivsbeamten werden können, der von Vormerk= und Index-Bücher verlassen oder getäuscht, oft nur in gelegentlichen Erwähnungen, Wegspuren zur geforderten Lösung findet.

Demungeachtet aber soll allerdings skartirt werden.

Nur bittet man nicht den Weg eines, seine Wirksamkeit in einer kürzern Zeit kundgebenden Gesammtangriffes eintreten zu lassen. Der Fehler dieser Methode, die systematischen und thatkräftigen Geschäftsmännern vor allen wünschenswerth scheint, ist und war immer: die Uebereilung. Im Eifer und der Erhitzung der Arbeit, in dem Wunsche bald etwas hinter sich zu bringen und den größtmöglichsten Erfolg zu erzielen, wird ausgeschieden was man später gar gerne wieder zurück= zu haben wünschte.

Der Umfang des Ergebnisses macht jede Kontrole unmöglich und alle Behörden, die diesen Weg vorgewählt, haben es später bereut. Da die Anzahl der gewöhnlichen Beamten bei einem solchen Verfahren nicht hinreicht, werden gewöhnlich sogenannte Ausscheidungs=Kommissionen zusammengesetzt und die Mitglieder derselben aus pensionirten Beamten gewählt. Nun steht aber der Diensteifer von neun Zehntel der Beamten in direktem Verhältniß mit ihrer Hoffnung auf Beförderung und den Aussichten in die Zukunft. Man kann daher leicht ermessen, wie gering das Interesse bei solchen ausgedienten Individuen ist, die diesen Sporn auf immer verloren haben.

Was die Instruktionen betrifft, so läßt sich wohl keine denken, die bei der Ausführung nicht eben so viel Urtheilskraft und Geschäftkenntniß erfordert, als bei der Verfassung.

Nur erfahrene Archivsbeamte selbst, die mit der Schwierigkeit des Aushebungsgeschäftes, mit der Wichtigkeit des Einzelnen, mit den Mängeln der Nachschlagbücher, mit den Geschäftsgebräuchen der Jahrhunderte vertraut sind, können eine solche Ausscheidung zweckdienlich ins Werk setzen. Die hohe Hofkammer kann ihrem Archive das Vertrauen schenken, daß unter den Beamten desselben sich mehrere finden, die dem Geschäfte vollkommen gewachsen sind. Freilich wird eine solche Ausscheidung eine längere, vielleicht lange Zeit erfordern, da aber nichts drängt, und bei der durchgreifendsten Skartirung die ältere Registraturs Abtheilung der hohen Hofkammer vor der Hand doch nicht überflüssig werden wird, so scheint ein langsames aber entsprechendes Verfahren jenem Geschäfts=Tumult vorzuziehen zu sein, von dem die Archive des Hofkriegsrathes, und wenn man nicht irrt, auch der Hofkanzlei noch jetzt die traurigen Spuren an sich tragen.

Sollte die hohe Hofkammer sich bestimmt finden für die Dauer des Ausscheidungs=Geschäftes dem Archive allenfalls zwei, noch diensttaugliche wirkliche Beamte als Hilfsarbeiter außer dem Status zuzuweisen, so wäre von einer solchen Unterstützung mehr zu erwarten als von einer ganzen Kommission von Pensionisten. Es ist widerholt, theils vom hohen Präsidium, und noch zuletzt von der verehrten Hofkammer mit Dekret vom 15. April 1847 die Bitte des Lottokontrolors v. Wolfskron um Anstellung oder Verwendung bei diesem Archive zur Sprache gebracht worden. Der Unterzeichnete gesteht, daß dieser Mann, ein eben so geschikter Beamter, als erprobter Kenner der Geschichte und Alterthümer Österreichs, ihm als solcher erscheint, von dem, nebst allenfalls einem Zweiten dieser Art die gewünschte Beihilfe aufs zwekdienlichste erwartet werden könnte.

Wie bedeutend die hiedurch erzielte Verminderung sein wird, läßt sich vorderhand noch nicht bestimmen.

Wenigstens soll die hohe Hofkammer den bis jetzt aufrecht stehenden Vorzug nicht verlieren, die einzige hohe Hofbehörde zu sein, welche ein unverstümmeltes Archiv besitzt. Wien, am 12. Februar 1848.

Grillparzer.

53.

Bericht über das Gesuch der kaiserl. Akademie der Wissenschaften um die Bewilligung zur Benützung des Archives.

Hohes Präsidium der k. k. allgemeinen Hofkammer.

Das in dem hohen Dekrete vom 21. Februar 1848 erwähnte Gesuch der Akademie der Wissenschaften, ihrer historischen Kommission zu gestatten aus den Vorräthen des Hofkammerarchives jene Urkunden, Codices und Aktenstücke ausziehen oder kopiren zu lassen, welche zur Vervollständigung ihrer Forschungen und Sammlungen für die Geschichte des Mittelalters (bis zum Tode Maximilian I.) zweckdienlich sein könnten, scheint nach hierortigen Ansichten durchaus keinem Anstande zu unterliegen.

Was die eigentlichen Aktenstücke betrifft, da eine Veröffentlichung manchmal nicht ohne Bedenken ist, so fällt diese Kategorie ganz weg, da sich die Hofkammer-Verhandlungen erst seit der späteren Regierung Ferdinand I. (vom Jahre 1526 und 1527 an) gesammelt vorfinden.

Die Urkunden waren ihrer Natur nach, eben zur Veröffentlichung bestimmt und sind zu diesem Zwecke ausgefertigt worden; die Codices enthalten nichts als solche Urkunden in Abschrift. Gründet sich ihr Inhalt auf Staatsbefugnisse, so sind sie schon durch die Länge der verflossenen Zeit ganz unbedenklich, anderseits sind sie ihren Wirkungen und allgemeinen

Umrissen nach längst bekannt, und die Ergänzung dieser Kenntniß, ihrer Besonderheit und Einzelnheit nach), ist eben der wünschenswerthe Zweck der Geschichte.

Anders verhält es sich höchstens mit Urkunden, die Besitztitel oder sonst privatrechtliche Verhältnisse der Staatsverwaltung zum Gegenstande haben. Sollte hier bei einzelnen Stücken ein Zweifel entstehen, so behält man sich vor, die höhere Geschäftskenntniß der vorgesetzten Behörde pflichtschuldig um Entscheidung anzugehen.

Was die Art und Weise der Benützung des Archives betrifft, so dürfte es die in Fällen gewöhnliche sein, daß nämlich die Kopiatur und Excerpirung im Amtslocal des Archives geschieht, und die zu benützenden Stücke vorläufig der Archivs-Direktion namhaft gemacht und von ihr dem Inhalte nach geprüft werden.

Daß der Komission der Akademie jede Erleichterung und die zuvorkommendste Gefälligkeit entgegen kommen wird, braucht wohl nicht erst versichert zu werden.

Wien, am 28. Februar 1848.

Grillparzer.

54.

Bericht über das Gesuch des Eudoxius v. Hormuzaki um die Bewilligung zur Benützung des Hofkammer-Archives.

In dem mittelst hoher Dekretazion vom 5. April hieher gelangten, in der Anlage ehrfurchtsvoll rückgeschlossenen Gesuche bittet der Gutsbesitzer Eudoxius v. Hormuzaki, zum Behufe einer Materialiensammlung für die Geschichte der Donau-Fürstenthümer, die Quellen des Hofkammer-Archivs in Bezug auf die Moldau und Wallachei benützen zu dürfen.[1]

Derlei mit ämtlichen Störungen verbundenen Begünstigungen sollten zwar eigentlich nur durch bekannte Fähigkeiten oder durch frühere Leistungen eine Bürgschaft darbiethen, daß aus den Arbeiten ein eigentlicher Gewinn für die Literatur hervorgehen werde. Dem gehorsamst Unterzeichneten sind die Verhältnisse des Bittstellers gänzlich unbekannt. Da er übrigens bereits die Erlaubniß zur Benützung des Haus=, Hof= und Staatsarchives, dann des Archives der vereinten Hofkanzlei besitzt, so dürfte kein Grund sein ihm vom Hofkammerarchive auszuschließen.

Ob seine Ausbeute im letzteren groß sein wird, ist eine andere Frage und dürfte, ausgenommen die kurze Zeit wo ein Theil der Fürstenthümer unter österreichischer Herrschaft stand, wohl sehr zu bezweifeln sein. Das ist übrigens seine Sache und vermindert nur die mit der Gewährung nothwendig verbundenen ämtlichen Unzukömmlichkeiten.

Die hierbei zu beobachtenden Vorsichten hätten die in solchen Fällen gewöhnlichen zu sein: Daß die Benützung im Amtslocale des Archives selbst geschehe; daß ihm nur solche Akten und Urkunden in die Hände gegeben würden, die sich auf die Moldau und Wallachei selbst beziehen und endlich, daß die von ihm aus den Nachschlagbüchern bezeichneten Stücke jedesmal im voraus von der Archivsdirektion in Bezug auf die Mittheilbarkeit eingesehen und geprüft werden.

Wien, am 14. April 1848.

Grillparzer.

55.

Bericht mit der Anzeige von der vollendeten Uebersiedlung des Ministerial=Archivs.

Die mittelst des hohen Dekretes vom 20. Juni 1848 angeordnete Uebersiedlung des Finanz=Ministerial Archivs in sein neues Local ist gegenwärtig vollendet.[1])

Man hat damit die Zeit vom 26. Juni bis 19. August, also nach Abrechnung der Sonn= und Feiertage dann einer eintägigen Störung durch Regenwetter, 47 Arbeitstage zugebracht.

Wenn beim ersten Anblicke dieser Zeitraum kein geringer scheinet, so zeigt doch die nähere Betrachtung, daß alles geleistet wurde was Menschen möglicherweise zu erwarten war. Nebst der Masse seines Bestandes von 20.000 Faszikeln und mehr als 7000 Büchern, wozu noch die Urkunden- und Patenten-Sammlung, dann eine Menge montanistischer Mappen und Karten kommt, ist das Finanz-Ministerial-Archiv nicht wie eine kurrente Registratur, wo Bezeichnungen, Jahres- und Faszikel Nummern in ununterbrochener Reihe fortlaufen, so daß allenfalls ein im Lesen geübter Amtsdiener oder Arbeiter bei der Aufstellung hilfreich sein kann. Die aus den Kinderzeiten des Geschäftsganges herangewachsenen Archivsakten finden sich mitunter so wunderlich individualisirt, so von Verhandlungen längst erloschener kaum noch dem Namen nach bekannter Aemter, Commissionen, Spezial- und Personal-Wirksamkeiten durchkreuzt, in ihrer bisherigen Aufstellung oft nur nach den Bedürfnissen des Raums und des allmähligen Zuwachses geordnet, daß die Abräumung allerdings in viel kürzerer, dafür aber die neue Aufstellung nur in unabsehbar längerer Zeit hätte zu Stande gebracht werden können. Da es sich demnach darum handelte, theils die alte, aus den bloßen Ueberschriften kaum erkennbare Ordnung beizubehalten, und ersichtlich zu machen, theils eine neue systematische erst herzustellen, so blieb nichts übrig, als sämmtliche Faszikel, nachdem sie mit der Vorschreibung verglichen waren, im alten Local mit fortlaufenden Aufstellungsnummern zu bezeichnen, welche allein es möglich machten, bei der neuen Einreichung sich auch von minder geschäftserfahrenen Individuen an die Hand arbeiten zu lassen.

Die Numerirung des ganzen Akten-Vorrathes hat der erste Adjunkt Bayer unterstützt von dem Akzessisten Radler, die Leitung der neuen Aufstellung der Adjunkt Hofmann, beide mit ebenso großer Umsicht, als körperlicher, beinahe knechtlicher Anstrengung besorgt.

Die Handarbeit bei Aufstellung der durch die beigegebenen Tagarbeiter zugetragenen Faszikel ist von den beiden Hausdienern Mey und Butschik geleistet worden. Das übrige Personal hat durch Ueberwachung des Auf= und Abladens, Begleitung der Wagen und Besorgung der in der Zwischenzeit vorgekommenen ämtlichen Akten Aushebungen sich nicht weniger thätig bezeigt.

Rechnet man noch dazu die Beirrungen, denen das Personal durch die Ungeduld derjenigen ausgesetzt war, die das noch nicht verlassene alte Local schon zu neuen Zweken benützen wollten, daß während man noch die Acten abräumte, die kaum leer gewordenen Fächerstellen schon von Tischlern zu anderweitigen Bestimmungen abgerissen wurden, den Staub, die Zugluft, so darf man sich wohl der Hoffnung hingeben, daß das Archivs-Personal sich die Zufriedenheit und Anerkennung von Seite der vorgesetzten höheren Behörden würdig gemacht habe, ja man kann den Wunsch nicht unterdrücken, ihnen für so viel aufopfernde Mühewaltung jene mässigen Geldbelohnungen zugewendet zu wissen, die in ähnlichen, außergewöhnlichen Fällen von der hohen Finanzverwaltung noch nie verweigert worden sind.

Wien, am 26. August 1848.

Grillparzer.

56.

Bericht in Bezug auf den Stiftbrief der Herrschaft Wolkersdorf.

In Bezug auf den mit hohem Dekret vom 29. Oktober 1850 hieher gelangten, hierüber ehrfurchtsvoll rückgeschlossenen Bericht der n. ö. Finanz Landesdirektion und die darin ausgesprochene Bitte um Mittheilung des Stiftsbriefes über die Fondsherrschaft Wolkersdorf hat man die Ehre folgendes zu berichten.[1])

Diese Herrschaft ist, wie aus anderweitigen Notizen hervorgeht, von Kaiser Ferdinand I. im Jahre 1547, in Folge testamentarischer Verfügung seiner Gemahlin Anna, zu den Hosspitale in Wien gestiftet worden. Der Stiftbrief selbst aber findet sich nicht allein in den hierortigen Akten nicht vor, sondern es geschieht desselben auch weder in den Gedenk=bücher, noch selbst in den Registern Erwähnung, zum deut=lichen Beweise, daß derselbe sich niemals in dem früheren Hofkammer Archive befunden habe.

Man hat sich daher, und zwar um so mehr, als die Herrschaft Wolkersdorf Privateigenthum der Kaiserin Anna war, an das Haus-, Hof- und Staatsarchiv und später an das Archiv des Ministeriums des Innern gewendet, von beiden aber nur verneinende Antworten erhalten.

Im Jahre 1564 fand eine Erneuerung dieser Stiftung statt. Auch von diesem erneuten Stiftsbrief findet sich im Finanz=Archive nur die in der zweiten Anlage beifolgende einfache Abschrift vor.

Obgleich diese Renovazion auf die in der Verhandlung stehenden Frage kaum einen Bezug hat, so glaubt man doch dieses abschriftliche Document gehorsamst vorlegen zu sollen, weil es wenigstens über die Natur und das Faktische der Stiftung einiges Licht verbreitet.

Wien im November 1850.

Grillparzer.

57.

Bericht womit der Tod des Registranten Ignaz Nabler gehorsamst angezeigt wird.

Der Unterzeichnete erfüllet eine traurige Pflicht, indem er den am 27. d. M. erfolgten Tod des hierortigen Registranten Ignaz Nabler hiemit anzeigt.

Das Archiv hat durch diesen Todesfall einen harten Schlag erlitten. Nicht allein Eifer und Intelligenz machten Nabler zu einem brauchbaren Beamten, sondern für das Archiv war er besonders durch seine Liebe und Kenntniß des Alter=

thums, durch seine Fertigkeit im Lesen und Kopiren alter Urkunden unschätzbar, ja für eine Reihe von Jahren unersetzlich.

Je größer der Verlust, um so dringender ist das Bedürfniß eines Ersatzes.

Die Geschäfte des Archives haben allerdings seit den letzten drei Jahren bedeutend abgenommen. Dafür zählte es aber auch zur Zeit des Unterzeichneten Dienstesantritt zehn Beamte, welche durch Radlers Tod bis auf vier herabgeschmolzen sind. Da sich nun unter diesen einige mit sehr schwankender Gesundheit befinden, gerechtfertigte Urlaube doch nicht ganz zu vermeiden sind, und überdieß die Archivs-Akten in dem gegenwärtigen Locale in vier Stokwerke vertheilt sind, so könnte der Fall nur gar zu leicht eintreten, daß bei dringenden Aushebungen sich gar Niemand im Beamtenzimmer vorfände, um Auskunft zu ertheilen oder die Aufträge entgegenzunehmen.

Man bittet daher, so bald als möglich, den durch Radlers Tod veranlaßten Abgang zu ersetzen, und zwar durch ein Individium, daß nicht nur zur Ergänzung der Anzahl sondern auch der Fähigkeit nach), an seine Stelle treten könne.

Man hat bei allen früheren Personal Verlusten aus Gewissenhaftigkeit einen Ersatz anzusprechen sich nicht erlaubt, so daß die Zahl der Archivsbeamten, wie gesagt, von zehn auf vier herabgeschmolzen ist. Dieselbe Gewissenhaftigkeit aber bürgt dafür, daß wenn man jetzt die Beigebung eines Beamten als dringend nothwendig in Anspruch nimmt, das Gefühl der Nothwendigkeit und keine Bequemlichkeits- oder sonstige Rücksicht ehrfurchtsvoll das Wort führt.

Wien am 29. März 1851.

Grillparzer.

58.

Bericht in Betreff der Abgabe älterer Urkunden an das Staatsarchiv.

Mittelst des hierneben rückgeschlossenen hohen Kanzlei=Direktions=Auftrages wurde das Finanz=Ministerial=Archiv aufgefordert sich zu äußern, inwiefern einem von dem Ministerium des Äußern unterstütztes Verlangen des Haus=, Hof= und Staatsarchives Folge zu geben sei: an letzteres alle hierorts aufbewahrten älteren Original=Urkunden und Handschriften abzugeben, welche in administrativer Hinsicht nicht mehr benöthigt, nur noch historisch wichtig sind.

Nun ist es zwar mit dieser Scheidung zwischen administrativen und historischen Interessen eine schwere Sache. Alle diese Litteralien sind den doch ursprünglich zu administrativen Zwecken ausgefertigt oder doch gesammelt worden, und es ließe sich von von vornherein kaum bestimmen, ob bei Besitz=streitigkeiten oder Entschädigungsforderungen das eine oder andere dieser Stücke nicht als Beweismittel dienlich oder nöthig sein sollte.

Anderseits ist aber das Haus=, Hof= und Staatsarchiv innerhalb den Gränzen desselben Staates und es wird sich eben gefallen lassen müssen, im Erforderungsfalle von seinem historischen Standpuncte herabzusteigen und über an dasselbe gerichtete Geschäftsfragen Rede und Antwort zu geben, indem es die benöthigte Urkunde aufsucht und beibringt. Zugleich ist es vom historischen Standpuncte wirklich wünschenswerth, daß eine Centrale über alle solche älteren Urkunden bestehe, wozu das Haus, Hof und Staatsarchiv vor allem berufen scheint. Eben so wenig kann geläugnet werden, daß für den speziellen Gebrauch des hohen Finanz Ministeriums diese Urkunden von äußerst geringer Wichtigkeit sind. Es ist eine Reihe von Jahren vorübergegangen, ohne daß eine Nachfrage nach irgend einer derselben stattgefunden hätte.

Sie betreffen beinahe durchaus Lehenssachen, dingliche Rechte, Eigenthums= und Besitztitel, die im Laufe der Jahr=

hunderte längst ihre Erledigung gefunden haben, und aus denen sich so gar keine Ansprüche erweisen oder Anforderungen widerlegen lassen, da die Mittelglieder fehlen, und bei der bisherigen Vereinzelung, da ein Theil im Hofkammer-Archiv und ein anderer im Haus-, Hof- und Staatsarchive erliegt, weder eine geschäftliche noch eine historische Uebersicht sich gewinnen läßt.

Dieß ist vor allem der Fall mit dem beträchtlichsten Theile derselben, der innerösterreichischen Urkunden, auf welche das Haus-, Hof- und Staatsarchiv von jeher sein besonderes Augenmerk gerichtet hat.

Es wurde nämlich schon vor mehreren Jahren mit Hofkammerdekret vom 7. Juni 1834 ein ähnliches Ansinnen des genannten Archivs dem Unterzeichneten mitgetheilt und von demselben, mit gehorsamsten Berichte vom 31. März 1835 beantwortet.

Der Unterzeichnete hat sich damals gegen diese Ausfolgung erklärt, aber blos darum, weil nur einzelne dieser Urkunden begehrt wurden. Schon damals erlaubte er sich die Äußerung, daß, wenn sämmtliche Urkunden angesprochen würden, er wenig dagegen einzuwenden hätte.

Mit diesen innerösterreichischen Urkunden verhält es sich nämlich so: Nach dem Aussterben der steirisch-österreichischen Linie wurden alle im Schatzgewölbe zu Graz befindlichen Urkunden in das Wiener Hofkammer-Archiv übertragen. Als im Jahre 1750 das Haus-, Hof und Staats-Archiv gegründet wurde, mußte (1753) ein Theil dieser Urkunden nebst andern, ohne Übernehmensbestättigung, ohne genaue Scheidung, Folge und Ordnung an das neu gegründete Institut abgegeben werden. Seitdem ist diese Sammlung getrennt. Der Anforderung vom Jahre 1834 zu Folge, das Zerrissene vom neuen zerreißen, konnte unmöglich gebilligt werden, wenn aber das Haus-, Hof- und Staatsarchiv in seiner Eigenschaft als historisches Centralarchiv gegenwärtig den ganzen Complex anspricht, so mag man von hieraus nicht hindernd entgegentreten.

Der Unterzeichnete erlaubt sich daher den Antrag, alle hierorts aufbewahrten, den speziellen Geschäftszwecken der hohen Finanz-Verwaltung ferner liegenden Urkunden an das Haus-, Hof- und Staatsarchiv abzutreten. Man hat daher das in der zweiten Anlage befindliche Verzeichniß solcher Litteralien angefertigt, welche unter Voraussetzung der höheren Genehmigung zur Abgabe bereit liegen. Dieses Verzeichniß begreift alle in hierortiger Verwahrung befindlichen Urkunden, mit Ausnahme einer kleinen Abtheilung von sehr gemischtem Inhalte, zum Theil bis in die neuere Zeiten hineinreichend, welche eben dieser Beschaffenheit wegen, einzeln durchgegangen und sorgfältig ausgeschieden werden müssen, weshalb man sie zum Gegenstande eines spätern, zweiten Berichtes zu machen gedenkt.

In diesem spätern Berichte wird man sich auch über den zweiten Theil der Anforderung des Haus-, Hof- und Staats-Archives, außer den Urkunden auch die ältern Gedenkbücher des Hofkammerarchives auszuliefern, näher aussprechen, in Bezug auf welch letztere aber man schon im Voraus ankündigen muß, daß man zu ihrer Abgabe durchaus nicht geneigt sei. Das Finanz-Archiv ist außer seiner Geschäftsbestimmung, wie jedes Archiv, und ebenso gut als das Haus-, Hof- und Staatsarchiv auch ein historisches Archiv, und jeder Geschichtschreiber, der nicht nach der neuerlichst beliebten bequemen Methode blos Urkunden aufspüren und Urkunden abdrucken lassen, sondern Landesgeschichte schreiben will, wird nie vermeiden können, auch die Beweisstücke, ja die Akten des Hofkammer Archivs zu Rathe zu ziehen. Zudem hat die Finanz-Verwaltung so gut ihre Geschichte, als jeder Zweig der Staatsverwaltung. Dieser Finanz-Geschichte aber die Wurzeln abzuschneiden, die in diesen Gedenkbüchern enthalten sind und das Finanz-Ministerial Archiv zu einer Registratur für vereinzelte Bureau-Aushebungen zu machen, dazu wird der Unterzeichnete nie seine Beistimmung geben.

Uebrigens können, als wesentlich zu den innerösterreichischen Urkunden gehörig, schon jetzt abgegeben werden (nach) der mit den hierortigen Verzeichnissen übereinstimmenden Numerirung des von dem Haus-, Hof- und Staatsarchive beigebrachten Verzeichnisses):

Nr. 83. Lehenbuch der Grafen von Görz von 1147—1499,

Nr. 87. Lehenbuch der Grafen v. Cilly über Ortenburgische Lehen,

Nr. 92. Gedenk- und Lehenbuch der Grafen v. Cilly,

Nr. 140. Schatzgewölbbuch. 4 Bände. Ein höchst interressantes Verzeichniß aller beim Tode Ferdinand I. im Wiener Schatzgewölbe vorhandener Urkunden.

Wien, am 5. Juli 1851.

Grillparzer.

59.

Bericht über das Gesuch des Johann Engel, Religionslehrers an der Ober-Realschule in Schottenfeld, um Benützung des Archivs zum Behufe einer Geschichte der Realschule in Wien.

Die Einsicht in die von dem Bittsteller angeführten Aktenstücke und deren Benützung zum Behufe einer Geschichte der allgemeinen Wiener Realschule dürfte wohl keinem Anstande unterliegen, da ihr Inhalt nur ehrend für die Staatsverwaltung ist und Ansprüche an den Staat daraus auf keine Art abgeleitet werden können.

Nur widerstreitet der bisherigen Uebung die weitere Bitte, diese Aktenstücke gegen Rezepisse mit nach Hause nehmen zu dürfen, was bisher nur öffentlichen Behörden und zu deren Mittel gehörigen Konzeptsbeamten gestattet worden ist.

Uebrigens ließe sich auch hier, um den Bittsteller in seiner Arbeit zu fördern, noch das Auskunftsmittel treffen, daß das Rezepisse nicht von ihm, sondern von der Direktion der Realschule ausgefertigt würde, und dadurch die Haftung auf diese letztere übergienge.

Wien, am 1. Juli 1852.

Grillparzer.

60.

Bericht über das Gesuch des Kustos im k. k. Antiken=Kabinet Joseph Bergmann, Urkunden des 16. und 17. Jahrhunderts aus dem Archive zur Benützung nach Hause nehmen zu dürfen.

Kustos Bergmann ist k. k. Beamter und hätte als solcher das Recht — vor allem im Wege seiner vorgesetzten Kabinets=Direkzion — Beweißstücke aus den Vorräthen des Finanz Ministeriums gegen Rezepisse zu beheben. Obschon diese Befugniß der Hofbeamten sich in der Regel nur auf ämtliche Zweke beschränkt, so dürften Arbeiten, im Interesse der k. k. Akademie der Wissenschaften unternommen, wohl den ämtlichen gleichgestellt werden, und da der Bittsteller überdieß als ein höchst ordentlicher Mann bekannt ist, so wäre nach hierortigem Ermessen ihm die nachgesuchte Bewilligung in einem von Seite der Archivs=Direkzion ein zuhaltenden Maß und mit Beschränkung auf Urkunden von historischem Charakter ohne Anstand zu ertheilen.

Wien, am 29. Oktober 1853.

Grillparzer.

61.

Bericht über die Aufsuchung des Taufscheines des im Jahre 1784 verstorbenen niederländischen Finanzrathes Peter Jakob Swerts.

In den hierortigen Akten kommt nicht einmal der Name des Finanzrathes Peter Jakob Swerts vor.

Die gewünschten Aufklärungen können, wenn irgendwo nur in den Akten der geheimen Hof- und Staatskanzlei gefunden werden, welche in den Achtziger Jahren des verflossenen Jahrhunderts die niederländischen Geschäfte ausschließlich leitete, oder in denen der darauf gefolgten Niederländischen Hofkanzlei, deren Akten sich übrigens auch nicht im Finanz Ministerial Archiv befinden.

Wien, am 12. April 1856.

Grillparzer.

III.

Tagebuchblätter.

1813 (?).

Ich muß mir's nur selbst gestehen, die Ursache, warum ich so lebhaft ein Amt suche, ist nicht, weil ich gerade ein thätiges Leben wünsche, nein, ich möchte mir nur mit einer Art von Unabhängigkeit schmeicheln, durch die Möglichkeit, auch anderswo mein Glück machen zu können; ich bin überzeugt, daß ich sehr unglücklich sein werde, wenn ich mein jetziges behagliches Verhältniß verlassen muß.

* * *

1822.

Eben erhielt ich die Nachricht, daß ich bei Besetzung einer Conzipistenstelle übergangen worden bin, die mir nach allem Recht gebührte, und von der auch alle Wahrscheinlichkeit war, daß ich sie erhalten würde. Graf Stadion und Hofrath Pillersdorff hatten sich meinetwegen alle Mühe gegeben, aber Alles scheiterte an dem Pedantismus des eben vorsitzenden Vicepräsidenten Grafen Nadasdy, der, weil er bemerkte, daß unter den Hofräthen des Gefällensenates, denen eigentlich die Besetzung zustand, für mich eine günstige Stimmung herrschte, die Verhandlung in den Cameralsenat verlegte, wo mich Niemand kennt, und ich daher natürlich auch durchfiel.[1])

* * *

1822.

Noch vor Kurzem schlug mir der Kaiser die Scriptorstelle in seiner Privatbibliothek, zu der mich sein Bibliothekar vorgeschlagen hatte,[2] mit der Äußerung ab: »Ja, er taugte wohl dazu; wenn er nur die Geschichte mit dem Papst nicht gehabt hätte.« (Anspielung auf den Verdruß wegen des Gedichtes auf dem campo vaccino). Hier Landes scheint kein Platz für mich zu sein, und doch wollte ich lieber Alles thun und leiden, als es verlassen. Mir widert das übrige Deutschland in seiner gegenwärtigen kraftlosen Überspannung unaussprechlich an, und Östreich, oder vielmehr dessen Bewohner, sind mir so unendlich werth!

* * *

1826.

Einer meiner Hauptfehler ist, daß ich nicht den Muth habe, meine Individualität durchzusetzen. Über dem Bestreben, es allen recht zu machen, und mich ja im Äußerlichen nicht zu sehr von den anderen zu unterscheiden, werde ich endlich wie die Anderen, und die Gewohnheit macht gewöhnlich.

Daran ist meine früheste Erziehung schuld. Mein Vater duldete durchaus keine Vorliebe oder Abneigung, selbst der physische Ekel erhielt keine Gnade und bei Tische durfte z. B. keine Speise unberührt bleiben.

Ich führe daher ein eigentliches Philisterleben, das Bureau wird höchst regelmäßig besucht, die vorkommenden geistlosen Geschäfte ebenso geistlos aber aufs pünktlichste besorgt. Bei dem unvermeidlichen Zusammentreffen mit Anderen ergreift mich die ungeheuerste Langweile. Statt ihr aber nachzugeben und mit meinen Gedanken die Gesellschaft zu verlassen, suche ich aus unzeitiger Schonung der Anderen dem Zustande die beste Seite abzugewinnen und da werde ich gewöhnlich spaßhaft, was mich selbst freilich am wenigsten amüsirt, aber die Anderen des drückenden Gefühles zu ennuyiren überhebt. Diese Spaßmacherei, diese erkünstelte Lustigkeit kann aber endlich habituell werden und da hebt sie zuletzt allen Ernst, alles Vermögen bei einem Gedanken zu verweilen, auf.

*

1830.

Ich war schon einigemal Willens, den Fürsten Metternich um eine Stelle bei einer Gesandtschaft anzugehen, nach Italien oder Spanien etwa. Aber nebst der mangelnden Geläufigkeit im Französischen ist mir auch alles Praktische so fremd geworden, daß ich mit einer Art Schauder an jede eigentliche Amtsführung denke.

*

7. August 1830.

Heute morgen im Bureau mit Hofrath und Hofsecretär über die Ereignisse in Frankreich disputirt. In die aufbrausendste Hitze verfallen, den werthen Vorgesetzten Grobheiten aller Art gesagt, und zuletzt von der Anstrengung in jene physische Unmacht gerathen, die bei mir gewöhnlich die Folge solcher Anstrengungen ist. Ich kann aber nicht disputiren; ich erhitze mich, darüber verwirren sich meine Ideen und ich weiß kaum mehr, was ich spreche. Das Bewußtsein hievon und das hiedurch veranlaßte Bestreben, jedem Streite auszuweichen, trägt einen großen Theil der Schuld an meiner gegenwärtigen Apathie . .

* * *

20. Jänner 1832.

Wie lange habe ich diese Blätter nicht berührt! Theils darauf vergessen, theils war nichts aufzuzeichnen. Inwischen das mechanische Fortbosseln an dramatischen Stoffen eingestellt, weil denn doch offenbar dabei nichts herauskam. Sonderbares Verhalten des Innern. Unfähigkeit einen Stoff als Ganzes zu überschauen. Die Theile bei einzelner Beschäftigung mit den Details allerdings bis zu einem gewissen Grade von Anschaulichkeit zu bringen, die aber beim Ansetzen der Feder alsobald verschwindet. Daß auf diese Art alles steif und lahm gerathen mußte, und das Ganze nichtig geworden wäre, nur allzuklar, daher vom Frevel abgelassen.

In dieser resignirten Verzweiflung am selbst künftigen Gelingen schönerer Dinge um die erledigte Archiv=Direktors= stelle angesucht; fest entschlossen das Geschäft bis zum Wieder= eintritt der Poesie eifrig zu betreiben, und selbst froh, dem dumpfen inneren Schmerz für den Augenblick ein äußeres Gegengewicht zu finden. Für mich gilt nämlich das lyrische sorrow is thought nur dann, wenn ich nicht von herab= ziehenden Außendingen umgeben bin; dann wird mein Kummer kontemplativ, poetisch; im entgegengesetzten Falle artet er in Stumpfheit und Gedankenscheue aus. Meine Gedanken sind potenzirte Empfindungen und meine Empfindungen halbe Gedanken.

* * *

25. Jänner 1832.

Habe die Archivdirektorsstelle erhalten und so des Menschen Sohn um dreißig Silberlinge verkauft. Ich werde ein volles Jahr verwenden müssen, das Geschäft kennen zu lernen; ein volles Jahr, ohne auf Poesie anders als in ver= lorenen Augenblicken denken zu können. Dann freilich nach diesem Probejahre, wenn die Poesie käme, würde ich sie auf= nehmen können. Aber wird sie kommen? Ein bestimmtes Ge=

fühl, daß es mir aus ist, hat mich diesen Platz suchen und annehmen lassen. Dieses Gefühl, das freilich in meiner Jugend schon einmal da war, hat sich zum zweitenmale ungefähr ein Jahr nach der Aufführung des Ottokar wieder eingestellt und seitdem, mit kurzen Unterbrechungen, mich nicht wieder verlassen. Meine überspannte Reizbarkeit durch das Hervorstoßen der Ahnfrau auf einmal zur Thätigkeit gekommen, trug alle Lasten mit siegreicher Kraft, forderte überschwänglich die Welt heraus und stand allen innern und äußeren Feinden. Aber an jenem zweiten Zeitpunkte ward die Last der Dinge und Ereignisse zu mächtig, die Kraft ließ nach; zweimal erhob sie sich noch halb, aber ohne inneres Zeugniß, ohne Siegeshoffnung, und brach endlich zusammen, und wird nie wieder erstehen, fürchte ich. Nein, nein, nein. Ich weiß, daß nichts zu hoffen ist und doch gebe ich die Hoffnung nicht auf. Wie sagt Dante? Che feco per volta il gran rifiuto. So solls von mir nicht heißen. Die Hartnäckigen gewinnen die Schlachten, war Napoleons Grundsatz, und, weiß Gott, ich bin hartnäckig!

Gut! Ich will mein neues Amt antreten, ich will die Amtsstunden halten, ich will fleißig sein, aber — es kommt Jemand, — aber ich nehme mir zugleich vor, jeden Tag und zwar gerade im Amtslocale etwas Poetisches zu arbeiten, um nur den Gedanken an die Bestimmung nicht zu verlieren, und — die Hoffnung, oder wenigstens den erstern nicht, denn die letztere gebe ich auf.

* * *

11. März 1832.

Das Amt will sich nicht geben. Nicht als ob mir die Arbeit uninteressant wäre. Dieses Herumstören in alten Akten, dieser geschäftige Müßiggang des Beamtenlebens hat mir im Gegentheil in meiner gegenwärtigen Stimmung etwas erquickliches. Aber nur die Nebendinge sprechen mich an, das Geschäft selbst, fürcht' ich, bleibt unbesorgt. Dazu die Untergebenen, über die ich die Aufsicht führe, die ich zur Arbeit anhalten, denen ich Arbeit zutheilen soll. Ich, der ich mein Leben lang mich nur mit mir selbst beschäftigt habe, und selbst damit nicht zu Stande kam. Dazu noch: welche Art von Menschen! Ich habe sie mir feindseliger, ich habe sie mir unwissender, unbrauchbarer gedacht. Aber es ginge besser, wenn sie schlimmer wären. Ich sehe ihr Lauern, aber da sich kein Widerstand zeigt, kann ich nicht Fronte gegen sie machen. Nebstdem: alles was ich bisher gearbeitet habe, fühle ich wohl selbst, daß es nicht taugt. Ich kann nichts verrichten, ohne mich bis auf einen gewissen Grad dafür zu begeistern. Da mischt sich denn aber so viel Phantasie zu den wirklichen Données, daß das Ganze leicht ein Spiegelgefecht gegen einen idealen Gegenstand wird. Mich negativ gegen die Aufgabe verhalten, kann ich nicht. Durch nichtssagende Floskeln ausweichen, liegt nicht in meiner Macht, da schneide ich denn ins ganze Holz bei Dingen, die ich offenbar nicht genug verstehe. Die Übelwollenden werden das aufgreifen und — —

* * *

7. April 1832.

Gestern Mittags, wo ich allein im Archiv war, und ein Dokument aus einem Faszikel in der obersten Reihe der Akten fast am Plafond herausnehmen wollte, fiel ich, von der Schwere des beinahe 50 Pfd. schweren, über meinem Kopf stehenden Faszikel aus dem Gleichgewichte gebracht, von der obersten Sprosse der Leiter und stürzte die ganze Höhe des Archivsaales, also doch mindestens 5 Klafter hoch herunter, ohne mich, was einem Wunder gleicht, außer einigen Hautabschiebungen und Quetschungen, sonst irgend bedeutend zu beschädigen. Beim Falle und während desselben stellte ich die ruhigsten Betrachtungen an. Ich ließ den Aktenbündel los und dachte oder sagte vielmehr schon im Falle zu mir selbst: Nun,

das kann gut werden! Darauf erinnerte ich mich der Höhe, die ich hinangestiegen, und die ich daher auch wieder herab=
fallen mußte. Während des fiel ich immer. Endlich nahm ich mir vor, mich ja doch so zu halten, daß ich auf die Füße zu stehen käme. Ich machte daher während des Herabsturzes, ohne daß ich begreife, wie es möglich ist, die Bewegung eines der springt und kam in dieser Stellung auch wirklich mit einer heftigen Erschütterung zusammengekauert auf die Fußballen zu stehen. Ich konnte verloren sein, und faßte auch nicht, wodurch mir's erspart wurde! —

* * *

12. September 1832.

Wie lange ist es, daß ich nichts zu Papier gebracht habe! Ich wollte neulich eine Bemerkung niederschreiben und erschrak, da ich die Tinte in meinem Schreibzeuge eingetrocknet fand. Das ist mir seit Jahren nicht geschehen. Ich sollte die so oft aufgegebene Idee eines Tagebuches wieder vor= nehmen und beharrlich dabei aushalten. Täglich, wenn auch nur ein paar Worte niederschreiben. Die Ereignisse der letzten 24 Stunden und wenn es gut geht ein paar Betrachtungen dazu. Es setzte doch wenigstens dieser gänzlichen Spurlosigkeit ein Ziel, mit der seit einem halben Jahre ungefähr alles an mir vorüberrauscht. Meine Augen schmerzen, ich kann die Weiße des Papiers beim Kerzenlicht nicht ertragen.

Was ist denn heute geschehen? Nichts. Morgens im Homer gelesen, wie man eine Grammatik liest. Im Archiv der Adjunkt Weibel, der Lust zeigte zu trotzen, ist zu Kreuze gekrochen. Hat mir eine angenehme Empfindung gemacht. Gegen Mittag Besuch von einem Autor, dessen Namen ich vergessen habe. Er meinte, ich sei der beste Dichter in ganz Wien. Großen Dank!

* * *

16. September 1832.

Habe 4 Tage nichts geschrieben; und wäre doch gut, wenn ich meinem Vorsatze treu bliebe, besonders jetzt, da meine alberne Archivsanstellung mich so sehr beschäftigt, und mir selbst den Gedanken an das nimmt, was sonst das Geschäft meines Lebens war. Ich habe nun durch ein halbes Jahr wie vergessen, daß ich derselbe bin, der einst Miene machte, sich unter die ersten Dichter seiner Zeit zu stellen, und sage ich's nur! sich von demselben Stoffe glauben durfte, aus dem Erfolg die Byrons u. s. w. macht. Guter Gott!

* * *

25. September 1832.

Es sind wieder mehrere Tage vergangen, eigentlich entgangen; es ist nichts geschehen. Ein vor der Zeit kaltes Wetter macht die Tage unangenehm und ein heftiger hämorrhoidalischer Anfall hindert mich, die wenigen erträglichen Stunden zu genießen.

Die deutschen Naturforscher sind hier angekommen. Große und Größte beeifern sich um die Wette, ihnen die größte Aufmerksamkeit zu erweisen und dieselben, die das ganze Jahr Künste und Wissenschaften mit Füßen treten, möchten gar zu gern durch 14 Tage als Gönner und Beschützer angesehen werden. Man bewirthet, huldigt, buhlt beinahe um jeden Einzelnen. Es ist als ob sie die Saturnalien der Wissenschaften feierten, wo die Knechte und Mägde, solange der Mummenschwanz währt, mit ihrem Herrn an einem Tische sitzen und auch ein Wort dreinreden dürfen. Ich habe aus Ekel keiner der Versammlungen beigewohnt. Mit Unrecht! Ich sollte mich so ganz allen literarischen Annäherungen entziehen

All' oblio non sono —
Ne barche ne' cavalli da ritorno,

sagt Salvator Rosa. Ich vergesse gar zu sehr, daß ich auch einmal ein Schriftsteller war. Die Andern haben es schon vergessen.

Gestern war ich bei dem Vicepräsidenten Eichhof und dem Grafen Klebelsberg, Ersterer begehrte von mir drei Trinksprüche zum heutigen Male der Naturforscher in Laxenburg. Ich machte sie. Sie schienen ihm nicht zu gefallen. Desto besser! Mir war es ohnehin widerlich, konnte aber nicht ausweichen. Habe um die versprochene Vermehrung meines Gehaltes nachgesucht und die besten Versprechungen erhalten. Wie gerne wollte ich mich mit der Hälfte dessen begnügen, was ich jetzt habe, wenn ich dafür Herr meiner Zeit bliebe.

Dieses Archiv wird mich unter die Erde bringen, besonders dadurch, daß es mir die kostbaren Vormittagsstunden raubt. Als ich neulich dem kleinen Wilhelm ein paar Strophen zum Namenstage seines Großvaters machen sollte, geschah es nicht ohne Mühe; so sehr bin ich des Versschreibens entwohnt. —

* * *

11. Oktober 1832.

Habe im Bureau mehrere Geschäfte abgethan. Ich bin ziemlich fleißig, aber Lust und Liebe, der eigentliche praktische Sinn, wird immer fehlen; das Materiale des Archivs wird mir ewig fremd bleiben, die Beamten fühlen das wohl. Sie gehorchen äußerlich, stecken aber die Köpfe zusammen und sind falsch.

* *

13. Oktober 1832.

Diese letzten 9 Monate gehören unter die furchtbarsten meines Lebens. Es war mir durchaus unmöglich, die seit 10 Jahren zum erstenmal wieder ernstlich betriebenen Amtsgeschäfte mit meinen sonstigen innern Beschäftigungen nur

einigermaßen auszugleichen, und die Letzteren zogen sich darüber
so ganz zurück, daß ich mir selbst zum Grauen ward, und
der Gedanke eines gewaltsamen Abschlusses einigemale ganz
nahe trat.

* * *

11. April 1833.

Gestern nahm ich Audienz beim Kaiser, das erstemal
in meinem Leben. Ich fand mich schon vor 7 Uhr ein, der
dienstthuende Kammerherr aber, ein Husarenrittmeister, Graf
Meraviglia,³) macht sich den Spaß, mich bis drei Viertel auf
Ein Uhr warten zu lassen, so daß ich der drittletzte an die
Reihe kam, als die Audienz schon beinahe zu Ende und der
Kaiser offenbar so erschöpft war dem eine Aufmerksamkeit zu
schenken, was man ihm vorbrachte. Ich bemerkte, daß der
Kammerherr, der Thürhüter und der wachthabende deutsche
Gardist sich von mir unterhielten und sich das Wort gaben,
mich nach Möglichkeit hinauszuhalten, übrigens auch der
Hoffnung waren, der Kaiser werde mich hart empfangen, was
für die an der Thüre Stehenden leicht zu unterscheiden ist,
da er, wenn er aufgebracht ist, sehr laut und polternd zu
sprechen pflegt. Als ich schon an der Thüre stand, um ein-
gelassen zu werden, sprach der Gardist, auf den Burgplatz
hinaussehend, da kommt ja der Profoß! Wahrscheinlich hat
er eine Ahnung, daß man ihn hier braucht.« Ich begnügte
mich, den Tröpfen ein verächtliches Gesicht zu machen und
kehrte ihnen den Rücken. Offenbar dachten sie den Kaiser sehr
erzürnt auf mich wegen jenes Gedichtes auf die Genesung des
Kronprinzen.⁴) Dies kam übrigens nicht so. Ich trat ein, nannte
meinen Namen und trug mein Gesuch um die Nachfolge und
die Gehaltszulage meines Vorgängers im Archive vor. Der
Kaiser hörte mich außerordentlich wohlwollend an. Sind sie
der Nämliche, frug er, der Autor ist? Ich bejahte und sprach
weiter von meinem Geschäfte. Er schien die Billigkeit meiner

Forderung anzuerkennen. Haben Sie etwas Schriftliches bei sich? war seine weitere Frage. Ich hatte kein Gesuch. Er sprach von der Wichtigkeit des Archivs, lobte meinen Vorgänger, forderte mich auf, fleißig zu sein und »meine Untergebenen zusammen zu halten« und entließ mich mit einer leichten Kopfneigung. Das Ganze mochte etwa 5 Minuten gedauert haben; aber wie gesagt, es war am Schlusse einer sechsstündigen Audienz, und wenn ich von meiner Ermüdung des Wartens auf seine des Zuhörens schließen soll, so wundert mich, daß er überhaupt nur noch ein Wort vorbringen konnte. Sein Ausdruck war vollkommen gutmüthig. Man spricht sich leicht, ohne übrigens angezogen zu werden. Seine Güte beruhigt, aber rührt nicht. Es ist eigentlich zu wenig ehrfurchtgebietendes in seinem Äußeren. Wenn er zürnt, soll er völlig Gefaßte schon erschreckt haben. Ich kann mir das nicht denken. Es muß die Furcht vor den Folgen des Zornes gewesen sein. Der Kaiser ist ganz mager und scheint kleiner als er ist. Das Alter hat ihn nicht gekrümmt, sondern verkürzt, mumifizirt, würde ich sagen, wenn das nicht einem spottenden Ausdruck ähnlich sähe, dergleichen ich von ihm nicht gebrauchen möchte, denn wahrlich, die Unterredung mit ihm hat einen wohlthuenden Eindruck hinterlassen. Er war eigentlich gutmüthig und ich liebe ihn dafür. Bei mehrerer Muße hätte er sich vielleicht mehr um meine sonstigen Verhältnisse gekümmert und die Audienz wäre nicht so erfolglos geblieben, als sie es jetzt wohl eigentlich ist. Denn die Entscheidung meiner Sache kommt nicht zu ihm, mein Besuch ist somit eine bloße Sache der Form gewesen.

* *

12. April 1833.

Ich will doch auch ein paar Worte von jenem Gedichte sagen, das mir in der letzten Zeit so viel Verdruß zugezogen hat.[5])

Der Kronprinz wurde von einer lebensgefährlichen Krankheit befallen. Man gab schon alle Hoffnung auf. Da wurde er wieder hergestellt. Meine Freude darüber war aufrichtig, ja groß. Ohne aber eine besondere Meinung von ihm zu haben, da ich ihn gar nicht kenne, hörte ich doch, daß er keiner Partei angehöre, ein Feind mancher, mir widerlicher einflußreicher Personen und vor allem außer dem Einflusse der Pfaffen=Clique sei. . .

Ich warf in der Freude meines Herzens einige Strophen hin — welche die geistigen Eigenschaften keineswegs bezweifelnd, aber die Enthüllung der Zukunft überlassend, die Güte zum Thema einer Auseinandersetzung machten, deren Endpunkt der Satz war, daß die wahre Güte der höchste aller menschlichen Vorzüge, ja der Inbegriff und das Surrogat aller übrigen sei; ein Satz, der für jeden außer Zweifel liegt, der weiß, was Güte im wahren Sinne des Wortes sagen will. Ich schrieb das Gedicht, wie aus dem Stegreife, ohne daran zu denken, es drucken zu lassen. Perfetta⁶) überraschte mich bei der Arbeit und erzählte unsern gemeinschaftlichen Freunden davon. Ich ward bestürmt, das Ding zu lesen, ich that es, und es gefiel, es rührte. Man will, ich soll es drucken lassen. Die Censur wird es nicht erlauben. Dieser Zweifel empört beinah, das Gedicht wird mir halb mit Gewalt genommen und Witthauer⁷) spricht es für die Modezeitung an. Ich füge mich endlich.

Des anderen Tages trägt es der alte Schiff⁸) zum Censor Deinhardstein. Der liest es und meint, er könne die Druckbewilligung nicht auf sich nehmen. Da begehrt Schiff das Gedicht zurück und wiederholt diese Bitte zehnmal. Deinhardstein aber meint, das gienge auch nicht an, siegelt es ein und sendet es an die Staatskanzlei. Dort fällt es dem grimmigen Dummkopf Baron B.......d in die Hand und nun ist der Lärm auf den Beinen. B.......d⁹) trägt auf die Hinrichtung des Verfassers oder doch wenigstens auf einen öffentlichen Verweis an. Die ganze Stadt kommt in Aufruhr und am nächst=

folgenden Tage kursiren bereits mehrere hundert Abschriften, von denen einige boshafter Weise durch Hinzufügen von Gedankenstrichen, Frage= und Ausrufungszeichen zu ärgerlichen Pasquillen geworden sind. Ein Censor Rupprecht macht einen Gassenhauer dagegen, der aber zum Glück so elend ist, daß er die Meinung wieder auf die Seite des Anfangs ziemlich allgemein angefeindeten Dichters bringt.[19]) Verse dafür und dagegen von allen Seiten, der besungene Prinz und der ganze Hof höchst entrüstet, und, um das Unglück voll zu machen, geht an demselben Tage, wo der Lärm losbricht, der Vortrag der Hofkammer an den Kaiser ab, in dem für mich auf die Nachfolge in dem Gehaltszuschuß meines Vorgängers im Archive angetragen wird. Die Staatsräthe bekommen Muth, sich der Gemeinheit anzuschließen. Baron Lederer trägt auf Verminderung der Zulage an. Staatsrath Burkhardt stimmt ihm bei. Bei dem Sektionsminister Graf Nadasd ist mein Antagonist Rupprecht der Freund vom Hause; der Staats= rath Mikes pflegt sich immer der Meinung des Referenten anzuschließen und so ist von den 5 Mitgliedern der Sektion, deren Stimmenmehrheit über mich entscheiden soll, höchstens Baron Kübeck für mich und meine Sache.

Der Staatsminister Graf Kolowrat hatte mich Anfangs sehr gut aufgenommen, bei einem zweiten Besuche fand ich ihn schon ziemlich abgekühlt, obgleich noch immer recht wacker und gut. Man muß eben sehen! Die Schreibersknechte in seinem Bureau, meine ehemaligen Kameraden, hatten sich bei jenem zweiten Besuche schon sehr zu meinem Ungunsten ver= ändert und der Vicepräsident v. Eichhof, der mir so freundlich entgegengekommen war, kannte mich nicht, als ich ihn im Vorzimmer beim Minister traf. Ich aber habe im Interesse der Bildung beschlossen, nichts unversucht zu lassen, um meine Angelegenheit durchzusetzen. Trotz meiner sonstigen Gleich= giltigkeit und Trägheit, habe ich es selbst bis zur Audienz beim Kaiser getrieben, nur um dem Lumpenvolk die Freude zu verderben. Ich fühle mich aber zerstört: durch jenes un=

selige Gedicht habe ich es nun auch mit dem Nachfolger des Kaisers verdorben und der Quälereien wird kein Ende sein.

* * *

12. März 1834.

Habe mir vorgenommen, obgleich ich des Mißlingens gewiß bin, um die erledigte Stelle eines Universitäts-Bibliothekars einzukommen, kann aber mit dem Gesuche nicht fertig werden. Nicht bald hat mich eine Arbeit so angeekelt, ja ich treffe gar den rechten Ton nicht. Halb hochmüthig, halb demüthig, halb stilisirt, halb Aktengewäsch.

* * *

1838.

Nun, nach Jahren, erfahre ich erst den Zusammenhang jener Erbitterung über das Gedicht: Die Ruinen des campo vaccino und die kaiserliche Entrüstung, deren Wirkungen bis jetzt fortdauern. Der Almanach, in dem das Gedicht stand, ward vom Buchhändler, was ich nicht wußte, der Königin oder irgend einer Prinzessin von Baiern dedizirt, und das Dedikationsexemplar nach München gesendet, ehe noch der Almanach in den Buchhandel kam. Dort nun nahm man es übel, daß ein solches Gedicht unter der Ägide einer baierischen Prinzessin in die Welt gelangen sollte. Die Gesandtschaft erhielt Auftrag, gegen den Verstoß der österreichischen Censur zu reklamiren. Die Staatskanzlei geräth in Feuer und Flamme. Die Polizei- und Censurstelle wollte den schwarzen Fleck nicht auf sich sitzen lassen, und so gelangte er denn von Stufe zu Stufe bis an mich, der ihn Niemand weiter mittheilen konnte, denn der Censor war Schreyvogel gewesen, um dessen bürgerliche Existenz es sich handelte. Seitdem dauert die Anfeindung, etwa 15 Jahre bis jetzt.

Ich bin nicht der Narr, der von Verfolgungen träumt, um sich eine Wichtigkeit beizulegen, aber ich weiß, daß eine Verschwörung gegen mich existirt, die jetzt eben damit umgeht, mich aus dem Staatsdienste zu entfernen. Die Sache in ihren Folgen ist mir gleichgiltig, denn ich möchte wissen, wie sie's anstellen wollen, aber die Gehässigkeit und ihre weite Verbreitung kränkt mich ins Innerste der Seele. Ich bin ein inoffensives Wesen.

Anmerkungen.

In einer 1874 erschienenen Schrift, betitelt: »Grillparzer als Archivdirector«, hat G. Wolf mehrere den Beamten Grillparzer betreffende Aktenstücke theils wortgetreu, theils auszugsweise veröffentlicht, ohne damit das einschlägige reiche Materiale des Hofkammer-Archivs und der Registratur des k. k. Finanzministeriums erschöpft zu haben. Bei genauer Nachforschung habe ich noch manches werthvolle Schriftstück gefunden, weshalb ich mich veranlaßt fühlte, die gesammelten Akten über Grillparzers Beamtenlaufbahn in chronologischer Folge zu publiciren. Ihnen reihen sich Grillparzers amtliche Berichte an, von welchen ich eine Auswahl getroffen habe. Den Schluß bilden Tagebuchstellen, welche theils aus den Erinnerungsblättern Grillparzers gewonnen, theils einer Abschrift entnommen wurden, die aus dem Nachlasse des Freiherrn von Rizy stammt.

Daß ich die Aktenstücke in solcher Vollständigkeit veröffentlichen konnte, war nur durch die wohlwollende Unterstützung möglich, welche mir sowohl im Hofkammer-Archiv als in der Registratur des k. k. Finanzministeriums zu Theil wurde; ich habe daher alle Ursache, dem Archivsdirector Herrn Regierungsrath Dr. Ludwig Thallóczy, sowie den Herren Emil Rátky von Salomonfa, Franz Kreyczi und dem Leiter der Präsidial-Hilfsämter im k. k. Finanzministerium Herrn Wilhelm Deutsch meinen wärmsten Dank auszudrücken, den ich auch dem Director der k. k. Hofbibliothek, Herrn Hofrath Professor Dr. Wilhelm v. Hartel, für die gütige Bewilligung zur Benützung der Bibliotheksakten zu zollen verpflichtet bin.

I. Aktenstücke.

(Erklärung der Zeichen: * Bei Wolf („Grillparzer als Archivdirector") nicht oder nur auszugsweise gedruckt; (O.) = Original; (E.) = Entwurf; (E.-Bl.) = »Erinnerungsblätter«.)

*1. O. (Grillparzer-Archiv). [1]) Gesuch: »Franz Grillparzer, Hörer der Rechte im 3ten Jahrgange, wohnhaft Nr. 888 in der Grünangergasse, bittet um Bewilligung der Beibehaltung seines Stipendiums.« — Ueber das Stipendium Grillparzers sind einige Aktenstücke im Universitäts-Archiv aufbewahrt. Die erste Erwähnung geschieht im Consistorial-Protokoll vom Jahre 1803, Nr. 191: »Wird der Vorschlag des Grillparzer zur Goldbergischen und des Schmidbauer zur philippinischen Stiftung bestättiget. Ex consist. Reg. inf. Austr. 6. Aug. 1803.« [2]) Wenzel Grillparzer starb am 10. November 1809. [3]) Das Privatstudium war unter der Bedingung zulässig, daß der Bewerber von einem Dr. juris Unterricht empfange und halbjährig eine Prüfung an der Universität ablege. Vgl. hierüber »Schattenrisse aus Oesterreich«, Leipzig 1844, S. 119. [4]) Aus den im Universitäts-Archiv aufbewahrten Katalogen geht hervor, daß Grillparzer zu den vorzüglichen Schülern zählte. [5]) Auf der Rückseite des Gesuches folgender Bescheid: »Dem Bittsteller wird die Bewilligung mit Beybehaltung seines Stipendiums, die ihm noch übrigen Gegenstände der Rechte privat zu studiren, unter der Bedingung ertheilt, daß er sich bey der öffentlichen Semestralprüfung über jeden vorgeschriebenen Lehrgegenstand jedesmahl einfinde, und gute Fortgangszeugniße verdiene. Von der k. k. n. ö. Regierung. Wien den 4. Jänner 1810.« In den Katalogen aus den Jahren 1810 und 1811 wird Grillparzer unter den Privatstudirenden angeführt.

II. E. (Grillparzer-Archiv). Auf der Rückseite des Gesuches, das anfänglich an den Hofbibliothekspräfecten Grafen Ossolinski gerichtet war, steht mit Bleistift der volle Titel des Obersthofmeisters Fürsten Trauttmansdorff geschrieben. — Die Reinschrift (bei Wolf S. 8 gedruckt) enthält nur geringe stylistische Abweichungen. [1]) Ferdinand Fürst Trauttmansdorff-Weinsberg, geb. zu Wien 12. Jänner 1749, gest. daselbst 27. August 1827, Obersthofmeister des Kaisers Franz I. von 1807—1827.

III. E. (k. k. Hofbibliothek). [1]) Josef Ossolinski Graf von Tenczyn, geb. 1748 zu Wola Mielecka, gest. zu Wien 1826, wurde mit Decret vom 16. Februar 1809 zum Präfecten der Hofbibliothek ernannt. Näheres über sein Wirken, insbesondere über seine Thätigkeit im Jahre 1809 bei Mosel, »Geschichte der k. k. Hofbibliothek zu Wien. Wien 1835«, pag. 222 ff. Wurzbach, XXI, S. 114—118. [2]) Ueber die damalige Beschaffenheit der Hofbibliothek berichtet Grillparzer in der Selbstbiographie XVI, S. 58. — Klagen über den schlechten Zustand der Hofbibliothek drangen bereits unter Kaiser Josef II. an die Oeffentlichkeit. In der »Realzeitung« des Jahres 1781 wurden die Beamten der Nachlässigkeit, Unwissenheit, Prahlsucht und Bequemlichkeit beschuldigt... Die Bibliothek sei eine Raritätenkammer, nicht zum Genusse, sondern nur zum Ansehen bestimmt. Auch in späteren Schriften fanden sich Klagen, besonders in den Reiseschilderungen der Ausländer und in auswärtigen gelehrten Zeitschriften. Ausführlicher spricht sich Johannes Müller in seinen Briefen über die Hofbibliothek aus; auch er hat bereits auf die Nothwendigkeit eines Materienkataloges aufmerksam gemacht, ebenso hat der Custos Abbé Pöhm einen Vorschlag wegen Anfertigung eines systematisch-wissenschaftlichen Kataloges erstattet, der jedoch unbeachtet blieb. [3]) Es dauerte ziemlich lange, bis Grillparzers Name fehlerlos geschrieben wurde. In den Akten kommt er als Krillparzer, Grinbatzer, Griebitzer und noch im Hof- und Staatsschematismus des Jahres 1821 in der Rubrik k. k. oberste Hof-Theatraldirection als Dichter Franz Grillpatzer vor.

IV. E. ((Grillparzer-Archiv E.-Bl. Nr. **11**). Die Reinschrift bei Wolf S. 9.

V. O. (k. k. Hofbibliothek). ¹) Ossolinski hatte in einem Berichte vom 22. December 1810 auf die Nothwendigkeit einer Personalvermehrung aufmerksam gemacht und seinen Antrag damit begründet, daß im Jahre 1776 im Ganzen 11 Beamte in der Bibliothek bedienstet waren, gegenwärtig aber nur acht in Verwendung stehen. Ossolinski befürwortete die Aufnahme von jungen Leuten mit der etwas merkwürdigen Motivirung, »um diese vor Verschwendung und Müssiggang zu bewahren«. ²) Diese Stelle auch bei Wolf.

VI. G. (Grillparzer=Archiv G.=Bl.). ¹) Leykams Aufnahme erfolgte mit Rücksicht auf die Verdienste des Franz Georg Freiherr v. Leykam, Con.=Commissarius bei der allgemeinen Reichsversammlung in Regensburg.

VII. O. (k. k. Hofbibliothek). ¹) Seit dem Berichte Ossolinskis bis zur Erledigung waren nahezu drei Jahre verflossen. Die Angelegenheit kam sogar an den Staatsrath und hierauf an Kaiser Franz, der folgende Entscheidung traf:

»Ich genehmige, daß unentgeltliche Praktikanten in meiner k. k. Hofbibliothek angestellt werden, jedoch muß sich vorher überzeugt werden, daß sie die hiezu erforderliche moralische und wissenschaftliche Bildung besitzen und daß ihnen bei ihrer Anstellung ausdrücklich zu bedeuten, daß sie als solche nie auf eine Besoldung, oder ein Adjutum Anspruch machen können.«

²) Außer Grillparzer wurden noch zwei unentgeltliche Praktikanten aufgenommen: Baron Weidenthal und Josef von Eichenfeld. Vergl. über letzteren Grillparzers Selbstbiographie, XV, S. 58. Auch Ossolinski hob Eichenfelds Vertrautheit mit der lateinischen und griechischen Literatur hervor und daß er in alten Handschriften wohl bewandert sei. Eichenfeld, neun Jahre älter als Grillparzer, trat nach erworbenem Doctorat der Medicin in die Hofbibliothek ein, wo ihm später, gemeinschaftlich mit dem gelehrten Kopitar, die Aufsicht über die Handschriften anvertraut wurde; er hat sich auch als Verfasser mehrerer Werke und durch gründliche Recensionen auf dem Gebiete der classischen Sprachen verdient gemacht. ³) Franz Freiherr von Löhr, Hofrath und Kanzleidirector im k. k. Oberhofmeisteramte.

*****VIII. O.** (Grillparzer=Archiv). ¹) In einem Berichte vom 23. März 1813 über das Gesuch des Josef von Eichenfeld um Aufnahme als Praktikanten mit der Anwartschaft auf eine erledigte Stelle spricht sich Ossolinski gegen die Genehmigung aus, weil »es für die beiden jüngst aufgenommenen Praktikanten Franz Grillparzer, der schon seit zwei Jahren um diese allerhöchste Gnade angesucht hat, und den Carl Freiherrn von Weittenthal, der sich um den Allerhöchsten Dienst schon anderweitige Verdienste erworben hat, und die Beiden die besten Hoffnungen geben, höchst kränkend seyn würde«. Kaiser Franz entschied hierauf im Sinne des Ossolinski'schen Antrages.

*****IX. O.** (Grillparzer=Archiv). Ueber den Aufenthalt Grillparzers im Hause des Grafen Seilern, seine Erkrankung im Herbste 1813 auf dem Gute des Grafen und die rücksichtslose Behandlung daselbst, vgl. Selbstbiographie S. 54—56 und Jahrbuch der Grillparzer=Gesellschaft. Erster Jahrgang, Anmerkung 1 zu Brief Nr. 5, S. 304.

*X. ¹) Das Rubrum des Gesuches lautet: »Franz Grillparzer, Concepts=Praktikant bey der k. k. Hofbibliothek, wohnhaft in der hinteren Schenkenstraße Nr. 58, bittet unterthänigst, ihm eine Conceptspraktikantenstelle bei der k. k. löbl. Bancalgefällen=Administration in Oesterreich unter der Enns, vorzüglich bei der Examinatur gnädigst zu ertheilen.« — Das Haus Nr. 58 in der hinteren Schenkenstraße, ehemals Amtssitz der siebenbürgischen Hofkanzlei, kam 1790 in den Besitz der gräfl. Seilern'schen Familie. — Ueber die Ursachen von Grillparzers Bewerbung um eine Stelle bei der Zollbehörde vgl. Selbstbiographie XV, S. 63. ²) Der Wirkungskreis der Bankalbehörden wurde mit Patent vom 16. Januar 1810 bekannt gemacht. ³) Die Examinatur war die Abtheilung zur Untersuchung von Gefällsübertretungen.

*XI. O. (Grillparzer=Archiv). ¹) Am selben Tage trat Grillparzer als Manipulations=Praktikant bei der Bankalgefällen=Administration ein; am 27. Januar 1814 erfolgte dessen Beeidigung. Im Nachlasse hat sich folgende, von ihm eigenhändig geschriebene Eidesformel gefunden:

»Sie werden geloben und versprechen, unserm Allerdurchlauchtigsten, Großmächtigsten Landesfürsten und Herrn Herrn Franz dem Ersten, erblichen Kaiser von Östreich, König in Hungarn und Böhmen, Erzherzog zu Oestreich, daß Sie als Manipulations=Praktikant bey der k. k. n. ö. Bankal=Gefällen=Administration alle von derselben Ihnen anvertraut werdenden Geschäfte unverdrossen besorgen, rein und deutlich nach Ihrem besten Veritand bearbeiten, auch eine besondere Verschwiegenheit nicht nur gegen Fremde, sondern nach Umständen selbst gegen ihre Mitbeamte beobachten, den Dienst mit aller Treue und Fleiß und Eifer nebst der Subordination gegen den Herrn Regierungsrath und Bankal=Administrator und die Administration pflichtmäßig verrichten, anbey aber auch Niemand bey einer schlechten Handlung oder Betrug zusehen oder gestatten, noch solche selbst zu thun, auf keinerlei Schein oder Weise, wie es immer geschehen möchte, sondern dieses allezeit verhüten, in allen Sachen ehrbar, verschwiegen, treu und aufrichtig handeln, Niemanden unbilliger Weise beschweren, folglich Sr. k. k. Apostolischen Majestät Nutzen zu befördern äußerst bestreben und zu einer wirklichen Anstellung verdienstlich machen wollen.

Auch werden Sie schwören, daß Sie dermahl mit keiner geheimen Gesellschaft oder Verbindung, weder in dem In= noch Auslande verflochten sind, oder wenn Sie es wären sich alsogleich loszumachen, noch für das künftige in dergleichen geheimen Verbindungen unter was immer für einem Vorwand einlassen werden.

Diesem Allen, so mir jetzt vorgelesen worden, und ich wohl verstanden habe, demselben will ich getreu nachkommen.

So wahr mir Gott helfe.

Franz Seraph Grillparzer,
Manipulations=Praktikant.

XII. O. (Grillparzer=Archiv). Wolf S. 13. ¹) Die Angabe bei Wolf, daß Grillparzer einen erledigten Posten bei dem Hofbauamte erhalten habe, bestätigt sich nicht. ²) Die Resignation ist in den Akten der Hofbibliothek nicht aufbewahrt. — Das scherzhafte Gedicht »Abschied von der Hofbibliothek« in Sämmtl. Werken II, S. 61. Der in der letzten Zeile der vorletzten Strophe vorkommende Name »Seniel« ist jener des Custos an der Hofbibliothek. Näheres über denselben im Jahrbuch der Grillparzer Gesellschaft, Erster Jahrgang, S. 7 und 304 (Anmerkung 7 zu Nr. 4).

*XIII. O. (k. k. Hofkammer). ¹) Unter den Papieren Grillparzers befanden sich auch einige Blätter mit der Aufschrift: »Notizen im Aufschlagsfache«, unzweifelhaft aus der Zeit der Vorbereitung für diese Prüfung. ²) Die Banco-Hofdeputation entschied hierauf am 23. November 1814, »daß der Beförderung des bisher unentgeltlichen Praktikanten Franz Grillparzer zum ersten Concepts-Praktikanten gar kein Anstand obwalte und ebenso wenig jener des Daniel v. Managetta zum zweiten Concepts-Praktikanten ein Hinderniß entgegenstehe, daß jedoch nach der bestehenden Vorschrift keinem derselben das Adjutum eher angewiesen werden dürfe, bis sie die sechsmonatliche Prüfungszeit bestanden haben werden, und das Adjutum durch den Austritt des Vorgängers erlediget worden ist. (Hofkammer-Archiv.) ³) Bernhard von Anders, Ritter von Porodin, Ehrenbürger von Wien, Administrator der Bancalgefällen-Administration.

*XIV. O. (Grillparzer-Archiv). ¹) Grillparzer leistete den Eid der Verschwiegenheit und Treue als Conzeptspraktikant am 7. Dezember 1814. ²) Joh. Heyßler, Assessor, welchem Grillparzer zugewiesen war. ³) Aktuar bei der Bancalgefällen-Administration.

*XV. O. (Grillparzer-Archiv). ¹) Nach einem Regulativ vom 26. Juli 1810 sollte die Verleihung eines Adjutums von 300 fl. erst sechs Monate nach Aufnahme als Conzeptspraktikant erfolgen. Auf Grillparzers Bitte wurde die Auszahlung vom 7. December 1814 angeordnet. (Hofkammer-Archiv.)

XVI. O. (Hofkammer-Archiv). Wolf S. 14. ¹) Der Aufnahme in die Hofkammer mußte eine einjährige Verwendung bei einer untergeordneten Finanzbehörde vorausgehen; auch war eine mit gutem Erfolge abgelegte Prüfung erforderlich.

*XVII. O. (k. k. Hofkammer). Vgl. hiezu das Gedicht »Erinnerung an die Bankal-Examinatur« in Sämmtl. W. II, S. 241. In dem Contreband-Referate, dem Assessor Heyßler vorstand, war Grillparzer mit den Berichten über Gnadengesuche betraut.

*XVIII. O. (Grillparzer-Archiv). ¹) Grillparzer wurde als Praktikant dem Zoll- und Contrebande-Referenten Felix Leicher (geb. 23. Juli 1763, gest. 24. Mai 1836) zugewiesen, der 1831 nach einer 42jährigen Dienstleistung, ausgezeichnet mit dem Leopolds-Orden, in den Ruhestand trat. Leicher war einer der vorzüglichsten Beamten der Hofkammer, der sich durch tüchtige Geschäftskenntnisse und einen sehr bündigen Vortrag auszeichnete. ²) Josef Graf v. Herberstein, geb. 13. November 1757, der Erbe des Feldmarschalls Grafen v. Moltke, weßhalb er sich Herberstein-Moltke schrieb. Herberstein widmete sich dem Staatsdienste, trat anfänglich bei der n. ö. Regierung ein, später zur Hofkammer über, deren Präsident er 1816 wurde. Oesterreichs Pantheon (Wien 1830—1831) bemerkt über ihn: »Sein menschenfreundliches, gefühlvolles Herz nahm die innigste Theilnahme an den Schicksalen der Menschen, und er war überall, wo Noth und Elend ihn um Hilfe und Unterstützung ansprach, ein wohlthätiger Engel, der viele Thränen der Armen trocknete.« (Bd. 11, S. 92.) Der Nekrolog in den »Vaterländischen Blättern« (1816, S. 255) rühmt Herberstein's technische Kenntnisse im Fabrikswesen und seinen regen Kunstsinn. ³) Josef von Fritz, Hofrath bei der allg. Hofkammer. Auf ihn bezieht sich ein satyrisches Gedicht Grillparzer's. (Grillparzer-Archiv E.-Bl. Nr. 35.)

*XIX. O. (k. k. Hofkammer). ¹) Ignaz Carl Graf v. Chorinsky, geb. zu Brünn 24. März 1770, gest. 14. April 1823, mehrfach verdienter Staatsmann; 1816 mit Kabinetsschreiben des Kaisers Franz vom 21. April zum Präsidenten der allgemeinen Hofkammer ernannt, bekleidete er diese Stelle bis zum Jahre 1823. In Niedler's »Darstellung des Lebens und Wirkens dreyer hochgesinnter Männer, Wien 1823« findet sich über Chorinsky folgende Stelle: »Mild gegen Andere und strenge gegen sich, wußte Graf Chorinsky in jedem Dienstverhältnisse seinen Untergebenen, wie seinen Oberen, mit Liebe und Vertrauen zugleich Hochachtung einzuflößen. Sein reines, frommes Gemüth begnügte sich nicht, die Tugend zu lieben und nach ihr zu streben, er setzte sie auch bei Anderen voraus, daher sein Vertrauen sich so gern hingab, wo er ein edles Streben und lobenswerthes Pflichtgefühl erkannte.« Während seiner siebenjährigen Thätigkeit als Hofkammerpräsident war es dem Grafen Chorinsky, wie er in seinem Abschiedsschreiben vom 11. Februar 1823 (Hofkammer-Archiv) bemerkt, »gelungen, manches Gute und Nützliche zu erreichen oder zu fördern und manchen Samen zu ersprießlichen Einrichtungen und Vorbereitungen zu streuen, der Wurzel gefaßt und wohlthätige Früchte getragen hat«. Wie hoch das Verdienst dieses Staatsmannes schon von den Zeitgenossen geschätzt wurde, geht aus der Antrittsrede seines Nachfolgers, des Grafen Nadasdy hervor, die mit den Worten beginnt: »Ich folge einem Manne nach, dessen unermüdeter Diensteifer stets zum Muster dienen wird, dessen schätzbare Kenntnisse uns bei mancher schweren Aufgabe glücklich zum Ziele führten, der immer nur das Gute redlich wollte, der jeden Lebensgenuß mit Freuden hinopferte und nur in dem Bewußtsein streng erfüllter Dienstespflicht sein einziges Glück fand.« ²) Vgl. Selbstbiographie, Sämmtl. Werke, XV, S. 82, und Jahrbuch der Grillparzer-Gesellschaft, Erster Jahrgang. ³) Grillparzer's Vorgesetzter, Hofrath Leicher, befürwortete das Gesuch folgendermaßen: »Es vereinigen sich alle Rücksichten, dem Verfasser des mit ungetheiltem Beifalle aufgenommenen Trauerspieles »Sappho« die nöthige Erholung von seinen Anstrengungen zu gönnen. Das hohe Hofkammer-Präsidium dürfte daher demselben den angesuchten Urlaub gütigst bewilligen.«

*XX. O. (k. k. Hofkammer).

*XXI. O. (k. k. Hofkammer). ¹) Claudius Ritter von Fuljod, dem das Referat über das Cassewesen und die Theaterangelegenheiten zugewiesen war. Eine Charakteristik desselben in Grillparzer's Selbstbiographie (Sämmtl. Werke, XV, S. 78 u. 100) und Jahrbuch der Grillparzer-Gesellschaft, Erster Jahrgang, S. 338, Nr. 144. ²) Josef Edler v. Spaun, geb. 11. Nov. 1788, gest. 26. November 1865, ein Freund Schuberts und Schwinds, trat 1809 in den Staatsdienst, aus welchem er 1861, nach einem 52jährigen Wirken, schied. Spaun, welcher 1859 in den Freiherrnstand erhoben wurde, versah seit 1841 die Stelle eines Lottodirectors. Sein Sohn Josef starb als Jäger-Lieutenant 1849 den Heldentod. Vgl. Grillparzers Gedicht »Josef von Spaun« (Sämmtl. Werke.) ³) Vgl. III, Anmerkung 3.

*XXII. O. (k. k. Hofkammer). ¹) Vgl. Selbstbiographie. (Sämmtl. Werke, XV, S. 85.) ²) Das Zeugniß des Dr. Weiß, womit derselbe am 5. März 1819 bestätigt, daß »Herr v. Grillparzer eine bedeutende Gemüthskrankheit erlitten, und um die Folgen zu heilen, eine Reise in die südlichen Gegenden nothwendig habe.«

*XXIII. O. (k. k. Hofkammer). ¹) Nach einem Hofkanzlei-Decrete vom 21. Januar 1811 durfte einem Beamten ein Paß zur Reise in das Ausland nur gegen Vorweisung der schriftlichen Urlaubsbewilligung ausgestellt werden. ²) Verfasser dieses Vortrages war der Hofconcipist Carl Esch. 1823 als Hofsecretär dem Finanzminister Grafen Stadion zugetheilt, 1831 Hofrath der Hofkammer. Esch, der seine Beamtenlaufbahn als Sectionschef im Handelsministerium beendete, wurde 1859 zum geheimen Rath ernannt.

*XXIV. O. (k. k. Hofkammer). ¹) Die Genehmigung erfolgte über Antrag des Staatsrathes, der sich einstimmig für die Bewilligung des Urlaubes erklärte. Die Resolution ist auf Allerhöchsten Befehl von Erzherzog Ludwig unterzeichnet. ²) Vgl. Grillparzers Tagebuch auf der Reise nach Italien (Sämmtl. W. XV, S. 207—279), Selbstbiographie (Sämmtl. W. XV, S. 85—99) und Jahrbuch der Grillparzer-Gesellschaft, erster Jahrgang, S. 25.

*XXV. O. (k. k. Hofkammer). Das Rubrum lautet: Seiner Exzellenz dem Herrn Präsidenten der k. k. allg. Hofkammer. Bitte des Konzeptspraktikanten Franz Grillparzer um Verleihung eines dreimonatlichen Urlaubs. ¹) Ueber Grillparzers Stimmung nach der italienischen Reise und die Widerwärtigkeiten nach Erscheinen des Gedichtes auf die Ruinen des Campo vaccino vgl. Selbstbiographie (Sämmtl. Werke, XV, S. 99—106). Auf die in dieser Zeit erfolgte Zurücksetzung im Amte durch die Verleihung einer Concipistenstelle an einen Jüngerdienenden beziehen sich folgende im Nachlasse aufbewahrten Verse:

Liebe Hofkammer allgemein
Willst mich nicht zum Konzipisten dein?
Ja freilich, in deinem dürren Zaun
Brauchst einen Pflock beschält und behau'n.
Einen Baum mit Laub und Frucht
Nur der Gärtner, nicht der Zimmermann sucht.

Ferner:

Rasch beschlossen
Unanimiter verstoßen
Miraculum
Welch' Gremium!
Solch' Einigkeit
Keine Kleinigkeit.
Da wird man inne
Was Übles der Kopf beginne.
Mehr Köpfe, mehr Sinne
Und so viele Glieder
Einig wie Brüder.

*XXVI. O. (k. k. Hofkammer). ¹) Johann Philipp Graf Stadion-Warthausen, geb. 18. Juni 1763, gest. 14. Mai 1827, einer der hervorragendsten österreichischen Staatsmänner, von 1805—1809 Minister für auswärtige Angelegenheiten, dann von 1815 bis zu seinem Lebensende Finanzminister. Hormayrs »Taschenbuch für vaterländische Geschichte«, München 1832, enthält eine ausführliche Biographie, von welcher Grillparzer in seinem Tagebuche bemerkt, daß er »viel Gutes« darin gefunden habe.

Außer den von Wurzbach, XXXVII, S. 43, angeführten Quellen sind als hervorragend für die Biographie Stadions noch zu nennen: Handschriftlicher Nachlaß des Freiherrn von Pillersdorf, Wien 1863; A. Beer: Die Finanzen Oesterreichs im XIX. Jahrhundert, Prag, Tempsky, 1877, und Krones: Zur Geschichte Oesterreichs ... 1791 bis 1816. Gotha 1886.

*XXVII. O. (Grillparzer-Archiv).

*XXVIII. O. (k. k. Hofkammer). Der Entwurf, mit geringen textlichen Abweichungen von der Reinschrift, befindet sich im Nachlasse. ¹) Dr. Joh. Nep. Isfordink, damals k. k. Rath, Stabs-Feldarzt, Professor der allg. Pathologie an der medicinisch-chirurgischen Josefs-Academie, später (1822) Director dieses Institutes. ²) Ladislaus Pyrker. Vgl. Grillparzer Jahrbuch, erster Jahrgang, Brief Nr. 9, Anmerkung 2.

*XXIX. O. (Grillparzer-Archiv).

*XXX. O. (Grillparzer-Archiv). ¹) Ein Hofkanzlei-Decret vom 24. November 1809 bedroht die Urlaubsüberschreitung mit Strafe und Gehalts-Einziehung.

*XXXI. E. (Grillparzer-Archiv). Eine Reinschrift ist im Hofkammer-Archiv nicht vorhanden und scheint überhaupt nicht eingebracht worden zu sein. ¹) Der »Gastfreund« entstand in der Zeit vom 29. September bis 5. October 1818; die »Argonauten« wurden am 20. October desselben Jahres begonnen und bis Anfangs November der dritte Akt fertig gebracht; der vierte Akt erst im November 1879 gedichtet. »Medea« war »bis auf die letzte Hand« bereits 1820 vollendet. ²) Bezieht sich ohne Zweifel auf Hofrath Juljob.

*XXXII. O. (Grillparzer-Archiv).

*XXXIII. O. (k. k. Hofkammer). Der Entwurf dieser Rechtfertigung, im Nachlasse Grillparzers aufbewahrt und von Laube und Weilen in die erste Auflage von Grillparzers Sämmtlichen Werken X, S. 221, aufgenommen, weicht an vielen Stellen von der hier abgedruckten, im Hofkammer-Archiv erliegenden Reinschrift ab. ¹) Die Gründung der Akademie der Wissenschaften erfolgte mit dem kaiserlichen Handschreiben vom 30. Mai 1846; activirt wurde sie erst mit dem Patente vom 14. Mai 1847. ²) Wie im Vorjahre hatte auch diesmal Graf Chorinsky ein weiteres Verfahren gegen Grillparzer unterlassen, dessen Rechtfertigung blos zur Nachricht genommen und den Akten beigelegt wurde.

*XXXIV. O. (k. k. Hofkammer). ¹) Die Einstellung von Grillparzers Bezügen fand nicht statt, er empfing das Adjutum auch während seines Urlaubes; übrigens kam das Gesuch bei der Hofkammer nicht mehr zur Erledigung, da Grillparzer inzwischen von dem Grafen Stadion zur Dienstleistung bei dem Finanzministerium einberufen wurde.

*XXXV. O. (k. k. Hofkammer). [1] Vgl. Selbstbiographie (Sämmtl. Werke XV, S. 111). Noch am selben Tage wurde Grillparzer von dem Grafen Chorinsky angewiesen, bei dem Staats- und Conferenz-Minister Grafen Stadion sich zu melden.

*XXXVI. O. (k. k. Hofkammer).

*XXXVII. E. (Grillparzer-Archiv, E.-Bl. Nr. 75). Auszugsweise von mir bereits im Feuilleton der »N. Fr. Presse« vom 16. Jan. 1885 mitgetheilt; der volle Wortlaut der Reinschrift von J. Schnürer in Nr. 8855 der »Neuen Freien Presse« veröffentlicht. Auf dem E.-Bl. Nr. 75 finden sich als Nachtrag noch folgende Worte: »Liebe für das Fach, dem ich mich zu widmen wünsche, geht wohl aus der Art meiner bisherigen Beschäftigungen von selbst hervor und ich will nur gestehen, daß das Verlangen, in Zukunft den Wissenschaften ausschließlich leben zu können, eine Haupttriebfeder des gegenwärtigen Gesuches ist. [1] An der Spitze der Privatbibliothek des Kaisers stand damals Peter Thomas Young (geb. 28. Juni 1764 zu Livorno, gest. zu Wien 14. Februar 1829). Young gehörte zu jenen Beamten des Großherzogs Leopold von Toscana, welche, als dieser nach Josephs Tode die Regierung der österreichischen Erbstaaten übernahm, nach Wien berufen wurden. Zuerst im geheimen Cabinet thätig, wurde er von Kaiser Franz zum geheimen Secretär und später zum Vorsteher der kaiserlichen Privat-Bibliothek ernannt. Ausführliches über sein Wirken in »Oesterreichs Pantheon«, Wien 1831, III, S. 37—46. [2] Um die erledigte Stelle bewarben sich 12 Competenten, darunter auch der seit October 1821 als Hilfsbeamter angestellte Leopold Wilhelm Kloyber, dessen Ernennung über Youngs Vortrag auch erfolgte. 1829 als Nachfolger Youngs berufen, wirkte Kloyber bis 1869 als Vorsteher der Privat-Bibliothek.

*XXXVIII. E. (Grillparzer-Archiv, E.-Bl. Nr. 76). In der Selbstbiographie (Sämmtl. Werke XV, S. 94) und im Tagebuche auf der Reise nach Italien 1819 (Sämmtl. Werke XV, S. 246) erwähnt Grillparzer des damals in Wien verbreiteten Gerüchtes, daß er Secretär der Kaiserin Carolina Augusta geworden sei; auf der ganzen Reise habe er die Kaiserin, »eine der vortrefflichsten und gebildetsten Frauen« nicht ein einziges Mal auch nur gesehen. — Das Mißfallen, auf welches Grillparzer in dem Gesuche hindeutet, bezieht sich unzweifelhaft auf das Gedicht »Die Ruinen des campo vaccino«. Ueber den Antheil der Kaiserin an der Freigebung Ottokars von der Censur vgl. Selbstbiographie (Sämmtl. Werke XV, S. 124).

XXXIX. O. (k. k. Hofkammer). [1] Gesuch an die Hofkammer abgedruckt bei Wolf S. 15.

XL. O. (k. k. Hofkammer). Wolf S. 16. Das Schreiben ist von Pillersdorf entworfen. [1] Die Angelegenheit kam bei der Hofkammer am 24. Mai 1822 zur Verhandlung. Dem Vortrage des Hofrathes Baron v. Eger entnehme ich folgende Stelle: »Der Conceptspraktikant Grillparzer beruft sich auf seine langjährigen Dienste, die er (vom 26. Februar 1813) als Conzeptspraktikant der Hofbibliothek herleitet, von wo er (am 14. Dezember 1814) als Conzeptsprattikant zur u. ö. Bankalgefällen=Administration übertrat, und in dieser Eigenschaft (am 2. März 1815) bei der Hofkammer aufgenommen worden ist, in dem Departement des Hofrathes v. Leicher sich zur vollen Zufriedenheit verwendete und die Versicherung anfügt, daß er durch ungestöhrten Dienstleifer sich der anhoffenden Begünstigung würdig zeigen werde. Es muß hier der unter der Hofzahl $\frac{19303}{1338}$ am 12. d. M. eingelangten Anempfehlung des Herrn Finanzministers erwähnt werden, durch welche der allgemeinen Hofkammer die Versicherung gegeben wird, daß dieselben an dem Grillparzer während seiner Verwendung bei dem Finanzministerium (die sich vom August 1821 herleitet) Gelegenheit hatten, die Talente dieses Mannes bewährt zu finden, die der Hofkammer aus seiner vorausgegangenen Dienstleistung bei ihr bekannt geworden seyn dürften, und daß der Herr Minister dem beharrlichen Fleiß, den ausgebildeten Verstand dieses im Fache der Wissenschaften durch seine gelieferten Arbeiten ausgezeichneten Mannes, mehrmals erprobt fanden, ihnen auch seine Geschäftskenntniß, sein Eifer für den Dienst und seine Gewandtheit nicht unbemerkt bleiben, und daß Sie überhaupt (Eigenschaften an ihm beobachten, die ihn einer Aufmunterung in seiner Dienstlaufbahn werth machen.

Referent erlaubt sich hier die Bemerkung vorauszuschicken, daß:
1. bei Besetzung dieser Hofkonzipistenstelle nicht die Frage eintritt, einen für das Zolldepartement ausschließend im Vorzuge gebildeten Hofkonzipisten zu wählen, da das betreffende Departement . . . bereits die ihm nothwendige Personalergänzung erhalten hat; es handelt sich also im Allgemeinen um die Besetzung eines Hofkonzipistenplatzes . . . .

2tens daß der Herr Finanzminister in ihrem (sic) Erlaße vom 9. May d. J. Hofzahl $\frac{19303}{1338}$ keineswegs die Anerkennung ausdrücken, daß sich Grillparzer zur Erlangung der Hofkonzipistenstelle gegenwärtig als der Verdienstlichste darstelle, es ist vielmehr aus dem Inhalte der allerdings hochverehrten Anempfehlung Grillparzers deutlich zu entnehmen, daß Seine Excellenz der Herr Finanzminister nur beabsichtigt haben, der allgemeinen Hofkammer die Deliberation zu erleichtern, indem Sie derselben Ihre volle Zufriedenheit seiner Dienstleistung ausdrücken, über die Hochdieselben seit er dem Finanzministerium zugetheilt ist, am richtigsten abzusprechen vermögen.« (Eger empfiehlt am Schlusse seines Berichtes die Verleihung der erledigten Stelle an den Conzeptspraktikanten Johann Wagner.

In der Sitzung am 24. Mai 1822 trat für Grillparzer nur Hofrath Mayer von Gravenegg ein, »für den er sich nach seiner Überzeugung für die zu besetzende Hofkonzipistenstelle um so mehr erklärte, als derselbe der Hofkammer seit so vielen Jahren als ein äußerst talentvoller Mann bekannt ist, der ihm daher diese Beförderung und Aufmunterung zu verdienen scheint, die dem Fähigsten gebührt, als der er sich bei dem Finanzminister in einer der wichtigsten Geschäftsabtheilung nach der lauten Versicherung des Herrn Finanzministers darstellt, wodurch auch die Mackel verwischt seyn dürfte, die ihn nach der Angabe des Referenten dadurch trifft, daß er sich während der letzteren Zeit bei der allgemeinen Hofkammer in seiner Dienstleistung lau benommen hat, was wohl nur in Folge seiner durch wissenschaftliche Arbeiten geschwächten Gesundheit gewesen war.«

Die Majorität der Hofräthe und der Vicepräsident Graf Nádasdy stimmten dem Referenten bei und entschieden sich gegen Grillparzer.

XLI. O. (k. k. Hofkammer).

*__XLII.__ O. (k. k. Hofkammer). Von Außen: Seiner Exzellenz dem Herrn Grafen von Stadion, k. k. geheimen Rath und Kämmerer, Staats=, Konferenz= und Finanz=Minister. — Franz Grillparzer, Konzepts=Praktikant, bittet um Verwendung bei Verleihung einer Hofkonzipistenstelle.

XLIII. O. (k. k. Hofkammer). Der letzte Satz abgedruckt bei Wolf, S. 18. — Vgl. zu dem Schreiben Stadions Grillparzers Bemerkungen in der Selbstbiographie. (Sämmtl. Werke XV, S. 101.) — Michael Graf Nádasdy, geb. 6. September 1775, gest. 18. März 1854, wurde mit kaiserlicher Entschließung vom 7. Februar 1823 zum Präsidenten der allgemeinen Hofkammer ernannt.

XLIV. O. (k. k. Hofkammer). Theilweise bei Wolf gedruckt. Eger, seit 1815 Hofrath bei der allgemeinen Hofkammer. — [1]) Der Vortrag enthält die Vorschläge zur Besetzung zweier erledigter Stellen, um welche sich 29 Bewerber gemeldet hatten, darunter auch Franz Freiherr v. Schlechta, Johann Veith v. Schittlersberg, Carl v. Wiesenthal (den Grillparzer in einem seiner Studienblätter für eine Lustspielfigur ausersehen). Für die erste Stelle wurde Veith von Schittlersberg vorgeschlagen. Grillparzer wird in der Reihe der Bewerber als 16. angeführt. In der Compententabelle findet sich die Anmerkung: »Das Finanzministerium empfiehlt ihn zur vorzüglichen Bedachtnahme als dienstältesten Konzeptspraktikanten und als ein mit ausgezeichneten Fähigkeiten begabtes Individium.«

XLV. O. (k. k. Hofkammer). Abgedruckt bei Wolf, S. 19, mit dem unrichtigen Datum 7. Juli 1824. [1]) Verfasser dieses Schreibens ist Hofrath Franz von Pillersdorf, dem Grillparzer in der Selbstbiographie (S. 112—114) ein unvergängliches Denkmal gesetzt hat. In dem diesem Schreiben voranstehenden Vortrage Pillersdorfs an Stadion bemerkt jener, daß »Grillparzer eine zehnjährige Dienstleistung und mehrjährige tabellose Verwendung bei dem Finanzministerium geltend machen kann, weßhalb Hochdieselben ihn wiederholt der Hofkammer zu einer Beförderung empfohlen haben, welche ihn jedoch bei der letzten Besetzung der Konzipistenstelle neuerdings übergangen hat«. Stadion ordnete hierauf an, »Grillparzer in das Ministerialbureau zu ziehen und ihm die Geschäfte, welche bisher der Hofsecretär Baron Forstern besorgte, zu übertragen«.

*__XLVI.__ O. (Grillparzer=Archiv) [1]) Grillparzer trat den Dienst bei dem Finanzministerium am 9. Juli 1823 an.

*__XLVII.__ O. (k. k. Hofkammer). [1]) Der Plan kam in diesem Jahre nicht zur Ausführung. Vgl. Jahrbuch der Grillparzer=Gesellschaft, erster Jahrgang, Anmerkung 3 zu Brief Nr. 74. Der in diesem Briefe erwähnte Gehaltsabzug bezieht sich auf eine Hofentschließung vom 5. Jänner 1781, durch welche von der Zeit des Urlaubsantrittes ein Abzug von 10 vom Hundert des Gehaltes angeordnet wurde.

*__XLVIII.__ O. (k. k. Hofkammer). Der Vortrag gelangte zunächst an den Staatsrath. Berichterstatter war Baron Lederer, dessen Antrag auf Genehmigung die Staatsräthe Mikos und Hauer unterstützten. Die kaiserliche Entschließung erfolgte am 17. August 1825 mit den Worten »Placet. Auf Allerhöchsten Befehl Seiner Majestät, Erzherzog Ludwig«.

***XLIX.** O. (Grillparzer-Archiv).

***L.** O. (k. k. Hofkammer). ¹) Antritt der Reise am 21. August 1826, Abends um ¹/₂10 Uhr. Vgl. hierüber »Tagebuch auf der Reise nach Deutschland 1826«, (Sämmtl. Werke XVI, S. 3--22) und Selbstbiographie (Sämmtliche Werke XV, 131—154).

***LI.** O. ¹) Auch dieser Vortrag wurde an den Kaiser durch den Staatsrath mit dem Bemerken geleitet, daß die von dem Finanz-Minister unterstützte Bitte Grillparzers keinem Bedenken unterliege. Die kaiserliche Genehmigung erfolgte am 25. Juni 1826.

***LII.** O. (Grillparzer-Archiv).

***LIII.** O. (Grillparzer-Archiv).

LIV. O. (k. k. Hofkammer). Johann Georg Megerle v. Mühlfeld, geb. 22. Juni 1780 zu Wien, gest. 15. September 1831, als eines der ersten Opfer der Cholera. Sein Name gehört der Geschichte der geistigen Bewegung im Vormärz an, denn außer den Arbeiten als Vorsteher des Hofkammerarchives war Mühlfeld auch vielfach literarisch thätig. Einige seiner Werke sind Manuscript geblieben, wie die »Geschichte des k. k. Hofkammerarchives von Maximilian I. bis zum Jahre 1816«; »Geschichte des Schlosses Ambras in Tirol, 1825«; »Geschichte der k. k. Patrimonialherrschaft Orth« (die beiden letzteren in der kaiserlichen Privatbibliothek aufbewahrt). Bekannt ist Megerle durch die Redaction des »Archivs für Geschichte, Statistik, Literatur und Kunst«, welche er in Gemeinschaft mit dem fürstl. Schwarzenberg'schen Bibliothekar Emerich Hohler, nach Hormayrs Abgang aus Oesterreich übernommen hatte.

LV. O. (k. k. Hofkammer). Verfasser des Vortrages ist Franz Freiherr Nell von Nellenburg, Mitarbeiter am Hormayr'schen Archiv, des Conservationsblattes, der Zeitschrift »Ceres« und der »Vaterländischen Blätter«. Eine Tragödie »Herostratus« ist von ihm 1821 bei Gerold erschienen; zwei Bände Novellen folgten 1823 bei Tendler. Nell war damals Hofsecretär im Departement III des Cammeral-Senates bei Hofrath Franz Burgermeister, welchem auch die Hofconzipisten Kunz, Münster, Grillparzer, Schenk und der Conzeptspraktikant Moriz Edler v. Sonnleithner (Grillparzers Vetter) zugewiesen waren. — Franz Burgermeister Ritter von Bärenburg, geb. 23. October 1783, gest. 22. Mai 1867, als Vicepräsident und Sectionschef im k. k. Finanzministerium; er wurde 1813 dem Hofkammer-Präsidenten Grafen Alois Ugarte zugetheilt, wirkte nach dessen Abgang und seit der Errichtung des Finanzministeriums als Secretär und später als Vorstand des Präsidial-Bureau unter den Finanz-Ministern Grafen Philipp Stadion und Grafen Franz Nádasdy. Nach Aufhebung des Finanz-Ministeriums leitete er das Departement III der Hofkammer, welchem Grillparzer angehörte. Dieser Abtheilung waren folgende Geschäfte zugewiesen:
  1. Cassewesen;
  2. Einleitungen zur Vervollkommnung der Comptabilität in der öffentlichen Gebarung;

Anmerkungen.

3. Alle Angelegenheiten der beiden Hoftheater in Bezug auf deren Dotazion, Verpachtung, dann der Cammeral=Repräsentanz, hierin
4. die Kanzlei=Direction der Hofkammer;
5. Evidenzhaltung des Personal= und Besoldungsstatus sämmtlicher Hofräthe.

Grillparzer erwähnt dieses Beamten in der Selbstbiographie. (Sämmtliche Werke XV, S. 119—120). [1] In der diesem Aktenstücke beiliegenden Competenten=Tabelle ist die Dienstzeit Grillparzers folgendermassen angegeben:

26. Februar 1813 Conzeptspraktikant in der Hofbibliothek;
25. December 1813 Kanzlei=Praktikant bei der Zollgefällen=Administration;
4. December 1814 Conzeptspraktikant daselbst;
2. März 1815 Conzeptspraktikant bei der Hofkammer;
9. Juli 1823 Hofconzipist.

Außerdem wird bemerkt, daß Grillparzer der lateinischen, französischen, englischen, italienischen und griechischen Sprache mächtig sei.

LVI. O. (Grillparzer=Archiv). Die kalligraphische Ausstattung zeigt an der Spitze des Decretes, in Gold ausgeführt, eine Lyra mit Lorbeer geschmückt.

LVII. O. (Grillparzer=Archiv). Dem Hofkammer=Archiv gehörten damals als Beamte an: Die Adjuncten Weibel und Ponga, die Registranten Weiß, Weittberger, Hoffmann, die Akzessisten Donjedan und Gigl. Alexander Gigl, später Archivar im Ministerium des Innern, hat in einem Feuilleton der »Neuen Freien Presse« Nr. 2699 auch des Tages gedacht, an welchem Hofrath Burgermeister dem Archiv=Personale den neuen Director vorstellte. Es heißt daselbst: »Grillparzer stand neben dem Kanzleidirector, den Daumen der einen krampfhaft zusammengekniffenen Hand in der Tasche seines Beinkleides und machte dem Personale wiederholt Verbeugungen, wobei er zum Schlusse Einiges murmelte.«

LVIII. O. (Grillparzer=Archiv, E.=Bl. Nr. 143).

LIX. Freiherr v. Klebelsberg, früher Präsident der n. ö. Landesregierung, wurde mit kaiserlichem Handschreiben vom 24. December 1830 zum Hofkammer=Präsidenten ernannt. — Ueber diesen Vortrag finden sich in der Selbstbiographie (Sämmtl. Werke XV, 164—166) einige sehr bemerkenswerthe Mittheilungen, darunter auch die Schilderung der Audienz in dieser Angelegenheit bei Kaiser Franz und die Vorgänge im Staatsrathe, welcher diesen Bericht einer besonderen Sitzung vorbehielt, die am 12. April 1833 in Anwesenheit des Kronprinzen und des Erzherzogs Franz Carl stattfand.

Grillparzers Angaben in der Selbstbiographie stimmen im Allgemeinen mit dem vorhandenen urkundlichen Materiale überein; zunächst ist richtig, daß Kaiser Franz über diesen Bericht Zeit seines Lebens nicht mehr entschied. Die Erledigung erfolgte erst zwei Jahre, nachdem der Staatsrath seinen Vorschlag erstattet hatte, am 29. April 1835 mit folgender Resolution des Kaisers Ferdinand: »Ich finde den mit der Archivdirektorstelle verbundenen Gehalt von 1500 fl. auf jährlich

1800 fl. zu erhöhen, welche Erhöhung am Tage dieser Meiner Entschließung einzutreten hat.« Bestimmend für diese Entscheidung des Kaisers war folgendes Gutachten des Staatsrathes Lederer:

»Ich würde den Antrag der allgem. Hofkammer, so wie er gestellt ist, nicht für zureichend begründet halten.

Er wird theils mit Grillparzers persönlichen Verhältnissen, theils mit der Wichtigkeit des Geschäftes, zu dessen entsprechender Besorgung ein seltener Verein von Eigenschaften und Kenntnissen gefordert wird, theils mit den von Grillparzer zu erwartenden Leistungen motivirt.

Ich erlaube mir hierüber zu bemerken: Grillparzers Verwendung im Präsidialbureau beschränkte sich, wie ich bestimmt zu wissen glaube, auf die Führung des Präsidial=Scontro — ein rein materielles Geschäft, das ihm Musse genug ließ, seine hervorragenden Talente der Dichtkunst zu weihen, dem er aber die jährliche Remuneration von 400 fl., von der hier die Rede ist, — wie alle übrigen untergeordneten Individuen im Präsidial=Bureau zu verdanken hatte.

Diese an die zeitliche Verwendung Grillparzers geknüpfte Remuneration war, ihrer Natur nach, vorübergehend, und hatte, so wie er in die Dienstleistung zur Hofkammer zurücktrat, aufzuhören.

Es ist also nicht richtig, wenn die Hofkammer anführt, er habe durch seine Beförderung zum Archivs=Direktor nur 100 fl. an Besoldung gewonnen.

Ich gebe ohne Anstand zu, daß die Registraturgeschäfte überhaupt nicht zu den reinen Manipulationsgeschäften gezählet werden dürfen, und daß insbesondere die Leitung nur von einem geübten Geschäftsmann entsprechend besorgt werden kann. Dies gilt daher allerdings auch von der Archiv=Direktorsstelle.

Wenn aber die Hofkammer behauptet, daß dazu ein seltener Verein von Eigenschaften und Kenntnissen gefordert werde, so scheint sie mir das, was zum Bereiche dieser Stelle gehöret, offenbar zu überschätzen.

Die Hauptsache des Direktors ist und wird immer sein, das zu ordnen, was noch nicht geordnet ist, und in so weit die Ordnung schon hergestellet ist, sie aufrecht zu erhalten; endlich, wenn es sich darum handelt, Verhandlungen aus früheren Zeitperioden auszuforschen, die Spuren davon aufzufinden, und bis zu ihrem Ursprunge zu verfolgen.

Zu diesem allerdings nicht unwichtigem Geschäfte wäre ich aber nicht verlegen, viele bei der Hofkammer vollkommen geeignete Individuums zu finden.

Ich bin endlich weit entfernt, in Zweifel zu ziehen, daß Grillparzer der Erwartung, die man bei ihm hegte, vollkommen entsprochen habe, und noch mehr entsprechen werde. Allein damit erfüllt er nur seine Pflicht, und ich würde, bei der kurzen Zeit seiner Leistungen, letztere für sich allein betrachtet, als kein hinreichendes Motiv ansehen, seine Genüsse schon dermal auf 2000 fl. zu erhöhen.

Eine Betrachtung sey mir jedoch erlaubet, der allerh. Würdigung zu unterziehen; der Dienst kann nur dabei gewinnen, wenn sich um die Direktorsstelle geübte Geschäftsmänner bewerben; da sie aber mit dieser Stelle die letzte Stufe ihrer ämtlichen Laufbahn erreichen, so scheint es billig, daß sie für die Hoffnungen, welche sie aufgeben, in einem mit der Direktorsstelle verbundenen angemessenen Genusse die Entschädigung finden. Aus diesem Gesichtspunkte würden mir daher für

Anmerkungen.

die Archiv=Direktorsstelle, eben dieselben Rücksichten zu sprechen scheinen, welche bei der Bemessung der Gehalte der übrigen Direktoren der Hilfs= ämter der k. k. Hofkammer beachtet wurden, und ich unterziehe Euer Majestät weisestem Ermessen, ob Allerhöchst Dieselbe nicht geruhen wollen, den Gehalt des jeweiligen Archivdirektors jenem der Expedits= und Protokollsdirektoren gleichzustellen, somit von 1500 fl. auf 1800 fl. zu erhöhen.
Lederer.
Am 22. Januar 1833. (Staatsraths=Akten.)

Grillparzer bemerkt, daß er durch diese Gehaltsvermehrung statt der erbetenen Zulage »200 Gulden jährlich verlor; ein Verlust, der ihm erst später unter dem Ministerium des Baron Kübeck gutgemacht worden ist«.

*LX. O. (k. k. Hofkammer). E. (Grillparzer=Archiv). Das Rubrum dieses Gesuches lautet: »An Seine des Herrn Präsidenten der k. k. allgemeinen Hofkammer Franz Grafen von Klebelsberg Excellenz. Bitte des Archivdirektors Franz Grillparzer um Einbegleitung seines Gesuches wegen Erlangung der Stelle eines Vorstehers der Wiener Universitätsbibliothek.« ¹) Zur Besetzung der durch Riedlers Tod er= ledigten Stelle eines Vorstehers der Universitäts=Bibliothek ordnete die Studien=Hofcommission am 12. April 1834 die Ausschreibung eines Concurses an. Kundmachung der n. ö. Regierung vom 2. Mai 1834 (gez. Eleginus Freiherr von Münch=Bellinghausen). Für die Bewerbung wurde festgestellt: Höhere wissenschaftliche und encyklopädische Bildung überhaupt, insbesondere aber ein gründliches und tiefes Studium der Geschichte, dann genaue Kenntniß der Literatur= geschichte und der Bibliographie, der Diplomatik, einige Kunstkenntnisse, ferner eine umfassende gründliche Kenntniß der griechischen und latei= nischen, der italienischen und französischen, der englischen und wenigstens einer der slavischen Sprachen, vorzüglich aber den Nachweis über bereits geleistete Dienste an einer öffentlichen Bibliothek und die daselbst er= worbenen Verdienste.

*LXI. E. (Grillparzer=Archiv). Im Nachlasse zwei Fassungen dieses Gesuches, deren erste hier abgedruckt wurde. Die zweite Fassung, mit welcher auch die Reinschrift (20. Mai 1834) übereinstimmt, ist in die von Laube und Weilen besorgte Ausgabe von »Grillparzers Sämmt= lichen Werken in zehn Bänden« (X. Bd., S. 241—245) aufgenommen worden. In diesem Gesuche (Absatz 2) bemerkt Grillparzer, daß er sein bereits zur Abgabe bereites Gesuch, nachdem er die Ausschreibung des Concurses in der Wiener Zeitung gelesen, abgeändert und den daselbst ausgesprochenen Erfordernissen angepaßt habe. Die Abänderung erfolgte in Hinsicht der in der Concurs=Ausschreibung geforderten Kenntniß »wenigstens einer der slavischen Sprachen«. Grillparzer bemerkt hierüber: »Was nun erstens die Kenntniß einer slavischen Sprache betrifft, so be= sitze ich keine. Ich kann nämlich die halbvergessenen Reste des Böhmi= schen, das ich mir während eines früheren zweijährigen Aufenthaltes in Mähren eigen machte (obwohl es im Nothfalle sehr gut als Grund= lage einer schnellen Wiedererlernung dienen könnte), nicht als eine eigentliche Kenntniß betrachten. — Da übrigens, wie ich weiß, die Universitäts=Bibliothek nicht im Besitze irgend bedeutender slavischer Werke, der Zustand der slavischen Literatur aber zugleich vor der Hand und wohl auch noch für das nächste Menschenalter, von der Art ist, daß eine Bibliothek von beschränkter Dotazion in einer deutschen Provinz und zunächst für den Lehrzweck berechnet, auf den Ankauf ihrer Hervorbringungen kaum wird denken können, so dürfte dieser Mangel theils von geringer Bedeutung sein, theils durch einen Ueberschuß anderer Eigenschaften überwogen werden. Wodurch nicht abgeleugnet sei, daß unter unseren Kindern und Enkeln das Verhältniß sich anders stellen werde.« ¹) Johann Wilhelm Riedler, geb. 12. April 1792 zu Leitmeritz, war zur Zeit als Grillparzer die Universität besuchte, Professor der Geschichte, deren Lehrkanzel ihm nach dem Tode des Professors v. Mumelter mit kaiserlicher Entschließung vom 17. Juli 1804 verliehen wurde. Im Jahre 1807 zum Erzieher des Erzherzogs Franz Carl berufen, erhielt er 1814 nach Spendous Tode die Stelle eines Vorstehers der Universitätsbibliothek, die er bis zu seinem Ableben (23. Januar 1834) bekleidete. Riedler war auch schriftstellerisch thätig, zunächst als Mitarbeiter an dem »Oesterr. Beobachter«, dann am »Archiv«, dessen Redaction er 1831 übernahm. Einige Aufsätze von ihm finden sich auch in der »Wiener Zeitung«, in der »Wiener Mode-Zeitung«, im »Taschenbuch für vaterländische Geschichte«. Von den vielen Nekrologen österreichischer Staatsmänner, welche Riedler in der »Wiener Zeitung« erscheinen ließ, ist die »Darstellung des Lebens und Wirkens dreier hochgesinnter Männer Oesterreichs: des Grafen v. Wrbna, k. k. Oberstkämmerers, des Grafen v. Chorinsky, k. k. Staatsministers, des Grafen v. Lazansky, k. k. böhmisch-galizischen Hofkanzlers«, 1823 als Separatabdruck erschienen. Vgl. »Erinnerungen an Johann Wilhelm Riedler« von Carl Veith in Pitzniggs Mittheilungen aus Wien, Jahrgang 1834.

*LXII. O. (k. k. Hofkammer). Verfasser dieser Note ist der im Vormärz Oesterreichs als Dichter bekannte Franz Freiherr Schlechta von Wichehrd (geb. zu Wien 20. October 1796, gest. 24. März 1875), der damals dem Hofrathe Burgermeister zugetheilt war. — Anton Friedrich Graf Mittrovsky von Mittrowitz, geb. zu Brünn 1770, gest. zu Wien 1842, seit 1827 Hofkanzler und Präsident der k. k. Studien-Hofcommission, 1830 oberster Kanzler. ¹) Vgl. hiezu Grillparzer in der Selbstbiographie (XV, S. 102). Wie Grillparzer bemerkt, hätte Klebelsberg allerdings dessen Ansuchen befürwortet, jedoch hinzugefügt, daß er auf seiner dermaligen Stellung als Archivsdirector der Hofkammer unentbehrlich sei. Wie aus dem vorliegenden Schreiben an Mittrowsky hervorgeht, hat Klebelsberg keineswegs mit solcher Einschränkung Grillparzers Bewerbung befürwortet.

*LXIII. O. (Archiv des k. k. Ministeriums für Cultus und Unterricht). Bei dem leider noch sehr lückenhaften Materiale zur Geschichte der geistigen Cultur in Oesterreich habe ich mit Rücksicht auf das biographische Materiale von Zeitgenossen Grillparzers, welche in diesem Vortrage enthalten sind, mich verpflichtet gefühlt, denselben hier mit ganz geringen Auslassungen zum Abdrucke zu bringen. ¹) Der Bericht der n. ö. Landesregierung vom 3. Juli 1834 ist von dem Regierungsrathe Karl Edlen von Hoffinger verfaßt, der damals neben dem Studien-Referate auch jenes über Approvisionirung führte. Auf diese seltsame Vereinigung zweier so verschiedener Verwaltungszweige bezieht sich Grillparzers Epigramm:

Anmerkungen. 281

Mit Fleischregie betraut und Studien=Referat,
Vermischt er oft die Fächer, ob nicht gerne,
Und bracht' in Vorschlag für die Bibliothek
Jüngst aus Versehn drei Ochsen in die Ferne.

Wie sehr Grillparzer im Rechte war, die Fähigkeiten dieses Beamten für die Verwaltung des Unterrichtswesens zu bezweifeln, geht aus einer Zuschrift hervor, welche Graf Mittrowsky an den Regierungspräsidenten Freiherrn v. Talatzko am 4. October desselben Jahres gerichtet hat, in welcher er unter Anderem bemerkt, daß »er nach seiner persönlichen Überzeugung und Wahrnehmung den bei der n. ö. Regierung mit der Führung des Studien=Referates beauftragten Regierungsrath Hoffinger den Anforderungen dieses wichtigen Referates nicht gewachsen halte, und daß er ebenso wenig dem überzähligen Regierungs=Sekretär Freiherrn v. Münch (Halm) die umfassende Erfahrung und die Eigenschaften zutraue, welche zur vollkommenen entsprechenden Besorgung dieses schwierigen und wichtigen Referats erforderlich sind«. Karl Edler von Hoffinger, der 1806 in den Staatsdienst trat, wurde im Juni 1848 in den Ruhestand versetzt. ²) Franz Lechner, seit 1818 Beamter der Hofbibliothek, ein Günstling seines Vorgesetzten Mosel, der, wie Grillparzer in der Selbstbiographie (Sämmtl. Werke XV) bemerkt, »selbst einer Empfehlung bedurft hätte, um Jemanden Anderen zu empfehlen«. ³) Heinrich Hölzl, seit 1811 im Bücherrevisionsamte, dessen Vorstand er 1835 wurde; 1847 zum ersten Adjuncten der Censur=Oberdirection ernannt, bekleidete er diese Stelle nur kurze Zeit, da 1848 die Censur aufgehoben wurde. ⁴) Johann Baptist Rupprecht, geb. 1776 zu Wölfelsdorf, gest. zu Wien 1846, verlegte sich, nachdem er als Kaufmann abgewirthschaftet hatte, auf die literarische Production, wurde Mitarbeiter an mehreren Wiener Blättern und später Censor. Rupprecht war es, der auf Grillparzers Gedicht »Auf die Genesung des Kronprinzen« mit einem Gassenhauer erwiderte. ⁵) Der Aufsatz ist in Nr. 17 und 18 des von Hormayr gegründeten »Archivs für Geographie, Historie, Staats= und Kriegskunst« enthalten. (Zu Absatz 4, S. 81.) Franz Richter, geb. zu Hotzenplotz 18. August 1783, gest. zu Wien 24. Mai 1856, auf wissenschaftlichem Gebiete vielfach verdient, war er es, welcher 1817 die österreichischen Schriftsteller und Freunde der Literatur öffentlich aufforderte, sich zur Hebung der heimatlichen Literatur und Vaterlandskunde um ihn zu scharen; ein Mahnruf, der aber wirkungslos verhallte. Richters Name findet sich in den hervorragendsten wissenschaftlichen Zeitschriften Oesterreichs mit gediegenen Aufsätzen vertreten. Seine Dichtungen dagegen sind ohne inneren Werth. ⁶) Köhler, Revisor bei dem Bücher=Revisionsamte in Lemberg. ⁷) Anton Steinbüchel von Rheinwall trat 1809 als Praktikant bei dem Münz= und Antikencabinete in Wien ein, wurde 1816 erster Custos und hierauf im nächsten Jahre Professor der Münz= und Alterthumskunde. 1819 zum Director des Cabinets ernannt, bekleidete er diese Stelle bis zu seinem 1848 erfolgten Rücktritte in den Ruhestand. ⁸) Johann von Pettretini wurde später zum Bibliothekar der Universitäts=Bibliothek in Padua ernannt. ⁹) Johann Baptist Niederstetter (geb. zu Villanders in Tirol 1789, gest. zu Wien 1849). Hütete in seiner Jugend Schafe, absolvirte erst in seinem 15. Lebensjahre die Normalschule und begann mit großem Eifer hierauf die philosophischen und juridischen Studien. Von ihm sind in Ebersbergs »Feierstunden«

viele Gedichte erschienen. ¹⁰) Josef Hanslick, geb. 1785 zu Lischau, gest. 1859 zu Prag (Wurzbach. Bd. 7, S. 335.), ¹¹) Peter Budik hat sich in mehrfacher Hinsicht verdient gemacht: als Philolog, Literarhistoriker und Bibliothekar. Bereits 1833 hat er »Vorbereitungsstudien für den angehenden Bibliothekar« (Wien 1833, Gerold) herausgegeben; er war Mitarbeiter an den meisten der vormärzlichen Wiener Blätter. ¹²) Die betreffende Stelle in Hoffingers Bericht lautet: »Hiernach können nicht von bloßen, wenn auch noch so ausgezeichneten Gelehrten und Literaten bey Besetzung der gegenwärtig erledigten Bibliotheks-Vorstehers-Stelle, wenn sie anders vollkommen zweckmäßig und den sämmtlichen Anforderungen des Dienstes entsprechend geschehen soll, nach dem unterthänigsten Erachten des gefertigten Referenten, um so weniger eine Rede seyn, als diese Klasse der Bewerber eine solche Stelle in der ganz irrigen, aber leider! ziemlich allgemein verbreiteten Voraussetzung gewöhnlich mehr als einer Art von Ruheposten anzusehen pflegt, wo sie am reichen Quell des Wißens selbst, in seliger Muße, nur der Wißenschaft im Allgemeinen leben, und ihren besonderen Forschungen ungestört nachhängen können; wie es der unter den dermahligen Bewerbern mit aufgetretene, bisherige Archivs-Director Franz Grillparzer in seinem Gesuche nicht undeutlich ausspricht.« ¹³) Hoffinger begründete diese beiden Erfordernisse mit folgenden Worten: »Am auffallendsten möchte inzwischen, unter den gestellten Anforderungen, vielleicht die verlangte Kenntniß wenigstens Einer slavischen Sprache erscheinen; allein auch diese Forderung dürfte in nachstehenden unmaßgeblichen Betrachtungen nicht nur ihre Begründung, sondern vielleicht auch genügende Rechtfertigung finden: daß nämlich die große und reiche Bibliothek, an welcher die Vorsteherstelle gegenwärtig zu besetzen ist, nicht in der Haupt- und Residenz-Stadt der Oesterreichischen, wenigstens mit einem Drittheile ihrer zahlreichen Unterthanen aus Slaven verschiedener Mundarten bestehenden Monarchie befindet, welche hier aus allen Provinzen und mitunter gerade zur Vollendung oder mehreren Ausbildung ihrer Studien zusammenströmen; sondern daß auch die Slavistik, wie es der Kenner wohl kaum in Abrede stellen dürfte, der vaterländischen Literatur, und insbesondere der Geschichte des Mittelalters immerhin sehr mannigfaltige, und gewiß nicht zu verachtende Schätze darbiete. Als ein ganz wesentliches, und daher wohl durchaus nicht zu erlaßendes Erforderniß aber erscheinen dem unterthänigst Gefertigten Referenten eine schon längere und zwar ununterbrochene, bey ähnlichen öffentlichen Bibliotheken Stattgehabte Dienstleistung überhaupt, und wo möglich selbst geführte Oberleitung, also bereits durch den Erfolg bewährte praktische Kenntniß des Bibliotheksdienstes und volle Brauchbarkeit für denselben, besonders bey einer so großen, gerade in der Um- und systematischen Aufstellung begriffenen Bibliothek, welche mehr als jede andere, gleich des schnellen und richtigen Überblicks, der ruhigen, unbefangenen, aber auch keinen Augenblick unterbrochenen Fortleitung und mithin des gleich unmittelbaren Eingreifens eines bereits erfahrenen und gewandten Vorstehers bedarf, der nicht erst Zeit und Gelegenheit hat, sich für den Bibliotheksdienst nach und nach auszubilden, oder neue Theorien aufzustellen, und hiernach Zeit und Geld verzplitternde, ja vielleicht selbst alles umwälzend und zwar störende Versuche zu machen.« ¹⁴) Weder Hoffinger, noch ein anderes Mitglied der Regierung sowie der Studien-Hofcommission fand es der Mühe werth, der hervorragenden Eigenschaften Grillparzers zu gedenken. Eine Audienz bei Erzherzog Ludwig, dem Stellvertreter des Kaisers, erweckte bei Grillparzer die besten Hoffnungen, die aber bei dem Mangel einer Unterstützung seitens der Behörden nicht in Erfüllung giengen. »Im Allgemeinen — schreibt Grillparzer — herrschte rücksichtlich meiner eine Art Blödsinn, vermöge dessen man glaubte, mit Lob und Werthschätzung mich vollkommen abgefunden zu haben.« [15]) Als am 27. Juni 1835 der Vortrag der Studien-Hofcommission im Staatsrathe zur Verhandlung kam, trat der Referent, Staatsrath Jüstel, für Franz Lechner ein. Seinem Gutachten schlossen sich auch die Staatsräthe Nander und Weiß an. Der Vorschlag, der Ende Juni 1834 an den Kaiser Ferdinand gelangte, wurde erst am 23. Januar 1838 mit einer Resolution erledigt, mit welcher die Ernennung des ersten Scriptors der Hofbibliothek, Franz Lechner, zum Vorsteher der Universitäts-Bibliothek erfolgte.

*LXIV. O. (k. k. Hofkammer). [1]) Zur Reise nach Frankreich und England, welche Grillparzer am 30. März, Abends 7 Uhr, antrat, vgl. Tagebuch auf der Reise nach Frankreich und England 1836 (Sämmtl. Werke, XVI, S. 23—155). [2]) Die von Grillparzer für den ältesten Beamten des Archivs, Franz Weibel († 1845), entworfene und von ihm eigenhändig geschriebene Instruction lautet:

Instruktion

für den in meiner Abwesenheit mit der Leitung der Geschäfte des Hofkammer-Archivs zu betrauenden Direktions-Adjunkten Franz Weibel.

1. Derselbe wird während der Abwesenheit des Direktors alle Geschäfte desselben allein und ungetheilt besorgen.

2. Dieß erstreckt sich jedoch nur auf die Leitung des laufenden Aushebungsgeschäftes und die Erstattung der abgeforderten Berichte und Auskünfte. Eigentliche Systemalarbeiten werden in der Zwischenzeit weder begonnen, noch die im Gange befindlichen sistirt.

3. In der Faszikulatur und Aufstellung der Archivsakten wird keine Veränderung vorgenommen.

4. Ebenso werden von keiner Registratursabtheilung ohne ausdrücklichen Befehl der hohen Kanzleidirekzion Akten übernommen oder abgegeben.

5. Da ich dem zweiten Adjunkten v. Kraistl die Beendigung einiger nothwendiger Arbeiten übertragen habe, und auch wünsche, daß er sich der Förderung des angefangenen Kommerz-Index mit ungetheiltem Eifer widme, so ist derselbe für die Zeit meiner Abwesenheit als von jedem andern Geschäfte enthoben zu betrachten; wobei mir seine Diskrezion viel zu sehr bekannt ist, um nicht überzeugt zu sein, daß er bei besonderem Geschäftsdrange mit Vergnügen sich freiwillig jeder Theilnahme unterziehen werde.

Wien, am 21. März 1836.

Franz Grillparzer,

Direktor des Archivs der k. k. allg. Hofkammer.

[3]) Während der Reise suchte Grillparzer um eine vierwöchentliche Verlängerung seines Urlaubs an, welche mit Decret der Hofkammer vom 27. Mai 1836 bewilligt wird.

LXV. ¹) Karl Friedrich Kübeck Freiherr von Kübau, geb. 1780, gest. 1855, einer der hervorragendsten Staatsmänner Oesterreichs, in dessen Diensten er von 1800—1855 stand, wurde im Jahre 1840, nach dem Sturze des Ministers Freiherrn v. Eichhoff, zum Hofkammer-Präsidenten ernannt. In der Geschichte der österreichischen Finanzverwaltung ist Kübecks Name mit den wichtigsten Reformen verbunden; er war es, der für den Bau von Staatseisenbahnen mit aller Energie eintrat, den Grund zur Einführung des Telegraphen legte, wichtige Neuerungen im Postwesen einführte und Ordnung in das Creditwesen der Bank brachte. In der Biographie, welche im ersten Bande der Deutschen Monatsschrift 1844 erschienen ist (eine für die Geschichte des vormärzlichen Oesterreichs wichtige aber bisher wenig gewürdigte Quelle), wird Kübecks Wirken einer eingehenden zeitgenössischen Würdigung unterzogen und bemerkt, daß ein Mann, der sich unter den lähmenden und kastenmäßigen Verhältnissen der Monarchie zu einer so bedeutenden Stufe emporzuschwingen wußte, eine ausnehmende Gewandtheit des Geistes besitzen müsse. Der Artikel in der Deutschen Monatsschrift, welcher sich mit dem kurz vorher erschienenen, allgemeines Aufsehen erregenden, in französischer Sprache abgefaßten Werke des Russen Tengoborski: »Ueber die Finanzen und den Kreditzustand Oesterreichs« beschäftigt, steht auch in einiger Beziehung zu Grillparzer. Das Werk, welches in der »Allgemeinen Zeitung« mit einer warmen Lobbrühe übergossen wurde, und schon aus diesem Grunde den Verdacht erregte, daß es von der österreichischen Regierung als indirecte Gegenschrift gegen Andrians »Oesterreich und seine Zukunft« veranlaßt worden sei (vgl. »Kölnische Zeitung« 1843, Brief aus Wien vom 15. und 16. November), wirbelte in der deutschen Presse viel Staub auf und verursachte eine Reihe von Gegenschriften. Auch die Deutsche Monatsschrift unternahm in der biographischen Skizze Kübecks (S. 26—40) aus diesem Anlasse eine Besprechung der österreichischen Finanzen. Der Artikel scheint in Wien und vornehmlich im Kreise der Hofkammer einige Verstimmung hervorgerufen zu haben, denn in Grillparzers Nachlasse findet sich unter den von Rizy gesammelten »Erinnerungsblättern« des Dichters das Fragment eines Aufsatzes, welchen Rizy in das Jahr 1831 versetzt, der sich aber unzweifelhaft als eine Entgegnung auf den 1844 erschienenen Artikel der Deutschen Monatsschrift darstellt (1831 war Klebelsberg Hofkammer-Präsident!). Die Frage, ob Grillparzer aus eigenem Antriebe oder über Auftrag Kübecks diesen Aufsatz verfaßte, vermag ich ebenso wenig zu beantworten wie jene, ob der Aufsatz vollendet und veröffentlicht worden sei. Im Nachstehenden theile ich den Wortlaut desselben mit:

»Das ... Heft der Deutschen Monatschrift enthält unter dem Vorwande einer Kritik des Tengoborski'schen Werkes einen heftigen Angriff auf den Zustand des österreichischen Finanzwesens und wieder unter letzterem Vorwande einen weit heftigeren, ja boshaften auf den gegenwärtigen Leiter dieses Finanzwesens, den Hofkammerpräsidenten Freiherrn von Kübeck. Der Schreiber gegenwärtiger Zeilen wird es nicht unternehmen, den oben genannten Staatsmann zu vertheidigen, wozu es ihm vielleicht an Kenntnissen fehlt, gewiß aber an genügenden Daten, in welch letzterem Falle sich übrigens nicht nur er, sondern mit ihm zugleich die ganze übrige Welt befinden dürfte. Die ersten Schritte des Freiherrn von Kübeck deuten nämlich wenig auf ein isolirtes Auskunftsschaffen, als vielmehr auf ein durchgreifendes System hin, dessen Entwicklung als Ganzes man erst abwarten muß, ehe man sich ein Urtheil über die einzelnen Theile anzumessen berechtigt ist. Eben so wenig soll über Ziffern gestritten werden. Denn — abgesehen von einzelnen Kalküls- oder Vergleichungs-Fehlern, die auf das Hauptresultat wenig Einfluß haben — wer kennt diese Ziffern? so lange sie die östreichische Staatsverwaltung nicht selbst bekannt macht? Wer steht Herrn Tengoborski dafür, daß man ihm alles mitgetheilt habe? Ich selber kann mich nicht rühmen, in das Geheimniß eingeweiht zu seyn. Dasselbe dürfte von dem Verfasser des Aufsatzes in der Deutschen Monatsschrift gelten, da man doch nicht annehmen kann, daß der Aufsatz von Jemand herrühre, der durch Amt und Eid, durch Gehalt oder Pension berufen ist, zur Verschweigung dessen was er kund gibt und zur Vertheidigung von dem was er angreift.«

¹) Vgl. insbesondere Nr. 15 der »Amtlichen Berichte Grillparzers«. ²) Der Vortrag gelangte vor der kaiserlichen Entschließung an den Staatsrath. Referent war ein Gönner Grillparzers, Anton Freiherr v. Schwarzhuber (gest. 14. Juni 1863), dessen Votum wörtlich folgt: »Wenn es, wie der Hofkammerpräsident bemerkt, des Dienstes wegen wünschenswerth ist, Grillparzer bey der Direktion des Archivs selbst dann zu belassen, wann die Hofkammer-Registraturs-Direktorsstelle in Erledigung käme, so darf angenommen werden, daß er in seiner dermaligen Stellung das Ziel erreicht hat, über welches hinaus er, ohne auf eine ganz andere Bahn überzugehen, eine Beförderung und Erweiterung seiner Bezüge nicht erwarten kann.

Unter solchen Verhältnissen haben Eure Majestät sich schon öfters u. z. bewogen gefunden, Beamten von ausgezeichneter Dienstleistung und sonst empfehlenden Eigenschaften mit einer Personalzulage zu betheilen. Grillparzer scheint mir in beiden Beziehungen der Allerhöchsten Gnade würdig, erachtet werden zu können. Er steht seinem Amte, wie der Hofkammerpräsident äußert: mit lobenswerthem Eifer, mit Auszeichnung und bewährtem Nutzen für den Allerhöchsten Dienst vor, er ist ein Mann von sehr achtbarem Karakter, und sein litterarischer Ruf ist weltbekannt, er dient bereits 31 Jahre und ist bei den strengen Anforderungen seines Dienstberufes außer Stande, sein Einkommen durch den Ertrag litterarischer Arbeiten zu vermehren. Ich glaube daher mich dem Antrage des Hofkammer-Präsidenten auf Allergnädigste Bewilligung einer Personalzulage von 300 fl. ehrerbietigst anschließen zu dürfen. Schwarzhuber.« (Staatsrats-Akten.)

*LXVI. E. (Grillparzer-Archiv). E. Bl. Nr. 263. ¹) Ignaz Franz Edler v. Mosel (geb. zu Wien 1772, gest. 8. April 1844), Vicedirektor des Burgtheaters unter Schreyvogels Aera, auch Componist, Musikschriftsteller und Uebersetzer. Vgl. Wurzbach, XIX, S. 130. ²) Graf Moriz Dietrichstein, damals Präfekt der Hofbibliothek, be=

antragte am 10. April 1844 in einem Vortrage an das Oberſthof=
meiſteramt, die Beſetzung der erledigten Stelle »durch graduelle Vor=
rückung«. Demzufolge wurde mit Decret des Oberſthofmeiſteramtes
vom 29. April 1844 auf Grund einer kaiſerlichen Reſolution vom
27. April 1844 der gelehrte Slaviſt Bartholomäus Kopitar zum
erſten Cuſtos ernannt. Theodor v. Karajan, damals Amanuenſis,
über welchen Dietrichſtein berichtete, daß er ſich »durch ſeine aus=
gebreiteten Kenntniſſe und ſeinen bewährten Fleiß dieſem kaiſerlichen
Inſtitute ſtets nützlicher und ſomit jeder Beförderung würdig machen
werde«, wurde zum vierten Scriptor ernannt.

*LXVII. O. (Grillparzer=Archiv). [1] Vier Monate nach Moſels
Tode, am 11. Auguſt 1844, ſtarb Bartholomäus Kopitar. Unter den
Bewerbern um die erledigte Stelle befanden ſich außer Grillparzer
noch: der Director des k. k. Münz= und Antiken=Cabinets Arneth; der
Cenſor Regierungsrath Deinhardſtein; der Vorſteher des Central=
Bücherreviſionsamtes Regierungsſecretär Heinrich Hölzl und der über=
zählige k. k. n. ö. wirkliche Regierungsrath Elegius Freiherr Münch=
Bellinghauſen (Halm), der zu dieſer Zeit bei der Landesregierung mit
folgenden Verwaltungsgeſchäften betraut war: 1. alle Angelegenheiten
der zu den innerhalb der Linien befindlichen Domänen gehörigen Vor=
ſtadtgemeinden, 2. Religions= und Toleranzgegenſtände und 3. alle auf
Iſraeliten bezügliche Gegenſtände.

Der Hofbibliothekspräfect Graf Moriz v. Dietrichſtein brachte
in ſeinem Vortrage den zweiten Cuſtos Joſeph Ritter v. Eichenfeld
(Grillparzers Collega in der Hofbibliothek) in Vorſchlag, der damals
im Alter von 62 Jahren ſtand. Dietrichſtein ſchloß ſeinen Vortrag
mit den Worten: »Ein hochlöbliches k. k. Oberſthofmeiſteramt erlaube
mir endlich auch zu ſagen: daß, wenn auch noch ſo verdienſtreiche Per=
ſonen um die erledigte Stelle eines Hofrathes und erſten Cuſtos ſich
bewerben ſollten, ſelbſt viele Kenntniſſe im Fache der älteren und
neueren Litteratur und ein bedeutender Ruf für dieſen Platz nicht ge=
nügen, wenn ſie nicht mit praktiſch bewährter bibliothekariſcher Er=
fahrung verbunden ſind.«

[2] Mit kaiſerlicher Entſchließung vom 21. und 25. December
1844 wurde die erledigte Stelle eines erſten Cuſtos mit dem Range
und Charakter eines Hofrathes und mit einem Gehalte jährlicher
4000 Gulden und einem Quartiergelde jährlicher 600 Gulden dem
überzähligen k. k. n. ö. wirklichen Regierungsrathe Elegius Freiherrn
v. Münch=Bellinghauſen verliehen, der bereits am 27. December den
Dienſteid ablegte. Dietrichſtein erhielt den Auftrag, Grillparzers Geſuch
folgendermaßen zu erledigen: »Seine Majeſtät haben die bei der
k. k. Hofbibliothek erledigte Stelle eines Hofrathes und erſten Cuſtos
dem überzähligen n. ö. wirklichen Regierungsrathe Elegius Freiherrn
v. Münch=Bellinghauſen zu verleihen geruhet.« Vgl. hierzu Grillparzers
Gedicht: »Weihnachten 1844. Bei einer Zurückſetzung im Dienſte.«

LXVIII. O. (k. k. Finanzminiſterium). E. (Grillparzer=
Archiv, E.=Bl. Nr. 336, Wolf S. 77). [1] In E. noch der Zuſatz: »Ein
Geſchenk, das ihm der verewigte Miniſter=Präſident Fürſt Schwarzen=
berg in Begleitung des Feldzeugmeiſters Baron Heß in ſeine Wohnung
brachten.« [2] Das Geſuch erhielt ſchon am 29. März, alſo am dritten
Tage nach der Ueberreichung, die Allerhöchſte Signatur.

LXIX. E. (Grillparzer-Archiv, E.-Bl. Nr. 336). Carl Freiherr von Bruck, geb. 18. October 1798 zu Elberfeld, gest. 23. April 1860, der Gründer des »Oesterreichischen Lloyd«. 1848 nach der Octoberrevolution ins Ministerium berufen, übernahm er das Departement des Handels, kehrte aber 1851 wieder nach Triest in seine frühere Eigenschaft als Director des »Lloyd« zurück. 1855 neuerlich in das Cabinet berufen, wirkte er daselbst bis zu seinem durch Selbstmord erfolgten tragischen Ende als geistvoller und schöpferischer Staatsmann, dem Oesterreich wichtige Reformen verdankt.

*__LXX.__ O. (k. k. Finanzministerium). Die Allerhöchste Entschließung, welche am 17. April 1856 erfolgte, lautet:

»Ich bewillige dem Archivdirektor im Finanzministerium, Franz Grillparzer, bei der von ihm angesuchten Versetzung in den Ruhestand nebst der normalmäßig entfallenden Pension die Beibelassung des Quartiergeldes und der Personalzulage im Gesammtbetrage von sechshundert Gulden als Pensionszulage. Zugleich verleihe Ich demselben aus diesem Anlasse in Anerkennung seiner langjährigen und treuen Dienstleistung, und insbesondere der als Schriftsteller erworbenen Verdienste den Titel eines Hofrathes taxfrei.«

Wien, 17. April 1856.

Franz Joseph.

*__LXXI.__ O. (k. k. Finanz-Ministerium).

II. Amtliche Berichte des Archivdirectors Grillparzer.

1. [1]) Der Titel dieses Werkes lautet: »Historische und topographische Darstellung der Pfarren, Stifte, Klöster, milden Stiftungen im Erzherzogthume Oesterreich. Herausgegeben von einigen Freunden der Geschichte.« Wien bei Doll. — Die Abhandlung über »Lachsenburg« im III. Bande, S. 314—323. [2]) Vincenz Darnaut, geb. zu Wiener-Neustadt 1770, gest. zu Wien 30. Jänner 1821, Hofcaplan und Gründer einer Gesellschaft für kirchliche Topographie Niederösterreichs, deren Bemühen wir das in 17 Bänden erschienene Werk danken.

2. [1]) In einem Schreiben des Grafen Moriz Dietrichstein an den zweiten Präsidenten der Hofkammer Grafen von Taaffe vom 24. Januar 1829, bemerkte jener, daß die Hofbibliothek bisher die Sammlung von Autographen vernachlässigt habe, weshalb er um Ausfolgung von Schriftstücken ersuche. Ein gleiches Ansuchen wurde auch an den Fürsten Metternich gerichtet. Mit kaiserlicher Entschließung vom 3. April 1832 wurde angeordnet, »daß einige Autographen unbedeutenden Inhaltes aus dem Hofkammer-Archive für die Hofbibliothek zu verabfolgen seien«. [2]) Das eine Autograph ist ein Gesuch des Don Mathias von Oesterreich, des unehelichen Sohnes Kaiser Rudolfs II., an die deputirten kaiserlichen Räthe, worin er sich wegen Wegnahme einer zu seinem Deputate gehörigen Summe Geldes beschwert und um Schutz gegen künftige ähnliche Eingriffe bittet. Das zweite, datirt: Gent, den 25. Nov. 1647, ist ein Schreiben der Donna Karolina von Oesterreich, einer natürlichen Tochter des Kaisers Rudolf II. (vermählt 1608 mit Thomas von Oiselet, Reichsgrafen von Lantecroix), an einen ungenannten Erzherzog, womit sie den »kleinen Isaak« in dessen Dienste

empfahl. — In den Studien zum Bruderzwist ist im Nachlasse Grill=
parzers ein Blatt folgenden Inhaltes aufbewahrt: »Vom Jahre 1623
kommt ein Brief von einem natürlichen Sohn Rudolfs II., Don Mathias
von Oesterreich, des heiligen römischen Reiches Markgraf, vor, in dem
derselbe die hinterlassenen Geheimen und deputirten kaiserlichen Herren
Räthe um Ausfolgung seines auf die Gefälle zu Ybbs angewiesenen
Deputats bittet. Ebenso ein Brief einer natürlichen Tochter, Karolina
von Oesterreich vom 25. November 1647 aus Gent, datirt an einen
nicht genannten Erzherzog, in dem sie ihren Sohn Isaak empfiehlt, der
sich nach Brüssel begab.« (Studien zum Bruderzwist.) ³) Anna,
Churfürstin von Brandenburg, eine Tochter des Herzogs Albrecht
Friedrich von Preußen und der Maria Eleonora, Tochter des Herzogs
Wilhelm von Jülich, Cleve und Berg, geb. 3. Juli 1576, vermählt
30. October 1594 mit Johann Sigmund, Churfürsten von Branden=
burg, gest. 30. Mai 1625. Schreiben, de dato Cöln an der Spree, den
18. März 1613 an den Kaiser Mathias, womit sie ihren Gemahl
wegen der Nichtbeschickung des von dem Kaiser zu Erfurt angesetzten
Tages entschuldigte, und sich und ihr Haus in den kaiserlichen Schutz
empfahl. ⁴) Emilie Markgräfin von Brandenburg=Anspach, eine Tochter
Herzog Heinrichs des Frommen, Herzogs von Sachsen aus der Alber=
tinischen Linie, und Katharinens, der Tochter des Herzogs Magnus von
Mecklenburg, geb. am 14. September 1516, vermählt 31. August 1532
mit dem Markgrafen Georg dem Frommen in Anspach, gest. 9. April
1591. Schreiben ddto. Anspach am Samstag nach dem Apostel Matthäus
1548 an den römischen König Ferdinand I., womit sie bat, die von
ihrem minderjährigen Sohne, dem Markgrafen von Brandenburg, ge=
forderte Summe bis zur Ankunft seines Obervormundes auf sich beruhen
zu lassen. ⁵) Otto Cardinal und Fürstbischof von Augsburg, Schreiben
d. d. Dillingen, 24. October 1549, an den römischen König Ferdinand I.,
womit derselbe ansuchte, dem Haus Tirol eine Audienz zu ertheilen,
weil er Verschiedenes zu berichten hätte, woran dem Hause Oesterreich
gelegen sein müßte. ⁶) Albertus Magnus (von Bollstädt), 1260—1262
Bischof von Regensburg, wegen seiner umfassenden Gelehrsamkeit
doctor universalis genannt. ⁷) Peter de Vinca, Notar Kaiser Fried=
richs II., geb. 1190 zu Capua, gest. 1249 im Gefängnisse zu San
Mineato, der Augen beraubt, weil er den Kaiser durch einen Arzt
vergiften wollte. (Jöchers Gelehrten=Lexikon, IV, 1634. ⁸) Manuscript 5
führt folgenden Titel: »Gründlicher Bericht und Hergang der gar
uralten Geschlechter in der Stadt Augsburg, und wann dieselben ihren
Anfang genommen, auch) wie die Geschlechter von Anno 1484 bis 1521
zusammen geheiratet, dabey zugleich die Aufruhr, welche sich zu Constanz
zwischen den Geschlechtern, so sich von der Katzen nennen, und den
Zünften im Jahre 1429 zugetragen.« ⁹) Manuscript 6 lautet: »Schmerz=
hafte Klagen der Gemeinden im Gebirge von Salzburg über die Unter=
drückung der Religion und wider das tirannische Verfahren der Geist=
lichkeit, bestehend in 24 Artikeln, worin die Thaten der Geistlichkeit be=
schrieben sind, vom Jahre 1525, in 8⁰. ¹⁰) Victorin Cornelius Chrudimsky
von Wschehrd, geb. zu Chrudim, ehemals Professor und Decan an der
Universität in Prag, dann Kanzler der böhmischen Landtafel und
Secretär des Königs Wladislaw, ein Gelehrter, der nebst anderem
9 Bücher von den Landesanordnungen und der höheren Gerichtsordnung
im Königreiche Böhmen schrieb; er übersetzte auch einige Bücher des

Bischofs Isidor aus dem Lateinischen ins Böhmische. ¹¹) Manuscript 8 in deutscher Sprache mit dem Titel: »Deren von der Ritterschaft Bedenken, wie eine vollkommene Christliche Reformation im Erzstifte Magdeburg anzustellen sein sollte. 1565. Fol.«. ¹²) Manuscript 9: »Gundackers Fürsten von und zu Liechtenstein von Nicolsburg, Gutachten wegen Education eines jungen Fürsten und wegen guter geheimer Rathsbestallung. 1623. 4°.« ¹³) Die erste betrifft die Reise Kaiser Karl VI. (nicht Karl V., wie es im Berichte heißt), mit seiner Gemalin Elisabeth Christina und den beiden Erzherzoginnen Maria Theresia und Maria Anna 1723 von Wien nach Prag; die zweite ist eine Beschreibung der Erbhuldigung Kaiser Karls VI. in Steiermark, Kärnten, Krain, Görz, Triest und Fiume. ¹⁴) Peter Pazmany, geb. 1570 in Großwardein, gest. 1637 in Preßburg, Cardinal, Gründer des Pazmaneums in Wien. (Jöchers Gelehrten-Lexikon, III, 1335.) ¹⁵) Im Ganzen wurden 32 Autographe und 8 Manuscripte an die Hofbibliothek abgegeben und am 27. Juli 1802 von dem Custos Kopitar übernommen.

3. ¹) Karajan trat am 9. Mai 1829 als Kanzlei-Praktikant bei dem Hofkriegsrathe ein, wo er in Berücksichtigung seiner Sprachkenntnisse dem Marine-Departement zugetheilt wurde. Ende Mai 1832 suchte er um Uebersetzung zur Hofkammer an, und am 18. Juni legte er die Prüfung als Registraturs-Praktikant ab. ²) Am 19. Juli 1832 erfolgte Karajans Aufnahme als Registraturs-Praktikant, mit der Zuweisung zum Archiv.

5. ¹) Johann Anton Reil, geb. 1773, gest. 1843, von 1801 bis 1811 Hofschauspieler, dann Kammerdiener bei Kaiser Franz, belletristischer und topographischer Schriftsteller. 1835 erschien von ihm »Das Donauländchen der Patrimonialherrschaften«.

6. ¹) Hauptort des oberen Vintschgau. ²) Ein Sohn Meinhards des Vierten aus dem seit 1282 in Kärnten herrschenden Görzer Hause, gest. 1310. Margarethe, die »Maultasche«, war seines Bruders Heinrich Tochter aus zweiter Ehe.

7. ¹) Vgl. Schimmers ausführliche Häuserchronik der inneren Stadt Wien. Nr. 940, 1049 und 1154.

8. ¹) Scharfeneck nächst Mannersdorf am Leithagebirge; urkundlich zuerst im XV. Jahrhundert erwähnt. In den Kriegen mit Mathias Corvinus kam die Burg in den Besitz desselben, ward aber 1491 mit dem ganzen Strich Landes zwischen der Leitha und dem nach ihm benannten Gebirge wieder an Oesterreich abgetreten. ²) Außer den Akten von den Herrschaften in Ober-, Nieder- und Innerösterreich sind von hohem historischen Werthe die sogenannten Urbarbücher von Ortschaften in Nieder- und Oberösterreich, deren das älteste vom Jahre 1384 über die Pfarre zu Hainburg ist. (Vgl. G. Wolf, Geschichte der k. k. Archive in Wien. Wien 1871. S. 123.) ³) Brief der Kaiserin Eleonora Gonzaga, Herzogin von Mantua, Witwe Ferdinand III., ddo. 15. October 1658, mit welchem der bisher zur Herrschaft Scharfenegg gehörige Markt Reisenberg ohne allen Vorbehalt dem Reichsgrafen Friedrich Cavriani geschenkt wurde. (Hofkammer-Archiv.) ⁴) Das Geschlecht stammt aus Mantua; geschichtliche Nachrichten über dasselbe reichen bis in das XIV. Jahrhundert zurück, denn schon 1359 wurde Conradin Cavriani von Kaiser Karl IV. in den Freiherrnstand erhoben.

12. ¹) Das Dorf Purkersdorf im Wienerwalde, genannt nach dem Geschlechte der Herren von Purkersdorf, das bereits in Urkunden des XII. Jahrhunderts vorkommt, gehörte ehemals zur Herrschaft Purkersdorf, welche von dem k. k. Waldamte verwaltet wurde. (Weiskern, Topographie von Niederösterreich.)

15. ¹) In verschiedenen Aufträgen an das Archiv, deren ältester aus dem Jahre 1577 sein dürfte, wird wiederholt die Ordnung der Akten aufgetragen; eine eigene Instruction bestand aber nicht. Das Auffinden der Schriftstücke war aber lediglich von dem Gedächtnisse des Beamten abhängig. »Scheut er das Suchen, — heißt es in einem Auftrage vom Jahre 1765 — so dürfte es leicht geschehen, daß er, wenn ein Akt verlangt wird, sagt, er sei nicht da.«

16. ¹) Franz Bernhard Ritter von Bucholtz (unrichtig Buchholz, wie ihn der neue Nekrolog der Deutschen, Weimar, 1840 anführt), geb. 1790, gest. 1838, Hofsecretär, dann Staatskanzleirath, übernahm nach Matthäus v. Collins Rücktritte 1821 die Redaction der Wiener Jahrbücher, legte sie aber 1825 wieder zurück und beschäftigte sich von nun an mit historischen Forschungen. Sein bedeutendstes Werk ist: »Geschichte der Regierung Ferdinand des I.« Aus gedruckten und ungedruckten Quellen. 9 Bde. Wien 1830—1839.

17. ¹) Der Auftrag erging in Folge eines Schreibens Metternichs an die Hofkammer am 31. Mai 1834, in welchem er um die Ausfolgung der verzeichneten Urkunden im Interesse des für die nationalstaatsrechtlichen und historischen Zwecke des Staatsarchives so wünschenswerthe Vervollständigung ersuchte. ²) Theodor Anton von Rosenthal, geb. zu Hildesheim 1702, gest. zu Wien 1779, der erste Hof- und Hausarchivar. ³) Josef Knechtl, 1834 Director des geh. Haus-, Hof- und Staatsarchivs. ⁴) Vice-Präsident Eichhoff befürwortete Grillparzers Antrag in einem Schreiben an Metternich, worauf dieser am 24. Juli 1835 antwortete und unter Anderem bemerkte: »es werde nur zu klar, daß eine in jeder archivalischer Hinsicht beklagenswerthe Zerrissenheit und Vereinzelung in manchen sich auf einander beziehenden und gegenseitiger Ergänzung dienenden Gegenständen durch das getrennte Bestehen der Archive obwaltet, und daß dieser Uebelstand sich auch nur sehr schwer durch eine strenge Sonderung nach anzunehmenden Grundsätzen würde heben lassen.«

18. ¹) Eduard Maria Fürst von Lichnowsky, geb. 1789, gest. 1845, als Geschichtsschreiber hervorragend bekannt durch seine »Geschichte des Hauses Habsburg«, in 8 Theilen, von welchen der erste bereits 1836 unter dem Titel: Geschichte König Rudolphs des Ersten und seiner Ahnen« erschienen ist.

19. ¹) Ernst Birk, geb. zu Wien 1810, gest. 1891 als Director der k. k. Hofbibliothek, trat 1831 als Beamter bei der allgemeinen Hofkammer in den Staatsdienst und wurde 1837 über Vorschlag des Grafen Dietrichstein, der ihn als einen jungen Mann von vielseitiger literarischer Bildung, tadellosem Lebenswandel, glühendem Eifer für bibliothekarische Kenntnisse und Arbeiten empfahl, in die Hofbibliothek aufgenommen. Die Materialien zur Geschichte des Grafen von Cilli sind in Birks Nachlasse.

Anmerkungen.

22. ¹) Johann Schlager, geb. zu Wien 1786, gest. 1852, Magistratssecretär, Topograph und Geschichtsforscher, bekannt durch eine Reihe von Arbeiten zur Geschichte Wiens, darunter am hervorragendsten die »Wiener Skizzen«, ein Werk, wofür das Wiener Stadtarchiv, sowie das Hofkammer-Archiv reichliche Quellen boten. 1835 erschien das erste Heft der Wiener Skizzen, welches Werk mit dem 5. Bande abgeschlossen wurde.

23. ¹) Andreas Schumacher, geb. 1803 zu Wien, gest. 1868, Schriftsteller, unternahm 1826 mit Bauernfeld und Andern eine Herausgabe einer Uebersetzung Shakespeares, welche in 43 Bändchen in Wien bei Trentsensky erschienen ist, und deren Titelblätter mit Vignetten von Schwind geziert sind; später veranstaltete er auch eine Uebersetzung mehrerer Stücke von Calderon. Schumacher, ein äußerst fruchtbarer Schriftsteller, gab in den Vierziger-Jahren auch einen österreichischen Musen-Almanach heraus.

24. ¹) Unter den Römermoneten sind die Krönungszüge der Kaiser nach Rom zu verstehen, deren Kosten die deutschen Reichsstände bestreiten mußten. Das Gefolge des Kaisers war auf 26.000 Fußgänger und 4000 Reiter bestimmt. Für den Mann zu Fuß waren 4 fl., für den Reiter 12 fl. monatlich bestimmt, weshalb jeder Reichsstand so viel Mal 4 oder 12 fl. zu leisten hatte, als er Reiter oder Fußgänger stellen mußte. Die Römermoneten dauerten bis zum Luneviller Frieden, 1801. (Wolf, Geschichte der Wiener Archive, S. 126.)

25. ¹) Ueber die Finanzlage der Stadt Wien, Näheres bei Weiß: Geschichte der Stadt Wien, II, 201, 378, 379, 380 und Glossy: »Die Gemeinde« in der Denkschrift »Wien 1848—1888«. Wien 1888.

26. ¹) Die Akten der Commerz-Abtheilung umfassen die Jahre 1749—1800. (Wolf a. a. O., 124.) Die Aufhebung der Commerz-Commission, deren Geschäfte der Hofkammer zugewiesen wurden, erfolgte im Jahre 1824.

28. ¹) Die niederländischen Armaturarbeiter wurden 1657 von Kaiser Ferdinand III. nach Wiener-Neustadt befohlen, zu deren Unterbringung die Stadt die beiden Kreuzhöfe an die Hofkammer um 2000 fl. verkaufte. Vgl. Ferd. Böheims Chronik von Wiener-Neustadt; vermehrt herausgegeben von Wendelin Böheim. Wien 1863, I, S. 235—236.

31. ¹) Wahrscheinlich Karl Ritter v. Heintl, ein Sohn des Gründers der k. k. Landwirthschafts-Gesellschaft und Nationalökonomen Franz Ritter v. Heintl.

35. ¹) Note Metternichs an den Präsidenten der Hofkammer Frh. v. Eichhoff vom 14. Juni 1839, daß der als zweiter Archivar im geh. Haus-, Hof- u. Staatsarchiv angestellte, als Historiker vortheilhaft bekannte Chorherr des Stiftes St. Florian, Josef Chmel, mit seiner Bewilligung es unternommen habe, eine Geschichte der beiden Kaiser Friedrich IV. und Maximilian I. zu schreiben. Chmel wird wärmstens empfohlen, »da die lobenswerthen Bemühungen des gedachten Archivars, der als ein wohldenkender, seiner Pflicht getreuer Mann anerkannt ist, alle Unterstützung verdienen«.

40. ¹) Mathias Pablasek hat sich später auf dem Gebiete des Unterrichtes vielfache Verdienste erworben. Er wirkte als Docent für die deutsche Sprache am polytechnischen Institute in Wien (vgl. Grillparzers Bericht Nr. 51), 1850 als Director der Ober=Realschule in Preßburg, die er als erstes confessionell=simultanes Institut leitete, und wurde 1862 als Director des k. k. Blinden=Erziehungsinstitutes berufen, wo er eine wahrhaft segenbringende Thätigkeit entfaltete. Außer einigen Lehrbüchern ist von Pablasek auch eine Geschichte des Wiener Blinden=Institutes (Wien 1864) erschienen. — Im Januar 1841 wurde der Scriptor an der Hofbibliothek, Anton von Gevay, der an der orientalischen Abtheilung thätig war, zum zweiten k. k. Haus=, Hof= und Staats=Archivar ernannt. Da keiner der Unterbeamten mit den orientalischen Sprachen vertraut war, mußte für diese Abtheilung ein Amanuensis aufgenommen werden, weshalb Pablasek um seine Versetzung nachsuchte. ²) Ueber Karajan bemerkt der Hofbibliothekspräfect Graf v. Dietrichstein in einem Berichte an den Obersthofmeister Fürsten zu Colloredo=Mannsfeld (27. Januar 1841): »Theodor G. v. Karajan ist 31 Jahre alt, in Wien geboren, ein sehr wohlhabender Mann, welchen weder die bei der Hofbibliothek bestehenden trüben Aussichten auf Beförderung noch der mit der Stelle, in die er überzutreten sucht, verbundene geringe Gehalt abschrecken, sich durch den Platz eines Amanuensis eine seinen Vorzügen und Kenntnissen entsprechende Beschäftigung zu verschaffen, um die allein es ihm zu thun ist. ... Seine Kenntnisse in der lateinischen, französischen, italienischen, und neugriechischen Sprache verbürgt das zuerst erwähnte Zeugniß. Außer diesen hat er sich zum Behufe seiner literarischen Arbeiten auch noch die englische, spanische, altgriechische und altdeutsche Sprache eigen gemacht. Als vorzüglicher Philologe hat er sich nebst mehreren Aufsätzen in den »Böhm. Jahrbüchern für wissenschaftliche Kritik« durch die erste von einem Inländer veranstaltete kritische Ausgabe eines altdeutschen Gedichtes aus dem XIII. Jahrhundert bewiesen, die im Jahre 1839 zu Heidelberg erschien und in den vorzüglichsten gelehrten Zeitschriften rühmlich beurtheilt wurde; ferner durch die von ihm voriges Jahr herausgegebene »Frühlingsgabe für Freunde älterer Literatur«, welche die Literatur fast aller abendländischen Völker berührt und somit zugleich seine für einen Bibliotheks=Beamten besonders erwünschlichen Kenntnisse in der Literaturgeschichte darthut. Endlich giebt seine umfangreiche Abhandlung: »Beiträge zur Geschichte der landesfürstlichen Münze Wiens im Mittelalter« Zeugniß von seiner Vertrautheit mit der vaterländischen Geschichte und ihren Quellen. ...«

41. ¹) Dorf im V. U. W. W. zwischen Hietzing und Hacking. Das Schloß und die Kirche daselbst erbaute in der ersten Hälfte des XVIII. Jahrhunderts der erste Erzbischof zu Wien, Graf von Kollonitsch.

43. ¹) Achaz Freiherr Stiebar auf Buttenheim, geb. zu Wiesenreith in N.=Oe. 1755, gest. zu Aspern 1855. An ihn hat Heinrich Collin bereits 1787 ein Gedicht gerichtet. (Collins Werke, IV, 96.)

50. ¹) Friedrich Emanuel Hurter, geb. 1787 zu Schaffhausen, gest. 1865 zu Graz, Geschichtsforscher, von Metternich 1845 nach Oesterreich berufen, in dessen Dienste er am 1. Januar 1846 als k. k. Hofrath und Historiograph trat. Von seiner Geschichte Ferdinand II. sind 11 Bände erschienen. Eine ausführliche Biographie Hurters ist von dessen Sohne Heinrich 1876—1877 in 2 Bänden veröffentlicht worden.

53. ¹) Eudoxius Ritter von Hormuzaki, geb. 1813. (Wurzbach, XI, S. 287.)

55. ¹) Im Juni 1848 ersuchte das Ministerium der öffentlichen Arbeiten das Finanzministerium um die Verfügung, die Hofkammerarchivs-Direction zur unverzüglichen Uebersiedlung in ihre neuen Amtslocalitäten im umgebauten Mariazellerhofe in der Johannesgasse anzuweisen. Ein Theil der bisherigen Archivslocalitäten wurde zur Unterbringung des Preßgerichtes bestimmt.

56. ¹) Kaiserin Anna, Gemahlin Kaiser Ferdinand I., hatte die Einkünfte der Fondsherrschaft Wolkersdorf dem k. k. Hofspitale zugewiesen. Auf dem Hirschvogel'schen Plan der Stadt Wien ist »das new spital« mit der Front gegen die Schauflergasse ersichtlich.

61. Letzter Bericht Grillparzers, dessen Pensionirung Bruck am selben Tage befürwortete (vgl. S. 115).

III. Tagebuchstellen.

¹) Vgl. I. Aktenstücke Nr. LX und die hiezu gehörige Anmerkung.

²) Vgl. Anmerkung zu Nr. XXXVII der Aktenstücke.

³) Leopold Graf Meraviglia, damals Rittmeister im 6. Hußarenregiment.

⁴) Selbstbiographie (Sämmtl. Werke XV, S. 164—165).

⁵) »Auf die Genesung Ferdinands des Gütigen« (1832). Sämmtl. Werke I 111 und Selbstbiographie (Sämmtl. Werke XV, 162—164 und 166).

⁶) Martin Persetta, Rechnungsrath der Hofkriegsbuchhaltung.

⁷) Friedrich Witthauer, geb. 1793 in Bremen, gest. 1846 in Meran, Redacteur der Wiener Zeitschrift, hervorragender Theaterkritiker.

⁸) Johann Schickh, geb. 1770, gest. 1835, gründete 1816 die »Wiener Zeitschrift für Kunst, Literatur, Theater und Mode«, deren Redaction 1816—1818 Hebenstreit führte.

⁹) Ein damals sehr bekannter Staatskanzleirath, der auch correspondirendes Mitglied mehrerer gelehrter Gesellschaften war.

¹⁰) Herr Prof. Hauser hatte die Güte, mir eine Abschrift dieses Gassenhauers, betitelt; »An den Verfasser des Gedichtes: Als der Thronfolger die Gesundheit wieder erlangte«, zu gestatten. Ich theile die erste Strophe zur Probe des ganzen Inhaltes mit:

Bist Du vernünftig denn? Will nichts mehr frommen
(Es trauern alle Freund um Dich herum,
Der Klugheit wegen, die Dir ganz genommen,
Der Zukunft bang, denn Du bist dumm.

Von diesem Machwerk liegt mir noch eine andere Fassung vor, die an Derbheiten ebenfalls reich ist. Grillparzer hat es an scharfen Bemerkungen über Ruprecht nicht fehlen lassen. An die bereits veröffentlichten Strophen gegen denselben mögen noch nachstehende, im Nachlasse aufgefundenen Verse gereiht sein:

Auch dumm hat mich Dein Spruch genannt
Fast fieng ich mich darnach.
Denn was die Dummheit anbelangt,
Da bist Du, Freund, vom Fach.

Briefe von Grillparzer.

Die hier mitgetheilten Briefe und der Entwurf einer Adresse an Radetzky wurden im Jänner 1891 an das Comité der Grillparzer-Ausstellung eingesendet. Diese erfreulichen Funde, zu denen sich in der Folgezeit noch andere gesellen mögen, werden hiermit Dank der Bereitwilligkeit ihrer derzeitigen Besitzer und des Directors der k. k. Hofbibliothek, des Herrn Hofrathes Dr. Wilhelm Ritter von Hartel, als willkommener Nachtrag zur vorjährigen Grillparzergabe allen Freunden des österreichischen Dramatikers willkommen sein. Die Noten zu diesen Briefen hat der Beamte der k. k. Hofbibliothek Herr Dr. A. Daubrawa besorgt.

An Raimund.

I.[1]）

Werther Freund!

Es ist wohl zu spät, wenn ich Sie jetzt erst ersuche, bei Ihrer bevorstehenden Einnahme[2]) mit einem Sperrsitze auf mich Bedacht zu nehmen! Aber wie immer! Ist es noch möglich, so soll meine Freude darüber um so größer seyn: könnten Sie mir aber nicht willfahren, ohne einem früher gegebenen Versprechen untreu zu werden, so ersuche ich Sie, meine Bitte als gar nicht geschehen zu betrachten. Für jeden Fall werde ich am Tage der Aufführung an den zur Abholung der Billeten bestimmten Ort hinsenden, und findet sich nichts für mich, es ganz natürlich finden, und Sie darum nicht weniger von ganzem Herzen lieb haben.

Mit Hochachtung und Ergebenheit

Grillparzer.

29. November 1829.

Adresse: Herrn Ferdinand Raimund, Direktor des k. k. Leopoldstädter Theaters.

Wohlgeboren.

Leopoldstadt

Theatergebäude.

[1]) Original im Besitze des Herrn Leopold Pointner in Wien.
[2]) »Die unheilbringende Zauberkrone, oder: Herrscher ohne Reich, Held ohne Muth, Schönheit ohne Jugend. Original-tragisch-komisches Zauberspiel in zwey Aufzügen von Ferdinand Raimund.« Zum ersten Male zur Einnahme des Verfassers am 4. December 1829 im Leopoldstädter Theater dargestellt.

[An La Roche.]

II.[1])

Euer Wohlgeboren!

haben sich persönlich bemüht wegen einer Abschrift von Traum ein Leben[2]) für das Braunschweiger Theater. Ich bin wirklich in Verlegenheit. Soll ich das Manuskript an die Direkzionen schicken, und über die Sammlungen Vormerkung halten, und wer dafür bezahlt und wer nicht, und wie viel? über das Honorar feilschen und markten und die Säumigen mahnen? Das alles ist über meine Kräfte und unter meiner Gesinnung. Ich habe daher den Ausweg ergriffen, durch die Theaterzeitung bekannt zu machen, daß das Manuskript nur gegen Erlag des Honorars (für Braunschweig 12 #) zu beziehen sey.[3]) Ich glaubte das um so eher thun zu können, da, wie Sie wissen, das Stück für jede Bühne aufführbar ist, und, gut gespielt, die Voraussagen wohl erträgt. Wünschen Sie persönlich für Braunschweig hierin eine Ausnahme, und kennen Sie die Direkzion als solid, so bin ich wohl bereit (denn meine Absicht war nicht mehr Geld zu machen, sondern lästiger Weitläufigkeiten überhoben zu seyn), sonst würde sich die Direkzion dem allgemeinen Lose fügen müssen.

Mit Hochachtung und Ergebenheit

Grillparzer.

am 11. December 1834.

[1]) Original, mit der Stampiglie »Sammlung La Roche« versehen, im Besitze des Herrn Grafen Victor Wimpffen. Adresse fehlt. Der Brief ist wohl an Karl La Roche gerichtet.

[2]) Grillparzers »Der Traum ein Leben« wurde am 4. October 1834 zum ersten Male im Burgtheater aufgeführt. La Roche spielte den Zanga.

[3]) Ueber die in der Allgemeinen Theaterzeitung vom 31. October 1834, Nr. 218, enthaltene »Theater=Nachricht« vgl. Jahrbuch der Grillparzer=Gesellschaft. Erster Jahrgang, Anmerkung 161.

[An Enk.]

III.[1]

Verehrter Herr und Freund!

Mit der Bitte um Verzeihung meiner Nachlässigkeit stelle ich hier eben das aus der Stifts-Bibliothek entlehnte Leben Tyho Brahes[2] zurück.

Der Tod Ihres wackeren Prälaten[3] würde mir noch mehr leid thun, wenn ich nicht hoffte, daß Sie an seine Stelle gewählt werden würden, wo ich denn nicht zweifle, daß Sie mich zu sich rufen, mir in Melk freie Station geben und mich dadurch in den Stand setzen werden, ohne lästiges Nebengeschäft meine ganze Zeit dem — Nichtsthun widmen zu können.

Bis dahin herzlichen Gruß und unauslöschliche Hochachtung

ergebenst

Grillparzer.

am 26. October 1837.

IV.[4]

Wien am 6. December 1842.

Euer Excellenz!

Kunstsinn und Großmuth haben nicht nur ihre schönen sondern auch ihre gefährlichen Seiten, wie der Verfolg zeigen wird.

---

[1] Aus dem Nachlasse des Benedictiners Michael Enk von der Burg. O. in der k. k. Hofbibliothek. Ohne Adresse. Als Beilage der Buchsendung.

[2] Vielleicht Pierre Gassendi: Vita T. Brahei. Oettinger (Bibliographie biographique universelle) nennt zwei Ausgaben, Paris 1654 und Hagae Comitum 1655; beide in 4°.

[3] Marian Zwinger, seit 1819 Abt von Melk, starb am 20. October 1837. Sein Nachfolger war Wilhelm Eder.

[4] O. in der k. k. Hofbibliothek. Ohne Adresse. Welche Ercellenz da von Grillparzer um Unterstützung des bedrängten Kunstinstituts angegangen wurde, erscheint fraglich.

Der hiesige Musikverein ist durch fahrläßige Verwaltung in Gefahr seine Kunstschulen schließen zu müssen.¹) Man hat ein Komitée zusammengesetzt zur Prüfung der Mittel und Wege und es hat sich gezeigt, daß das Konservatorium, dessen großartiger Aufführungen Euer Exzellenz wohl schon selbst beigewohnt haben, auch für die Zukunft erhalten werden könne, wenn durch Deckung eines Defizits, daß die Summe von 2000 fl. erreicht, erst die Gefahr des Augenblicks beseitigt seyn würde.

Mein vaterländisches Gefühl empört sich bei der Idee, daß ein in seiner Art einziges Institut, blos aus Mangel an Antheil aufgegeben werden soll, und so habe ich, indeß Andere sich an andere Gönner der Künste (leider bis jetzt ohne Erfolg) wendeten, auf mich genommen, bei Ihnen, verehrter Herr und Freund als Wortführer der allgemeinen Sache aufzutreten.

Das unendlich Viele, das Sie bereits für schöne und nützliche Anstalten gethan, ermuntert zugleich und schreckt ab, indem es eine abschlägige Antwort eben so entschuldigt, als es zur Hoffnung auf eine gewährende berechtigt.

Sollten Euer Exzellenz nicht abgeneigt seyn, den bedrängten Musen auch hier Ihre helfende Hand zu leihen, so

---

¹) Ueber die mißliche Lage des Conservatoriums zu dieser Zeit äußert sich C. F. Pohl (Die Gesellschaft der Musikfreunde, S. 23): »Die financielle Nothlage der Gesellschaft, die drückende Zinsenlast, gleichzeitige Verringerung der Einnahmsquellen und der damit gefährdete Bestand des Conservatoriums nöthigte die Direction, in einer Eingabe an Se. Majestät (ddo. 19. Mai 1839) um einen jährlichen Staatsbeitrag zu bitten. Die Direction constatirte zugleich, daß die Gelderfordernisse des Conservatoriums für das Jahr 1839 die Summe von 6880 fl. betrügen, während die Unterstützungsgelder von 19 Beförderern sich nur auf 2665 fl. beliefen und die Gesellschaft daher den Rest aus Eigenem ersetzen müsse. Am 21. October 1843 (vier Jahre nach Einreichung des Gesuches) erfolgte die allerhöchste Entschließung, wornach Se. Majestät der Gesellschaft einen Zuschuß von jährlich 3000 fl. aus Staatsmitteln, vorderhand auf drei Jahre, gewährte, der dann auf weitere drei Jahre ausgedehnt wurde.«

dürften Sie wenigstens nicht besorgen Ihre Gabe in einen
rettungslosen Abgrund geworfen zu sehen, da, wenn Sie mich
zum Mittelsmann Ihrer Hilfe machen wollten, ich dafür
mein Wort verpfände, daß Ihre Gabe nur für den Fall
wirklich verwendet werden soll, wenn die Erhaltung des Musik=
vereines sich als möglich, als vorzugsweise durch Ihre Groß=
muth möglich, gezeigt haben wird. In jedem anderen Falle
würde das uns Zugedachte treu und redlich wieder zurückge=
stellt werden.

Verzeihen Sie meine Kühnheit die nur in dem Eifer
für die Kunst ihre Entschuldigung findet.

Mit ausgezeichneter Hochachtung
ergebenster
Grillparzer.

[An Freiherrn v. Münch.]

V.¹)

Verehrter Herr und Freund!

Durch unvorsichtige Aufbewahrung ist der Stammbuch=
bogen für die Sängerin Ungher²) so beschädigt worden, daß
sich füglich nichts mehr darauf schreiben läßt. Da Sie ohne
Zweifel in Besitz eines Aushilfs=Blattes sind, so bitte ich
mir ein solches zukommen zu lassen wo dann der bereits
ausgedachte Leberreim unverweilt daraufgesetzt werden soll.

ergebenst
Grillparzer.

19. April 1844.

Adresse: Seiner des k. k. Herrn Regierungsrathes Freiherrn
von Münch
Hochwohlgeboren.

---

¹) O. in der k. k. Hofbibliothek.
²) Ungher (oder Unger) Karoline, verehelichte Sabathier, Opern=
und Kammersängerin, gest. 1877.

VI.¹)

Wien am 29. Mai 1847.

Hochverehrter Herr!

Ich bin weder als furchtsam, noch als Wohldiener und Schmeichler bekannt, ich kann daher einen Schritt thun, der unter andern Umständen leicht mißdeutet werden könnte.

Sie haben mir die Ehre erwiesen mich für Morgen zu einer Versammlung in Ihrem Hause einzuladen, und ich war vollkommen entschlossen zu kommen.

Nun habe ich aber aus verläßlicher Quelle vernommen, daß diese Versammlung an Orten, die für die Akademie von höchster Wichtigkeit sind, als Reglements=Uebertretung, ja als Wahl=Umtrieb betrachtet wird.

Die Literatur hat bisher in Oesterreich wenig Vertrauen genossen, lassen Sie uns daher dieses Vertrauen der Akademie nicht von vornherein entziehen. Eben so wenig wünschte ich, daß Ihrer Kanditatur, Herr Baron, von vornherein Hindernisse in den Weg träten.

Ich werde daher nicht erscheinen. Und wenn Sie auf den Rath eines aufrichtigen Freundes und ungeheuchelten

---

¹) O. im Besitze des Frl. Marie Trau. Ohne Adresse. Ich halte dafür, daß dieser Brief an Josef Freiherrn von Hammer=Purgstall gerichtet ist und sich auf jenes gemeinsame Vorgehen zur Milderung der Preßgesetze bezieht, worüber Grillparzer in den Erinnerungen aus dem Jahre 1848 (Werke XVI. 211 ff.) ausführlich berichtet hat. Mit dem Eingang unseres Schreibens stimmt auch der Satz jener Aufzeichnungen (S. 212) auffallend überein: »Da man jedoch weiter in mich drang, und ich weder den Anschein der Theilnahmslosigkeit oder gar der Wohldienerei auf mich laden wollte, willigte ich endlich ein.« Ueberdies gesteht daselbst Grillparzer ein: »Ich weigerte mich anfangs, da ich, bei der bekannten Scheu der Regierung vor Associationen im Voraus überzeugt war, daß dadurch die Sache nur schlimmer gemacht werden könnte« u. s. w. Jene Versammlung fand bekanntlich im Hause Hammers statt. — Ueber die vorbereitenden Schritte zur Gründung der Akademie und die Candidatur Hammers gibt derselbe Aufsatz Grillparzers gleichfalls Aufschluß (S. 218).

Verehrers irgend Gewicht legen, so lassen Sie diese Versammlung nicht Statt finden, und wäre es zu spät sie rückgängig zu machen, so entlassen Sie die Herren, die unbefangenen sowohl als die befangenen, ehe es zu einer academischen Besprechung kommt.

Mit vollkommener Hochachtung
ergebenst
Grillparzer.

[An v. Malfatti.]

VII.[1]

Hochverehrter Herr!

Indem ich die mir gütigst geliehenen Bücher nach so langer Zeit zurücksende, weiß ich nicht wie ich mich entschuldigen soll. Oder vielmehr, es gibt keine Entschuldigung, höchstens, hoffe ich, eine Verzeihung.

Es war eben die Beschäftigung mit einem widerspänstigen dramatischen Stoff, dessen nicht geringste Schwierigkeit darin bestand, zu wissen, auf welche Art die Astrologen ihre Meinung gegenüber der Vernunft und der Ordnung der Dinge, wenn auch nur scheinbar gerechtfertigt haben, was mich in derlei Lesungen hineinwarf. Ich habe weder in diesen, noch in vielen anderen Büchern das Wort des Räthsels gefunden, aber es braucht lange bis man sich von einer lieben Hoffnung ganz und gar trennt.[2]

Rechnen Sie noch dazu die mit den Jahren zunehmende Vergeßlichkeit und jenes Zaudern nach Außen, welches mit der Beschäftigung nach Innen fast unzertrennlich verbunden

---

[1] O. in der k. k. Hofbibliothek.

[2] Man denkt bei dieser Stelle an die Studien zum »Bruderzwist in Habsburg«.

ist u. Sie werden meine schuldbare Versäumniß sich wenigstens erklären können.

Mit lebhaftesten Danke und größter Hochachtung
ergebener
Grillparzer.

21. Jänner 1848.

Adresse: Seiner des Herrn Doktors der Arzeneikunde Edler von Malfatti[1])
Hochwohlgeboren.

[An M. Korn.]

VIII.[2])

Am 7. Jänner 1851.

Verehrter Herr!

Die Sache wird immer besser. Diesesmal empfangen Sie 9 sage neun verschiedene Stücke:

Madmoiselle Histoire
Das Krämermädchen
Das Maskenfest zu Fischbach
Der Täufling des Kardinals
Die Grundsätzlichen
Ein Geheimniß
Das Fräulein von Reval
Der Liebesbrief
Bühne und Leben[3])

---

[1]) Johann Malfatti, Edler von Monteregio, Arzt, gest. 1859.
[2]) O. in der k. k. Hofbibliothek.
[3]) Ueber diese hier angezeigten Stücke, welche aus Anlaß einer Preisausschreibung des Burgtheaters für Lustspiele eingesandt wurden, siehe die Bemerkungen Grillparzers (Werke XIV, S. 191—193). Der Liebesbrief von Benedix (am 29. März 1851 aufgeführt) war nahe daran, den zweiten Preis zu erhalten. Korn war einer der Preisrichter neben Grillparzer, Münch, Kuranda und Ferdinand Wolf.

Dieser gewaltige Eisstoß soll, will ich hoffen, unserem preisrichterlichen Winter ein Ende machen. Wenigstens sind einige darunter die einigermassen die Mühe des Lesens lohnen.

Hochachtungsvoll

Grillparzer.

Adresse: Seiner des Herrn Maximilian Korn, k. k. pensio
nirten Hofschauspielers.

Wohlgeboren.

[An La Roche.]

IX.[1])

Verehrter Herr und Freund!

Da ich nicht weiß, ob ich Sie zu Hause treffen werde, erlaube ich mir diese Zeilen.

Erstens danke ich Ihnen für die mir mitgetheilten beiden erzählenden Gedichte, die mir Beide, vorzüglich das von Hebbel — mit Ausnahme des Grund=Faktums — sehr ge=
fallen haben.

Zugleich folgt der Band von Vischers Ästhetik[2]) zurück, den ich nicht zu Ende gelesen habe und deßhalb auch bitte mir die Fortsetzung nicht zu verschaffen. Ich kann diese wissenschaftlich seyn sollenden Abgeschmacktheiten nicht vertragen und würde fürchten mir einen geistigen Leibschaden zuzuziehen, wenn ich die Last länger haben sollte.

Mit Ergebenheit

Grillparzer.

Am 7. Februar 1859.

---

[1]) Ohne Adresse. Nach Angabe des gegenwärtigen Besitzers dieses Briefes — des Herrn Grafen Wimpffen — an La Roche gerichtet.

[2]) Ueber Vischers Aesthetik vgl. die Epigramme Grillparzers Werke II, S. 124 f.

X.[1]

Der Unterzeichnete hat unter den leidigen Nachwehen eines lebensgefährlichen Sturzes eine beinahe völlige — will's Gott heilbare Taubheit zurückbehalten, die ihn unfähig macht den Versammlungen einer wesentlich berathenden Versammlung beizuwohnen.

Er bittet daher seine Abwesenheit von den Sitzungen des hohen Herrenhauses für entschuldigt zu halten, bis jenes Hinderniß gehoben seyn wird.

Wien am 9. Oktober 1863

Grillparzer
als Hofrath pensionirt.

[An Raab.]

XI.[2]

Wien am 20. August 1866.

Verehrter Herr!

Unser aus preußischer Kriegsgefangenschaft zurückgekehrter Freund Weilen[3] hat mich in meiner Bücher Angelegenheit an Ihre Güte verwiesen.

Ich bin daher so frei die gelesenen Bücher unter Ihrer Adresse zurückzuschicken und um neuen Vorrath zu bitten, um so mehr, da ich bei meiner immer wachsenden Taubheit einzig aufs Lesen angewiesen bin.

Daß ein neuer (der zwölfte) Band von Lope de Vega vor allem unter meine Wünsche gehört, versteht sich von selbst. Das Übrige überlasse ich Ihrer Güte und Ihrem gebildetem Urtheil.

---

[1] Entwurf eines Schreibens an das Präsidium des Herrenhauses, im Besitze der Frau Raab in Döbling.

[2] O. in der k. k. Hofbibliothek.

[3] Weilen war während seines Sommeraufenthaltes in Znaim durch die preußische Besatzung des Ortes zurückgehalten worden, daher der Ausdruck »Kriegsgefangenschaft« ironisch gemeint.

Bei meiner vorigen Zurücksendung haben zwei Bände Memoires d'une contemporaine¹) gefehlt, die durch Versehen beim Einpacken an die Bibliothek des Erzherzogs Albrecht gelangt sind. Das Versehen ist übrigens schon ausgeglichen worden und soll nie mehr vorkommen, wie es bisher nie vorgekommen ist. Die Bücher sind das einzige worin ich skrupulös ordentlich bin

ergebenst

Grillparzer.

Adresse: Seiner des Herrn von Raab, Skriptors der k. k. Hofbibliothek²)

von Grillparzer.

[An La Roche.]

XII.³)

Wien 31. Jänner 1867.

Hochgeehrter Herr!

Herr Altmann, der Ihnen ein Trauerspiel Semiramis zur Beurtheilung und gütiger Bevorwortung übergeben hat, bittet mich, schriftlich zu bestätigen, daß ich an ihm und seinen Erfolgen warmen Antheil nehme.

Ich selbst kenne das Stück nicht, da mir meine höchst geschwächten Augen nicht erlauben Handschrift zu lesen und mir wegen meiner halben Taubheit auch nicht vorlesen lassen kann.

---

¹) (Saint-Elme, Ida.) Mémoires d'une contemporaine, ou souvenirs d'une femme sur les principaux personnages de la république, du consulat, de l'empire etc. Paris, Ladvocat 1827—1828. 8 vol. 8°.

²) Ferdinand Raab, seit 27. Juli 1857 Scriptor der Hofbibliothek, starb als erster Custos derselben in der Nacht vom 4. auf den 5. August 1888 zu Aussee.

³) O. im Besitze des Herrn Grafen Victor Wimpffen.

Ich kann daher nichts als bitten, sich die Sache angelegen seyn zu lassen, ohne Ihr artistisches Urtheil durch gegenwärtiges irgend beirren zu wollen.

Mit vollkommener Hochachtung

Grillparzer.

Adresse: Seiner des K. Hofschauspielers v. Laroche
Wohlgeboren.

Innere Stadt Wien
Seilergasse Nr. 15.

XIII.[1])

Verehrte gnädige Frau!

Ich freue mich unendlich daß Marschall Radetzky Sie heute besucht und der vortreffliche Mann eine vortreffliche Frau kennen lernt. Ich selbst habe ihn übrigens bereits gesprochen und wünschte nicht, daß mein Aufsuchen einer neuen Gelegenheit etwa gar wie Aufdringlichkeit heraus käme.

Verzeihen Sie daher wenn ich von Ihrer liebenswürdigen Aufforderung keinen Gebrauch mache.

ergebenst

Grillparzer.

Adresse: Ihrer der Frau Baronin Pereira Arnstein [2])
Hochwohlgeboren.

---

[1]) Undatirter Brief. O. in der k. k. Hofbibliothek.
[2]) Wahrscheinlich Henriette Freiin von Pereira-Arnstein, geb. 29. November 1780, gest. 13. Mai 1859.

XIV.[1)]

Hochverehrter Herr Feldmarschall!

Euer Excellenz!

Die Stadtgemeinde von Wien hat sich selbst geehrt, indem sie bat und ihr gewährt wurde, Eurer Excellenz Namen dem Verzeichnisse ihrer Bürger voransetzen zu dürfen. Indem die ruhige Bevölkerung dem Manne ihren Dank ausdrückte, dessen Thaten und Name die erste Bürgschaft der wiederkehrenden Ruhe war, fühlt jener Theil der Bewohner Wiens, die den, wenn gleich mißglückten Versuch machten, der Anarchie mit den Waffen in der Hand entgegen zu treten der treu gebliebene Theil der Wienernationalgarde — sich nicht minder aufgefordert, Euer Excellenz seine anerkennende Bewunderung auszusprechen. Indem sie es wagen den Sieger von Custozza und Novara die beifolgende Waffe, das Sinnbild und Werkzeug des Krieges, in Euer Excellenz Händen die Gewißheit des Sieges, darzubringen, ist ihr Wunsch, daß beim Anblick dieses Schwertes Eure Excellenz sich noch eine Reihe von Jahren erinnern, wie nicht Mangel an Muth und Hingebung jene Gräuel in Wien verschuldet, daß vielmehr die rollende Zeit im ersten Absturz unaufhaltbar ist, es wäre denn von einer Heldenfaust, gleich der Radetzky's.

Grillparzer.

Diese für den Verwaltungsrath der Wiener Nationalgarde an Marschall Radetzky entworfene Adresse weicht von der im Grillparzerarchiv aufbewahrten Fassung ein wenig im Wortlaute ab. (Vgl. Jahrbuch der Grillparzer-Gesellschaft, I. Jahrgang 1890, S. 383.) Das Original, von der Hand des Dichters und mit dessen Unterschrift versehen, befindet sich im Besitze des Herrn Grafen Victor Wimpffen.

Bericht

über die zweite Jahresversammlung der Grillparzer-Gesellschaft

(11. Februar 1891)

nebst einer Uebersicht der Jubiläumsfestlichkeiten und der Vereinsthätigkeit bis 30. Juni 1891.

Verfaßt von **Dr. Emil Reich.**

Die zweite ordentliche Jahresversammlung wurde (ordnungs= gemäß durch Ankündigungen in den Wiener Tagesblättern) für Mittwoch den 11. Februar 5 Uhr Nachmittags anberaumt, nachdem sich die Abhaltung derselben im Januar, mitten während der Säcularfeier, als nicht wünschenswerth gezeigt hatte, da in diesem Monat der Vorstand der Grillparzer=Gesellschaft so mit Arbeit anstrengendster Art überbürdet war, daß es gerathener schien, die nothwendigen Vorarbeiten für die Hauptversammlung um wenige Wochen zu vertagen, bis es den durch die außerhalb des Rahmens der normalen Vereinsthätigkeit liegenden Ver= anstaltungen bis zu der Grenze physischer Leistungsfähigkeit beschäftigten Functionären möglich wurde, sich wieder den laufenden Arbeiten der Gesellschaft zuzuwenden.

Die Versammlung fand im großen Magistratssaal des Wiener Rathhauses statt, welcher vom Bürgermeister=Amt, ebenso wie im Vorjahr, bereitwillig zur Verfügung gestellt worden war. Dieselbe war gut besucht, auch zahlreiche Damen waren erschienen. Der Obmann, Hofrath Professor Dr. Robert Zimmermann, eröffnete die Sitzung, indem er mit schwungvollen Worten des großen Ereignisses der letzten Wochen gedachte, an welchem die Grillparzer=Gesellschaft einen so hervorragenden Antheil genommen und durch welches das Andenken an den größten Dichter Deutsch= Oesterreichs wieder belebt und gestärkt wurde, der Hundertjahr= Feier der Geburt Franz Grillparzer's. Der geniale Dramatiker sei überall gefeiert worden, wo Deutsche wohnen, und diese Einmüthigkeit habe bewiesen, wie viel näher das unserer Ver= einigung vorschwebende Ziel bereits im ersten Jahre ihrer Thätigkeit gerückt sei: Grillparzer als den bedeutendsten Poeten Oesterreichs wie auch als eine der hervorragendsten Erscheinungen der gesammten deutschen Litteratur allgemein anerkannt zu sehen. Deshalb könne die Grillparzer=Gesellschaft auf dieses über alle Erwartungen gelungene Fest mit voller Genugthuung zurück=

blicken. Sodann widmete der Vorsitzende den verstorbenen Mitunterzeichnern des Aufrufes zur Gründung der Gesellschaft, der Dichterin Wilhelmine Gräfin Wickenburg-Almasy und dem ersten Ehrenmitglied der Vereinigung, Eduard von Bauernfeld, warmempfundene Worte des Nachrufes, welche auch ihrer großen litterarischen Bedeutung gerecht wurden. Die Anwesenden erhoben sich zum Zeichen der Trauer von den Sitzen.

Hierauf verlas der Schriftführer, Privatdocent Dr. Emil Reich, den Rechenschaftsbericht des Vorstandes der Grillparzer-Gesellschaft über das Jahr 1890.

Geehrte Versammlung!

Als unsere Gesellschaft, über deren erstes Lebensjahr wir Ihnen heute zu berichten haben, gegründet wurde, da ward es als die nächste Aufgabe derselben bezeichnet, »für das tiefere Verständniß, die größere Würdigung und allgemeinere Verbreitung« der Werke Grillparzer's einzutreten und zwar zuvörderst durch Vorbereitung der feierlichen Begehung seiner Hundertjahr-Feier. Diesem Zwecke suchte Ihr Ausschuß gleich in seiner ersten constituirenden Sitzung vom 31. Januar durch eine Reihe von Beschlüssen zu entsprechen, welche nicht blos gefaßt wurden, was leicht ist, sondern auch zur Durchführung gelangten, was sich bei der nothwendigen Berücksichtigung der vielen gegebenen Mächte und Umstände weit schwieriger gestaltet. Nach viererlei Richtungen zielten jene Beschlüsse: zuerst auf Förderung der Kenntniß und des Verständnisses der Schöpfungen des Poeten durch Vorträge innerhalb der Gesellschaft, sodann, wenn dieser Theil unserer Vereinsthätigkeit zumeist nur den in Wien ansäßigen Mitgliedern zugute kam, auf Herausgabe eines Jahrbuches, welches eine würdige Festgabe zur Hundertjahr-Feier werden und nicht nur allen Angehörigen der Grillparzer-Gesellschaft, sondern des weiteren allen jenen, welche sich eingehender mit unserem Dichter befassen und vertraut machen wollen, eine willkommene Darbringung, ein nothwendiger Behelf sein sollte; noch weitere Kreise zu umfassen, waren jene Maßnahmen bestimmt, die auf Veranstaltung von Festfeiern in Theatern, Schulen u. s. w. bedacht waren; die weitesten Kreise endlich mit Grillparzer vertraut zu machen, auch diese zum Cultus seines Genius heranzuziehen, wurde versucht durch Anregungen zur Veranstaltung von ganz unentgeltlichen oder doch ungewöhnlich billigen Vorstellungen seiner Dramen und durch von uns selbst ins Werk gesetzte Betheilung von Volksbüchereien mit seinen gesammelten Werken. Dies in den Grundlinien die Thätigkeit Ihres Ausschusses, deren Ergebnisse Ihnen nun, nach diesen Gesichtspunkten geordnet, kurz mitgetheilt werden sollen.

Vorträge fanden im Laufe des Jahres 1890 fünf statt. Durch den ersten, welcher gleich in unserer ersten Versammlung, am 21. Januar, von unserem verehrten Obmanne, Herrn Hofrath Robert Zimmermann, über »Grillparzer und Kleist« gehalten wurde, erschien die Stellung präcisirt, welche unserem Dichter in der deutschen Nationallitteratur anzuweisen sei. Am 27. Februar trugen die Hofschauspielerin Frl. Agathe Barsescu und Hofschauspieler Herr Josef Altmann vorwiegend Gedichte unseres Meisters vor, wodurch dessen unterschätzte Bedeutung als Lyriker zu ihrem Rechte gelangte. Am 15. März sprach Herr Dr. Alfred Freiherr von Berger über das »Esther-« Fragment mit jener sinnvoll und geistreich combinirenden Gabe dichterischen Nachempfindens, welche auch hier ihren Erfolg nicht verfehlte. Am 9. April wurde des Poeten Jugendfragment »Spartakus« erschütternd und machtvoll durch die unübertreffliche Kunst des größten Meisters der Rede, Josef Lewinsky, vor uns lebendig, und das Gedicht »Kaiser Josef's Denkmal«, welches folgte, ließ erkennen, wie der Dichter den freiheitlichen Idealen seiner Jünglingsjahre stets treu geblieben sei. Der 11. November brachte eine Abschiedsfeier. Frl. Barsescu, eine der begeistertsten Verehrerinnen wie der besten Interpretinnen des Dichters, verabschiedete sich, wenige Tage vor ihrem letzten Auftreten im Hofburgtheater als »Hero«, von diesem engeren Kreise als »Medea« und »Sappho«. Durch Herrn Konrad Löwe vom Burgtheater wurden einige Auftritte des seither auf zwei Wiener Bühnen neu zum Leben erwachten historischen Trauerspiels »König Ottokars Glück und Ende« nach Jahren zum ersten Mal wieder zu Gehör gebracht. Aus dem Angeführten geht die allen diesen Vorträgen zu Grunde liegende Absicht, unser Publicum zunächst mit weniger bekannten Hervorbringungen Grillparzer's, wie dies vor allem seine Jugenddramen, Novellen und Gedichte sind, durch den Mund hervorragender Darsteller bekannt zu machen, sodann sein Schaffen überhaupt von bisher minder beachteten Seiten zu beleuchten, klar hervor. Derselben Tendenz huldigten auch jene Veranstaltungen, welche im neuen Vereinsjahre 1891 theils schon stattgefunden haben, theils noch folgen werden. Die Vorträge fanden in der Regel in dem schönen, nunmehr auch elektrisch beleuchteten Saale des niederösterreichischen Gewerbevereines statt. Anfangs konnten auch Gastkarten zum Verkaufe gelangen, bald aber mußte hievon abgesehen werden, da die Mitgliederzahl so erfreulich wuchs, daß für Fremde kein verfügbarer Raum blieb. Wir beabsichtigen auch fernerhin nicht in einen größeren Saal zu übersiedeln, in welchem die intimeren Wirkungen des Vortrages nur allzu leicht verloren gehen, sondern, so lange dies mit der bequemen Unterbringung der jeweils erscheinenden Mitglieder irgend vereinbar ist, an dem schon bewährten Locale festzuhalten, was uns durch das entgegenkommende Verhalten der Leitung des Gewerbevereines wesentlich erleichtert wird. Zu großem Danke sind wir natürlich allen Vortragenden verpflichtet, welche sich bisher in selbstlosester Weise in den Dienst Grillparzer's stellten, wodurch unsere nicht immer angenehme Aufgabe, bei beschränkten Mitteln dennoch Hervorragendes zu bieten, allein ermöglicht wurde. Wenn unser erstes Vereinsjahr trotz der vielen Schwierigkeiten, welche jede noch in den Kinderschuhen stehende Gesellschaft zu überwinden hat, wie Sie aus dem Cassenbericht ersehen werden, dennoch mit einem sehr günstigen Ergebniß abschloß, so danken wir dies zum guten Theile der Bereitwilligkeit unserer Vortragenden.

Den größten Theil der Einnahmen nahm das zweite Unternehmen, die Herausgabe des Jahrbuches, in Anspruch. Bezüglich der Herausgabe desselben wurde ein Vertrag, vorläufig auf drei Jahre, mit dem Buchhändler und Verleger, Herrn Karl Konegen, abgeschlossen. Die Redaction übernahm unser Vorstandsmitglied Herr Director Dr. Karl Glossy, welcher in seiner Eigenschaft als Direktor des in diesem Hause verwahrten Grillparzer-Archivs sogleich in der Lage war, uns einen wahren Schatz für den ersten Jahrgang mitzutheilen: mehr als dritthalbhundert theils von unserem Dichter selbst herrührende, theils ihn betreffende Schriftstücke, wozu als willkommene Ergänzung noch neun Briefe an Grillparzer hinzutraten, welche Herr Privatdocent Dr. Alexander R. v. Weilen besitzt. Vor die Wahl gestellt, den ursprünglich geplanten Umfang von etwa 20 Bogen einzuhalten und damit blos ein lückenhaftes Bild zu bieten oder den ganzen, so interessanten Briefwechsel auf einmal zu veröffentlichen und dadurch den Umfang erheblich zu vergrößern (das Buch umfaßt jetzt $28^{1}/_{2}$ Bogen), entschieden wir uns für das Letztere, obwohl dafür selbstverständlich entsprechend höhere Geldauslagen und ein späteres Erscheinen des Bandes, als anfangs in Aussicht genommen, nothwendig verbunden waren.

Wir glauben Ihrer Zustimmung hiefür um so mehr sicher sein zu können, als es (freilich nur bei aufreibendster Thätigkeit) dennoch gelang, was bis zur letzten Minute fraglich schien, das erste Jahrbuch am Jubiläumstage vollkommen fertiggestellt, auch bereits gebunden, erscheinen zu lassen. Ueber den Werth dieser Publication ein Urtheil abzugeben, das ist nicht unsere Sache, wohl aber fühlen wir uns verpflichtet und gedrängt, unseren Redacteur, Herrn Dr. Glossy, für den nimmer ermüdenden, selbst durch Krankheit nicht abzuhaltenden Eifer, welchen er bei Herausgabe der Briefe bethätigte, zu danken. Wer die Anmerkungen, mit welchen dieser so überaus gründliche Kenner Grillparzer's und seiner Zeit das Buch bereicherte, auch nur durchfliegt, der muß schon ahnen, welcher Summe von Arbeit, Kenntnissen und Mühen es bedurfte, um diese vier eng bedruckten Bogen so fertigzustellen, wie sie nun vorliegen. Auch für die folgenden Jahre ist schon heute reicher Stoff vorhanden. Das zweite Jahrbuch, welches im Spätherbst erscheinen soll, kann kaum mehr Beiträge annehmen und auch das dritte ist großentheils schon versorgt. Neben dem allerdings nur mehr spärlich vorhandenen ungedruckten Nachlasse Grillparzer's werden sehr bedeutsame Veröffentlichungen aus dem Nachlasse ihm persönlich befreundeter und berühmter deutsch-österreichischer Dichter folgen.

Mit der Abhaltung von Vorträgen und der Herausgabe eines Jahrbuches wäre der engere Kreis von Aufgaben erledigt, welche in den folgenden Jahren den hauptsächlichen Wirkungskreis Ihres Ausschusses bilden werden, in diesem Jahre jedoch waren es andere, außerordentliche Aufgaben, die unsere Thätigkeit in hervorragendem Maße in Anspruch nahmen. Es galt, die entsprechende Feier des hundertjährigen Geburtstages Grillparzer's überall, so weit die deutsche Zunge klingt, vorzubereiten, hier zu mahnen, dort anzueifern, den Säumigen ihre Pflicht ins Gedächtniß zu rufen, den Freunden bei Durchführung ihrer Absicht beizustehen. Wir dürfen wohl sagen, daß der Aufruf zur Gründung unserer Gesellschaft den ersten Anstoß dazu gab, die Aufmerksamkeit auf den nahenden Festtag zu lenken, und daß wir das Möglichste thaten, um die hiedurch in Fluß gekommene Bewegung nicht mehr einschlafen zu lassen, sondern zu fördern und zu stärken. Es hieße übel von der Bedeutung unseres Dramatikers denken, wollte man glauben, all' die zahllosen Festlichkeiten, welche in den meisten deutschen Städten stattfanden, seien auf unsere Initiative zurückzuführen. Dessen hat es glücklicherweise nicht bedurft. Immerhin aber war hier ein Centralpunkt geschaffen, wohin man sich wenden konnte, um sich über so Manches Rath zu holen, und wir sind in dieser Richtung auch so vielfach hervorgetreten, daß es ermüdend wäre, alle diese Fälle aufzuzählen. Deßhalb seien nur einige der wichtigsten Actionen erwähnt, welche wir in dieser Sache unternahmen. In den ersten Tagen des Februar wandten wir uns an Seine Excellenz den Herrn General-Intendanten der k. k. Hoftheater, Baron Bezecny, mit der Bitte, es möge im k. k. Hofburgtheater aus Anlaß dieses Jubiläums eine cyclische Aufführung der Werke des Dichters veranstaltet werden, da man sich bei diesem Anlasse doch nicht mit der sonst üblichen Festvorstellung begnügen könne und der rechtzeitig kundgethane Entschluß unserer ersten deutschen Bühne allerorts Nacheiferung wecken werde. Noch im selben Monate waren wir in der erfreulichen Lage, eine zustimmende Antwort Seiner Excellenz veröffentlichen zu können, und die Wirkung dieses Vorbildes auf die anderen Theater ist denn auch nicht ausgeblieben. Man darf sagen, daß alle Directionen, welche auf litterarische Reputation halten, dem gegebenen Beispiele Folge leisteten. In diesen Tagen geht der Grillparzer-Cyclus am Burgtheater, der zehn Werke umfaßte, zu Ende und auch von hervorragenden reichsdeutschen Bühnen liegen Nachrichten über ähnliche Veranstaltungen vor. Am umfassendsten war der Cyclus vom deutschen Landestheater in Prag, wofür Herrn Director Angelo Neumann besondere Anerkennung gebührt; elf Dramen wurden dargestellt, nur der behördlich untersagte »Ottokar« und »Libussa« fehlten; außerdem fand eine Freivorstellung statt. Besonders erfreulich ist es, feststellen zu können, daß auch jenseits der Grenzen unseres Staates, im verbündeten Deutschen Reich, Grillparzer hochgeehrt und jubelnd gefeiert wurde und zwar nicht allein im Süden, wie in München, Stuttgart, Karlsruhe und Frankfurt, sowie im Norden in dem ihm längst geneigten Hamburg, sondern auch in Bremen, in Breslau, in Leipzig, vor allem aber in Berlin. Es ist nicht hier der Ort, alle die reichsdeutschen Städte aufzuzählen, welche dem Andenken des Unsterblichen huldigten (bei den deutsch-österreichischen ist dies ohnehin selbstverständlich), darauf aber dürfen wir Gewicht legen, daß Grillparzer Berlin erobert hat, denn dort standen ihm die am schwersten zu überwindenden Vorurtheile entgegen, dort sträubte man sich am längsten gegen ihn und eben dort feiert und verherrlicht man ihn jetzt derart, daß ein Tagesschriftsteller den Ausspruch wagen konnte, heute sei Grillparzer in Berlin populärer als in Wien. Nun, so weit sind wir wohl kaum, doch zeigt dies deutlich genug, wie sehr sein Stern im Steigen ist.

Obwohl die von unserer Gesellschaft am 14. Jänner 1891 veranstaltete Säcularfeier nicht mehr in das Berichtsjahr fällt, so sei es doch gestattet, derselben Erwähnung zu thun, da die nothwendigen Vorbereitungen den Ausschuß bereits seit Ende September beschäftigten. Es gelang uns, eine Feier zu Stande zu bringen, wie sie glanzvoller kaum mehr gedacht werden kann. Wir hätten dies aber nimmer vermocht ohne die liebenswürdige Bereitwilligkeit, mit welcher sowohl die den declamatorischen, wie die den musikalischen Theil der Aufführung ausführenden Kunstkräfte die ihnen zugedachten Aufgaben übernahmen. Wir bitten Sie daher, nachdem bereits der Vorstand seiner Dankespflicht genügt hat, um die Ermächtigung, den Mitwirkenden: unserem eifrigen Mitgliede Frau Gräfin Charlotte O'Sullivan-Wolter, der k. k. Hofschauspielerin Frau Baronin Berger-Stella-Hohenfels, der k. preußischen Kammersängerin Frl. Marianne Brandt, Frl. Christine Hebbel, den Herren Hofschauspielern Ludwig Gabillon, Josef Lewinsky, Georg Reimers und Emerich Robert, von welchen der letztgenannte seinen Part, einem Unwohlsein trotzend, durchführte, um uns eine Absage zu ersparen, dem löblichen Wiener Männergesangverein, ferner Herrn Baron Alfred Berger als Verfasser der Festrede und Herrn Director Dr. Max Burckhard, welcher sich für diesen Abend, um uns gefällig zu sein, nicht weniger als sieben seiner besten Mitglieder beraubte, ihnen allen auch den Dank der Jahresversammlung hiemit aussprechen zu dürfen. Die erhebende Feier, welche nach dem Urtheile der öffentlichen Meinung den Höhepunkt der Grillparzer-Festlichkeiten bedeutete, wird wohl jedem unvergeßlich bleiben. Für ihren so überaus glänzenden Verlauf müssen wir jedoch noch ganz besonders einem Manne danken, der zwar schon unter den Mitwirkenden genannt wurde, überdies aber noch als Regisseur des Festabends, trotz seiner sonstigen in jenen Tagen fast überwältigenden Beschäftigung, mit nie erlahmender Sorgfalt, alles zum Gelingen des schönen Festes vorbereitete, dem hervorragend thätigen Ausschußcollegen, dem wir so sehr verpflichtet sind, Josef Lewinsky.

Auch eines anderen Unternehmens sei hier wenigstens im Vorübergehen gedacht, an welchem die Gesellschaft zwar keinen directen Antheil, an welchem sie aber die lebhafteste Freude hat, der in diesem Hause veranstalteten Grillparzer-Ausstellung, deren Urheber unser Obmannstellvertreter, der Bürgermeister Wiens, Dr. Prix, deren Organisator unser Ausschußcollege Director Dr. Glossy ist. In ihr begrüßen wir eines der wirksamsten Mittel, unseren Dichter sozusagen auf dem Wege des Anschauungsunterrichtes zu popularisiren; für unsere Mitglieder erhalten viele Theile der Ausstellung als lebendige Illustrationen zu unserem Jahrbuch noch besondere Bedeutung; wir alle freuen uns dankbar des schönen Werkes.

Zur Popularisirung des Dichters auch unsererseits beizutragen, waren wir aus Anlaß der Hundertjahrfeier Grillparzers mehrfach bemüht. Wir regten bei der hohen General-Intendanz den Gedanken zur Veranstaltung von drei Nachmittagsvorstellungen an Sonntagen an, wobei seine Dramen bei sehr niedrigen Preisen solchen Classen der Bevölkerung vorgeführt werden sollten, welchen das Burgtheater sonst verschlossen bleibe. Mit derselben zuvorkommenden Liebenswürdigkeit, wie auf die Anregung zum Cyclus, ging Seine Excellenz der Herr Generalintendant auf unsere Idee ein, welche auch an dem Director des Burgtheaters, sowie an den mitbetheiligten Künstlern warme Freunde fand, so daß sie in den letzten Wochen verwirklicht wurde. Ihnen allen fühlen wir uns öffentlich zu danken gedrängt, auch dafür, daß uns zu diesen Vorstellungen für die weniger wohlhabenden unserer Mitglieder eine Anzahl von Karten zur Verfügung gestellt wurde.

Des gleichen Entgegenkommens erfreute sich bei der Mehrheit des wohllöblichen Gemeinderathes unsere Bitte um Bewilligung von 4000 Gulden zur Veranstaltung unentgeltlicher Vorstellungen im deutschen Volkstheater; wenn diese Absicht schließlich auch nicht zur Durchführung gelangte, so sah sich die Direction dadurch zur Abhaltung einer Freivorstellung für die studierende Jugend veranlaßt, so daß ein Erfolg unserer Bestrebungen auch hier zu verzeichnen war.

Von Seiten des hohen Unterrichtsministeriums wurde unseren Zielen wohlwollende Förderung bedeutsamster Art zu theil, zunächst durch den vor Jahresfrist erflossenen Erlaß, welcher die besondere Berücksichtigung Grillparzers und der neueren deutsch-österreichischen Litteratur in der obersten Classe der Mittelschulen anordnete, wodurch ein fester Untergrund für unsere Bestrebungen geschaffen wurde, sodan im December, als wir uns an Seine Excellenz Herrn Baron Gautsch mit dem Ansuchen wendeten, er möge die Abhaltung von Schulfeiern am 15. Januar in sämmtlichen Mittelschulen mit deutscher

Unterrichtssprache anordnen, welcher Bitte sogleich in verbindlichster Form stattgegeben wurde. Hauptsächlich für diese Schulfestlichkeiten wurden hierauf über unsere Anregung im österreichischen Museum billige Gypsbüsten des Dichters hergestellt.

Aus unseren eigenen Vereinsmitteln vertheilten wir ferner, sobald uns dies durch den ansehnlichen Ueberschuß, welchen die große Festfeier in Aussicht stellte und auch eingebracht hat, möglich war, zu Weihnachten zehn vollständige gebundene Exemplare der neuesten 16 bändigen Ausgabe von Grillparzers »Sämmtlichen Werken« an Volksbüchereien und zwar sieben an die vom niederösterreichischen Volksbildungsverein in und bei Wien erhaltenen Bibliotheken, je eines an die Wiener Arbeitervereine »Apollo«, »Arbeiter=Bildungsverein« und »Arbeiter=Fortbildungsverein«. Seither haben wir die Vertheilung von zehn weiteren Exemplaren beschlossen, wobei auch andere Städte der Monarchie berücksichtigt werden sollen. Auf diesem Wege glauben wir unsere Absicht, den großen Dichter in immer weiteren Kreisen volksthümlich zu machen, am besten zu erreichen. Es wäre nur zu wünschen, daß uns zu diesem Zwecke größere Geldmittel als im abgelaufenen Jahre zur Verfügung stünden.

Wenn der Bericht, den wir Ihnen zu erstatten hatten, so kurz die einzelnen Punkte auch abgethan wurden, doch etwas lang geworden sein sollte, so ist dies der beste Beweis für die vielseitige Thätigkeit, welche Ihr Ausschuß zu entfalten bemüht war. Derselbe hat im Jahre 1890 nicht weniger als zwölf Sitzungen abgehalten, um die wichtigeren Angelegenheiten zu berathen, obwohl alle Fragen von minderem Belange der eigenen Entscheidung des Obmannes und Schriftführers überlassen blieben, eine Uebung, welche schon vom Gründungscomité angenommen worden war, wie sie denn auch die einzige ist, welche eine rasche und gedeihliche Abwickelung der mannigfachen Geschäfte ermöglicht. In der Zusammensetzung des Ausschusses hat sich bisher nur eine Aenderung ergeben, indem vor kurzem Reichsrathsabgeordneter Professor von Kraus wegen Ueberbürdung mit anderweitigen Geschäften sich zu seinem wie zu unserem Bedauern veranlaßt fühlte, aus dem Ausschusse zu scheiden. Im satzungsgemäßen Wege der Cooptation berief Ihr Ausschuß hierauf Seine Excellenz den Herrn Generalintendanten Baron Bezecny in seine Mitte, welcher das unserer Gesellschaft bereits wiederholt bewährte Wohlwollen neuerdings durch Annahme dieser Wahl an den Tag legte.

Die Vorbereitungen zur Festfeier machten es nöthig, den Mitgliedsbeitrag für 1891 bereits im December festzusetzen, es geschah dies wieder mit drei Gulden, wofür wir Ihre nachträgliche Genehmigung erbitten. Wir glaubten an dieser im Vergleiche mit anderen Vereinigungen so niedrigen Ziffer aus den Ihnen schon im Vorjahre dargelegten Gründen festhalten zu sollen, um nämlich auch den Minderbemittelten den Beitritt zu ermöglichen (wir zählten mit besonderer Befriedigung im Jahre 1890 vier Arbeiter unter unseren Mitgliedern), müssen aber betonen, daß dieser Beitrag nicht als der normale, sondern als der minimale betrachtet werden sollte. Unsere Mitgliederzahl hat sich zwar seit der constituirenden Versammlung verdoppelt und betrug mit Jahresschluß 474, auch hat sie sich seither noch beträchtlich vermehrt,*) wozu das von uns im Sommer ins Leben gerufene Institut der Vertreter mitbeigetragen hat, unter denen wir als die rührigsten: Dr. Heinrich Bulthaupt (Bremen), Dr. Eugen Kilian (Karlsruhe), Fritz Mauthner (Berlin) nennen, sie muß aber noch viel stärker anwachsen, wenn wir all' das leisten sollen, was wir leisten möchten. Dies zu bewirken, liegt zum guten Theile in Ihren Händen. Wenn sich jedes einzelne unserer Mitglieder als ein Kämpfer unserer guten Sache fühlt, dann werden, dann müssen wir siegen. Denjenigen Blättern in und außerhalb Wiens, welche uns bisher so bereitwillig unterstützt haben, zu danken, ist uns eine angenehme Pflicht, der wir mit Vergnügen nachkommen. Wenn uns auch ferner diese, sowie Ihre Unterstützung nicht fehlen wird, dann werden auch Erfolge in noch reicherem Maße als die bisnun schon errungenen nicht ausbleiben. Sie wissen, was wir wollen, helfen Sie uns, damit wir es können. Wenn Sie glauben, daß wir im abgelaufenen Jahre für die Verwirklichung unserer Absichten alles gethan haben, was in unseren Kräften lag, dann bitten wir Sie, diesen Bericht freundlich zur Kenntniß zu nehmen.

Nach Verlesung des Jahresberichtes beschloß die Versammlung auf Antrag des Herrn Dr. Ludwig August Frankl, dem Ausschusse für seine Mühe, Ausdauer und Begeisterung, wie sie auch in diesem lichtvollen Berichte zu Tage getreten seien, den wärmsten Dank und die vollste Anerkennung auszusprechen.

---

*) Mitte November 1891 rund 700 Mitglieder.

In Abwesenheit des leider verhinderten Cassiers, Reichs=
rathsabgeordneten Dr. Heinrich Jaques, verlas der von ihm
entsendete Beamte seiner Kanzlei den Kassenausweis nach dem
Stande vom 31. December 1890. Danach waren bis dahin
eingeflossen an Mitgliederbeiträgen 3626 fl. 77 kr. (und zwar
an einmaligen Beiträgen von vier Stiftern 850 fl., von zwölf
lebenslänglichen Mitgliedern 760 fl., an ordentlichen Mitglieds=
beiträgen für 1890 wie auch schon an Vorauszahlungen für
1891 zusammen 2016 fl. 77 kr.), an Einnahmen der (ersten)
Vortragsabende 47 fl., im Ganzen also 3673 fl. 77 kr. An
Auslagen standen dem gegenüber 315 fl. 16 kr., so daß das
zweite Vereinsjahr am 1. Januar 1891 mit einem Saldo=
Vortrage von 3358 fl. 61 kr. begann. Die Auslagen für 1890
setzen sich folgendermaßen zusammen: Die Vorauslagen des
Gründungs=Comité's für Druck der Satzungen und der Mit=
gliedskarten, sonstige Drucksorten und Stempel betrugen 40 fl.
75 kr., die Kanzleiausgaben des Cassiers für Drucksorten, Porti,
Postsparcassenblanquets betrugen 89 fl. 75 kr., die Kanzlei=
ausgaben des Schriftführers wurden von diesem aus Eigenem
bestritten, kamen daher nicht zur Verrechnung, die Kosten der
Vortragsabende beliefen sich auf 161 fl. 46 kr., an bereits im
December 1890 erwachsenen Vorauslagen für die Grillparzer=
feier vom 14. Januar 1891 wurden 23 fl. 20 kr. verausgabt,
im Ganzen somit 315 fl. 16 kr. Dieser, nach dem bücher=
mäßigen, von den Rechnungsrevisoren, den Herren Ludwig
Lobmayr und Franz Thonet, bereits überprüften und für richtig
befundenen Ergebnisse der Cassengebahrung bis 31. December
1890 erstattete Ausweis, welcher ohne Debatte zur befriedigenden
Kenntniß genommen wurde, gibt jedoch nicht das rechte Bild
der finanziellen Lage der Gesellschaft, da in demselben die erst
Ende Januar 1891 zu leistenden Zahlungen für das Jahrbuch
pro 1890 noch vollständig fehlen, andererseits Vorausgaben
für die erst im Januar 1891 stattgefundene Feier und Vor=
einnahmen an Mitgliedsbeiträgen für 1891 mitaufgenommen
werden mußten. Wir bringen daher noch eine zweite Zusammen=
stellung zum Abdruck, welche blos die Einnahmen und Aus=
gaben, welche dem Vereine für 1890 zuflossen, beziehungsweise
zur Last fielen, wiedergibt und vom Cassier nach einer erst
Anfang Februar 1891 möglich gewordenen Uebersicht der
Jahresversammlung gleichfalls übermittelt wurde. Danach
stellten sich die Ausgaben für 1890 zusammen auf 1289 fl.
77 kr., und zwar: Comité=Vorauslagen 40 fl. 75 kr., Kanzlei=

ausgaben 89 fl. 75 kr., Kosten der Vortragsabende 161 fl. 46 kr., Kosten des Jahrbuches 997 fl. 81 kr. Dem standen als Einnahmen gegenüber: 4 Gründerbeiträge (3 à 200, 1 à 250 fl.) 850 fl., 12 Beiträge lebenslänglicher Mitglieder (1 à 100, 11 à 60 fl., ein dreizehnter hatte sich über die Höhe seines Beitrages noch nicht ausgesprochen) 760 fl., welche mit zusammen 1610 fl. das Grundvermögen der Gesellschaft darstellten, ferner an jährlichen Beiträgen der 457 ordentlichen Mitglieder 1453 fl. (und zwar 427 à 3 fl., 3 à 4 fl., 22 à 5 fl., 5 à 10 fl.) und an Einnahmen der (ersten) Vortrags=abende 47 fl., zusammen 3110 fl. Nach Abzug der Ausgaben mit 1289 fl. 77 kr. erübrigte demnach ein Ueberschuß von 1820 fl. 23 kr., bestehend aus dem Grundvermögen von 1610 fl. und dem Gebahrungsüberschusse der Einnahmen nach Abzug der Ausgaben von 210 fl. 23 kr. Da in der Ausschußsitzung vom 14. März 1891 dem Kanzleibeamten des Herrn Dr. J. Jaques eine Remuneration von 50 fl. für die Führung der Cassen=geschäfte vom Februar 1890 bis März 1891 gewährt wurde, stellt sich der Gebahrungsüberschuß für 1890 eigentlich noch etwas niedriger, doch muß es mit großer Genugthuung be=grüßt werden, daß es gleich im ersten Jahre gelang, die Ausgaben blos mit den ordentlichen Einnahmen zu decken und noch einen erheblichen Ueberschuß zu erzielen, so daß schon jetzt ein bedeutendes Gesellschaftsvermögen als Reserve zur Verfügung steht.

Den nächsten Punkt der Tagesordnung bildete die Neu=wahl des Schiedsgerichtes. Die bisherigen Mitglieder desselben, Excellenz Geheimer Rath Alfred R. von Arneth, L. A. Frankl, Ludwig Speidel, Exzellenz Geheimer Rath Dr. Josef Unger und Professor F. W. Warhanek (als Präsident der »Concordia«), wurden per Acclamation wiedergewählt. Ebenso wurden zu Rechnungsrevisoren das Herrenhausmitglied Ludwig Lobmeyr und der Präsident des deutschen Volkstheatervereines Franz Thonet neuerlich berufen.

Namens des Vorstandes beantragte sodann der Schrift=führer aus Anlaß der Hundertjahr=Feier Grillparzer's einige der bedeutendsten unter den Dichtern Deutsch=Oesterreichs in Würdigung ihrer schriftstellerischen Verdienste zu Ehrenmitgliedern der Gesellschaft zu ernennen und schlug als solche vor: Marie von Ebner=Eschenbach, Franz Nissel, Betty Paoli, Adolf Pichler und Ferdinand von Saar. Auch dieser Antrag wurde mit Acclamation angenommen.

Nachdem mehrere nicht rechtzeitig angemeldete Anträge von geringer Bedeutung dem Ausschusse zur Erwägung überwiesen worden waren und Bürgermeister Dr. Prix unter lebhaftem Beifalle erklärt hatte, er wolle die Grillparzer-Ausstellung bis Ende Februar verlängern, schloß der Vorsitzende mit dem Ausdrucke des Dankes an die Erschienenen die würdig abgelaufene Versammlung.

Im Anschlusse an diesen Bericht sei zunächst kurz der drei Vorträge gedacht, welche außer den im Jahresberichte bereits erwähnten Veranstaltungen stattfanden. Am 8. Januar sprach Dr. Emil Reich über »die Frauenfrage in Grillparzer's Dramen« und bemühte sich den Nachweis zu erbringen, daß unser Poet zu dieser Frage, wie zu mancher anderen, mehr im Sinne der Modernen als der Classiker Stellung genommen habe; er müsse als hervorragendster Vertreter der Epoche des Ueberganges von der Classicität zur Moderne gewürdigt werden, wenn man ihn gerecht beurtheilen wolle. Am 15. Februar trug Hofschauspieler Josef Lewinsky den »Armen Spielmann«, am 23. März Hofburgschauspielerin Frau Olga Lewinsky »Das Kloster von Sendomir« und mehrere Gedichte Grillparzer's vor. Beide ernteten den wohlverdienten, stürmischen Beifall der den Saal dicht füllenden, gespannt horchenden Zuhörer, welche so an zwei aufeinanderfolgenden Vereinsabenden mit Grillparzer dem Novellisten durch den Poeten hochverehrende Interpreten vertraut gemacht wurden, welche die eigene Begeisterung rasch auch der lauschenden Menge mitzutheilen verstanden.

Von internen Gesellschaftsangelegenheiten sei noch erwähnt, daß am 14. März Herr Dr. Heinrich Jaques sein Amt als Cassier niederlegte, worauf Herr Dr. Edmund Weissel in den Ausschuß cooptirt und zum Cassier gewählt wurde; die Mitglieder werden daher gebeten, ihre Einzahlungen an diesen (Wien, I., Naglergasse 31) leiten zu wollen. Im März wurde ferner der im Jahresberichte bereits erwähnte Beschluß auf Vertheilung von weiteren zehn Gesammtausgaben der Werke Grillparzer's an Vereine in Wien und den Provinzen zur Ausführung gebracht.

An diese Darstellung der Vereinsthätigkeit sollte sich nach unserer ursprünglichen Absicht eine ausführliche Aufzählung der aus Anlaß der Säcular-Feier stattgefundenen Festlichkeiten anschließen. Wenn dieselbe nun weit knapper und weniger vollständig ausfällt, als geplant war, so ist die Ursache davon die, daß unsere Bitte um rechtzeitige Zusendung von Festberichten (bis Mai 1891), obwohl der Termin wohl weit genug gesteckt war, keine Berücksichtigung fand, so daß uns bis jetzt (Anfang Juli) nur sehr wenige Berichte zugegangen sind. Selbst die Uebersicht, welche wir im Folgenden bieten, mußte in ziemlich mühevoller Weise von uns nach Zeitungsnachrichten u. s. w. zusammengestellt werden.

Den Mittelpunkt der ganzen Feier bildete natürlich die Heimatsstadt des Dichters, Wien. Schon in dem Jahresberichte ist der Hauptmomente gedacht worden. In der Woche vom 11. bis 17. Januar concentrirten sich die bedeutsamsten Festlichkeiten. Am 11. Januar eröffnete das Hofburgtheater seinen Grillparzer=Cyclus mit der Aufführung der seit fünfzehn Jahren nicht mehr dargestellten Tragödie »König Ottokars Glück und Ende«. Am 12. folgte im Carltheater die von dem Journalisten= und Schriftstellerverein »Concordia« veranstaltete Festvorstellung; es wurde »Medea« gegeben, vorherging ein dramatischer Prolog von Sigmund Schlesinger »Der Traum im Grillparzerstübchen«. Am selben Abend fand auch die Festfeier des »Wissenschaftlichen Clubs« statt, welcher Herr Erzherzog Karl Ludwig beiwohnte; Professor W. Jerusalem sprach über »Grillparzers Weltanschauung« und Frau C. Lewinsky trug die letzten Scenen aus »Libussa« vor. Am 14., dem Vorabende des Gedenktages, versammelte die Grillparzer=Gesellschaft ihre Getreuen zur Festhuldigung für den Unsterblichen. Es war der größte, verfügbare Saal Wiens gewählt worden und doch mußten Unzählige abgewiesen werden. Mehrere Mitglieder des Kaiserhauses hatten ihr Erscheinen in Aussicht gestellt, mußten aber in Folge einer am selben Tage plötzlich eingetretenen Hoftrauer fernbleiben. Von den Ministern wurde der Chef der Unterrichtsverwaltung, Baron Gautsch, geladen, welcher auch erschien. Da wir über eine Feier, welche wir selbst veranstalteten, nicht auch selbst referiren möchten, andererseits aber unsere Mitglieder mit Recht verlangen können, an dieser Stelle einen eingehenden Bericht über dieses Ereigniß zu finden, wählen wir den Ausweg, das Programm und sodann den Aufsatz, welches ein hervorragendes Wiener Blatt unter dem frischen Eindrucke der Vorführung brachte, abzudrucken.

der Grillparzer-Gesellschaft.

Programm

für die Mittwoch den 14. Jänner 1891, Abends ½8 Uhr im großen Musikvereins-Saale stattfindende

Grillparzer-Säcular-Feier.

1. „An Beethoven", Worte von Grillparzer zu einem Posaunenstück von Beethoven. Wiener Männergesang-Verein.
2. Festrede, verfaßt von Dr. Alfred Freiherrn von Berger.
   Ludwig Gabillon, k. k. Hof-Schauspieler.
3. a) „Beethoven"
   b) „Der Bann" } von Grillparzer.
   Emerich Robert, k. k. Hof-Schauspieler.
4. „Hannibal" von Grillparzer.
   Hannibal: Josef Lewinsky, k. k. Hof-Schauspieler.
   Scipio: Georg Reimers, k. k. Hof-Schauspieler
   Mago: Moritz Gruder, Mitglied des k. k. Hof-Burgtheaters.

Pause.

5. a) „Die Schwestern"
   b) „Bescheidenes Los"
   c) „Allgegenwart" } von Grillparzer.
   d) „An die Zukunft"
   e) „Franz Schubert"
   Frau Stella Hohenfels, k. k. Hof-Schauspielerin.
6. „Ständchen", Alt-Solo mit Männerchor von Franz Schubert, Text von Grillparzer.
   Frl. Marianne Brandt, königl. preußische Kammersängerin.
   Wiener Männergesang-Verein.
   Clavier: Hr. Adolf Lorenz.
7. a) „Zur Enthüllung von Mozart's Standbild"
   b) „Der Genesene" } von Grillparzer.
   Josef Lewinsky, k. k. Hof-Schauspieler.
8. a) Arie aus: „Titus" von Mozart.
   b) „An den Mond", Romanze von Josefine Fröhlich, componirt im Jahre 1843.   Frl. Marianne Brandt.
   Clavier: Herr Eduard Kremser.
9. „Sappho", 1. Act, 5. und 6. Auftritt von Grillparzer.
   Sappho: Frau Charlotte Wolter, k. k. Hof-Schauspielerin.
   Melitta: Frl. Christine Hebbel, Mitglied des k. k. Hof-Burgtheaters.
10. „Bundeslied" von Mozart. Wiener Männergesang-Verein.

»Der große Musikvereinssaal war heute Abends von einem vornehmen, zumeist dem gebildeten Bürgerthume angehörigen Publicum gefüllt, welches nicht wie sonst in erster Reihe um der erwarteten künstlerischen Darbietungen willen gekommen war. Es war erschienen, um durch seine Anwesenheit bei der von der Grillparzer=Gesellschaft veranstalteten Grillparzer=Säcularfeier der Bewunderung, der pietätvollen Dankbarkeit und dem patriotischen Stolze Ausdruck zu geben, welche die Erinnerung an den großen österreichischen Dichter, dessen Heimat hier gewesen, insbesondere in jedem Wiener hervorrufen muß. Eine feierliche Stimmung, welche ganz verschieden von der unruhigen Bewegung war, die sonst vor der Eröffnung einer Vorstellung oder eines Concertes herrscht, hatte sich über dem Auditorium gelagert. Am Kopfende des Saales war eine Bühne errichtet, welche, als der Vorhang sich theilte, Coulissenwände mit Darstellungen aus Grillparzers Werken und in der Mitte die Büste des Dichters zeigte, bekränzt und umgeben von reichem Lorbeer, der von dem Sockel in große roth=weiße Schleifen ausging. Der Wiener Männergesangverein trug den weihevollen Chor »An Beethoven« vor, in welchem Grillparzer seine Worte mit Melodien des Meisters der Tonkunst vermählt hat. Bestimmt zu dem Preise des dahingeschiedenen Beethoven waren sie heute ein begeisterter Nachruf an den Dichter selbst, dessen Manen dieser Abend gewidmet war. Sodann sprach Herr Gabillon die Festrede von Alfred v. Berger. Die geistvolle, von zahlreichen feinen Einzelheiten durchzogene Rede fand in dem Künstler, besonders dem Schlusse zu, einen markigen, begeisterten Sprecher. Wir lassen dieselbe nachstehend folgen:

Ein Unsterblicher, unbedürftig menschlichen Beistandes, unverwundbar durch menschliche Waffen, ist der edle Dichter, dessen Gedächtniß Oesterreich heute feiert. Wahrheit und Schönheit, der Wahrheit Strenge dem Lächeln der Schönheit vermählt, das war es, was Franz Grillparzer schaffend zu verwirklichen strebte. Nicht das, was verständige Nüchternheit so nennt, war für Grillparzer die Wahrheit; er suchte jene, die nur der Begeisterung sichtbar ist, der Liebe fühlbar... Und klar und ganz gab er wieder, was er schaute. Denn er war ein Künstler jeder Zoll. Er kannte und achtete die Grenzen seiner Kunst. Wie jeder Gottbegnadete, war er kühn und weise zugleich.

Dieses keusche Einhalten der natürlichen Grenzen seiner Kunst war nichts Geringes gerade an Franz Grillparzer. Denn

sein Herz schlug dort, wo Musik und Poesie ineinander‐
fließen. Die ersten, reinsten Eingebungen seiner Muse kamen
ihm nicht selten in der wortlosen Sprache der Tonkunst, die
er lauschend und deutend in die der Dichtung übertrug. Er hat
Musik in Worte gesetzt. Seines Dichtens tiefster Ursprung und
fernstes Ziel war süße, schwebende Stimmung, die unfaßbar
in den Lüften weht und zittert wie leiser Sang und Klang
aus weiter unbekannter Ferne. War doch Oesterreich seine
Heimat, unser Wien, die alte Heimstätte der Tonkunst. Wie es
gesegnete Striche gibt, wo Blumen, anderswo selten und künst‐
licher Pflege bedürftig, wild an allen Wegen blühen, so ge‐
deiht hier der Tonkunst seltene Gabe in allen Herzen, in Haus
und Hütte. Als echtes Wiener Kind war auch Grillparzer
voll Musik. Aber sie verwirrte sein dichterisches Schaffen nicht.
Sie verlieh seinen Schöpfungen den süßen, müden Zauber, der
über allen ruht als ihr holdester eigenster Reiz, sie lehrte ihn
Worte finden, die wie eine Melodie, wie ein Lächeln, wie eine
Thräne unverhüllt offenbaren, was das Herz bewegt.

Stark und schlank, wie der Palme Stamm, ist der Wuchs
seiner Stücke, zur Höhe strebend mit unwiderstehlicher Kraft,
um dann nicht selten, wie die Blätterkrone der Palme, lässig
und erschöpft auseinanderzusinken. Denn etwas Weiches war
in Grillparzer, etwas Weibliches. Er war tief erfahren in den
Heimlichkeiten der Seele, ein menschenkundiger Dichter, ein
frauenkundiger vor Allem. Bei aller Feinfühligkeit für das
Unsagbare, schaute er seine Menschen scharf und klar und
machte sie lebendig mit wenigen Strichen seiner Meisterhand.
Aber nichts hat er wahrer, schöner, inniger geschaut und ge‐
staltet als das Weib. Wie die keuschverschlossene Knospe der
Jungfräulichkeit, von der Liebe aufgeküßt, zu frauenhafter
Schönheit aufblüht über Nacht, das hat kein Dichter zärtlicher
empfunden, reiner dargestellt, als Franz Grillparzer. Die
Wienerin, wie wir sie alle kennen, war seine Muse und
manches liebliche Geheimniß der Frauenseele hat der Liebes‐
gott, ihr geflügelter Bote, dem schaffenden Dichter ins Ohr
geflüstert.

Franz Grillparzer war ein Oesterreicher, ein Wiener durch
und durch, in seinen Tugenden, wie in seinen Schwächen. Dem
Herzen Oesterreichs, dem Kaiserhause, stand er nahe mit
seinem eigenen Herzen. Vielleicht ist die lebensvollste, die echteste
Mannesgestalt, die Grillparzer je geschaffen, der erlauchte Ahn‐
herr unseres Herrscherstammes, Rudolf Graf von Habsburg.

Heimatliebe, urwüchsige, kindliche Heimatliebe ist die starke
Wurzel seines Wesens; Heimatliebe, mit zäher Treue bewahrt
in den Nöthen, die kleinliche Verkennung ihm schuf, herrlich be=
währt in den Tagen der Noth, da Oesterreich in seinen Grund=
festen wankte.

So war Franz Grillparzer; klar in seinem Wollen, reif
in seinem Können, begeistert von glühender Liebe zu Vaterland
und Kaiser.

Viele unter uns haben den alten Grillparzer noch durch
die Straßen Wiens wandeln sehen, vergrämt, verstummt, von
der Jahre Last gebeugt, die Narben schmerzlicher Lebenskämpfe
auf der sinnenden Stirne. Nun hat ihn der Tod berührt und
verjüngt, wie die segnende Hand eines Gottes; die ersten
jungen Strahlen des aufgehenden Nachruhmes umleuchten sein
Haupt, jedem Herzen zum Stolz und zur Freude, das öster=
reichisch fühlt. Denn Franz Grillparzers Ruhm ist nicht nur
sein Ruhm, sondern auch Oesterreichs Ehre!

Als der Vorhang zum dritten Male sich öffnete, trat
Herr Robert vor die Rampe und las mit edlem, schwung=
vollem Pathos zwei Gedichte von Grillparzer: »Beethoven«,
die sinnvolle Apotheose auf den unsterblichen Tonheros, die
heute gleichfalls durch zahlreiche verwandte Züge auf den
Genius unseres Dichters selbst gedeutet werden konnte, und
»Der Bann«, das interessante Stück Selbstcharakteristik, das
von dem Poeten hier entworfen wird. Bisher war der Saal
in Halbdunkel gehüllt. Jetzt strömte mit Einemmale wohlthuende
elektrische Helle in die Räume, gleichsam als ein Zeichen, daß
die beklommen ernste Stimmung, welche bis jetzt von der
Bühne ausgegangen war, weichen und dem unbefangenen Ge=
nusse an den Werken der Kunst, die in ihrer edlen Heiterkeit
nichts mit der irdischen Vergänglichkeit zu thun haben, Platz
machen möge. Das dramatische Bruchstück »Hannibal« von
Grillparzer, in dem etwas von Shakespeare'schem Geiste weht,
wurde im Costüm und mit passender Decoration auf der Scene
von den Herren Lewinsky und Reimers aufgeführt, von
dem Ersteren stylvoll und charakteristisch, von dem Letzteren
mit hellen, mannhaften Tönen. Nach einer Pause erschien Frau
Hohenfels, welche mit dem Vortrage mehrerer Grillparzer=
scher Gedichte wahren Enthusiasmus erregte. In der That
sprach die Künstlerin die gedankentiefen Verse so klar und schön,
die schelmischen Stellen so bezaubernd, daß der Beifallssturm
im Hause begreiflich war. Dabei siegte Frau Hohenfels durch

ihre musterhafte Sprechweise mit Leichtigkeit über die Schwierigkeiten, welche der Musikvereinssaal dem gesprochenen Worte bietet. Nach dem Fallen des Vorhanges wollte ein großer Theil des Publicums es durchsetzen, daß er sich wieder erhebe und der gefeierte Liebling nochmals vortrete. Da jedoch in Folge einer tactvollen Vereinbarung Hervorrufen nicht Folge gegeben werden durfte, mußten die Applaudirenden nach minutenlangem Kampfe endlich verzichten. Die nächste Nummer war das Schubert'sche »Ständchen«, dessen Text bekanntlich von Grillparzer herrührt; der Männergesang-Verein brachte dasselbe unter der Leitung Kremser's im Vereine mit Fräulein Brandt, welche das Alt-Solo mit Zartheit sang, zur trefflichen Geltung; die wichtige Clavierbegleitung wurde von Herrn Adolf Lorenz künstlerisch besorgt. Nach weiteren Vorträgen Lewinsky's und nachdem Fräulein Brandt in der Mozart'schen Titus-Arie und einer gefühlvollen Romanze von Josephine Fröhlich (componirt 1843) ihre Gesangskunst bewährt hatte, trat Frau Wolter mit Fräulein Christine Hebbel in zwei Scenen des ersten Actes der »Sappho« auf. Frau Wolter entzückte wieder durch die Musik ihres Wortes und die Plastik ihrer Bewegungen. Fräulein Hebbel sprach ihre wenigen Worte sehr schön; noch beredter ist die leuchtende und sympathische Sprache ihres Augenpaares. Den Schluß bildete das »Bundeslied« von Mozart.«

Der 15. Januar brachte als ersten, festlichen Gruß in den Morgenzeitungen neben den sonstigen, auf den feierlichen Tag bezüglichen Artikeln lange Auszüge aus den soeben im Jahrbuche der Gesellschaft erschienenen Briefen Grillparzer's. Vormittags fanden in allen Mittelschulen Festreden und Declamationen statt, durch welche die hohe Bedeutung des Tages der Jugend zu lebendigem Bewußtsein kam. Mittags um 12 Uhr begann die Feier an der Universität, deren Mittelpunkt die gedankenreiche Festrede des Professors der neueren deutschen Literaturgeschichte, Dr. Jakob Minor, bildete, die im Drucke erschien und weite Verbreitung fand. Eingeleitet wurde die Feier mit einem von dem genialen Anton Bruckner componirten und dirigirten Festchor, welchem als Text das Lied des Derwisches aus dem »Traum ein Leben« unterlegt war. Auch den Abschluß bildete ein Festchor des Akademischen Gesangvereines. Die Minister Baron Bauer, Baron Gautsch und R. v. Zaleski waren anwesend. Tagsüber wurden bei dem Grillparzer-Monumente im Volksgarten wie auf seinem Grabe auf dem Hietzinger

Friedhofe von litterarischen, Lehrer- und Studenten-Vereinen, sowie zahlreichen Corporationen aller Art, Gemeinden und Einzelpersonen Kränze niedergelegt. Das Sterbehaus Grillparzers hatte die »Concordia« geschmückt. Um 5 Uhr Nachmittags wurde die Grillparzer-Ausstellung im Rathhause durch den Bürgermeister in Anwesenheit zahlreicher geladener Gäste in feierlicher Weise eröffnet; schon am 17. durch den Besuch des Kaisers ausgezeichnet, blieb dieselbe unter lebhaftem Zuspruche des Publicums bis 1. März geöffnet. Abends fand eine musikalische Feier im Zöglings-Concert des Conservatoriums statt. Das Burgtheater gab »Des Meeres und der Liebe Wellen«, das deutsche Volkstheater mußte leider seine Festvorstellung im letzten Augenblicke verschieben. Es ging daher erst am 17. daselbst »König Ottokars Glück und Ende« in Scene. An demselben Abende hielt der Verein der Schriftstellerinnen und Künstlerinnen seine Feier ab; Baronin Lola Alemann sprach einen Prolog von Marie v. Najmajer, Frau Olga Lewinsky das Gedicht »Die tragische Muse«, den Schluß der »Sappho« und Betty Paoli's Gedicht an Franz Grillparzer.

Von in Wien sonst noch stattgehabten Feiern erwähnen wir die des Vereines »Volksschule« am 8., des Vereines »Bürgerschule« am 17., des Lehrervereines für den Bezirk Hernals am 23., des Goethe-Vereins, wo Professor Schröer sprach, am 9., des Vereines der Ur-Wiener am 14., der »Deutschen Gesellschaft an der technischen Hochschule« am 18., des »litterarischen Club »Grillparzer« in Simmering, des Vereines »Minerva« am 18., der Germanisten-Kneipe am 27., des »Donau-Clubs« am 17., des Arbeiter-Bildungsvereines am 10. Januar. Im »Verein für erweiterte Frauenbildung« las am 20. Frau Olga Lewinsky den »Armen Spielmann«; im »Verein der Lehrerinnen und Erzieherinnen« hielt am 28. Dr. E. Reich den Festvortrag, worauf Frl. Therese Hebbel vom Burgtheater zwölf Gedichte Grillparzers sprach; im »Verein der Litteraturfreunde« wurden zwei Abende dem Jubiläum gewidmet, am 28. Januar sprach Dr. Alfred Klaar über »Grillparzers dramatische Technik«, am 11. Februar Professor August Sauer über den »Treuen Diener seines Herrn«, worauf Josef Lewinsky Gedichte und Epigramme Grillparzer's recitirte. Der niederösterreichische Volksbildungsverein ließ Sonntag den 11. Januar an vier Orten gleichzeitig über Grillparzer vortragen; es sprachen Dr. A. Daubrawa, Dr. W. Engelmann, Docent Dr. R. Meringer, Adam Müller-Guttenbrunn; im gemeinnützigen Vereine für den IX. Bezirk sprach am 11. Friedrich Schlögl, worauf Hofschauspieler Reimers Gedichte vortrug.

Außerhalb Wiens bildete in den kleineren österreichischen Städten überall die Feier an den Mittelschulen, deren wir natürlich nicht im Einzelnen gedenken können, den Mittelpunkt der Festlichkeiten. Die Theatervorstellungen werden wir später erwähnen. In Prag hielt bei der Universitätsfeier am 14. Professor A. Sauer die Festrede; eine Universitätsfeier fand auch in Innsbruck statt; in Lemberg sprach unter stürmischem Beifall Universitätsprofessor R. M. Werner am 14. im deutschen Verein »Frohsinn«, wo auch Grillparzers Jugendschauspiel »Die Schreibfeder« zur Darstellung kam, die ganze Generalität, Fürst Windischgrätz an der Spitze, war erschienen. Den Schülern des Lemberger deutschen Gymnasiums wurde die Veranstaltung einer geplanten Gedächtnißfeier nicht gestattet. Dafür feierte die an der Universität von den Mitgliedern des Seminars für deutsche Philologie neu gebildete »Deutsche Gesellschaft« den Todestag Grillparzers (21. Januar) durch einen Vortrag des Stud. phil. germ. M. Schatz über die »Ahnfrau« in Anwesenheit des Professors Dr. Richard Maria Werner und so nachträglich auch den 100. Geburtstag und bewies dadurch, daß sie sich der großen Bedeutung des deutschen Dichters für alle Länder Oesterreichs bewußt sei. In Graz veranstalteten adelige Damen eine Feier, in deren Mittelpunkt eine Festrede des Universitäts-Professors Anton E. Schönbach stand; in Czernowitz veranstaltete die akademische Lesehalle einen Fest-Commers unter Vorsitz des Rectors, bei dem Universitäts-Professor Alex. Grawein als Sprecher fungirte. In Brünn fand am 19. der Fest-Commers des deutschen Vereines statt, bei welchem Pfarrer Schur die Gedenkrede hielt; vom deutschen Journalisten- und Schriftsteller-Vereine für Mähren wurde ein Grillparzer-Denkmal-Fonds gestiftet, dem das Erträgniß dieser Feier zufloß. Am 13. hielt der Troppauer Männergesangverein eine Feier ab, in Iglau fand am 15., in Krems am 17. eine Festfeier aller Vereine statt, in Biala am 16. ein Fest-Commers, in Bielitz am 17. eine Gedenkfeier der städtischen und ländlichen Gesangvereine, sowie des Arbeiter-Bildungsvereines, in Klagenfurt am 14. eine Festversammlung, in Salzburg am 15. desgleichen. In Linz beging am 11. der oberösterreichische Volksbildungsverein, am 15. der kaufmännische Verein den großen Gedenktag in festlicher Weise.

Die »Litterarische Gesellschaft« in Berlin veranstaltete am 15. Januar im Concertsaale des königlichen Schauspielhauses eine sehr würdige Feier, welcher der österreichische Botschafter Graf Szechenyi und der General-Intendant der Hoftheater, Graf Hochberg, beiwohnten. Der Schriftsteller Fritz Mauthner hielt die Festrede, die Schauspielerin Frl. Anna Haverlandt trug Scenen aus »Sappho« vor, Frau von Asten sang zwei in Musik gesetzte Lieder Grillparzers, das »Ständchen« Schuberts mit Grillparzers Text, von einem Chor junger Mädchen gesungen, bildete den Abschluß. Außerdem fand noch am Abend des 15. eine Festfeier im »Vereine der Oesterreicher« statt. — In Bremen war es der Schriftsteller Dr. Heinrich Bulthaupt, der eine Feier im Künstler-Verein veranlaßte und die Gedenkrede sprach. In derselben Stadt sprach am 15. im deutschen Privatbeamten-Verein Reallehrer Hähnel als Festredner und recitirte auch mehrere Scenen aus Grillparzers Dramen. — In Karlsruhe fand am 11. eine Fest-Akademie statt, bei welcher dem Hofschauspieler Wassermann die Sprecherrolle zufiel. — Die deutsche Liedertafel »Orpheus« in Galaz (Rumänien) veranstaltete am 17. Januar zu Ehren des Dichters einen Fest-Commers, bei welchem Schuldirector Pinsker die Festansprache hielt und Declamationen folgten.

Wir wenden uns nun zu den Festvorstellungen der Bühnen, denen die Feier des großen Meisters der dramatischen Kunst besonders am Herzen liegen mußte, und wir können mit Freude feststellen, daß in mindestens einem halben Hundert deutscher Städte Grillparzers Geburtstag auch durch Theatervorstellungen gefeiert wurde. Nach den uns vorliegenden Daten entfallen von diesen 50 Städten (55 Bühnen) 13 (15) auf Deutsch-Oesterreich, 36 (39) auf das deutsche Reich, auch eine baltisch-russische Stadt (Riga) ist zu nennen. Ohne Zweifel war die Zahl aber noch viel höher, da besonders von kleineren Bühnen die Daten schwer, oft gar nicht zu erlangen sind. Große, die Mehrzahl der Stücke des Dichters umfassende Cyklen fanden in drei Städten (München, Prag, Wien) statt, doch beschränkte sich, wie aus der folgenden Uebersicht hervorgeht, noch bei vierzehn anderen Bühnen die Feier nicht auf die Aufführung eines Werkes, sondern es wurden zwei oder drei Dramen zu einem kleineren Grillparzer-Cyklus vereinigt. Wir geben die Namen der Städte in alphabetischer Reihenfolge und fügen die bezüglichen Notizen jedesmal hinzu, darunter auch die binnen Monatsfrist erfolgten Wiederholungen.

der Grillparzer-Gesellschaft.

Altona: 21. Januar: »Des Meeres und der Liebe Wellen«.

Augsburg: 15. Januar: »Der Traum ein Leben«, wiederholt am 21. und 24.; 31. »Des Meeres und der Liebe Wellen«.

Baden (bei Wien): 14. Januar: »Die Ahnfrau«.

Berlin Königliches Schauspielhaus: 15. und 16. Januar: Die Trilogie »Das goldene Vließ«, Prolog von Ernst von Wildenbruch, gesprochen von Frl. Lindner; Wiederholungen am 20. und 21., 25. und 26. Januar, am 2. und 3., 7. und 8. Februar.

Deutsches Theater: 15. Januar: Des Meeres und der Liebe Wellen«; wiederholt am 19., 25., 31. Januar, 9. Februar.

Lessing-Theater: 15. Januar: Der Traum ein Leben«, Epilog von Ludwig Fulda, gesprochen von Josef Kainz; wiederholt am 8., 25., 28., 30. Januar, 14. Februar.

Bernburg: 15. Januar: »Die Ahnfrau«, 29.: »Des Meeres und der Liebe Wellen«.

Bremen: 15. Januar: »Der Traum ein Leben«; wiederholt am 22. Januar.

Breslau: 15. Januar: König Ottokars Glück und Ende«, Prolog von Theodor Löwe, gesprochen von Frl. Mondthal.

Brünn: 14. Januar: »Weh' dem, der lügt«, wiederholt am 21.; 15.: »Esther«, Jubel-Ouverture, Scenischer Epilog.

Chemnitz: 4. Februar: »Medea« (verspätete Festvorstellung), wiederholt am 9. Februar.

Czernowitz: 15. Januar: »Sappho«, Prolog von O. J. Nußbaum.

Darmstadt: 13. Januar: »Der Traum ein Leben«; 16.: »Sappho«.

Dessau: 13. Januar: »Die Ahnfrau«; 27.: »Des Meeres und der Liebe Wellen«.

Dresden: 15. und 17. Januar: Die Trilogie Das goldene Vließ«; wiederholt am 26. und 29. Januar.

Düsseldorf: 15. Januar: »Der Traum ein Leben«; wiederholt am 22. und 28. Januar.

Frankfurt (am Main): 14. Januar: »König Ottokars Glück und Ende«; wiederholt am 16. Januar.

Freiburg (im Breisgau): 22. Januar: »Des Meeres und der Liebe Wellen«; wiederholt am 5. Februar.

Gera: 15. Januar: »Des Meeres und der Liebe Wellen«.

Graz: 15. Januar: »Sappho«, »Der 100. Geburtstag«, von Heinrich Teweles; 29.: »König Ottokars Glück und Ende«, wiederholt am 30. Januar.

Halle: 14. Januar: »Esther«, wiederholt am 21.: 15.: »Des Meeres und der Liebe Wellen«, Prolog, wiederholt am 17. und 26. Januar.

Hamburg: Stadttheater: 15. Januar: »Des Meeres und der Liebe Wellen«.
 Thaliatheater: 15. Januar: »Sappho«; wiederholt am 20. Januar.

Hannover: 15. Januar: »Die Ahnfrau«, Prolog von Wildenbruch, gesprochen von Frl. von Giers; wiederholt am 18.; 21.: »Der Traum ein Leben«.

Heidelberg: 15. Januar: »Die Jüdin von Toledo«.

Heilbronn: 14. Januar: »Die Ahnfrau«.

Karlsruhe: 15. Januar: »König Ottokars Glück und Ende«, Prolog von Sehring, gesprochen von Frl. Behrens; wiederholt am 20. Januar.

Kassel: 15. Januar: »Medea«; wiederholt am 17. Januar und 4. Februar.

Kiel: 15. Januar: »Der Traum ein Leben«.

Klagenfurt: 15. Januar: »König Ottokars Glück und Ende«.

Königsberg: 14. Januar: »Die Ahnfrau«.

Leipzig: 17. Januar: »Der Traum ein Leben«; wiederholt am 20.

Linz: 14. Januar: »Die Ahnfrau«; wiederholt am 18.; 16.: »Der Traum ein Leben«; 21.: »Weh' dem, der lügt«; 4. Februar: »König Ottokars Glück und Ende«; wiederholt am 8. und 13.; 4. März: »Ein Bruderzwist in Habsburg«; 16. März: »Esther«, »Ein Traumbild« von Alfred v. Berger.

Mannheim: 15. Januar: »Medea«, Prolog von Sehring, gesprochen von Frl. von Dierkes; 17.: »Die Ahnfrau«; 18.: »König Ottokars Glück und Ende«, wiederholt am 23. Januar und 5. Februar.

Meiningen: 15. Januar: »Die Ahnfrau«.

München (Cyklus bei ermäßigten Preisen): 15. Januar: »Die Ahnfrau«; 17.: »Sappho«; 21.: »Das goldene Vließ« I. und II. (»Der Gastfreund«, »Die Argonauten«); 30.: Das goldene Vließ III. (»Medea«): 3. Februar: »Weh' dem, der lügt«; 11. Februar: Des Meeres und der Liebe Wellen«; 14. Februar: »Der Traum ein Leben«; 25. Februar: »König Ottokars Glück und Ende«. — Am 17. Juni 1891 wurde dann noch »Die Jüdin von Toledo« zum ersten Male auf der Münchener Hofbühne aufgeführt und am 20. und 30. Juni wiederholt. Seit Baron von Perfall General=Intendant wurde (1868), erzielten diese neun Stücke zusammen 78 Aufführungen.

Oldenburg: 15. Januar: »Der Traum ein Leben«; wiederholt am 1. und 4. Februar.

Olmütz: 15. Januar: »Des Meeres und der Liebe Wellen«.

Posen: 19. Januar: »Des Meeres und der Liebe Wellen«.

Prag: Deutsches Theater (Cyklus bei ermäßigten Preisen): 28. December: »Die Ahnfrau«; 30. December: »Sappho«; 5. Januar: »Der Traum ein Leben«, wiederholt am 20.; 7.: »Des Meeres und der Liebe Wellen«; 8.: »Ein treuer Diener seines Herrn«; 10.: Weh' dem, der lügt«; 12.: »Die Jüdin von Toledo«; 13.: Ein Bruderzwist in Habsburg«; 15.: »Esther«, »Der 100. Geburtstag«, von H. Teweles.

Regensburg: 27. Januar: »Der Traum ein Leben«, Fest= Ouverture und Prolog.

Reichenberg: 17. Januar: »Die Jüdin von Toledo«.

Riga: 10.(22.) Januar: »Der Traum ein Leben«.

Stralsund: 17. Januar: »Die Ahnfrau«.

Straßburg: 17. Januar: »Medea«.

Stuttgart: 14. Januar: »Des Meeres und der Liebe Wellen, »Der 100. Geburtstag«, von H. Teweles; 16.: Sappho«; 17.: Die »Ahnfrau«, wiederholt am 26.

Teplitz: 15. Januar: »Die Ahnfrau«.

Troppau: 16. Januar: »Des Meeres und der Liebe Wellen«; 19.: »Die Ahnfrau«.

Weimar: 15. Januar: »Weh' dem, der lügt«.

Wien: K. k. Hofburgtheater (Cyklus): 11. Januar: »König Ottokars Glück und Ende«, wiederholt am 24. und

30. Januar, 3. und 13. Februar; 15.: »Des Meeres und der Liebe Wellen«; 18.: »Medea«; 21.: »Sappho«; 27.: »Der Traum ein Leben«; 29.: »Ein treuer Diener seines Herrn«, wiederholt am 10. Februar; 2. Februar: »Weh' dem, der lügt«; 5. Februar: »Die Ahnfrau«; 8. Februar: »Die Jüdin von Toledo«; 14. Februar: »Hannibal«, Esther«, »Ein Traumbild« von Alfred Freih. von Berger, wiederholt am 17. Februar.

Carltheater: 12. Januar: »Medea«, »Der Traum im Grillparzer-Stübchen« von Schlesinger.

Deutsches Volkstheater: 17. Januar: »König Ottokars Glück und Ende« (bis Juni zehnmal gespielt).

Wiener-Neustadt: 15. Januar: »Sappho«.

Wiesbaden: 15. Januar: »Medea«.

Würzburg: 15. Januar: »Des Meeres und der Liebe Wellen«.

Bei Abschluß dieser Bühnenübersicht wären nochmals als ein besonders bedeutsames Merkmal dieses Jubiläums die besonders in Wien selbst seitens der Grillparzer-Gesellschaft mit Energie und Glück durchgeführten Versuche zu erwähnen, Freivorstellungen für die breiten, unbemittelten Volksschichten zu erzielen. Das in Gemeinschaft mit dem Zweig Wien des niederösterreichischen Volksbildungsvereines in der Gemeinderathssitzung vom 11. November 1890 eingebrachte und verlesene, leider erst in der Sitzung vom 13. Januar 1891 erledigte Ansuchen um Veranstaltung solcher Freitheater an Sonntag-Nachmittagen scheiterte zwar trotz der Geldbewilligung des Gemeinderathes an der Ablehnung des Vorschlages seitens der Direction, doch fand am 24. Januar wenigstens eine Freivorstellung für Mittelschüler im Deutschen Volkstheater statt, wobei »König Ottokars Glück und Ende« gegeben wurde. Noch wichtiger war es, daß im Hofburgtheater drei Vorstellungen an Sonntag-Nachmittagen zu Preisen, welche gegenüber den Abendpreisen fast nur als nominelle zu betrachten sind, stattfanden. Am 25. Januar wurde „Sappho«, am 1. Februar »Medea«, am 8. »Der Traum ein Leben« dargestellt und diese Aufführungen werden allen Zuschauern sicherlich unvergeßlich bleiben.

Unverlierbar bleibt auch der große geistige Gewinn, den jede Nation daraus zieht, wenn sie sich ihrer edelsten Geister oft und gern erinnert. Daß dies in so reichem Maße bei der hundertsten Wiederkehr des Tages geschah, an dem mit Franz

Grillparzer nicht blos der größte Dichter Oesterreichs, sondern einer der hervorragendsten Poeten der Deutschen überhaupt, ja einer der glänzendsten Dramatiker der Weltliteratur geboren ward, das darf sich gewiß zum Theil auch die Grillparzer=Gesellschaft zum Verdienste anrechnen, denn ihre zielbewußte Thätigkeit hat wohl sehr dazu beigetragen. Diese Ueberzeugung stählt sie darin, unbeirrt durch kleinliche Angriffe, immerdar dem Ziele treu zu bleiben, welches sie sich bei ihrer Gründung gesteckt hat: die berechtigte Stellung des deutsch=österreichischen Stammes innerhalb des gesammtdeutschen Schriftthums stets und gegen alle seine Gegner zu verfechten, so wie es dem Namen entspricht, den sie als Bannerträger gewählt hat, zu wirken für die Bildung des Volkes, für die Mehrung seines Ansehens und vor allem dessen seiner Dichter, gut deutsch und gut österreichisch zugleich, fern vom Gezänke politischer Par=teiung, nur idealen Zielen zugewandt.

www.ingramcontent.com/pod-product-compliance
Lightning Source LLC
Chambersburg PA
CBHW020313240426
43673CB00039B/787